园林植物害虫

主编 宋 丽 副主编 王艳蕴

国家林业和草原局普通高等教育"十三五"规划教材
高等院校园林与风景园林专业系列教材

中国林业出版社
China Forestry Publishing House

内容简介

本教材从论述植物的基本形态、观察植物、植物分类、植物检索表、北方常见植物的分类基础知识，概述了园林植物的多样性、重要性，论述了植物的进化趋势与园林中常用的分类系统，并本着实用、美术并重的原则，打开了了植物的规范化描述和检索表的使用。书中将三大类植物：孢子植物、裸子植物、被子植物，分别按门、纲、目、科、属、种的顺序，编排进行了系统阐述，突出强调形态特征，并且对各类园林植物的配置和园林应用，提出了独到的见解和建议。本教材最大特点是图文并茂（插图了园林植物分类所占的内容），既具有较强的系统性和学术性，又有易于记忆的直观特点，以便为园林、风景园林、园艺、草业学等相关专业人员所用，也可以对其他相关专业和环境设计、城市规划等专业学生和广大园林爱好者提供重要的系统的植物规范化描述的参考和必要的专业学习和应用。

图书在版编目（CIP）数据

园林植物识别 / 周繇主编 . — 北京：中国林业出版社，2020.8（2023.8重印）
国家林业和草原局普通高等教育"十三五"规划教材 高等院校园林与风景园林专业系列教材
ISBN 978-7-5219-0486-4

Ⅰ.①园… Ⅱ.①周… Ⅲ.①园林植物—高等学校—教材 Ⅳ.①S68

中国版本图书馆 CIP 数据核字（2020）第 024512 号

策划编辑：康红梅	
责任编辑：康红梅 田 旭	责任校对：苏 梅

电话：（010）83143634 83143551 传真：（010）83143516

出版发行　中国林业出版社　北京市西城区德内大街刘海胡同7号（100009）
　　　　　E-mail：jiaocaipublic@163.com　电话：（010）83143500
　　　　　http：//www.forestry.gov.cn/lycb.html
经　　销　新华书店
印　　刷　北京中科印刷有限公司
版　　次　2020年8月第1版
印　　次　2023年8月第3次印刷
开　　本　850mm×1168mm　1/16
印　　张　19
字　　数　451千字
定　　价　58.00元

未经许可，不得以任何方式复制或抄袭本书之部分或全部内容。
版权所有　侵权必究

《园林植物基础》编写人员

主　　编　颜玉娟　周　荣
副 主 编　徐永福　谢禄山　李　达
编写人员　(按姓氏拼音排序)
　　　　　　黄　宇（南宁学院）
　　　　　　黄琛斐（中南林业科技大学）
　　　　　　黄智凯（湘南学院）
　　　　　　李　达（湖南农业大学）
　　　　　　李瑞雪（湖南科技大学）
　　　　　　廖飞勇（中南林业科技大学）
　　　　　　魏　薇（中南林业科技大学涉外学院）
　　　　　　巫柳兰（桂林理工大学）
　　　　　　谢禄山（中南林业科技大学）
　　　　　　徐永福（中南林业科技大学）
　　　　　　颜玉娟（中南林业科技大学）
　　　　　　晏　丽（吉首大学）
　　　　　　叶明琴（广西大学）
　　　　　　周平兰（湖南科技大学）
　　　　　　周　荣（佛山科学技术学院）
绘图人员　(按姓氏拼音排序)
　　　　　　陈海瑶（中南林业科技大学）
　　　　　　李永芳（郴州市城市道路绿化处）

前　言

　　园林植物基础是园林、风景园林及其相关专业开设的一门新型专业基础课，是学好园林植物类课程的基础课程之一。在持续推进生态文明、美丽中国建设的过程中，我国坚持走生态优先、绿色发展、人与自然和谐共生之路，园林植物种类越来越丰富，观赏性苔藓、蕨类、野生花卉以及一些新品种越来越受到重视。面对越来越多的种类，首先必须有科学、系统的识别方法，才能更好地利用它们。为了更好地识别、掌握和应用园林植物编写了本教材。

　　本教材由绪论、园林植物基本类群、园林植物形态学基础、园林植物分类基础、园林植物基本特性、园林植物在园林中基本作用、园林植物基本应用形式、各类群分类基础及其园林应用、植物进化规律与分类系统九大部分组成。"绪论"主要介绍园林植物及其多样性、园林植物基础的基本内容、园林植物基础的学习方法等；"园林植物基本类群"重点介绍了植物界的基本类群、园林植物的基本类群、中国园林植物资源特点、中国园林植物在世界园林中的贡献、中国园林植物的栽培史及其典籍等；"园林植物形态学基础"重点讲述园林植物的形态学术语及其特点；"园林植物分类基础"重点介绍了植物分类的发展概况、园林植物分类的方法、园林植物的学名基础、园林植物的鉴定、园林植物标本的采集与制作等；"园林植物基本特性"重点讲述了园林植物的生物学特性、生理学特性、生态学特性、观赏特性、文化特性等；"园林植物在园林中基本作用"重点介绍了园林植物的调节生态环境、维护生态环境、构成园林景观、营造景观多样性和创造经济效益等；"园林植物基本应用形式"从生长类型的角度分别讲述了乔木、灌木、藤本、地被、水生植物等在园林中的应用形式和应用特点；"各类群分类基础及其园林应用"分别概述了苔藓植物、蕨类植物、裸子植物、双子叶植物、单子叶植物等的代表性科的分类特点和园林应用特点；"植物进化规律与分类系统"介绍了植物界基本类群的进化规律、被子植物的进行规律与分类系统、园林植物常用的分类系统等。每章有明确的学习目的，并配有代表性的园林植物图片，有助于学生进一步理解和掌握相关知识。

　　本教材的重点是精选了裸子植物、被子植物的形态学基础知识、分类特点、基本特性和园林应用形式，观赏苔藓、观赏蕨类的分类基础知识及其分类特点和园林应用形式，并且介绍了园林植物品种分类方法、秦仁昌分类系统、郑万钧分类系统、APG 分类系统、园林植物识别方法、园林植物文化特征等相关内容；教材编排打破了传统的顺序，先概述各大类植物的分类特点，再具体讲述园林植物科的分类特点，精选出的科属种更能满足园林及其相关专业的需要，以便为园林及相关专业学生提供更完善更系统的园林植物基础知识，方便后续的专业学习和应用。本教材的蕨类植物编排采用秦仁昌分类系统，裸子植物编排采用郑万钧分类系统，被子植物编排采用克朗奎斯特系统。教材坚持以社会主义核心价值观为引领，传承中国传统的植物文化，增强大学生的文化自信，提升个人园林艺术能力和素养，特意在教材中编写了园林植物的文化特性。

本教材由颜玉娟、周荣任主编；徐永福、谢禄山、李达任副主编。编写分工如下：颜玉娟负责全书的构架和统稿，并负责编写前言，第1~3章，4.1节，4.3节，第5~6章，第11章被子植物概述以及第11章各科植物的园林应用，第12章；黄宇负责第7章；李达负责第8章；周荣负责第9章和第11章五桠果亚纲的分类基础；徐永福负责第4章其余内容和第10章；廖飞勇和黄智凯负责第11章木兰亚纲和金缕梅亚纲的分类基础；谢禄山和周平兰负责第11章蔷薇亚纲的分类基础；黄琛斐和巫柳兰负责第11章菊亚纲的分类基础；李瑞雪和晏丽负责第11章石竹亚纲的分类基础；魏薇和叶明琴负责第11章单子叶植物纲的分类基础。本教材中的图片主要由颜玉娟和徐永福提供，花图式由李永芳绘制，第3章和第12章的部分图由陈海瑶绘制。

本教材的文字资料和图片资料主要参考了《植物学》《植物分类学》《中国古典园林史》《风景园林设计要素》《植物景观设计》《中国植物志》《中国高等植物图鉴》《园林树种1600种》《中国花经》以及最新的期刊论文、"中国植物图像库""植物智"等。在编写过程中得到了中南林业科技大学和佛山科学技术学院教务处的支持，并得到了中南林业科技大学彭重华教授和罗明春教授的指导，对此表示衷心感谢！同时感谢陈星可、谢红梅、刘后周、赖小连、秦思思、曾倩玉、殷梦竹、刘鹏、欧阳晟、陈王赋、谢骥、曾乐媛、张玉梅、刘永超、裴春艳、王敏求、刘晓玲等研究生和中国科学院西双版纳植物园王文广、广西南宁市青秀山风景名胜旅游区秦志成、余惠英的协助！

颜玉娟
2023年8月

目　录

前言

第1章　绪　论 (1)
 1.1　园林植物及其多样性 (1)
  1.1.1　园林植物 (1)
  1.1.2　园林植物多样性 (1)
 1.2　基本内容与学习方法 (3)
  1.2.1　基本内容 (3)
  1.2.2　学习方法 (4)
 小　结 (6)
 思考题 (6)

第2章　园林植物基本类群 (7)
 2.1　植物界基本类群 (7)
  2.1.1　低等植物与高等植物 (7)
  2.1.2　维管植物与非维管植物 (8)
  2.1.3　孢子植物与种子植物 (8)
  2.1.4　裸子植物与被子植物 (8)
 2.2　园林植物基本类群 (8)
  2.2.1　园林树木与园林花卉 (9)
  2.2.2　单子叶植物与双子叶植物 (9)
 2.3　中国园林植物资源概述 (10)
  2.3.1　中国园林植物资源特点 (10)
  2.3.2　中国园林植物栽培历史及其典籍 (15)
  2.3.3　中国园林植物对世界园林的贡献 (17)
 小　结 (20)

思考题 ·· (20)

第3章　园林植物形态学基础 ·· (21)
3.1　植物的组织、种子和幼苗 ·· (21)
　　3.1.1　植物组织 ·· (21)
　　3.1.2　种子 ·· (26)
　　3.1.3　幼苗 ·· (28)
3.2　根的形态学知识 ··· (29)
　　3.2.1　根的基本作用 ·· (29)
　　3.2.2　根的来源和类型 ·· (29)
　　3.2.3　根系的类型 ·· (30)
　　3.2.4　根的变态类型 ·· (31)
　　3.2.5　根瘤和菌根 ·· (32)
3.3　茎的形态学知识 ··· (33)
　　3.3.1　茎的主要功能 ·· (33)
　　3.3.2　茎的形态特征 ·· (34)
　　3.3.3　茎的类型 ·· (37)
　　3.3.4　茎的变态类型 ·· (38)
　　3.3.5　茎干皮的特征 ·· (39)
　　3.3.6　茎的分枝方式 ·· (41)
　　3.3.7　树龄与枝龄 ·· (42)
3.4　叶的形态学知识 ··· (42)
　　3.4.1　叶的功能 ·· (42)
　　3.4.2　叶序类型 ·· (43)
　　3.4.3　叶的形态特征 ·· (44)
　　3.4.4　叶的类型 ·· (51)
　　3.4.5　幼叶在芽内的卷叠方式 ·· (53)
　　3.4.6　叶的寿命与脱落 ·· (53)
3.5　花的形态学知识 ··· (54)
　　3.5.1　花的基本结构 ·· (54)
　　3.5.2　花的基本类型 ·· (64)
　　3.5.3　花的合生与贴生 ·· (65)
　　3.5.4　花程式和花图式 ·· (66)
　　3.5.5　花芽分化与开花类别 ·· (67)
　　3.5.6　花序及其类型 ·· (68)
3.6　果实的形态学知识 ··· (71)

3.6.1　果实的形成 …………………………………………………………（71）
　　3.6.2　果实的基本结构 ……………………………………………………（72）
　　3.6.3　果实的基本类型 ……………………………………………………（72）
3.7　植物体表附属物 ……………………………………………………………（76）
　　3.7.1　毛被 …………………………………………………………………（76）
　　3.7.2　蜜腺、腺体与腺点 …………………………………………………（77）
　　3.7.3　木栓翅与叶轴翅 ……………………………………………………（78）
　　3.7.4　零余子 ………………………………………………………………（78）
　　3.7.5　皮刺 …………………………………………………………………（78）
小　　结 ……………………………………………………………………………（79）
思考题 ………………………………………………………………………………（79）

第4章　园林植物分类基础 …………………………………………………（80）

4.1　植物分类发展概况 …………………………………………………………（80）
　　4.1.1　人为分类系统时期 …………………………………………………（80）
　　4.1.2　自然分类系统时期 …………………………………………………（81）
　　4.1.3　系统发育分类系统时期 ……………………………………………（82）
4.2　园林植物分类方法 …………………………………………………………（83）
　　4.2.1　园林植物的自然分类法 ……………………………………………（84）
　　4.2.2　园林植物的人为分类法 ……………………………………………（92）
4.3　园林植物的学名基础 ………………………………………………………（93）
　　4.3.1　园林植物的命名法则 ………………………………………………（93）
　　4.3.2　《国际植物命名法规》简介 …………………………………………（96）
　　4.3.3　属名的来源 …………………………………………………………（97）
　　4.3.4　种加词表示的意义 …………………………………………………（98）
　　4.3.5　园林植物学名的读音 ………………………………………………（98）
4.4　园林植物鉴定过程 …………………………………………………………（103）
　　4.4.1　标本采集及描述 ……………………………………………………（103）
　　4.4.2　查阅分类学文献 ……………………………………………………（103）
　　4.4.3　鉴定命名 ……………………………………………………………（104）
　　4.4.4　园林植物检索表 ……………………………………………………（104）
4.5　园林植物标本采集和制作 …………………………………………………（106）
　　4.5.1　标本采集制作工具 …………………………………………………（107）
　　4.5.2　标本的采集方法 ……………………………………………………（107）
　　4.5.3　标本的压制 …………………………………………………………（108）
　　4.5.4　标本的消毒和装订 …………………………………………………（108）

4.5.5　标本的保存 ………………………………………………………………… (109)
　小　结 ……………………………………………………………………………………… (111)
　思考题 ……………………………………………………………………………………… (111)

第5章　园林植物基本特性 ……………………………………………………………… (112)

　5.1　园林植物生物学特性 ………………………………………………………………… (113)
　　5.1.1　园林植物的生长与发育 …………………………………………………… (113)
　　5.1.2　园林植物的生命周期 ……………………………………………………… (115)
　　5.1.3　园林植物的年周期 ………………………………………………………… (117)
　5.2　园林植物生理学特性 ………………………………………………………………… (117)
　　5.2.1　园林植物的水分代谢 ……………………………………………………… (117)
　　5.2.2　园林植物的矿物质代谢 …………………………………………………… (119)
　　5.2.3　园林植物的光合作用 ……………………………………………………… (121)
　　5.2.4　园林植物的呼吸作用 ……………………………………………………… (122)
　　5.2.5　园林植物的生长调节物质 ………………………………………………… (123)
　5.3　园林植物观赏特性 …………………………………………………………………… (125)
　　5.3.1　园林植物的体量 …………………………………………………………… (126)
　　5.3.2　园林植物的形态 …………………………………………………………… (127)
　　5.3.3　园林植物的色彩 …………………………………………………………… (131)
　　5.3.4　园林植物的芳香 …………………………………………………………… (133)
　　5.3.5　园林植物的质地 …………………………………………………………… (134)
　5.4　园林植物生态学特性 ………………………………………………………………… (134)
　　5.4.1　光照因子 …………………………………………………………………… (134)
　　5.4.2　温度因子 …………………………………………………………………… (136)
　　5.4.3　水分因子 …………………………………………………………………… (137)
　　5.4.4　土壤因子 …………………………………………………………………… (139)
　　5.4.5　空气因子 …………………………………………………………………… (140)
　　5.4.6　生物因子 …………………………………………………………………… (141)
　5.5　园林植物文化特性 …………………………………………………………………… (143)
　　5.5.1　园林植物文化的类型 ……………………………………………………… (144)
　　5.5.2　园林植物文化的表现形式 ………………………………………………… (147)
　小　结 ……………………………………………………………………………………… (155)
　思考题 ……………………………………………………………………………………… (155)

第6章　植物在园林中基本作用 ………………………………………………………… (156)

　6.1　调节园林生态环境 …………………………………………………………………… (156)

6.2 维护园林生态环境 …………………………………………………………… (157)
6.3 构成园林景观 ………………………………………………………………… (157)
6.4 营造景观多样性 ……………………………………………………………… (158)
  6.4.1 空间多样性 …………………………………………………………… (158)
  6.4.2 时序多样性 …………………………………………………………… (160)
  6.4.3 地域景观多样性 ……………………………………………………… (160)
  6.4.4 意境多样性 …………………………………………………………… (161)
6.5 创造经济效益 ………………………………………………………………… (161)
小　结 ……………………………………………………………………………… (162)
思考题 ……………………………………………………………………………… (162)

第7章　园林植物基本应用形式 …………………………………………………… (163)
7.1 乔灌木应用形式 ……………………………………………………………… (163)
  7.1.1 孤植式 ………………………………………………………………… (163)
  7.1.2 对植式 ………………………………………………………………… (163)
  7.1.3 列植式 ………………………………………………………………… (164)
  7.1.4 丛植式 ………………………………………………………………… (165)
  7.1.5 群植式 ………………………………………………………………… (165)
  7.1.6 林植式 ………………………………………………………………… (165)
  7.1.7 绿篱式 ………………………………………………………………… (166)
  7.1.8 造型式及桩景式 ……………………………………………………… (167)
7.2 草本植物应用形式 …………………………………………………………… (169)
  7.2.1 花坛式 ………………………………………………………………… (169)
  7.2.2 花境式 ………………………………………………………………… (170)
  7.2.3 草坪 …………………………………………………………………… (172)
  7.2.4 地被式 ………………………………………………………………… (172)
7.3 藤本植物应用形式 …………………………………………………………… (173)
  7.3.1 藤本植物的基本类型 ………………………………………………… (173)
  7.3.2 藤本植物的应用形式 ………………………………………………… (173)
7.4 水生植物应用形式 …………………………………………………………… (174)
小　结 ……………………………………………………………………………… (176)
思考题 ……………………………………………………………………………… (176)

第8章　苔藓植物分类基础及其园林应用 ………………………………………… (177)
8.1 苔藓植物起源与演化 ………………………………………………………… (177)
8.2 苔藓植物的分布与生境 ……………………………………………………… (177)

8.3 苔藓植物的生活史 …… (178)
8.4 苔藓植物分类特点 …… (179)
8.5 苔藓植物的应用价值 …… (179)
8.6 园林中常见苔藓植物 …… (182)
小 结 …… (183)
思考题 …… (184)

第9章 蕨类植物分类基础及其园林应用 …… (185)
9.1 蕨类植物概述 …… (185)
   9.1.1 蕨类植物的数量与分布 …… (185)
   9.1.2 蕨类植物一般特征 …… (185)
   9.1.3 蕨类植物的形态学基础知识 …… (186)
9.2 园林中常用蕨类植物 …… (187)
   9.2.1 卷柏科 Selaginellaceae …… (187)
   9.2.2 紫萁科 Osmundaceae …… (187)
   9.2.3 桫椤科 Cyatheaceae …… (188)
   9.2.4 凤尾蕨科 Pteridaceae …… (188)
   9.2.5 铁线蕨科 Adiantaceae …… (189)
   9.2.6 铁角蕨科 Aspleniaceae …… (190)
   9.2.7 乌毛蕨科 Blechnaceae …… (190)
   9.2.8 肾蕨科 Nephrolepidaceae …… (191)
   9.2.9 水龙骨科 Polypodiaceae …… (191)
   9.2.10 鹿角蕨科 Platyceriaceae …… (192)
小 结 …… (193)
思考题 …… (194)

第10章 裸子植物分类基础及其园林应用 …… (195)
10.1 裸子植物概述 …… (195)
   10.1.1 裸子植物的主要特征 …… (195)
   10.1.2 裸子植物的起源与进化 …… (195)
   10.1.3 裸子植物的主要分类系统 …… (195)
   10.1.4 裸子植物的种类 …… (195)
10.2 裸子植物形态学基础知识 …… (196)
10.3 园林中常用裸子植物及其园林应用 …… (199)
   10.3.1 苏铁科 Cycadaceae …… (199)
   10.3.2 银杏科 Ginkgoaceae …… (200)

10.3.3 松科 Pinaceae ······ (201)
10.3.4 杉科 Taxodiaceae ······ (202)
10.3.5 柏科 Cupressaceae ······ (202)
10.3.6 罗汉松科 Podocarpaceae ······ (203)
10.3.7 红豆杉科 Taxaceae ······ (204)
小 结 ······ (205)
思考题 ······ (205)

第11章 被子植物分类基础及其园林应用 ······ (206)
11.1 被子植物概述 ······ (206)
    11.1.1 被子植物的一般特征 ······ (206)
    11.1.2 被子植物的分类原则 ······ (207)
    11.1.3 被子植物的基本类型 ······ (208)
11.2 双子叶植物纲分类基础及其园林应用 ······ (208)
    11.2.1 木兰亚纲（Magnoliidae） ······ (209)
    11.2.2 金缕梅亚纲（Hamamelidae） ······ (213)
    11.2.3 石竹亚纲（Caryophyllidae） ······ (217)
    11.2.4 五桠果亚纲（Dilleniidae） ······ (219)
    11.2.5 蔷薇亚纲（Rosidae） ······ (227)
    11.2.6 菊亚纲（Asteridae） ······ (241)
11.3 单子叶植物纲分类基础及其园林应用 ······ (254)
    11.3.1 泽泻亚纲（Alismatidae） ······ (255)
    11.3.2 槟榔亚纲（Arecidae） ······ (255)
    11.3.3 鸭跖草亚纲（Commelinidae） ······ (258)
    11.3.4 姜亚纲（Zingiberidae） ······ (261)
    11.3.5 百合亚纲（Liliidae） ······ (262)
小 结 ······ (265)
思考题 ······ (266)

第12章 植物进化规律与分类系统 ······ (267)
12.1 植物界基本类群的进化规律 ······ (267)
    12.1.1 植物营养体的演化 ······ (268)
    12.1.2 生殖方式的演化 ······ (269)
    12.1.3 植物对陆地生活的适应 ······ (270)
    12.1.4 个体发育和系统发育 ······ (271)
12.2 被子植物的起源与系统演化 ······ (272)

12.2.1 被子植物的起源 …………………………………………………………… (272)
12.2.2 形态结构演化规律 …………………………………………………… (276)
12.2.3 被子植物系统演化的主要学说 ……………………………………… (277)
12.2.4 被子植物系统发育 …………………………………………………… (278)
12.3 园林植物常用的分类系统 ………………………………………………… (279)
12.3.1 秦仁昌分类系统 ……………………………………………………… (279)
12.3.2 郑万钧分类系统 ……………………………………………………… (279)
12.3.3 恩格勒分类系统 ……………………………………………………… (281)
12.3.4 哈钦松分类系统 ……………………………………………………… (282)
12.3.5 塔赫他间分类系统 …………………………………………………… (283)
12.3.6 克朗奎斯特分类系统 ………………………………………………… (284)
12.3.7 APG分类系统 ………………………………………………………… (285)
小　结 ……………………………………………………………………………… (285)
思考题 ……………………………………………………………………………… (286)

参考文献 ………………………………………………………………………… (287)

第 1 章
绪　论

1.1　园林植物及其多样性

1.1.1　园林植物

根据《中国农业百科全书·观赏园艺卷》记载,中国在20世纪50年代后,将观赏植物称为园林植物,有别于纯观赏植物,它是指具有一定观赏价值,适用于室内外布置、美化环境并丰富人们生活,改善环境质量的植物,包括木本和草本的观花、观叶、观果、观根、观干以及观姿的植物。

世界各国的园林植物,均系直接或间接由野生植物引种驯化并改良而来。有的起初是经济植物或药用植物,然后从中选育、分化出观赏类型的品种,如牡丹、木槿、使君子、百合、贝母等。

中国是世界上很早就栽培园林植物的国家。早在公元前11世纪的商代,甲骨文中已有园、圃、枝、树、花、果、草等字;在浙江河姆渡文化遗址中,有距今7000年的荷花、香蒲、百合科的许多植物被完整地保存着;桃花、梅花、牡丹等栽培历史逾千年,并培育出上百个品种。

1.1.2　园林植物多样性

（1）资源丰富

地球上已发现的植物约50万种,而高等植物达35万种以上,其中种子植物有25万种以上(隶属于12 600余属约400科)。植物所生存的地域广阔、环境多样,加上人类的长期影响,从而形成了许多品种类型,以中国名花为例(表1-1)。

表 1-1　中国名花植物的种或品种数量及其栽培史

统计时间(年)	种　名	誉名与品格	世界品种或种数(个)	中国保存品种数或种数(个)	中国栽培史或关注史(年)
2008	梅花（*Armeniaca mume*）	花中之魁 花中君子	378	309	>3000
2012	牡丹（*Paeonia suffruticosa*）	花中之王 国色天香	>1500	800	≥2000

(续)

统计时间 (年)	种 名	誉名与 品格	世界品种 或种数(个)	中国保存品种数 或种数(个)	中国栽培史 或关注史(年)
2009	菊花(*Chrysanthemum morifolium*)	凌霜绽妍 花中隐士	20 000~30 000	>3000	>2500
1994	兰花(*Orchidaceae* spp.)	君子之花 空谷幽兰	>20 000	1019	>2500
2017	月季(*Rosa chinensis*)	花中皇后	32 000	>1000	>3000
2012	杜鹃花(含马银花亚属、映山红亚属和羊踯躅亚属)	繁花似锦	>28 000	约 650	>1500
2013	山茶(*Camellia japonica*)	花中娇客 富丽堂皇	2000	约 500	1000
2003	荷花(*Nelumbo nucifera*)	水中芙蓉 清新脱俗	>800	600	>3000
2016	桂花(*Osmanthus fragrans*)	十里飘香 仙客	>190	>160	>2500
2017	水仙(*Narcissus tazetta*)	凌波仙子 恋影花	26 000		>1000
2011	桃花(*Amygdalus persica*)	花中美人 理想之境	>3000	约 1000	>4000
1993	蜡梅(*Chimonanthus praecox*)	花中奇友 侠骨柔情	国外较少	165	>1000
2014	紫薇(*Lagerstroemia indica*)	紫薇星 万星之主	约 300	111	>1600

(2) 类型多样

①**大小** 小型的平卧杜鹃高仅 5~10cm，巨型的大树杜鹃高达 25m，径围 2.6m；有高达 3~4m，树干直径 10~20cm 的蕨类植物之王——桫椤，也有匍匐地面的蕨类植物翠云草；有叶片直径 2m 的王莲，也有叶长 27m 的长叶椰子和叶长仅为 1mm 的圆柏、柽柳和千头木麻黄。

②**形态** 园林植物的形态千姿百态。有姿态垂直向上的钻天杨、圆柏，有偃卧形的砂地柏、铺地柏，也有垂枝形的'龙爪'槐、垂柳，还有常被整形成球形的海桐、大叶黄杨等；有根脚为板根型的水松、水杉、人面子，也有根脚为膝根现象的落羽杉；有树皮光滑的紫薇、梧桐、光皮梾木、柠檬桉，有树皮呈龟甲状的马尾松，有树皮呈龙纹状的白皮松、木瓜、椰榆，有树皮呈蛇皮状的构树、血皮槭等。

③**色彩** 园林植物色彩丰富。有花为红色的丹桂、夹竹桃，果为红色的火棘、南天竹、复羽叶栾树、冬青，干皮为红色的红瑞木、血皮槭，秋叶为红色的枫香、黄栌，春叶为红色的石楠、桂花，常年叶为红色的红枫、紫叶李等；也有花为黄色的迎春、复羽叶栾树、蜡梅、菊花，果为黄色的银杏、梅，秋叶为黄色的银杏、鹅掌楸，常年叶为黄色的金

叶小檗、金叶女贞、'金森'女贞、金叶榕等；还有花为白色的玉兰、白花夹竹桃，干皮为白色的银杏、白桦、柠檬桉，果为白色的杜茎山、红瑞木、夜香树；此外，还有果为紫色的紫珠、葡萄、紫叶李等。

④气味　植物的树干、花、果、叶等可能散发出多种多样的气味，有野草、松树、荷花的清香，薄荷的清凉味，肉桂、桂皮迷幻般的香味，茉莉、兰花的幽香，栀子、桂花、橙子、九里香的甜香，七里香、丁香等辛而甜的香味，菊花、辛夷的辛香，柑橘、苹果、香水百合、菲油果的果香，海桐、刺柏和檀香的芳香，芳香鼠尾草略苦的芳香，迷迭香、蜡梅的浓香，有蒜香藤的花、叶揉碎后的蒜香味，有含笑的香蕉味，罗勒的混合香等，无不沁人心脾，让人精神振奋。但也有些植物花或枝叶揉碎后会释放出难闻的气味，比如紫珠、五色梅、龙吐珠、牡荆、黄荆、假连翘、臭牡丹、美女樱、豆腐柴等马鞭草科植物的花和叶，茜草科的鸡矢藤和六月雪，还有板栗、白花泡桐、虎刺梅、石楠、臭椿、海芋、常春油麻藤、榴莲、黄连木、海桐、臭椿、珍珠梅的花（在阳光下散发出发烫的胶皮味）、女贞、接骨木、红瑞木、鸡树条荚蒾、海州常山、白杜、大花溲疏、金银花、郁李、黄刺玫等植物的枝或叶或花都有特殊气味。此外，银杏的假种皮有臭味。

⑤味道　植物的味道也是多种多样的。酸、甜、苦、辣、咸，是人们在日常生活中公认的五味，其中的酸、甜、苦、辣等大都来源于植物，不同的植物，拥有自己独特的味道。有守宫木的根、山矾和甜叶菊的叶、糖槭和甘蔗的干以及一些常见水果呈现的甜味，有酸枣、柠檬、百香果、酸豆等果实的酸，有丁香、苦丁茶、冬青、苦楝等植物叶的苦，有辣木根的辣，有花椒、'梁平'柚的麻味等。

(3) 营养方式多样

大多数园林植物都是自养型植物，少数种类如水晶兰、腐生兰属于异养型植物；有的是与菌根菌共生的植物，如兰科、杜鹃花科植物等；有以腐叶或腐烂动物尸体为营养的腐生植物，如水晶兰、大根兰等；有根退化，导管直接与寄主植物相连的半寄生植物，如寄生在林木上的桑寄生科植物；有的植物没有叶片或叶片退化成鳞片状，导管和筛管与寄主植物相连，称为全寄生植物，如菟丝子、列当等。

(4) 寿命多样

种子植物中，浙江天目山的银杏寿命逾6000年，而短命菊只有几个月的寿命。

总之，园林植物从不同角度都表现出其资源的多样性。

1.2　基本内容与学习方法

1.2.1　基本内容

园林植物基础课程的内容包括绪论、总论和各论三大部分，共计12章。总论主要讲述园林植物基本类群及其分类基础、园林植物形态学基础、园林植物基本特性、园林植物进化规律与分类系统、园林植物基本作用、园林植物文化、园林植物应用形式；各论部分主要讲述苔藓植物、蕨类植物、裸子植物、被子植物四大类型的分类特点，以及相应的代表科的分类特点及其园林应用形式。

1.2.2　学习方法

园林植物基础课程的学习，是在了解和掌握园林植物的形态学知识的基础上，掌握各大类群的基本分类特征及其代表植物科的分类特征与园林的应用特征，建立植物系统演化与分类的基本观点，以科为单位学习和掌握园林植物的分类特点与园林应用特点。为了更好地掌握园林植物的特征，常用的学习方法有以下几种：

(1) 理论联系实践法

理论课中讲到的园林植物形态学基础知识、各大类群及其代表科的特点，是植物识别的重要基础，只有牢固掌握这些基础知识，才能抓住植物识别的关键点，才能真正识别植物，尤其是识别容易混淆的种类；而理论知识是从实践知识中提炼、总结而成，具有较强的抽象性，学习时难于理解和掌握，只有将这些理论知识运用于具体的实物中，才能真正完全理解和掌握。"园林植物基础"课程的学习必须坚持理论与实践的结合与统一，用理论分析实习中植物的特点，用实践中植物特点验证理论，使学生从理论和实践的结合中理解和掌握知识，培养学生运用知识解决问题的能力。总之，在园林植物的学习过程中，一定要从书本描述(理论)→实验实习观察(实践)→构建形象思维并用专业名词结合自己的语言表达(理论)，这就是将理论融入实践中实习，再将实践中所获得的知识上升到理论的过程。

(2) 资料收集法

根据来源，可将所收集的资料分为第一手资料和第二手资料。第一手资料也称为原始资料，是指由学习者直接到活体植物环境去仔细观察、记录，分析其茎、叶、花、果及其萌芽期、展叶期、开花期、结果期、叶色期等识别特点、物候特点、观赏特点、生境特点等信息，系统地建立起园林植物的数据库，有助于掌握植物的识别特征、季相特征、生命周期特征、观赏特征及其生境特点，为园林植物的终身学习和利用奠定坚实的基础。此外，还可以通过问卷法、电话调查法、人员访问法和会议法获得第一手资料。

第二手资料也称为现有资料，是指由他人收集、整理的植物信息资料，主要来源于《中国植物志》《中国高等植物图鉴》《园林树木学》《园林花卉学》《园林树种1600种》《中国花经》《中国农业百科全书》以及各个地方的植物志等专著类，各种园林植物教材类，各地园林局或城市林业局或城建局、城管局的园林植物相关资料，《中国植物图像库》《植物智》《中国植物志》全文电子版(FRPS)《国家植物标本资源库信息网》《中国自然标本馆》等网络类，"花伴侣""形色""识花君""发现识花""拍照识花""微软识花""多肉APP""景观植物APP""Garden Answers Plant Identification"等植物识别软件类，中国花卉报、期刊杂志类，商业信息资料类等。

第一手资料不仅能够弥补第二手资料的不足，而且具有可靠性、真实性、具体性和时效性的特点，因而在园林植物学习中发挥着极其重要的作用。

(3) 归纳法

园林植物基础作为园林专业学习的基础课程，是专业学习的基石，对学生专业综合能力的提高具有不容忽视的作用。在学习过程中，掌握一定数量的园林植物及其基本特征是园林专业学习的重要任务,然而,园林植物知识众多纷繁,概念性知识零散,种类特点各异,难于形成知识链,让许多学生感到非常难于真正掌握。如果我们能对复杂的园林植物知识进行巧妙的梳理,寻找到合适的知识联结点,合理地进行归纳总结,可以帮助学生构建园林植物及其特征的网络,巩固记忆效果,有助于提高学生的学习效率和兴趣。比如,为了更好地掌握植物种类,可以以科的特点为联结点,掌握了科的特点,就等于掌握一个大类植物的共同特点,利用植物检索表,结合对比记忆法就很容易掌握差异性特点;如果为了园林植物的应用,则可以以应用形式或生境特点为联结点,有助于快速掌握同类应用形式或类似生境特点的种类,在园林设计或植物景观设计时,就可以快速地选择到合适的种类。

(4)形象记忆法

形象记忆法是指以感知过的事物的形象为内容,以感性材料包括事物的形状、体积、质地、颜色、声音、气味等具体形象为基础,通过联想法,用形象的语言加以描述的一种记忆方法。形象记忆法具有直观性、鲜明性、趣味性、启发性等特点。如听到六月雪的名字,就可以联想到花期六月,同时六角形的白花如同飘落的雪花;听到罗汉松,就可以联想到树上有类似罗汉的"果实"(因为罗汉松是裸子植物,没有真正的果实);见到罗汉松的雌花,可联想到送子观音;见到马褂木,就可以联想到其叶形如马褂;见到鸽子树(珙桐)的花就可以联想到鸽子,因其两片大而洁白的总苞形似展翅的翅膀,其头状花序犹如鸽子头;见到荷花,就可以联想到观音静坐其上,等等(图1-1)。

合理地利用形象记忆法,可以有效地调动学习者对园林植物学习的积极性和兴趣,激励学习者发散性思维和想象力的开发和利用,这种无羁绊的学习方法能使学习者更易于享受到成就感,继而增强学习动力,提高自信心。

六月雪　　罗汉松雌花　　罗汉松的种子与种柄　　马褂木

图 1-1　具有形象特征的植物

槲树　　槲栎　　白栎

图 1-2　对比分析法的应用

(5) 对比分析法

园林植物种类多，形态相似的种类容易混淆，利用对比分析法，结合植物检索表，可以有效地准确掌握其特点(图 1-2)。例如，板栗(*Castanea mollissima*)、锥栗(*C. henryi*)与茅栗(*C. seguinii*)，它们都是壳斗科栗属植物，虽然形体差异很大，但从名字上容易混淆，此时就可从锥栗入手，锥栗叶披针形，先端近似锥形，并且一个果壳中仅有一个栗子，所以呈圆锥形，而板栗是乔木，茅栗是灌木，这样三个种就很容易掌握；五角枫(色木槭)(*Acer mono*)与元宝枫(平基槭)(*A. truncatum*)都是槭树科槭属植物，名字差异很大，但形态特征相似，难于将名字与实物对准，如果我们用"五星红旗"这种熟悉的事物，就可将五角枫的"五"与叶基心形的"心"整合一起，就很容易将五角枫与元宝枫区分开，而且元宝枫的双翅果排列如元宝，五角枫的双翅果排列几乎是一直线；槲栎(*Quercus aliena*)、槲树(*Q. dentata*)和白栎(*Q. fabri*)都是壳斗科栎属植物，槲栎与狐狸谐音，狐狸有尾巴，联想到槲栎有叶柄，白栎有白毛，而槲树既无叶柄，也无白毛，由此，三个种很容易就区分开了，也很容易掌握；皂荚(*Gleditsia sinensis*)和肥皂荚(*Gymnocladus chinensis*)都是豆科植物，虽然形态差异很大，但究竟哪个种有什么特点，容易混淆，如果把肥皂荚想像成肥皂可以把刺洗掉，暗示了肥皂荚枝无刺，而皂荚树有枝刺，由此，就很容易掌握两个种的特点，并且不易混淆。

(6) 累积法

累积法应用在读经上又被称为"137 学习法"，即每天至少读 1 遍，最多 7 遍，每天至少读 3 样，最多 7 样，连续重复读 7 天相同的内容。如果将累积法用在园林植物学习中，每天记 3~7 个植物种类，一周就可以牢记 3~7 个种，日复一日，年复一年，循序渐进，犹如滚雪球一样，越积越多，当积累到一定数量时，就可以信手拈来，运用自如。

小　结

园林植物资源丰富多彩，种类繁多。不同的园林植物，其大小、形态、色彩、气味、味道、营养方式、寿命等各不相同，都具有鲜明的特点和较高的观赏价值。为了更好地掌握园林植物种类及其形态术语和特征，本课程学习过程中应将理论联系实践法、资料收集法、归纳法、形象记忆法、对比分析法、累积法综合运用，才能真正实现信手拈来，运用自如。

思考题

1. 什么是园林植物？
2. 如何理解园林植物的多样性？
3. 园林植物基础课程的主要内容有哪些？
4. 园林植物基础课程的学习方法有哪些？

第 2 章 园林植物基本类群

2.1 植物界基本类群

2.1.1 低等植物与高等植物

根据植物的形态结构、生活习性、亲缘关系和环境适应性等，植物界可分为藻类植物、菌类植物、地衣植物、苔藓植物、蕨类植物、种子植物(包括裸子植物和被子植物)六大基本类群(图2-1)。其中，藻类、菌类、地衣类多为水生、湿生，无根、茎、叶分化，且生殖过程中无胚而直接发育新植株，所以也称为无胚植物(non-embryophyte)[又称为低等植物(lower plant)或原植体植物]，藻类植物具有光合色素，属自养植物；而菌类植物无光合色素，属异养植物，多靠寄生或腐生生活；地衣为藻类、菌类的共生体。苔藓、蕨类和种子植物绝大多数都是陆生，除苔藓植物外，都有根、茎、叶分化，雌性生殖器官是由多个细胞构成的，受精卵发育成胚，再长大成植物体，因而它们合称为高等植物(higher plant)，也称为有胚植物(embryophyte)或茎叶体植物。

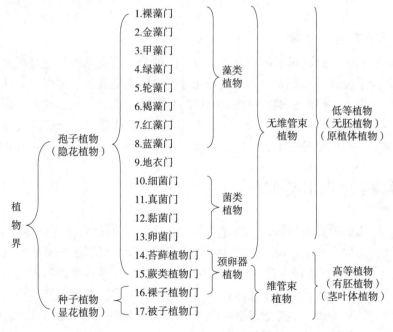

图 2-1 植物界的基本类群

2.1.2 维管植物与非维管植物

维管植物(vascular plant)是指体内含有导管、筛管等维管束的植物，包括蕨类植物和种子植物。非维管植物(non-vascular plant)是指体内无维管束产生的植物，包括藻类、菌类、地衣、苔藓植物。

2.1.3 孢子植物与种子植物

藻类、菌类、地衣类、苔藓类、蕨类植物用孢子进行繁殖，称为孢子植物(spore plant)，由于它们在生活过程中不开花结果，所以又称为隐花植物(cryptogamae)；而裸子植物(gymnosperm)和被子植物(angiosperm)开花结果，用种子繁殖，所以称为种子植物(seed plant)或显花植物(phanerogamae)。但裸子植物的孢子叶球实际上不是真正的花，所以多数学者如哈钦松、塔赫他间、克朗奎斯特等采用狭义的"显花植物"的概念，即有花植物或显花植物仅指被子植物而不包括裸子植物。

孢子和种子都脱离母体发育，但孢子只是单细胞的生殖细胞，而种子则属于生殖器官，其结构远比孢子要复杂得多，加之种子有种皮保护，使其抗旱能力比孢子要强得多，这样就决定了种子植物比孢子植物更适于陆地生活。

种子植物最大的特征就是能产生种子。与种子出现有密切关系的是花粉管的产生，它将精子送到卵细胞旁，这样在受精过程就不再受水环境的限制。种子植物的孢子体发达，高度分化，并占绝对优势；相反，配子体则极为简化，不能离开孢子体而独立生活。种子最早产生于裸子植物中的种子蕨目，其中最原始的化石种子蕨植物是在上泥盆纪地层中发现的。种子的出现为植物的繁殖、分布创造了更有利的条件，在植物进化中具有重要意义。

2.1.4 裸子植物与被子植物

被子植物和裸子植物同属于种子植物，但又因种子外面有无果皮包被而分为裸子植物和被子植物。裸子植物(gymnosperm)是指开花过程中胚珠外面无子房壁，胚珠受精后发育成的种子外面无果皮，仅由珠鳞发育而成的种鳞片覆盖，如金钱松、水杉、圆柏等。被子植物(angiosperm)是指开花过程中胚珠外面有子房壁，胚珠受精后，胚珠发育成种子，子房壁发育成果皮，种子和果皮构成果实，如桃、蔓花生(*Arachis duranensis*)、向日葵等。

2.2 园林植物基本类群

由于低等植物的植物体结构比较简单，无根、茎、叶的分化，生殖器官多为单细胞，合子不形成胚，多生于水生环境，因此在园林中应用极少。可以说园林植物几乎全为高等植物(图2-2)。据统计，地球上已发现的高等植物中约5万种具有鲜明的观赏价值。苔藓植物的少数种类可以观赏，但由于其对环境条件的特殊要求，在城市园林中应用较少；大多数蕨类植物的叶形美丽，多为观叶和地被植物；裸子植物和被子植物以其优美的形态、色彩、香味等观赏特征而成为园林植物的主体。

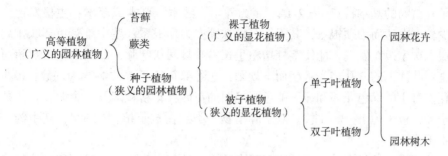

图 2-2 园林植物的基本类群

2.2.1 园林树木与园林花卉

《辞海》解释：园林植物是指适宜种于城乡绿地（公共和专用绿地）、风景区、名胜古迹的木本植物和草本植物的统称。其中，凡适合于各种风景名胜区、休疗养胜地和城乡各类型园林绿地应用的木本植物，统称为园林树木，如苏铁、银杏、茉莉花、桂花、玫瑰、月季、樟树等。

在"花卉"的字义中，"花"表示开花植物，"卉"表示草，故花卉常被误认为是指具有观赏价值的草本植物。《中国农业百科全书》认为，花卉与观赏植物同义，即具有观赏价值的草本和木本植物，那么与之相对应的园林花卉，是指适合各种园林绿地栽培的花卉，包括木本花卉和草本花卉，如兰花、水仙、荷花、鸟巢蕨、月季、菊花、杜鹃花、三角梅等。

2.2.2 单子叶植物与双子叶植物

根据种子中胚的子叶数量不同，被子植物一般又分为单子叶植物和双子叶植物。种子中胚具有 2 枚子叶的植物，叫双子叶植物，如杨柳科、木兰科、樟科、蔷薇科等植物；种子中胚具有 1 枚子叶的植物，叫单子叶植物，如百合科、棕榈科、兰科、石蒜科等植物。

单子叶植物的基本特点（表 2-1）：以草本植物为主；主根不发达，由多数不定根形成须根系；茎中维管束散生排列，无形成层，均为初生组织，一般无法增粗生长，但有居间分生组织，植株可进行长高生长；叶脉多为平行脉或弧形脉，支脉末梢封闭而无自由支脉末梢；叶片上的气孔多排列成行；花瓣、花萼、雌蕊、雄蕊多以 3 为基数，稀为 4，花被片多不分化为花瓣和花萼；花粉粒具 1 个萌发孔；胚具 1 枚子叶，有时胚不分化。

表 2-1 双子叶植物与单子叶植物对比

类别	双子叶植物	单子叶植物
生长类型	乔木、灌木、藤本、草本	多为草本（包括草质藤本）
根	多为直根系	多须根系
茎	可增粗长高	不可长粗，但可长高
叶	多为网状脉；气孔多为散生而不规则	多为平行脉或弧形脉；叶片上的气孔多排列成行
花	各部多以 4 或 5 为基数；花被片分化为花萼和花瓣；花粉粒具 3 个萌发孔	花的各部以 3 为基数，极少 4 基数；花萼和花瓣多难以区分，往往统称花被片；花粉粒具 1 个萌发孔
胚	子叶多 2 枚	子叶多为 1 枚

双子叶植物的基本特点（表2-1）：多为乔木、灌木、草本或藤本；主根发达，多为直根系，少数不发达而为须根系，其无性系植株则多为须根系；茎中维管束环状排列，有束间形成层，次生组织发达，能使茎秆增粗生长；叶具网状叶脉；支脉末梢不封闭而有自由支脉末梢；叶片上的气孔多为散生而不规则；花各部每轮通常以4~5为基数，极少以3为基数；花多有小的绿色花萼和显著的色彩艳丽的花瓣；花粉粒多具3个萌发孔；种子胚常具2枚子叶，极少为1、3、4枚。双子叶植物种类约占被子植物的3/4，其中约1/2的种类是木本植物。

以上是双子叶植物和单子叶植物在形态结构上的基本区别，也是它们的典型特征，据此可以将二者区分，但是这些特征并不是绝对的。因此，划分双子叶植物和单子叶植物不能仅根据1~2个特征，而要综合考虑。如双子叶植物睡莲、白屈菜种子的胚具1枚子叶，而单子叶植物天南星科的种子胚具2枚子叶；双子叶植物中柴胡的叶片是平行脉序，单子叶植物中山药的叶片具有网状脉序；毛茛科、车前科中的部分植物有须根系；木兰科、夹竹桃科等植物的花以3为基数，而单子叶植物眼子菜的花以4为基数；毛茛科、石竹科等双子植物中也有类似于单子叶植物的星散维管束。

2.3 中国园林植物资源概述

2.3.1 中国园林植物资源特点

中国地域辽阔，横跨热带、亚热带、温带和寒温带，地形复杂，气候各异，这为园林植物的繁衍创造了优越的自然条件。

2.3.1.1 种类繁多

中国植物种质资源逾3万种，仅次于巴西和哥伦比亚，位居世界第三位，是许多名花异卉的故乡，也是世界园林植物种类和资源最丰富的国家，被誉为"世界园林之母"。据陈嵘教授在《中国树木分类学》(1937)一书中统计，中国原产的乔灌木种类比全世界其他北温带地区所产的总数还多。

中国植物种类之所以丰富多样，一方面是因为中国幅员辽阔、气候温和以及地形变化多样；另一方面是地史变迁的因素。早在新生代第三纪以前，全球气候暖热而湿润，林木极为繁茂，当时银杏科就有15种以上，水杉则广布于欧亚地区直达北极附近。到新生代第四纪由于冰川时期的到来，大冰川从北向南运行，因为中欧山脉多为东西走向，所以北方树种受大山阻隔而几乎全部受冻灭绝，这就是北部、中部欧洲树种稀少的历史根源。在中国，由于冰川是属于山地冰川，所以有不少地区未受到冰川的直接影响，因而保存了许多欧洲已经灭绝的树种，如苏铁、银杉、水杉、水松、穗花杉、鹅掌楸、珙桐、杪椤等被欧洲人称为"活化石"的树种。

2.3.1.2 地域性强

园林植物地域性是指园林植物资源分布在一个自己适应的区域内，即一个地区有一定的园林植物资源。园林植物的地域性不仅反映在植物种的分布上，而且表现在其观赏特点上，从而影响植物的园林应用价值。根据植物的自然地理环境特点，园林植物有东北区、华北区、华中区、华南区、西南区、西北区、内蒙区、青藏区8个自然分布区。

(1) 东北区

包括东北三省和内蒙古大兴安岭地区，属寒温带和温带的部分地区。该区属寒温带、中温带湿润(半湿润)气候，冬寒夏凉，雨热同季，日照充足，年平均温度在-4℃左右，1月平均温度常低于-20℃，7月平均温度一般不高于24℃，绝对最低温度为-40~-30℃，有的地方可达-50℃；雨量集中在6~8月，年降水量为350~700 mm，适中；冻土多，沼泽多，土壤在平原区为黑土和黑钙土，山地为暗棕色森林土，低洼地有大面积盐碱土，土地肥沃，适于耐寒性较强的植物生长，主要有大兴安岭寒温带针叶林植物、东北东部山地针阔叶混交林植物和东北平原森林草原植物三大类型，包含樟子松、红松、杜松、侧柏、长白松、落叶松、垂枝圆柏、'鹿角'桧、兴安桧、北京杨、'龙爪'柳、'馒头'柳、裂叶榆、大果榆、春榆、杜梨、华北卫矛、枣、'龙桑'、银槭、青榨槭、色木槭、小檗、大花溲疏、东陵绣球、华北绣线菊、金钟连翘、小叶丁香、北京丁香、关东丁香、早花锦带、大花铁线莲、大叶铁线莲、葛枣猕猴桃、软枣猕猴桃、狗枣猕猴桃、木通马兜铃、贯叶忍冬、盘叶忍冬等园林植物。

(2) 华北区

包括辽宁西部、河北省(张家口地区除外)、山西、陕西(北以长城为界，南以秦岭为界)、宁夏南部、甘肃东南部、山东、河南和安徽淮河以北、江苏黄河故道以北、北京和天津。本区有中国第一大平原——华北平原，属暖温带半湿润气候，夏热多雨，冬季晴燥，春季多风沙，秋季短促，年平均温度为9~16℃，1月平均温度-2~-13℃，7月平均温度22~28℃，绝对最低温度为-30~-20℃；年均降水量一般在400~700mm，沿海个别地区可达1000mm；平原土层深厚，但肥力不高，土壤在平原和高原多为原生或次生的褐色土，弱碱性，富含钙质；海滨和较干旱地区常有盐碱土；山地和丘陵地为棕色森林土，中性至微酸性，耕垦历史悠久，自然生物群落改变极大。主要有辽东半岛、山东半岛落叶阔叶林植物、华北平原半旱生落叶阔叶林植物、冀晋山地半旱生落叶阔叶林草原植物和黄土高原森林草原植物四大类型，包含白鹃梅、笑靥花、珍珠花、柳叶绣线菊、风箱果、珍珠梅、月季、香水月季、木香、黄刺玫、鸡麻、金露梅、紫叶李、杏、山杏、桃、紫叶桃、郁李、麦李、多花栒子、平枝栒子、火棘、山楂、木瓜、贴梗海棠、苹果、山荆子、海棠果、海棠花、垂丝海棠、杜梨、蜡梅、白玉兰、紫荆、锦鸡儿、紫藤、连翘、紫丁香、蓝丁香、流苏树、泡桐、牡丹、猬实、接骨木、大花溲疏、天目琼花、楸树、黄金树、互叶醉鱼草、红瑞木、蒙椴、槐等园林植物。

(3) 华中区

包括安徽淮河以南、江苏旧黄河河道以南、河南东南部分地区、浙江、上海、江西、湖南、湖北东部、广西北部、广东北部、福建大部，即秦岭淮河以南，北回归线以北，云贵高原以东的中国广大亚热带地区。该区气候温暖湿润，冬温夏热，四季分明，冬季气温较低，但不严寒。年平均温度15~22℃，1月平均温度均在0℃以上，7月平均温度20~28℃，自北向南，自东向西递增，绝对最低温度-5~15℃。年平均降水量为800~

1600mm，由东南沿海向西北递减。土壤主要是黄棕壤、黄壤和红壤。主要有北亚热带长江中下游平原混交林植物、中亚热带长江南岸丘陵盆地常绿林植物和中亚热带浙闽沿海常绿林植物三大类型，包含苏铁、银杏、日本黑松、华南五针松、金钱松、雪松、水杉、池杉、柳杉、侧柏、'千头'柏、圆柏、'龙柏'、砂地柏、'绒柏'、日本花柏、日本扁柏、罗汉松、竹柏、南方红豆杉、白玉兰、二乔玉兰、紫玉兰、广玉兰、马褂木、乐昌含笑、醉香含笑、含笑、阔瓣含笑、光叶白兰、樟树、猴樟、天竺桂、紫楠、闽楠、杨梅、枫杨、加杨、板栗、栓皮栎、榉树、榔榆、朴树、珊瑚朴、紫弹朴、薜荔、桑、构树、无花果、牡丹、芍药、小檗、紫叶小檗、阔叶十大功劳、十大功劳、南天竹、枇杷、樱花、梅、桃、月季、粉团蔷薇、杜英、桂花、柑橘、槐、梧桐、紫薇、丁香、木芙蓉、石榴、枣树、栀子、六月雪、山茶、夹竹桃、八仙花、蜡梅、金丝桃、南迎春、芭蕉、美人蕉、活血丹等园林植物。

（4）华南区

包括北回归线以南的云南、广西、广东南部、福建福州以南的沿海狭长地带及台湾、海南全部和南海诸岛。该区属终年高温的热带季风气候，湿热多雨，夏季长，冬季温暖、潮湿。年平均温度为21~26℃，1月平均温度在12℃以上，7月平均温度29℃，年温差较小，绝对低温一般都在0℃以上；年降水量1600~1800mm，部分地区可达2000mm以上。土壤为砖红壤和砖红化红壤。主要有常绿的热带雨林植物、季雨林植物和南亚热带季风常绿阔叶林植物，是山茶、丁香、油杉、蚊母树、椴树等园林植物资源的分布中心，包含苏铁科、木兰科、木麻黄属、蒲桃属、榕属、刺桐属、黄檀属、紫薇属、龙血树属、朱蕉属、鱼尾葵属、海枣属、三角梅、白兰花、含笑、鸡蛋花、人面子、海红豆、仪花、福建茶、黄钟花、扁桃、南洋杉、清香木、杜鹃红山茶、金花茶、黄花风铃木、苹婆、假苹婆、九里香、米仔兰、荔枝、红绒球、尖叶木犀榄、大王椰、三药槟榔、棕竹、'金边'龙舌兰、假槟榔、巨丝兰、非洲茉莉、非洲凌霄、龙眼、水石榕、垂花悬铃花、小叶榕、垂叶榕、木棉、米老排、秋枫、红背桂、一品红、小叶榄仁、炮仗花、落羽杉、红粉朴、莲雾、澳洲鸭脚、五月茶、桃金娘、密蒙花、芡实、石蒜、金合欢、田菁等园林植物。

（5）西南区

包括云南、贵州高原北部、广西盆地的北部、四川盆地、陕西南部（秦岭以南）、湖北西部及甘肃和河南南部的小部分地区。该区属于我国的第二级阶梯，地势起伏较大，岩溶地貌十分发育，多数地面海拔在1500~2000m，最高可超过5000m，且受印度洋气流影响，气候属春温高于秋温，春旱而夏秋多雨。年平均温度14~16℃，有些地方可高达20~22℃，1月平均温度5~12℃，7月平均温度28~29℃，各月平均温度多在6℃以上，月平均温度未超过22℃，年均降雨量900~1500mm。土壤为红壤、黄壤和黄棕壤。主要有北亚热带秦巴山地混交林植物、中亚热带四川盆地常绿林植物、中亚热带贵州高原常绿林植物和中亚热带云南高原常绿林植物四大类型，是山茶、丁香、油杉、溲疏、蚊母树、含笑、梅子等园林植物资源的分布中心，包含肾蕨、榉树、广玉兰、紫玉兰、枫杨、栾树、无患子、重阳木、乌桕、秋枫、榕树、小叶榕、黄葛树、菩提树、天竺桂、樟树、银杏、柳树、紫荆、月季、梅、火棘、金缕梅、枫香、女贞、小叶女贞、杨树、珊瑚树、五角枫、元宝枫、紫薇、桃叶珊瑚、金银花、栀子、毛叶丁香、大叶黄杨、小叶黄杨、雀舌黄杨、杜鹃花、十大功劳、海桐、南天竹、丁香、桂花、棕竹、罗汉松、水杉、金橘、桃、香蒲、鸢尾、千屈菜、玉簪、海芋、慈姑、芦苇、鱼尾葵、假槟榔、细叶结缕草、麦冬、沿阶草、马蹄筋、孝顺竹、荷花等园林植物。

(6) 西北区

包括宁夏和新疆全部，河北、山西、陕西三省北部，内蒙古、甘肃大部和青海的柴达木盆地（干旱中温带，干旱暖温带），即大兴安岭以西，黄土高原和昆仑山以北的广大干旱和半干旱的草原和荒漠地区。该区属内陆干旱气候，日照丰富，内陆流域面积广大，以山地冰川补给为主，典型的荒漠景观，是我国降水量最少，相对湿度最低，蒸发量最大的干旱地区，即干旱少雨，风大，沙大，土壤盐渍化严重。年均降水量一般不足200mm，有的地区少于25mm。主要有山地森林植物、灌丛植物、草原植物和高山植物，包含云杉、油松、新疆紫草、紫草、雪莲、甘肃贝母、天山贝母、沙棘、沙枣、苦参、沙拐枣、枸杞、越橘、宽叶蔷薇、亚麻、苘麻、罗布麻、山楂、野苹果、山荆子、酸枣、甘肃当归、甘草、党参、冬虫夏草、文冠果、胡枝子、茜草、飞燕草等园林植物。

(7) 内蒙区

位于内蒙古高原，包括内蒙古中部、宁夏北部、陕西北部（长城以北）、河北北部（张家口地区）。该区属温带内陆干旱、半干旱季风气候，年均降水量150~350mm，自东向西递减，东部边缘可达400mm左右，北部地区干旱而严寒。土壤为栗钙土和棕钙土。主要有西辽河流域干草原植物、内蒙古高原干草原荒漠草原化草原植物和鄂尔多斯高原干草原荒漠草原植物三大植物类型。包含远志、沙棘、沙枣、山楂、东北杏、全缘栒子、百里香、樟子松、苘麻、罗布麻、亚麻等园林植物。

(8) 青藏区

包括西藏和青海全境、四川的甘孜和阿坝、云南北部的迪庆、甘肃甘南及祁连山以南和新疆昆仑山以南，是世界上最高的高原，被誉为"世界屋脊"，地球的"第三极"，是我国地势的第三级阶梯，平均海拔4000~5000m，并有许多耸立于雪线之上的山峰。土壤为高山草甸土和高山寒漠土。东南部气候温暖湿润，主要有针阔混交林植物和寒温性针叶林植物；西北部气候寒冷，光照充足，辐射量大，干湿季分明，主要有高寒灌丛植物、高寒草甸植物、高寒草原植物、高寒荒漠草原植物以及高寒荒漠植物等。包含华山松、乔松、红景天、鸡血藤、雪莲、贝母、缫丝花、黄果悬钩子、百里香、素馨、紫草、沙棘、水麻、紫麻、黄瑞香等园林植物。

2.3.1.3 分布集中

很多著名观赏树木的科、属是以中国为其世界分布中心，在相对较小的地区内，集中原产众多的种类。现以20属园林树木为例，从中国产的种类占世界种类总和的百分比中证明中国确是若干著名树种的世界分布中心（表2-2）。

表 2-2　20 属国产树种占世界总树种的百分比

属 名	国产种数	世界总种数	国产总种数占世界总种数(%)	备 注
金粟兰	15	15	100	
山 茶	195	220	89	西南、华南为分布中心
猕猴桃	53	60	88	
丁 香	25	30	83	主产东北至西南
石 楠	45	55	82	
油 杉	9	11	82	主产华中、华南、西南
溲 疏	40	50	80	西南为分布中心
刚 竹	40	50	80	主产华中、西南、华南
蚊母树	12	15	80	主产西南、华东、华南
杜鹃花	>500	800	75	西南为分布中心
槭	150	205	73	
花 楸	60	85	71	
蜡瓣花	21	30	70	主产华中、西南、华南
含 笑	35	50	70	主产西南至华东
椴 树	35	50	70	主产东北至华南
海 棠	22	35	63	
木 犀	25	40	63	主产华中、西南、华南
枸 子	60	95	62	西南为分布中心
绣线菊	65	105	62	
南蛇藤	30	50	60	

2.3.1.4　特色鲜明

(1) 特有种多

特有种对研究古代植物区系、古地理学和古气候学，以及植物分类和演化有重要意义。许多特有树种都是组成森林的重要树种，还有保护环境的作用和重要的经济价值。中国国土辽阔，自然条件复杂，有多种树木生存和繁育的条件，加上未受第四纪大陆性冰川期破坏性袭击，因而特有树种资源甚为丰富。据初步统计，中国特有的裸子植物中特有科仅有银杏科，特有银杏属（*Ginkgo*）、银杉属（*Cathaya*）、金钱松属（*Pseudolarix*）、水松属（*Glyptostrobus*）、水杉属（*Metasequoia*）和白豆杉属（*Pseudotaxus*）6 属，各属均只含 1 种。特有种 100 种，约占总数的 1/2。在松、杉、柏科各属中，如油杉属全世界共有 11 种，中国特产 9 种；冷杉属全世界有 50 多种，中国特产 15 种。

木本被子植物中国特有的科有杜仲科、珙桐科等均为单属、单种，特有的属有 60 多属，如华盖木属（*Manglietiastrum*）、观光木属（宿轴木属，*Tsoongiodendron*）、结香属（*Edgeworthia*）、青钱柳属（*Cyclocarya*）、青檀属（*Pteroceltis*）、喜树属（旱莲木属，*Camptotheca*）、山桐子属（*Idesia*）、猬实属（*Kolkwitzia*）、双盾木属（*Dipelta*）、金钱槭属（*Dipteronia*）、蜡梅属（*Chimonanthus*）、半枫荷属（*Semiliquidambar*）、掌叶木属（*Handeliodendron*）、银鹊树属（*Tapiscia*）、牛筋条属（*Dichotomanthus*）、棣棠属（*Kerria*）、伞花木属（*Eurycorymbus*）、海南椴属（*Hainania*）、琼棕属（*Chuniophoenix*）等。各大科中都有一定数量的特有种，如樟科特有种 192 种。

许多特有种是第三纪孑遗植物。孑遗植物，也称作活化石植物，是指起源久远，在新生代第三纪或更早有广泛的分布，而大部分已经因为地质、气候的变化而灭绝，只存在于很小的范围内，这些植物的形状和在化石中发现的植物基本相同，保留了其远古祖先的原始形状，且其近缘类群多已灭绝，因此比较孤立，属进化缓慢的植物。如第四纪冰川期后已灭绝的水杉，1941年在中国湖北利川谋道溪发现后，被世界各国植物学家看作是珍贵的活化石。桫椤、笔筒树、银杉、穗花杉、银杏、水松、珙桐、红豆杉、台湾杉、长柄双花木、鹅掌楸都是中国特有的孑遗植物。

(2) 特色品种和类型多

中国园林植物在长期栽培中培育出独具特色的品种和类型，如梅花枝条有直枝、垂枝和曲枝等变异，花有洒金、台阁、绿萼、朱砂、纯白、深粉等品种，在宋朝就已有杏梅类的栽培品种，以后形成的品种达到300多个，其品种类型丰富、姿态各异。桃花有直枝桃、'垂枝'桃、'寿星'桃、'洒金'桃、'五宝'桃、'绯桃'、碧桃、'绛桃'、'菊花'桃等多种品种和类型。'黄香'梅、红檵木、红花含笑、重瓣杏花、金花茶、'醉芙蓉'(清代《花镜》有记载)、'娇容三变'月季(清代《月季花谱》有记载)、'软香红'、'粉妆楼'、'湖中月'、'睡美人'、'西施醉舞'、'月月红'、'贵妃醉酒'、'紫燕飞舞'等月季品种等都是园林植物杂交育种的珍贵种质资源。常绿杜鹃亚属植物的花序、花形、花色、花香等差异很大，或单花或数朵或排列成多花的伞形花序；花朵形状有钟形、漏斗形、筒形等；花色有粉红、朱红、紫红、丁香紫、玫瑰红、金黄、淡黄、雪白、斑点、条纹及变色等；在花香方面，则有不香、淡香、幽香、烈香等种种变化。

此外，中国园林植物资源中具有特殊的抗逆性和抗病能力，过去米丘林曾应用过我国海棠果的抗寒性选育抗寒苹果(抗-35℃低温)，美国曾于1904年后大量用中国的板栗与北美板栗(*Castanea dendata*)杂交才解决大面积栗属植物病疫的灾难。近年来美国榆树大量罹病死亡，几至全部灭绝，后通过用中国的榆树与美国榆(*Ulmus americana*)杂交才培育出抗病新榆树，避免了灭绝灾难。

2.3.2 中国园林植物栽培历史及其典籍

中国不仅是一个园林植物资源丰富的国家，而且园林植物的栽培历史极为悠久。

(1) 商

中国古典园林的雏形——囿和台的结合，形成于商朝。囿字在甲骨文中作 ，是成行成畦地栽植树木果蔬的象形，表示种植花草蔬菜的园子，说明此时花木栽植已经出现。

(2) 周

①春秋时期　吴王夫差的梧桐园中栽植观赏花木梧桐、茶、海棠等。

②战国时代　在《诗经·郑风·溱洧》中就有："维士与女，伊其相谑，赠之以芍药""彼泽之陂，有蒲有荷"，说明此时不仅陆地栽培观赏植物，还有栽植水生花卉的习惯。

(3) 秦汉三国

到秦汉间所植名花异卉更加丰富，王室富贾营建宫苑，集各地奇果佳树、名花异卉植于园内，如汉成帝的上林苑，不仅栽培露地花卉，还建保温设施，种植各种热带、亚热带观赏植物，据《西京杂记》记载，当时搜集的果树、花卉已达2000余种，其中，梅花有'侯梅'、'朱梅'、'紫花'梅、'同心'梅、'胭脂'梅等品种。

(4) 两晋南北朝

①西晋　嵇含的《南方草木状》，记载两广和越南栽培的园林植物，如茉莉、菖蒲、扶桑、刺桐、紫荆、睡莲等80种，这是世界上最早的一部区域性植物志，是我国现存最早的关于岭南地区草、木、果类植物的专著，是研究古代岭南植物分布和原产地的宝贵资料，同时还描写了观赏植物对园林发展的影响。

②东晋　陶渊明诗集中有'九华'菊品种名，还有芍药开始栽培的记载。

(5) 隋

花卉栽培繁盛，芍药已广泛栽培。

(6) 唐、宋

花卉的种类和栽培技术均有较大发展，有关花卉方面的专著不断出现。

①唐　王芳庆的《园林草木疏》、李德裕《手泉山居竹木记》。

②宋　陈景沂的《全芳备祖》，汇集的各类园艺植物文献最为完备；范成大的《桂海花木志》《范村梅谱》和《范村菊谱》，欧阳修、周师厚的《洛阳牡丹记》，陆游的《天彭牡丹谱》，陈思的《海棠谱》，刘蒙、史正志《菊谱》记载品种改进方法，如小花改大花、单瓣变重瓣；王观《芍药谱》(孔武仲、刘攽也写过芍药谱，但已失传)，王贵学《兰谱》(记载兰花的品种和繁殖栽培方法)，赵时庚《金漳兰谱》等；苏东坡《东坡杂记》记载"近时都下菊品至多，皆以他草接成，不复与时节相应，始八月尽十月，菊不绝于市"等。

盆景艺术也已产生。公元706年所建唐代章怀太子墓的甬道壁上有侍女捧盆景的壁画。

(7) 元

元朝是文化低落期，花卉栽培亦衰。

(8) 明

花卉栽培达到高潮。在著作方面不仅有大量花卉类书籍出现，而且综合性的著述也较多。栽培技术及选种、育种亦有进一步的发展，花卉种类及品种有显著增加。

专著有张应文的《兰谱》，杨端的《琼花谱》，史正志、黄省曾、张应文的《菊谱》，高濂的《草花谱》等。

论述一般栽培的著作有程羽文的《花小品》《花历》，宋翊的《花谱》，吴彦匡的《花史》，王路的《花史左编》，巢鸣盛的《老圃良言》、王象晋的《群芳谱》等。

综合著作有周文华的《汝南圃史》，王世懋的《学圃杂疏》、陈诗教的《灌园史》。

据记载，此时已有大量利用播种技术育成新品种的事实，嫁接方法也已广泛应用。

(9) 清

清朝初期，花卉栽培繁盛，专著、专籍很多。主要有陆廷灿的《艺菊志》、李奎的《菊谱》、杨钟宝的《缸荷谱》、赵学敏的《凤仙谱》、计楠的《牡丹谱》等专谱；论述栽培的著作有徐寿全的《品芳录》《花佣月令》，陈淏子的《花镜》，马大魁的《群芳列传》等。

(10) 民国时期

主要有陈植的《观赏树木》，夏诒彬的《种兰花法》《种蔷薇法》，章君瑜的《花卉园艺学》，童玉民的《花卉园艺学》，陈俊愉、汪菊渊等的《艺园概要》，黄岳渊、黄德邻的《花经》等。

第一部菊谱成书于宋代，其中描述了35个品种；至1900年，中国历史上先后出现了68部菊谱，目前存世48部，已经收集到41部古代菊花谱录。

2.3.3 中国园林植物对世界园林的贡献

丰富的中国园林植物资源早就被世界园林学界所关注，世界各国纷纷前来引种(表2-3)。

表2-3 中国园林植物资源外流史记表

时 间	国 名	引种者	引种情况
16世纪	葡萄牙		引走甜橙
1689年		外科医生詹姆斯·坎安宁	采集600份标本，并命名了杉木
1803年		汤姆斯·埃义斯	引走多花蔷薇、棣棠、南天竹、木香、淡紫百合
1815年		驻华使馆植物学家兼内科医生克拉克·艾贝尔	引走300种植物种子，包括梅和六道木
1818年		罗夫船长	引走云南山茶和紫藤，其紫藤在1839年长到55m长，可覆盖167m² 墙面，一次开67.5万朵花
1839—1860年	英国	罗伯特·福琼 (Robert Fortune)	受英国皇家园艺协会派遣，其4次来华，引走野生或栽培的观赏植物(包括山茶、杜鹃花、菊花、灯笼花、秋牡丹、桔梗、金钟花、枸骨、石岩杜鹃、柏木、阔叶十大功劳、榆叶梅、榕树、溲疏、小菊、云锦杜鹃等)和经济植物(佛手、金柑、食用百合、制作宣纸的植物、茶等)的种子，收集花园、农业和气象情报资料，并特别收集北京故宫御花园中桃的栽培品种、不同品质的茶叶，其中小菊变种后来成为英国杂种满天星菊花的亲本，云锦杜鹃在英国近代杂种杜鹃中起到了重要作用。1851年2月，从中国海运走2000株茶树小苗和1.7万粒茶树发芽种子，同时带走6名中国制茶专家到印度的加尔各答。并将其在中国的经历写成4本书：《漫游华北三年》《在茶叶的故乡——中国的旅游》《曾住在中国人之间》《益都和北京》
1899—1918年		尔尼斯特·亨利·威尔逊(Ernest Henry Wilson)	受维奇花木公司派遣，5次来华，走遍了鄂西北、滇西南、长江南北，带回标本70 000份，1000多种植物，35箱球根、宿根花卉，包括珙桐、巴山冷杉、血皮槭、猕猴桃、醉鱼草、小木通、铁线莲、矮生枸子、山玉兰、湖北海棠、金老梅、藤绣球、绿绒蒿、隐蕊杜鹃、黄花杜鹃等。1913年编写了 *A naturalist in western China*，1929年改名为 *China, the Mother of Gardens*
1904—1930年		乔治·福礼士(George Forrest)	7次来华，引走了穗花报春、多齿叶报春、紫鹃报春等12种报春花属植物，两色杜鹃、早花杜鹃、似血杜鹃、黑红杜鹃等20种杜鹃花属植物，以及一些龙胆属植物

(续)

时　间	国　名	引种者	引种情况
1904—1930 年	英国	雷·法雷尔 （Regina Farrer）	热衷于引种岩石园植物，如五脉绿绒蒿、老鹳草、法氏龙胆及轮叶龙胆等
1911—1938 年		法·金·瓦特 （Frank Kingdom Ward）	15 次来华，引走了云南的各种报春、各种杜鹃花、绿绒蒿等
1860—1869 年	法国	大卫（Pere Jean Pierre Armand David）	首先发现珙桐，还发现了柳叶梅子、红果树、西南荚蒾、腺果杜鹃、大白杜鹃、茅坪杜鹃、高原卷丹等，把 2000 多种植物的标本寄回法国
1867—1895 年		德拉维 （Pere Jean Marie Delavay）	在云南大理东北居住了 10 年，主要在大理和丽江寻找滇西北特产的园林植物，每种植物都采有花、果，共收集到 4000 种，其中 1500 种是新种，寄回法国 20 多万份腊叶标本，直至 1895 年 12 月 30 日他去世前几个月，还采集 800 种植物，其中有 243 种种子直接用于露天花园中，如紫牡丹、山玉兰、棠叶山绒蒿、二色溲疏、山桂花、豹子花、偏翅唐松草、萝卜根老鹳草、睫毛尊杜鹃、垂花报春等，还引走了 108 种温室花卉
1867—1903 年		法尔格斯 （Paul Guillaume Farges）	与德拉维同期来华，1892—1903 年在四川大巴山，采集 4000 种标本，引走喇叭杜鹃、粉红杜鹃、四川杜鹃、山羊角树、云南大王百合、大花角蒿、猫儿屎等
1886—1896 年		苏利 （Jean Andre Souliei）	来华 10 年，收集 7000 多种西藏高原的高山植物，有些植物以他的名字命名，如苏氏杜鹃（*Rhododendron souliei*）、苏氏报春、苏氏豹子花等，对法国园林影响很大
1870—1885 年	俄国	波尔兹瓦斯 （Nicolai Mikhailovich Przewalzki）	从蒙古边界、西藏北部、亚洲中部、天山、塔里木河、罗布·诺尔、甘肃、山西、戈壁沙滩、阿尔卑斯、长江的源头——姆鲁苏河、大同等地，采集 1700 种植物，15 000 份标本，榴叶山绒蒿、五脉绿绒蒿、甘青老鹳、银红金银花、麻花韭、唐玄特瑞香、蓝葱、甘肃葱等
		波塔宁 （Grigori Nilolaevich Potanin）	采集了大量的植物标本和种子，仅第三次采集 12 000 份标本，约 4000 种，第四次采集 20 000 份标本，约 1000 种
		马克西莫维兹（Maximowizi）	去过峨眉山和打箭炉，引走了红杉、轮叶龙胆、箭竹等观赏植物

(续)

时　间	国　名	引种者	引种情况
1905—1918 年	美国	迈尔 (Frank N. Meyer)	4 次来华，去过长江流域、北京、华西、西藏、哈尔滨、青岛西部、五台山、内蒙古、秦岭、山西、陕西、甘肃、汉口、宜昌等，引走了丝棉木、狗枣猕猴桃、黄刺玫、茶条槭、七叶树、木绣球、红丁香、蓝丁香、翠柏等
		洛克 (Joseph J Roch)	去过西藏、内蒙古、云南、喜马拉雅山，引走白杄、木里杜鹃等，记录了台布县等西藏东部的植物信息，并分析说明台布县林区的价值

1929 年，Wilson 在 *China, the Mother of Gardens*(《中国·园林的母亲》)中写道："中国的确是园林的母亲，因为我们的花园深深受惠于她所具有的优质植物，从早春开花的连翘、玉兰，夏季的牡丹、蔷薇，直至秋天的菊花，显然都是中国贡献给世界园林的丰富资源，还有现代月季的亲本，温室的杜鹃、樱草以及食用的桃子、橘子、柠檬、柚等。老实说，美国或欧洲的园林中无不具备中国的代表植物，而这些植物都是乔木、灌木、草本、藤本行列中最好的！"仅以英国爱丁堡皇家植物园为例(表 2-4)，即可理解中国园林植物对世界园林有多大的贡献。

表 2-4　英国爱丁堡皇家植物园引种我国园林植物(1984 年统计)

属　名	种　数	属　名	种　数
杜鹃花属 *Rhododendron*	306 种	龙胆属 *Gentiana*	14 种
栒子属 *Cotoneaster*	56 种	铁线莲属 *Clematis*	13 种
报春花属 *Primula*	40 种	百合属 *Lilium*	12 种
蔷薇属 *Rosa*	32 种	绣线菊属 *Spiraea*	11 种
小檗属 *Berberis*	30 种	芍药属 *Paeonia*	11 种
忍冬属 *Lonicera*	25 种	醉鱼草属 *Buddleja*	10 种
李属 *Prunus*	17 种	虎耳草属 *Saxifraga*	10 种
荚蒾属 *Viburnum*	16 种	溲疏属 *Deutzia*	9 种
丁香属 *Syringa*	9 种	山梅花属 *Philadelphus*	8 种
绣球属 *Hydrangea*	8 种	金丝桃属 *Hypericum*	7 种

据 1930 年统计，英国邱园从中国的华东地区和日本共引种树种就有 1377 种，占该园引自全球的 4113 种树木的 33.5%，其中墙园、槭树园、牡丹芍药园分别从中国引种 29 种、50 种、11 种。美国阿诺德树木园(Arnold Arboretum)引种中国植物 1500 种以上，甚至把中国产的四照花作为园徽，美国加州的树木花草有 70% 以上来自中国；中国园林植物在苏联及东欧各国中，同样起了巨大的作用。例如，据帕米尔植物园古尔斯基教授 1958 年统计，苏联栽培的 166 种针叶树中，有 40 种来自东亚，占 24%；在 1791 种阔叶树中，

620种来自东亚，占34%。从苏联北部到南部，中国木本植物的比例越来越大。例如，在列宁格勒和乌克兰，约有10%的乔灌木原产于中国，在中亚为18%，在南克里木为24%，在巴库为29%，在索契为47%，到了巴统高达50%。古尔斯基在其论文末尾写到："所有这些事实都说明了，现在已经完全明确了中国木本植物在苏联的重要性"。意大利引种中国植物1000多种，荷兰40%的花木来源于中国，德国现在植物中的50%来源于中国。1876年英国从我国台湾引入驳骨丹(*Buddleja asiatica*)，与产于马达加斯加的黄花醉鱼草进行杂交，培育出蜡黄醉鱼草，冬季开花，成为观赏珍品。

西方园林中许多美丽的园林植物，大多是以中国园林植物为亲本经反复杂交育种而成，例如月季，多源于中国四季开花的月季、香水月季、野蔷薇，并经过参与杂交，才形成繁花似锦、四季开花、香气浓郁、姿态万千的现代月季，应该说世界各地现代月季均具有中国月季的"血统"。

中国园林植物资源不愧为世界园林植物的基石，是全人类的宝贵财富。

小 结

本章介绍了植物界的藻类植物、菌类植物、地衣植物、苔藓植物、蕨类植物、种子植物六大基本类群及其基本特点，而为了适应园林景观的需要，园林植物几乎全部为高等植物。同时，根据《辞海》和《中国农业百科全书》界定了园林植物的概念和类型，最后概述了中国园林植物资源的特点及其栽培历史和典籍，回顾了中国园林植物对世界园林的贡献，以及中国获称"世界园林之母"的根本原因。

思考题

1. 植物界有哪些基本类群？
2. 园林植物有哪些基本类群？
3. 中国园林植物资源的特点是什么？
4. 概述中国园林植物栽培历史及其典籍。
5. 中国园林植物对世界园林界有何影响？

第 3 章 园林植物形态学基础

园林植物在长期进化和对环境的适应过程中，其根、茎、叶、花、果实和种子六大器官形成了多种多样的性状、特征，而这些性状或特征是植物分类的主要依据。园林植物分类的主要任务是用系统演化的观点，根据植物的根、茎、叶、花、果实等器官的形态特征，用最简洁的特定的科学术语描述植物，而这些科学术语就是描述植物形态特征的形态术语。为了更好地利用植物多样的形态学特征进行分类，以植物科学的观点认识、掌握和运用园林植物，学习和掌握园林植物的形态术语是重中之重。

3.1 植物的组织、种子和幼苗

园林植物的每一种器官都是由各种不同组织构成，而组织又由特定的细胞群组成，植物细胞是构成植物体的形态结构和生命活动的基本单位。

3.1.1 植物组织

3.1.1.1 植物细胞的基本结构

植物细胞虽然大小不一，形状多种多样，但其基本结构是一致的（图3-1），都是由原生质体、细胞壁和后含物三部分组成。后含物一般包括贮藏营养物质、生理活性物质以及其他物质；细胞壁有胞间层、初生壁和次生壁3层，是植物细胞特有的结构，与中央大液泡和质体一起构成了有别于动物细胞的植物细胞特有结构；原生质体由细胞膜、细胞质和细胞核组成，其中细胞质包括细胞基质和细胞器（线粒体、内质网、中心体、叶绿体、高尔基体、核糖体等），细胞核由核膜、核仁和核质组成。质膜以内的部分又称为原生质，细胞的一切代

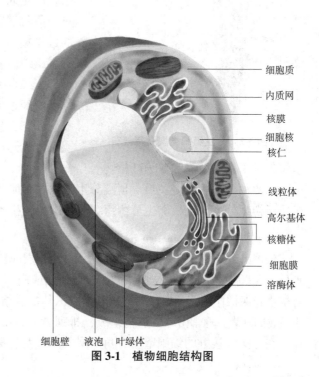

图 3-1 植物细胞结构图

谢活动都在这里进行。通常情况下，正常代谢的细胞，原生质呈溶胶状态，具有半流动性，但在一定条件下，如干燥种子，水分减少，胶体失去活动性而成为凝胶，此时生命活动降至最低点，因而能在较长时期内贮存并保持其生命力。

3.1.1.2 植物组织及其基本类型

植物组织是指来源相同、机能相同、形态结构相似，而且彼此密切联系的细胞群。构成植物体的组织种类很多，对各种植物组织进行分类是有必要的。目前通用的植物组织分类方法，按生长发育程度、分布位置、功能等，可分为分生组织和成熟组织，后者包括保护组织、薄壁组织(营养组织)、机械组织、输导组织、分泌组织。

(1) 分生组织(meristem)

分生组织指位于特定部位，能持续或周期性进行分裂的细胞群。

①按分布位置分　可分为顶端分生组织(apical meristem)、侧生分生组织(lateral meristem)和居间分生组织(intercalary meristem)(图3-2)。顶端分生组织主要位于植物的根、茎或其分支的顶端，细胞分裂使植物体不断伸长；侧生分生组织包括维管形成层和木栓形成层，细胞分裂使植物体增粗；居间分生组织主要位于禾本科植物茎节间和百合科部分植物叶基，可使茎叶伸长。

②按来源和性质分　可分为原分生组织(promeristem)、初生分组织(primary meristem)和次生分生组织(secondary meristem)。原分生组织是由胚细胞直接遗留下来的分生组织，位于根、茎、叶生长点的最先端，一般具有持久和强烈的分裂能力；初生分生组织由原分生组织衍生而来，位于原分生组织后部，二者无明显界限；次生分生组织是由某些成熟组织经过形态上、生理上的变化，脱离了原来的成熟状态，重新恢复分裂功能转化而来，束间形成层和木栓形成层是典型的次生分生组织。次生分生组织仅见于裸子植物和双子叶植物。

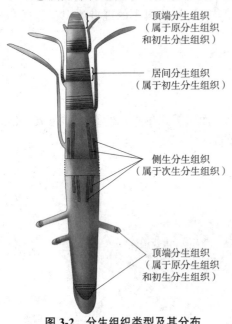

图3-2　分生组织类型及其分布

③两种分类法对应关系　顶端分生组织属于原分生组织和初生分生组织，居间分生组织属于初生分生组织，侧生分生组织属于次生分生组织。

(2) 保护组织(protective tissue)

保护组织指位于植物体茎、叶的表面，由一层或数层细胞构成的细胞群。主要功能是防止水分过度蒸腾，控制气体交换，防止机械损伤或病菌侵入，维护植物正常的生理活动，从而对植物起保护作用，主要包括表皮和周皮，其基本结构如图3-3所示。其中，表皮细胞覆盖于植物的外表，通常由一层细胞组成，排列紧密，除气孔以外没有细胞间隙，一般无叶绿体，在与空气接触的细胞壁上有角质层，鹤望兰、深山含笑等植物叶的下表皮上均有一层蜡质的"白霜",称为蜡被(蜡质层)。除表皮细胞外,还有表皮毛、腺毛和气孔器。周皮是木栓形成层及由它分生出的木栓层和栓内层的合称。

(3) 营养组织(vegetative tissue)

营养组织又称为基本组织(ground tissue)、薄壁组织(parenchyma),广泛存在于植物根、茎、叶、花、果实中,具有吸收、同化、贮藏、通气、传递等基本生理功能的细胞群。根据其生理功能不同,可分为吸收组织、同化组织、贮藏组织、通气组织和传递组织五类(图3-4)。

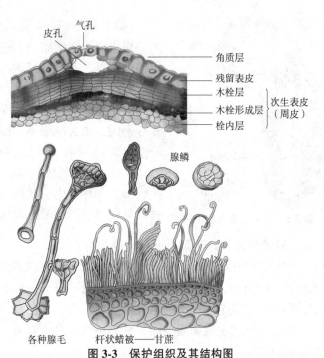

图 3-3 保护组织及其结构图

① 根尖的薄壁组织能吸收水和无机盐,称为吸收组织;

② 叶内的薄壁组织含叶绿体,能进行光合作用,称为同化组织;

③ 种子的胚乳或子叶,仙客来的块茎及韭莲的鳞叶等贮藏养分的组织,称为贮藏组织;

④ 水生和湿生植物,如睡莲、剪刀草、香蒲、灯心草等的根、茎或叶细胞,细胞间隙特别发达,里面充满空气,称为通气组织;

⑤ 由一类细胞壁显著向内生长、胞间连丝发达、短途运输物质强的薄壁细胞组成的组织,称为传递组织。

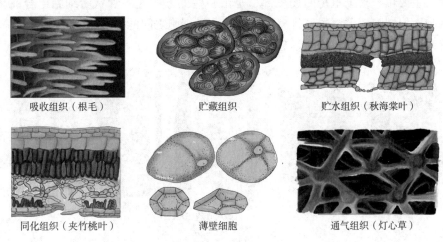

图 3-4 营养组织类型

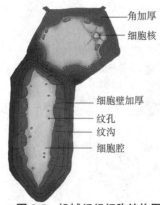

图 3-5 机械组织细胞结构图

(4) 机械组织(mechanical tissue)

机械组织是细胞壁明显加厚,在植物体内起支持和巩固作用的细胞群。根据其细胞的形态结构、加厚程度和细胞壁加厚的方式不同,分为厚角组织和厚壁组织(图 3-5)。其中厚角组织的细胞是活的,其细胞壁的角隅增厚,有弹性,存在于幼茎和叶柄内,常含叶绿体,既可进行光合作用,又具支持功能;厚壁组织包括韧皮纤维、木纤维和石细胞,它们的细胞是死的,其细胞的次生壁全面增厚而硬化,单生或成群存在于茎、叶、果皮和种子内,如桃、李、杏的果核,梨果肉中的沙粒状物都是由厚壁组织的石细胞组成的。

(5) 输导组织(conducting tissue)

输导组织和机械组织在一起组成束状,是植物体内长距离运输水分和溶于水中的各种营养物质的组织。它们的细胞分化成管状结构,并相互连接,贯穿在植物体的各种器官中,形成一个复杂而完善的运输系统。

根据运输的主要物质不同,输导组织可分为两类:一类是导管和管胞,另一类是筛管和伴胞(图 3-6)。

①导管和管胞的主要功能　输导水分和无机盐。

导管　主要位于被子植物木质部,由许多管状细胞——导管分子上下相连而成,导管分子的细胞壁增厚并木质化,发育成熟后形成长管状的死细胞。导管分子的次生壁增厚不均匀,通常形成环纹导管、螺纹导管、梯纹导管、网纹导管、孔纹导管等。

管胞　主要位于蕨类、裸子植物的木质部,由一个狭长的细胞构成,两端狭长,呈梭形,细胞壁增厚并木质化,原生质体消失,为死细胞。上下排列的管胞以斜端相互连接,其运输能力不及导管。

②筛管和伴胞的主要功能　输导有机物。

筛管　主要位于被子植物的韧皮部,是由一些上下相连的管状活细胞组合而呈管状,虽为活细胞,但细胞核已消失,许多细胞器退化,细胞之间的横壁形成了筛板,筛板上及侧壁上有许多筛孔,以利于物质运输。

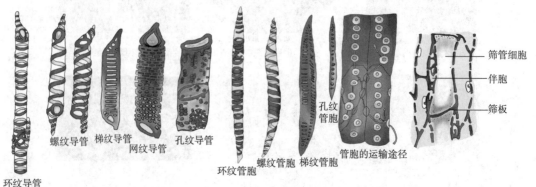

图 3-6 输导组织类型

伴胞　主要位于蕨类、裸子植物的韧皮部，呈狭长形，是活细胞，具有浓厚的细胞质、明显的细胞核和丰富的细胞器，它与筛管相邻的侧壁之间有胞间连丝相贯通。

（6）分泌组织（secretory tissue）

分泌组织是指具有分泌挥发性油、树脂、蜜汁、乳汁、黏液的分泌细胞群组成的组织。根据位置不同，可分为内分泌组织和外分泌组织（图 3-7）。

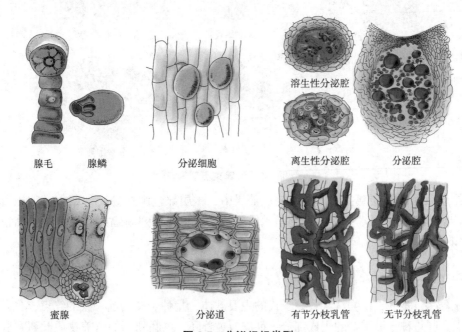

图 3-7　分泌组织类型

①外分泌组织　是将分泌物排到植物体外的分泌结构。常见的有蜜腺、腺鳞和腺毛等。蜜腺分布在虫媒花植物的花或叶上，由细胞质浓厚的一层细胞组成，具有分泌蜜汁的能力；腺鳞、腺毛是表皮上有分泌作用的鳞状、毛状附属物。

②内分泌组织　是将分泌物积存于植物体内的分泌结构。常见的有分泌细胞（油细胞和黏液细胞）、分泌腔、分泌道（树脂道、油管、黏液道）和乳汁管（无节乳汁管和有节乳汁管）。

3.1.1.3　维管束及其类型

维管束是由木质部（含导管、管胞、木纤维和木薄壁细胞）和韧皮部（含筛管、筛胞）组成的束状结构，贯穿植物体各器官，具有输导兼支持作用。根据木质部和韧皮部互相排列方式和形成层的有无，可分为有限外韧型（limited external-collateral bundle）、无限外韧型（unlimited external-collateral bundle）、双韧型（bicollateral bundle）、周韧型（amphicribral bundle）、周木型（amphivasal bundle）、辐射型（radiation bundle）六大类型（图 3-8）。有限外韧型是韧皮部在外侧，木质部在内侧，中间无形成层，大多数单子叶植物的维管束是有限外韧型；无限外韧型是韧皮部在外侧，木质部在内侧，中间有形成层，双子叶植物茎的维管束是无限外韧型；双韧型是木质部居中，内外两侧均有韧皮部，葫芦科、茄科等茎的维管束是双韧型；周韧型是木质部居中，韧皮部包围在木质部四周，蕨类植物根茎、秋海棠

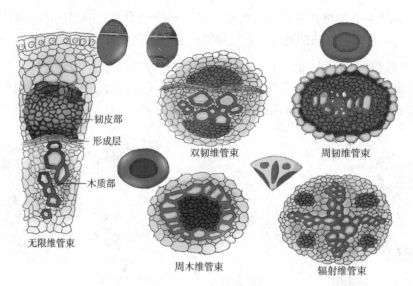

图 3-8 维管束类型

科茎的维管束属于周韧型；周木型是韧皮部居中，木质部包围在韧皮部四周，胡椒科、香蒲科等茎的维管束是周木型；辐射型是木质部与韧皮相间排列呈辐射状，植物的细根中的维管组织是辐射型。

3.1.2 种子

种子(seed)是种子植物从亲代到子代的主要载体，是种子植物前一代的终点，也是新一代的起点。胚是种子最重要的组成部分；种皮包裹着胚，供胚利用的营养物质贮藏在胚乳中或子叶中，从而构成不同类型的种子。从种子萌发产生幼苗到子代种子的产生，要经历一系列的生理上、形态上和结构上的复杂变化。大多数园林植物通过种子播种进行繁殖。

3.1.2.1 种子的基本结构

不同植物所产生的种子在大小、形状、颜色、彩纹和内部结构等方面有着较大的差异。如油椰子的种子很大，其直径可达15~20cm，而兰花、菊花、密蒙花的种子则细如粉尘；无患子的种子与内果皮结合形如黑珍珠，桂花种子为多棱柱形；种子的颜色也各有不同，有纯为一色的，如黄色、青色、褐色、白色或黑色等，也有具彩纹的。种子虽然在大小、形状、颜色等各方面存在着差异，但其基本结构却是一致的，一般由种皮(seed coat)、胚(embryo)和胚乳(endosperm)三部分组成(图3-9)。

有些植物种皮外还有一层假种皮(aril)。假种皮常由珠柄、珠托或胎座发育而成的特殊结构，多为肉质，色彩鲜艳，能吸引动物取食，以便于传播，可见于银杏、红豆杉类、肉豆蔻及竹芋科物、酢浆草属等植物的种子外。

3.1.2.2 种子的基本类型

根据成熟种子内胚乳的有无，将种子分为有胚乳种子(albuminous seed)和无胚乳种子(exalbuminous seed)两类(图3-9)。

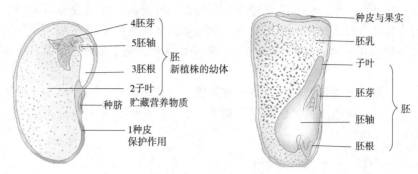

图 3-9 种子类型及其结构
(左：无胚乳种子 右：有胚乳种子)

(1) 有胚乳种子

有胚乳种子由种皮、胚和胚乳 3 个部分组成。双子叶植物中的女贞属、木犀属、栀子属以及单子叶植物中的棕榈科、百合科等植物的种子，都是有胚乳种子。

(2) 无胚乳种子

无胚乳种子由种皮和胚两部分组成，缺乏胚乳。双子叶植物如千屈菜科、菊科及单子叶植物的兰科等的种子，都属于无胚乳种子。

3.1.2.3 种子的寿命及萌发

种子能萌发形成幼苗的能力称为种子的生活力。在一定期限内种子可以持续保持其生活力，通常用种子的寿命来衡量。

(1) 种子的休眠

大多数植物的种子成熟后，如果得到适宜的环境条件就能萌发，比如，蜡梅、夏蜡梅种子就可以随采随播，并且很快就会发芽。但也有些植物的种子，即使是环境条件适合，也不会立即萌发，需要隔一段时间才能发芽，这种现象称为休眠(dormancy)。休眠的种子处在新陈代谢十分缓慢而近于不活动的状态。种子的休眠在生物学上是一个有利的特性，因为休眠可以避免种子在不适宜的季节或环境里萌发，使幼苗免受伤害和死亡。

种子休眠有多种原因。一类植物在开花结实后，种子虽然脱离母体，但种子中的胚并没有发育完全，在脱离母体后还要经过一段时期的发育和生理变化才能成熟，这种现象称为种子的后熟作用(after-ripening)，如银杏、桂花的种子。另一类植物当种子脱离母体时，虽然胚已经发育成熟，但有的是由于种皮过厚不易通气透水而限制种子萌发，如莲、皂角、刺槐等植物的种子；有的则由于种子内部产生的抑制萌发的物质，如有机酸、植物碱和某些植物的激素等，种子虽处于适宜萌发的条件下，也不能萌发，只有当这些抑制物质消除后才能萌发，如梨的种子。

打破种子休眠的方法有很多种。在园林植物生产上，为了提高种子的生活力，使种子发芽整齐迅速，幼苗生长健壮，或加快植物发育，使其提早成熟并提高质量等，对种子进行不同处理，统称为种子处理。如采用晒种、浸种催芽，或药物肥料混合拌种等措施以及人尿浸种、骨粉、过磷酸钙、草木灰拌种等，以及应用化学药剂、微量元素、植物生长激素、超声波、红外线、紫外线和激光处理等方法处理种子，对提高园林植物种子萌芽和苗木整齐率起着非常重要的作用。研究发现，蝶形花科多花木蓝种子在自然条件下，种子发芽率仅15%，如果用98%浓硫酸浸种6min或60℃热水浸泡25min，对提高硬实种子发芽率最好。

但是，罗汉松、红树等植物，其种子成熟以后，既不脱离母树，也不经过休眠，而是直接在果实里发芽，吸取母树里的养料，长成一株胎苗，然后才脱离母树独立生活，这种植物常称为胎生植物。

(2) 种子的寿命

种子的寿命是指种子在一定条件下保持生活力的最长期限，通常是以达到60%以上的发芽率的贮藏条件时间为种子寿命的依据。不同植物种子寿命的长短决定于植物本身的遗传特性和发育是否健壮，同时也和种子贮藏期的条件有关。例如，在正常贮藏条件下，一串红的寿命为2~3年；马齿苋的种子寿命可达20~40年；莲的种子寿命更长，可保持150年以上。与此相反，也有些种子的生活力保持时间极短，如橡胶树、柳树的种子，仅有几周的寿命。

种子贮藏条件对种子寿命的长短有十分明显的影响。创造有利于种子贮藏的条件，可延长种子的寿命，对优良种质的保存有重要意义。低温、低湿、黑暗以及降低空气中的含氧量是一般种子贮藏的理想条件。这是由于在理想的贮藏条件下，种子的呼吸作用极微弱，种子内消耗的营养少，有利于延长种子寿命。反之，如湿度大，温度高，将会加强呼吸作用，消耗大量贮藏养分，种子寿命便缩短。经研究发现，多花木蓝种子在自然条件下，贮藏半年后种子发芽率几乎为零，如果在-10℃、2%含水量贮藏下，贮藏1年，发芽率还可达32%；如果种子保持含水量为2%~6%，贮藏温度在-10~5℃时，多花木蓝种子活力可以保存得更长久。

3.1.3 幼苗

凡是结构完整、具有生命力的种子，在有合适的水分、温度和空气条件下，便会萌发形成幼苗。

3.1.3.1 幼苗的类型

不同植物种类的种子在萌发时，由于胚体各部分，特别是胚轴部分的生长速度不同，形成的幼苗在形态上也不一样。常见的植物幼苗有子叶出土的幼苗(epigaeous seedling)和子叶留土的幼苗(hypogaeous seedling)两种类型。

了解子叶出土和留土两类幼苗的特点，可以作为园林生产上正确掌握播种深度的参考。一般情况下，子叶出土幼苗播种覆土宜浅一些，以利于肥大的子叶出土，而子叶留土幼苗就可以稍深一些。从而决定植物播种的实际深度，以提高出苗率和培育健壮的幼苗。

3.1.3.2 幼苗形态学特征在园林上的应用

掌握植物幼苗形态学特征，在园林植物的栽培、遗传育种、植物更新、植被调查、杂草识别和化学防除等方面，都有很大的实践意义。

化学除草是园林植物景观维护中防除杂草的主要手段。由于植物幼苗期的耐药性差异，此时正确识别作物及各种杂草幼苗，针对不同杂草选择相应的除草剂进行化学防除，可以发挥除草剂的最高效力，保持更好的植物景观。

幼苗的形态具有相对稳定性，通常主要以幼苗萌发方式、子叶、初生叶（子叶以上第一片或第一对真叶）及上胚轴、下胚轴等形态特征作为鉴别种属的依据，比如双子叶植物多为子叶出土类，单子叶植物多为子叶留土类，扁蓄的子叶为条形，野灯心草的子叶为针形，圆叶牵牛的子叶为二裂形等。

十字花科、伞形科、毛茛科和报春花科等苗期上胚轴极不发达，幼苗呈莲座状；大车前的叶片是直接从两片子叶间长出的；藜、繁缕等的上胚轴明显伸长。球菊（*Epaltes australis*）的上胚轴外无毛，而空心莲子草、水苋等的上胚轴有毛。天蓝苜蓿、草木犀、车轴草等的初生叶为单叶，以后长出的叶片则为三出复叶。

此外，幼苗真叶的色泽、叶边缘的形状、植物体的气味和分泌物、植物体的生长习性等，都是鉴定幼苗种类的重要参考。

3.2　根的形态学知识

根（root）是植物对陆生生活适应的产物，是植物具有良好陆生适应性的重要标志，只有蕨类和种子植物才具有真正的根。

3.2.1　根的基本作用

①吸收和运输作用　根最主要的功能是从土壤中吸收水分和溶于水中的矿物质和氮素（如硫酸盐、硝酸盐、磷酸盐及 K^+、Ca^{2+}、Mg^{2+} 等离子），并通过根的维管组织输送到地上部分。

②合成作用　近年来，许多试验证明根是赤霉素、细胞分裂素、多种氨基酸和植物碱的合成部位。这些激素和植物碱对地上器官细胞的生长形态建成有很大的影响。

③固定植株　根深深扎于土壤之中，以其反复分枝形式的庞大根系和根内部的机械组织共同构成了植物体的固着、支持部分，使植物体固着在土壤中并直立。

④贮藏作用　根由于其薄壁组织较发达，常具有贮藏功能，贮藏物有糖类（甜菜）、淀粉（红薯）、维生素、胡萝卜素（胡萝卜）。不过，根中含量最多的是水分。

⑤繁殖作用　许多植物的根还能产生不定芽，常用作繁殖，如泡桐、菊花等。

3.2.2　根的来源和类型

3.2.2.1　根

胚根直接发育成主根（main root）；主根因分支而成的根叫侧根（lateral root）。不论是主根还是侧根，它们都来源于胚根，所以称为定根（normal root），即定根是指发生于胚根的主根和侧根。从主根上生出的侧根为一级侧根，一级侧根上生出的侧根为二级侧根，侧根发生形成的时间比主根迟，故又称为次生根（secondary root）（图3-10）。

3.2.2.2 不定根

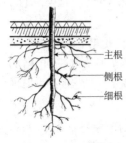

图 3-10　定根的组成

除了胚根能发育成根外,植物的茎、叶上也可以产生根,这种不是由胚根产生,且位置不固定,统称为不定根。火焰兰、络石、凌霄、方竹等园林植物茎上,具有攀爬能力的不定根(图 3-11);在园林植物生产中,常利用枝条、茎叶和老根能产生不定根的特性进行人工繁殖,如快速繁殖桂花、玫瑰、无花果时常采用压条(低压、高压)和扦插(枝插、叶插、果插、根插)。垂柳、榕树容易产生不定根,扦插成活率极高,草莓的匍匐茎、吊兰、麦冬和巴西鸢尾的花轴、落地生根的叶缘能产生不定根,进而繁育成小植株。

不定根生于叶缘(落地生根)　　攀爬型的不定根(凌霄)　　花葶先端的不定根(吊兰)

图 3-11　不定根类型

3.2.3　根系的类型

植物个体全部根的总体,称为根系(root system)。种子植物的根系,根据其起源和形态的不同,可以分为直根系和须根系(图 3-12)。

(1) 直根系(tap root)

直根系由定根组成,其中主根发达,比各级侧根粗壮而长。大部分双子叶植物和裸子植物的根系属于直根系,如水杉、池杉、樟树、桂花等。直根系往往具有扎根深、分布广等特点。

(2) 须根系(fibrous system)

须根系是指主根不发达或早期停止生长,由茎的基部形成许多粗细相似的不定根,呈丛生状态,如棕榈科、禾本科、百合科、兰科、石蒜科等大部分单子叶植物的根系,以及苏铁科、樱花、刺槐等双子叶植物的根系等。

由扦插、压条等无性繁殖长成的植株,它们的根系由不定根组成,虽然没有真正的主根,但其中的一两条不定根往往发育粗壮,外表类似主根,具有直根系的形态,习惯上把这种根系看成是直根系。

根系在土壤中分布的深度和宽度,因植物的种类、生长发育状况、土壤环境等因素而有所不同。植物根系的深浅取决于植物的遗传特性。直根系的主根发达,根往往分布在较深的土

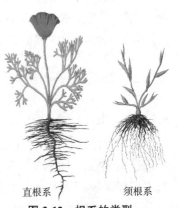

直根系　　须根系

图 3-12　根系的类型

层中，形成深根系，如梨、苹果、柿、核桃等。但因环境条件的不同，同种植物可能产生深根性或浅根性根系，如生长在黄河故道沙地的苹果，因为地下水位高，在土壤浅层就能获得充足的水分，根系仅60cm，而生长在黄土高原的苹果树根系深达4~6m。

在深根性的喜光树下面，种植一些阴生或耐阴性的浅根性植物，对提高土地利用率和经济效率有一定的意义。而须根系的植物主根一般较短，不定根以水平扩展占优势，分布于土壤表层，形成浅根系，如兰花、韭莲、菊花等植物的根系。根据植物根系类型不同，可以合理地将深根系和浅根系的园林植物套种。

3.2.4 根的变态类型

植物由于生长的环境不同，在长期的适应中，其形态、结构与功能发生了变化，这种变化可以遗传，并已成为植物的鉴别特征，这种现象是植物生长过程中的一种变态现象。植物的根、茎、叶都可能发现变态。其中，根的变态主要有贮藏根、气生根和寄生根三大类型（图3-13）。

支柱根（人面子和榕树）　　　　　　　　　呼吸根（落羽杉）

贮藏根（吊兰和'人参'榕）　　　　　　　寄生根（菟丝子）

图 3-13　根的变态类型

(1) 贮藏根

主要是一、二年生或多年生草本花卉的地下越冬器官，贮藏有大量的营养物质，通常肉质肥大，形态多样。大致可分为以下两种。

①肉质直根（fleshly tap root）　由主根发育而成，粗大单一；外形有圆柱形、圆锥形、纺锤形，如紫茉莉等。

②块根（tuber root）　由不定根或侧根膨大而成，在一株上可形成多个块状根。块根的

形状也很多，不规则块状、纺锤状、圆柱状、掌状、串珠状，如君子兰、吊兰、麦冬、大丽菊等。

(2) 气生根

气生根是指由植物茎上发生的、生长在地面以上的、暴露在空气中的不定根。根据其生理功能的不同，又可分为支柱根、攀缘根、呼吸根和板状根。

①支柱根(prop root)　方竹、露兜树、红树、榕树等植物，在接近地面的节上，常产生不定根，增强支持和吸收作用，称为支柱根。

②攀缘根(climbing root)　一些藤本植物，如凌霄、常春藤、薜荔等的茎细长柔弱，不能直立，从茎上产生许多不定根，固着在其他树干、山石或墙壁等表面，这类不定根称为攀缘根。

③呼吸根(respiratory root)　有些生长在沿海或沼泽地带的植物，如红树、水杉、池杉、水松、落羽杉等，它们都有部分根从腐泥中向上生长，暴露在空气中形成呼吸根。另一些植物如榕树、锦屏藤从树枝上发生多数向下垂直的根，也是呼吸根。榕树的这种呼吸根延伸到土壤中，也具有一定的支柱作用。

④板状根(buttress root)　热带、亚热带树木在干基与根茎之间形成板壁状凸起的根，起支持作用，如榕树、人面子等。

(3) 寄生根

菟丝子、桑寄生、槲寄生等寄生植物，产生不定根，侵入寄主体内吸收水分和有机养料，这种吸器(haustorium)又称为寄生根。

3.2.5　根瘤和菌根

3.2.5.1　根瘤(root nodule)

根瘤是根瘤细菌(rhizobium)或放射菌等侵入植物根部细胞而形成的瘤状共生结构(图3-14)。

自然界已经发现数百种植物可以产生根瘤，其中最重要的是蝶形花科、苏木科、含羞草科植物的根瘤。地球上的生物固氮总量达 1×10^8 t/年，其中55%是蝶形花科、苏木科、含羞草科植物的根瘤所为。在这种根瘤菌与蝶形花科、苏木科、含羞草科植物形成的共生关系中，根瘤菌从

图3-14　根瘤菌

蝶形花科、苏木科、含羞草科植物的根中吸取有机物、矿物质和水，供其生长繁殖之需；而根瘤菌则可将空气中的氮气和细胞内的糖结合而成含氮化合物，进行固氮作用。这些含氮化合物除满足根瘤菌本身需要外，也为蝶形花科、苏木科、含羞草科植物提供氮素营养，用于蝶形花科、苏木科、含羞草科植物的细胞合成蛋白质。因此，生产中常用刺槐、槐、紫藤、紫穗槐、紫云英、葛、多花木蓝等蝶形花科、苏木科、含羞草科植物作为荒地绿化的先锋植物，园林中常用它们作为绿肥。

此外，近年来研究发现，苏铁科、罗汉松科、桦木科、木麻黄科、鼠李科、杨梅科、蔷薇科、胡颓子属、木麻黄属等植物根上也有根瘤，已被用于防风固沙、改良土壤。

3.2.5.2 菌根(ycorrhiza)

菌根是高等植物根与某些真菌的共生体。菌根所表现的共生关系是真菌能增加根对水、无机盐、激素的吸收和转化能力，可以分泌多种水解酶和维生素 B_1，刺激根系发育。而植物则把其制造的有机物提供给真菌。菌根有内生菌根、外生菌根和内外生菌根(图 3-15)。

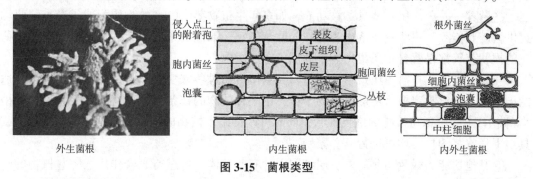

图 3-15 菌根类型

(1) 内生菌根(endomycorrhiza)

内生菌根是指真菌的菌丝通过表皮层的细胞腔内，菌丝在细胞内盘旋扭结。内生菌根主要促进根内的物质运输，加强根的吸收机能，如禾本科、兰科、桑属和银杏有的菌根。不同的兰花植物，其共生真菌不同，所以一般在修剪不同兰花的根时，需要用不同的剪刀。

(2) 外生菌根(ectomycorrhiza)

外生菌根是指真菌的菌丝大部分生长在幼根的表面，形成菌根鞘，只有少数菌丝侵入表皮和皮层细胞的间隙中，但不侵入细胞中。具有外生菌根的根，其根毛不发达或没有根毛，菌丝在根尖外面代替根毛的作用，许多木本植物如松、水杉、毛白杨、山毛榉等有外生菌根。牛肝菌(Boletus)可与松、栎等形成菌根。

(3) 内外生菌根(ectendomycorrhiza)

内外生菌根是指植物幼根的表面和生活细胞内均有真菌的菌丝，如柳属、苹果等植物的菌根。

在植树造林时，如果没有相应的真菌存在，植株就不能正常地生长，如松树在不形成菌根的情况下，吸收养分少，生长缓慢，甚至死亡，因此，生产中为了提高存活率，或加速造林，可以接种菌根菌。

3.3 茎的形态学知识

茎(stem)是种子幼胚的胚芽向地上伸长的部分，是植物体上生枝长叶开花的部分，是有机物和无机物运输的通道，是植物的中轴，包括树干、枝条。

3.3.1 茎的主要功能

①支持作用 茎是植物体的骨架，主茎和各级分枝支持着叶、花和果实，使其叶在空

间保持适当的位置，利于光合作用、蒸腾作用、开花、传粉和结果。

②输导作用　茎连接根和叶，是植物体物质上下运输的重要通道，茎能将根所吸收的水分和无机盐以及根合成的物质向上运输到叶、花和果实中；同时又将叶制造的有机物质向下或向上运输至根、花果和种子各部分供利用或贮藏。在园林植物和园艺生产中，捻梢、扭枝是为了改变有机物的运输路线，以便营养物质集中在花、果中。

③营养、贮藏作用　茎具贮藏功能，如多年生植物茎内贮藏的物质为翌年春季芽萌动提供营养和能源。一些变态茎成为特殊的贮藏器官，如仙客来的块茎、唐菖蒲的球茎、荷花的根状茎等都是营养物质集中贮藏的部位。

④繁殖作用　扦插、压条、嫁接等营养繁殖可通过茎来实现。扦插枝、压条枝于合适的土壤中，长出不定根后可形成新的个体；用某种植物的枝条或芽（接穗）嫁接到另一种植物（砧木）上，可保持接穗的优良性状，同时可改良砧木植物的性状。具匍匐茎的草莓，或具地下根状茎的竹，均可进行营养繁殖。

⑤其他功能　绿色幼茎的外皮层细胞中含有叶绿体，可进行光合作用。一些植物的叶退化、变态或早落，茎变成绿色的扁平状，可终生进行光合作用，如竹节蓼、假叶树和文竹等植物的叶状茎以及仙人掌科植物的肉质茎，不仅具光合作用，而且还兼具贮藏作用。有的植物茎的分枝变为刺，如石榴、山楂、皂荚的茎刺，具有保护作用。有的植物一部分枝变为特殊的结构，如卷须（如葡萄）、吸盘（如爬山虎），以便攀缘他物生长。还有些植物的茎细而柔（如牵牛），可缠绕他物向上生长。茎干的皮对树干有防寒、防暑、防病虫害等保护作用，茎干上的皮孔可以让树体与外界进行气体交换，有助于呼吸作用正常进行。

3.3.2　茎的形态特征

大多数植物的茎干呈轴状结构，与根的形态显著不同的是茎具有明显的节和节间，并着生有顶芽、皮孔、腋芽（侧芽）、托叶痕、叶痕、芽鳞痕等，有些可能还附有柔毛、星状毛、糙毛等（图3-16）。

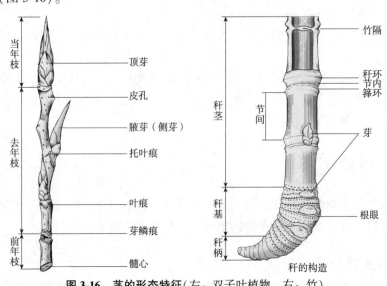

图3-16　茎的形态特征(左：双子叶植物　右：竹)

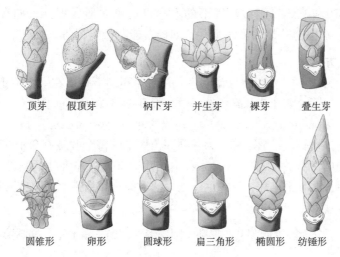

图 3-17 芽的基本类型

3.3.2.1 芽及其类型

植物体上的所有枝条和花(包括花序)都是由芽(bud)发育来的。因此，芽是枝条或花(包括花序)的原始体。就实生苗而言，胚芽是植物体的第一个芽，主茎是由胚芽发育来的。在以后的生长过程中，由主茎上的侧芽继续生长形成侧枝，侧枝上形成的腋芽又继续生长，反复分枝形成庞大的分枝体系。

按照芽生长的位置、性质结构和生理状态不同，可将芽分为(图 3-17)：

(1)根据生长位置划分

根据芽的生长位置不同，可分为定芽和不定芽。定芽(normal bud)生长在枝上一定位置，比如生长在枝条顶端的定芽称为顶芽(terminal bud)，生长在枝的侧面叶腋内的称为侧芽(lateral bud)，也称为腋芽(axillary bud)，此外，还有些芽不是生于枝顶或叶腋，而是由老茎、根、叶或创伤部位产生的，这些在植物体上没有固定着生部位的芽称为不定芽(adventitious bud)。如刺槐的根上长出的芽、截干大树老干上长出的芽、银杏干基周围产生的幼芽、落地生根叶缘上长出的芽等均为此类。园林植物生产上常利用不定芽这一特性进行营养繁殖，或截干树、或坎头大树恢复树冠。

(2)根据发育后所形成的器官分

根据芽发育后所形成的器官不同，可分为叶芽、花芽和混合芽。

叶芽(leaf bud)是植物营养生长期所形成的芽，是未发育的营养枝的原始体；花芽(flower bud)是花或花序的原始体，外观常较叶芽肥大，内含花或花序各部的原基。有些植物还具有一种既有叶原基，又有花部原基的芽，称为混合芽(mixed bud)，外观上比叶芽肥大，将来发育为枝、叶和花(或花序)，如梨和苹果短枝上的顶芽即为混合芽。

(3)根据有无保护结构分

根据芽有无保护结构可划分为裸芽和鳞芽。外面没有芽鳞保护的芽称为裸芽(naked bud)，而具有芽鳞片保护的芽称为鳞芽(scaly bud)。裸芽多见于草本植物(尤其是一年生植物），生长在热带和亚热带潮湿环境下的木本植物也常形成裸芽，如青钱柳、枫杨等。而生长在温带的木本植物的芽大多为鳞芽，如杨、桂花、樟树等。

(4) 根据着生方式分

根据芽的着生方式不同，可分为叠生芽、并列芽和柄下芽。在一个节上长有若干个芽，彼此重叠，称为叠生芽，如桂花和忍冬的每个叶腋有2~3个上下重叠的芽，位于叠生芽最下方的一个芽称为正芽（normal axillary bud）。其他的芽为副芽（accessory bud）。在一个节上长有若干个芽，彼此排列呈一字形，称之为并列芽，如桃的每个叶腋有3个芽并生，中央一个芽称为正芽，两侧的芽称为副芽。有的芽着生在叶柄下方，并为叶柄基部延伸的部分所覆盖，叶柄若不脱落，即看不见芽，这种芽称之为柄下芽，如悬铃木、肥皂荚叶柄下的芽。

(5) 根据形状分

根据芽的形状可分为圆锥形芽、卵形芽、圆球形芽、扁三角形芽、椭圆形芽和纺锤形芽。

3.3.2.2 节和节间

茎上着生叶和腋芽的部位称为节（nodus），节与节之间称为节间（internodium）。只要有叶的植物都有节，但大多数植物的节并不明显，只是在叶的着生处略有突起。有少部分植物的节则非常显著，如棕竹、榕树、薜荔、海滨木槿、竹类、射干的节呈竹节状结构。节间的长短因植物和植株的不同部位、生长阶段或生长条件而异，如佛肚竹、人面竹多个节密集于植株基部，粉单竹节间长有时可达1m（图3-18）。

3.3.2.3 长枝和短枝

银杏、金钱松、雪松、苹果、梨等植株上有长枝（long shoot）和短枝（dwarf shoot）之分（图3-19），短枝往往是花果枝。

图3-18　节间有长有短（左：佛肚竹　右：粉单竹）　　图3-19　长枝和短枝（金钱松）

3.3.2.4 皮孔

皮孔（lentical）遍布于裸子植物和双子叶植物茎干的外表，外观上呈隆起状，是与周皮同时形成的通气结构。大多数植物茎干上的皮孔呈点状分布（如桂花、女贞），有些植物的皮孔呈菱形（如毛白杨），有的呈横状（如樱、桃），有些排列如星空（如褐毛杜英），有些植物的皮孔形如雪花（如结香，别名雪花皮）。此外，皮孔的色彩也存在差异，有些植物的皮孔呈黑褐色，有些皮孔呈红色(如绣球)，有些皮孔呈灰白色(如日本冷杉)。

3.3.2.5 叶痕、叶迹、托叶痕、枝痕、芽鳞痕

叶痕、叶迹、托叶痕、枝痕、芽鳞痕均为侧生器官脱落后留下的痕迹。其中，叶痕(leaf scar)是多年生植物的叶脱落后在茎上留下的痕迹。在叶痕中有茎通往叶的维管束横断面，称为叶迹(leaf trace)。托叶痕是植物的托叶脱落后在茎上留下的痕迹，不同的植物，托叶痕不同，其中环状托叶痕是识别木兰科、桑科榕属、海滨木槿、壳菜果等大型托叶植物的一个重要特征。枝痕(branch scar)是花枝或小的营养枝脱落后留下的痕迹，树皮不裂的木本植物，枝痕在干上易形成"丹凤眼"，如乐昌含笑、喜树、花桐木等。芽鳞痕(bud scale scar)是鳞芽于生长季展开生长时，其芽鳞脱落后留下的痕迹。芽鳞痕可作枝龄与芽的活动状况的推断依据(见图3-16)。

3.3.2.6 髓

髓，又称为髓心，是植物茎的中央部分，由薄壁细胞组成，有贮藏营养的功能。大多数植物的髓心为海绵质地，或均质、或实心，少数植物的髓心比较特殊。如禾本科植物、泡桐、水马桑的髓心大而空，连翘、溲疏的节间中空、节部实心，金钟花、金钟连翘、胡桃、胡桃楸、枫杨、杜仲、刺楸、白兰、喜树、紫树(蓝果树)、海通的髓心具片状隔膜，桤木、香合欢(黑格)、拐枣、夹竹桃的髓心为三角形，白蜡树、苦枥木、大叶桉、屏边桂的髓心为方形，领春木的髓心为菱形，加杨、钻天杨枝髓横切面为五角形，黄杞、悬铃木、喜树、白辛树的髓心为多角形或多边形，壳斗科植物、银桦、毛八角枫的髓心为星形。此外，个别树木的髓心还具有药用价值，如五加科通草、灯心草科灯心草等；灯心草的髓心还可用作灯心或烛心。

3.3.3 茎的类型

3.3.3.1 根据植物茎的性质分类

(1)木质茎类

大多数木本植物的茎，木质部发达，一般比较坚硬，寿命较长，这类植物属木质茎类。

(2)草质茎类

草质茎的木质化程度低，茎的质地较柔软。

3.3.3.2 根据茎的生长习性分类

常见茎的类型如下(图3-20)：

①直立茎 多数植物的茎背地生

直立茎(柠檬桉)

平卧茎(砂地柏)

缠绕茎(牵牛花)

匍匐茎(积雪草)

图 3-20 茎的类型

长，直立地面。

②平卧茎　茎平卧地上，如砂地柏、雀舌栀子等。

③匍匐茎　茎平卧地面，节上生根，如积雪草、活血丹等。

④攀缘茎　茎的一部分形成卷须、吸盘等结构，攀缘他物生长，如爬山虎、栝楼等。

⑤缠绕茎　茎细而软，不能直立，只能缠绕在支持物上向上生长，如牵牛、紫藤等。

3.3.4　茎的变态类型

茎的变态类型包括地下茎变态和地上茎变态两大类型。

3.3.4.1　地上茎变态类型

常见的地上茎变态类型如下（图3-21）：

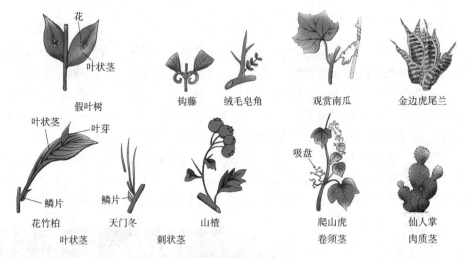

图3-21　地上茎变态类型

①叶状茎或叶状枝　茎变成绿色的扁平状或针叶状代替叶的作用，而真正的叶则退化为膜质鳞片状、线状或刺状，如扁竹蓼、仙人掌、天门冬、假叶树、花竹柏等。

②刺状茎　包括枝刺和钩刺类的茎。枝刺是由枝条或腋芽变态发育而成的刺状物，具有保护作用。枝刺位于叶腋，有的不分枝，如火棘、柚、三角梅、山楂等；有的植物的刺具有分枝现象，如绒毛皂荚、枳、豪猪刺等。钩刺是指有些攀缘植物的腋芽变态成钩状、粗短、坚硬无分枝的钩刺，如茜草科的钩藤。

③卷须茎　茎变态卷须状，柔软卷曲，用以攀缘其他物体而向上生长，如葡萄科爬山虎与叶对生的卷须，葫芦科观赏南瓜的腋芽发育而成的卷须。

④肉质茎　肉质、多汁、肥大的茎，如仙人掌、'金边'虎尾兰、马齿苋、棒锤石斛、铁皮石斛等。

3.3.4.2　地下茎变态类型

常见的地下茎主要变态类型如下（图3-22）：

①鳞茎（bulb）　地下茎短缩为圆盘状的鳞茎盘，其上着生多数肉质膨大的鳞片，整体

图 3-22 地下茎变态类型

呈球形,如郁金香、风信子、水仙、洋葱等。

②球茎(corm) 地下茎短缩膨大呈实心球状或扁球形,其上着生环状的节,节上褐色膜状物,即鳞叶,如唐菖蒲、香雪兰、番红花、荸荠等。

③块茎(tuberous stem) 地下茎膨大呈不规则的块状或球状,其上具明显的芽眼,往往呈螺旋状排列,可分割成许多小块茎,用于繁殖,如金叶番薯、马铃薯、菊芋。但另一类块茎类花卉,如仙客来、球根秋海棠、大岩桐等,其芽着生于块状茎的顶部,须根则着生于块状茎的下部或中部,块状茎能多年生长,不能分成小块茎用于繁殖,所以常被划为块根类。

④根状茎(rhizome) 地下茎呈根状肥大,具明显的节与节间,节上有芽并能发生不定根,所以可以分割成段用于繁殖。如美人蕉、荷花、鸢尾类、红花酢浆草、铃兰、竹类等。

3.3.5 茎干皮的特征

茎干皮(又称为树皮)是树木的重要组成部分。解剖结构显示,树皮是由外表皮、周皮和韧皮部组成的。外表皮是树木最外部的死细胞,由角质化的细胞组成;周皮由木栓层、木栓形成层和栓内层组成,周皮形成后,外表皮就会脱落。干皮的形态、色彩、质地是植物识别的重要特征,在落叶植物的冬态识别中非常重要。

3.3.5.1 干皮色彩

干皮色彩不仅是园林植物识别的一个重要特征,也是园林植物配置时考虑的一个重要因素,白色树干的树种用作行道树有拓宽范围的视觉效果;白色墙面前种植红色树干的植物,红白相映,效果非常显著。干皮的常见色系如下(图 3-23):

①红色系 山桃、红瑞木、紫枝玫瑰、杏、山杏、红枫、赤枫、血皮槭、毛背桂樱、

图 3-23 干皮色彩类型

马尾松、红桦、彩虹桉等。

②绿色系 很多植物小枝为绿色，有些植物青年时期干皮为绿色，比如竹类、梧桐（青桐）、棣棠、青榨槭、红翅槭、迎春、南迎春、樟树等。

③白色系 白皮松（老年）、白桉、白桦、柠檬桉、油柿等。

④黄色系 '金枝'槐、金竹、'琴丝'竹、紫薇、毛背桂樱、山茶等。

⑤紫黑系 紫叶李、李叶桃、紫竹、梅等。

3.3.5.2 干皮纹理

干皮纹理是园林植物识别的重要特征，也具有一定的观赏价值，常见干皮纹理类型如图 3-24 所示。

图 3-24 干皮纹理

①光滑干皮 有些植物青年期，干皮呈平滑无裂状，如柠檬桉、青桐（皮青如翡翠）、幼年期的湖南山桃核等。

②横纹干皮 表面呈浅而细的横纹状，如桃、樱花干皮上的横状皮孔，合欢干皮上的唇形皮孔，黄心夜合树皮的横状裂纹，假槟榔圆环形叶痕等。

③片裂干皮 表面呈不规则的片状剥落，如油柿、榔榆、木瓜、毛背桂樱、悬铃木、白皮松、光蜡树、光皮梾木、血皮槭、三角枫，老年期的南酸枣和柠檬桉等。

④丝裂干皮 表面呈纵而薄的丝状脱落，如青年时期的柏类、紫薇小枝皮、陀螺果（鸦头梨）、郁香野茉莉等。

⑤纵裂干皮 表面呈不规则的纵条状或近于"人"字状的浅裂，多数植物干皮属于这种类型，如构树、喜树等。

⑥纵沟干皮 表面纵裂较深，呈纵条或近于"人"字状的深沟，如樟树、中年期的南酸枣等。

⑦长方裂纹干皮 表面呈长方形之裂纹，如柿、君迁子等。

⑧粗糙树皮 表面既不平滑，又无较深沟纹，呈不规则脱落之粗糙状，如云杉、椤木石楠、蓝果树等。

⑨疣突干皮　表面有不规则的疣突，暖热带的老龄树木常见这种现象。

干皮外形变化比较复杂，受外界环境和树龄影响很大。

3.3.6　茎的分枝方式

植物的顶芽和侧芽存在着一定的生长相关性。当顶芽活跃生长时，侧芽的生长则受到一定的抑制。如果顶芽因某些原因而停止生长时，一些侧芽就会迅速生长。由于上述关系，以及植物的遗传特性，每种植物茎在生长过程中各自具有的一定的分枝规律和模式。

植物常见的分枝方式有单轴分枝、合轴分枝、二叉分枝（多见于低等植物）、假二叉分枝、分蘖（图3-25）。

①单轴分枝（monopodial branching）　又称为总状分枝（racemose branching），是具有明显主轴的一种分枝方式。其特点是主茎的顶芽活动始终占优势，顶芽生长后使植物体保持一个明显的直立的主轴，而侧枝的生长一直处于劣势，并且一级侧枝不如主枝，二级侧枝不如一级侧枝，依次类推，级数越低，越不发达，致使植物形态多为柱形、锥形或塔形，多数裸子植物（如松、杉、银杏等）、部分被子植物（如杨树、悬铃木、复羽叶栾树等）、许多草本植物等具有这种分枝方式。

②合轴分枝（sympodial branching）　是主轴不明显的一种分枝方式。其特点是主茎的顶芽生长到一定时期，生长变得极慢，甚至死亡，或分化为花芽，而靠近顶芽的腋芽则迅速发展为新枝，并取代了主茎的位置，不久新枝的顶芽又停止生长，再由其旁边的腋芽代替，如此重复生长、延伸主干，这种主干是由许多腋芽发育而成的侧枝联合组成的，所以称为合轴分枝。如无花果、桃、梅、苹果等。

③二叉分枝（dichotomy branching）　顶芽发育到一定程度，然后发育减慢（或停止向前生长），均匀地分裂成两个侧芽，侧芽发育到一定程度，又各再分裂成两个侧芽，这种依次往上的分枝方式即为二叉分枝。常见于较低等的植物类群中，如地钱。

总状分枝（池杉）

合轴分枝（桃）

一假二叉分枝（银叶女贞）

二叉分枝（地钱）

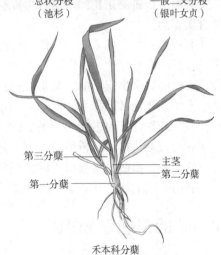
禾本科分蘖

图3-25　茎的分枝类型

④假二叉分枝（false dichotomy branching）　实际上是合轴分枝的另一种形式，是丁香、茉莉、接骨木、桂花、大叶黄杨等对生叶植物，在顶芽停止生长或顶芽分化为花芽，由顶芽下的两侧腋芽同时发育成两个相同外形的二叉状分枝，因此称为假二叉分枝。

⑤分蘖（tiller, tallow）　是禾本科植物特有的一种分枝方式。禾本科植物如结缕草、狗牙

根、早熟禾等，在生长初期，茎的节间极短，致使几个节密集生于基部，每个节上都有一片幼叶和一个腋芽，当幼苗出现四五片幼叶时，有些腋芽就开始活动，迅速生长为新枝，同时在节位上产生不定根，这种分枝方式称为分蘖。产生分枝的节称为分蘖节。

园林植物的株形千姿百态，其株形与植物的分枝方式有着密切的联系。常见的有棕榈形、尖塔形、圆锥形、圆柱形、卵形、圆球形、伞形、垂枝形、匍匐形、偃卧形等。

3.3.7 树龄与枝龄

(1) 枝龄

枝条的年龄称为枝龄。一般来说，枝条上芽鳞痕群的数量可作为判断枝龄的依据。因为芽鳞痕是植物越冬芽外包裹的鳞片脱落后形成的。每过一个冬天，植物都会产生一次越冬芽，也就产生一群芽鳞痕。

图 3-26　年轮(柳杉)

(2) 树龄

树的年龄称为树龄，通常以年轮为准(图 3-26)。根据 1957 年国际木材解剖学家协会所发表的《木材解剖学名词术语》记载，年轮是指茎的横切面上所见的一年内木材和树皮的生长层。目前常用的树龄测定方法如下：

① 利用文献资料法　查阅树种的档案资料，或该树种栽植的环境相关的资料。

② 利用生长锥测定树龄　这样可能会因为打眼而伤害树木，并且空心古树，也无法测准其真实年龄。

③ 利用考古学上的 C_{14} 交叉定位的测定法　该方法是先用专业的仪器在古树上取样，测算出古树的大致年代(由于用这种方式测算出来的时间误差较大，还需要借助一些辅助手段，将一些有文字记载的、树龄准确的相同类别的树木进行抽样分析，包括树木成长的环境、土壤、该地区的降水情况等)，在此基础上编写出一定的公式，根据 C_{14} 的分析结果相互参照，最后计算出古树的年龄。此方法也需要在树木上打眼，而且误差在 20 年以上。

④ 利用枝龄法推算　树龄不太大的树，可以利用一年生枝、二年生枝、三年生枝等推算主枝的年龄，由此可推断出树的大概年龄。

⑤ 利用 CT 扫描法　CT 是一种射线，对树木有影响，而且设备昂贵，测定成本高。

3.4 叶的形态学知识

叶(leaf)是由芽的叶原基发育而成的部分，通常呈绿色，有规律地生长在枝或茎节上，是光合作用、呼吸作用、气体交换、蒸腾作用、繁殖作用、吸收作用的重要器官。

3.4.1 叶的功能

(1) 光合作用 (photosynthesis)

植物的绿色器官和组织都可进行光合作用，通常叶是植物进行光合作用的主要器官。

(2) 呼吸作用(respiration)

呼吸作用是叶片的另一项重要功能,是指细胞把有机物氧化分解并产生能量的化学过程,又称为细胞呼吸(cellular respiration)。无论是否自养,细胞内完成生命活动所需的能量,都是来自呼吸作用。

(3) 气体交换(gas exchange)

叶片也是气体交换的器官,光合作用所需的二氧化碳和所释放的氧气,或呼吸作用所需的氧气和所释放的二氧化碳,主要是通过叶片上的气孔进行交换的。有些植物的叶片,还可吸收二氧化硫、一氧化碳、氟化氢和氯气等有毒气体,并积累在叶片组织内。因此,植物对大气具有一定的净化作用。

(4) 蒸腾作用(transpiration)

蒸腾作用是指水分以气体状态从植物体表的气孔或角质膜的孔隙散失到大气中的过程,是植物叶片的重要生理功能。

(5) 繁殖作用(propagating function)

植物的营养繁殖主要依靠其根和茎,但多肉类植物的叶片也有繁殖作用,如落地生根叶缘齿缺处可以形成不定根和不定芽,当这个不定芽发育到一定时候,自动从母体上脱落在土壤中成长为新的植株;秋海棠类和景天类植物可以用叶片进行扦插繁殖。

(6) 吸收作用(absorption)

植物的吸收功能主要在根部,但叶片表皮细胞也可以吸收附在叶片上的物质。在园林植物生产中,利用植物叶片的吸收功能,常常进行叶面施肥或洒水。

此外,植物叶片还具有一定的贮藏、异养捕食(如猪笼草)、保护和攀缘功能。

3.4.2 叶序类型

叶在茎或枝条上排列的方式称为叶序。常见的有互生、对生、轮生、簇生、基生和束生,如图3-27所示。

①互生(alternate) 植物茎或枝的每个节上只着生一片叶,即交互而生,称为互生,如木兰科、蔷薇科、蝶形花科、榆科、杨柳科等植物的叶序多为互生。

②对生(opposite) 植物茎或枝的每个节上相对着生两片叶,称为对生,包括交互对生和二列对生。上下两对相邻的对生叶所在平面相互垂直者为交互对生(decussate),是对生叶序中最常见的,如绣球花、桂花、大叶黄杨、一串红等;上下两对相邻的对生叶相互平行者为二列对生(distichous opposite),如黄杨、女贞等。黄杨科、槭树科、卫矛科、木犀科、忍冬科等植物的叶多为对生。有些植物枝上本来是交互对生的叶序,由于枝条的水平伸展,所有叶柄发生了扭曲,使得叶片排在同一平面上呈二列状,以便与光线保持垂直,如水杉的对生叶。

③轮生(verticillate) 在同一个节上,着生三片或三片以上的叶,呈辐射状排列,称为轮生,如夹竹桃、栀子、梓树、轮叶赤楠等。

④簇生(fasciculate) 两片以上的叶着生于极度缩短的短枝上称为簇生,如金钱松、银杏、雪松等短枝上的叶序。

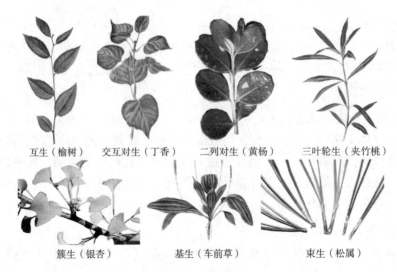

图 3-27 叶序类型

⑤基生(basilar) 两片以上的叶着生于地表附近的短茎上称为叶基生，如羽衣甘蓝、麦冬、玉龙草、车前草等。

⑥束生(Bunch leaves) 裸子植物中松属植物有 2 针或 2 针以上的叶着生在同一叶鞘中，被称为束生。如日本黑松是 2 针一束，白皮松是 3 针一束，华南五针松、日本五针松、华山松、北美乔松等是 5 针一束。

值得注意的是，有些植物有两种叶序，如栀子的同一植株上存在对生叶和轮生叶；紫薇的同一植株上有对生叶和互生叶；银杏、雪松、金钱松等的同一植株上，长枝上着生的是互生叶，短枝上着生的叶呈簇生状。

3.4.3 叶的形态特征

3.4.3.1 叶的形态结构

根据被子植物(禾本科植物除外)叶的组成可分为完全叶(complete leaf)和不完全叶(incomplete leaf)，前者是由叶片(blade)、叶柄(petiole)和托叶(stipule)三部分组成(图 3-28)，如广玉兰、合欢、木槿等；后者是指叶片、叶柄、托叶中，缺 1 或 2 个部分的

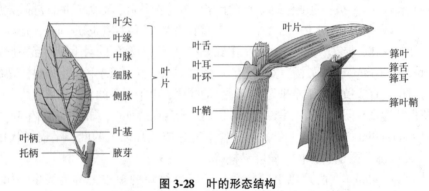

图 3-28 叶的形态结构

（左：被子植物叶的组成及其特点　右：禾本科植物叶和笋箨的组成）

叶，如鸡爪槭(无托叶)、金丝桃(无叶柄)、台湾相思(无叶片)等。

①叶片　是叶的主要部分，其形状、大小、叶尖、叶基、叶缘等有多种类型。

②叶柄　是连接茎和叶片的部分，通常呈圆柱状或扁平或具沟道。无叶柄的叶叫无柄叶(folium sessile)。

③托叶　是叶柄基部两侧的附属物，形状、大小、质地以及有无等，形式多种多样，有的大而呈叶状(山楂、海滨木槿、贴梗海棠、凹叶厚朴等)，有的小而呈鳞片状，有的硬化呈针刺状(六月雪)，有的薄而合生包围茎呈鞘状(何首乌、栀子)，有的呈三角形(玉叶金花、香果树)，有的植物无托叶(如槭树科、木犀科等)。

④禾本科植物叶的组成特点　禾本科植物的叶比较特殊，整个叶由叶鞘(leaf sheath, vagina)和叶片两部分组成。叶片或叶柄基部形成圆筒状而包围茎的部分，称为叶鞘。叶鞘保护腋芽和节间下部的居间分生组织、输导水分和营养，以及机械支持作用。叶片基部与叶鞘连接处的外侧(背面)，有一个不同色泽的环形突起结构，称为叶颈或叶环；叶片基部与叶鞘相接处的腹面，有环状膜质的突起物，称为叶舌，它可防止雨水、尘土、昆虫和病菌孢子等落入叶鞘内；叶鞘的顶端位于叶舌两旁的耳状突起物，称为叶耳(auricle)。此外，禾本科竹亚科植物的幼年期又称为笋期，笋期茎干外包裹的是笋箨，笋箨一般由箨叶、箨鞘、箨舌和箨耳组成，它们的基本功能类似于叶、叶鞘、叶舌和叶耳(图3-28)。

3.4.3.2　叶形

叶片的形态主要是以叶片的长宽比和最宽处的位置来决定的(表3-1)。

园林植物常见的叶形有以下几种(图3-29)：

鳞形(squamiform)　叶状如鳞片，如圆柏、柽柳的叶。

钻形(或锥形，awl-shaped)　锐尖如锥或短且窄的三角形状，叶常革质，如柳杉的叶。

针形(acicular)　叶细长，先端尖锐，如白皮松、雪松等植物的叶。

线形(或条形，linear)　叶片细长而扁平，叶缘两侧均平行，上下宽度差异不大者，如水杉、落羽杉等植物的叶。

剑形(gladiate)　叶稍宽，且长轴是短轴的5倍以上，先端尖，常稍厚而质坚实，形似剑，如鸢尾属凤尾丝兰的叶。

披针形(lanceolate)　叶片较线形为宽，长比宽大3~4倍，最宽处位于长轴方向的近叶基1/4处左右，并且从最宽向上渐狭，称为披针形叶，如柳、桃的叶；最宽处位于长轴方向的近叶尖1/4处左右，并从最宽处向下渐狭，称为倒披针形叶(oblanceolata)。

表3-1　叶形的基本图解

	长阔近相等	长比阔大 1.5~2倍	长比阔大 3~4倍	长比阔大 5倍以上
最宽处在叶的基部	阔卵形	卵形	披针形	
最宽处在叶的中部	圆形	阔椭圆形	长椭圆形	线形
最宽处在叶的先端	倒阔卵形	倒卵形	倒披针形	剑形

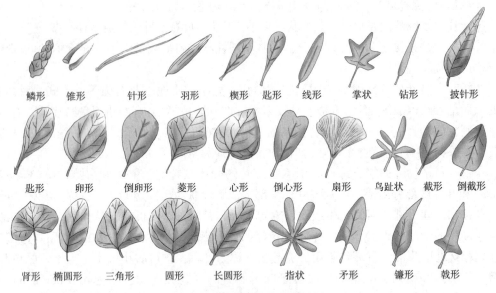

图 3-29 园林植物常见的叶形

扇形(flabellate)　形状如扇，顶端宽而圆，向基部渐狭，如银杏的叶。

椭圆形(ellipse)　叶片中部最宽，两端较窄，两侧叶缘成弧形，如樟树、苹果等。如果叶长是叶宽的 1.5~2 倍，最宽处位于长轴方向的中部，则为阔椭圆形。

卵形(ovate)　如果叶长是叶宽的 1.5~2 倍，最宽处位于长轴方向的近叶基 1/3 处，叶片下部圆阔，上部稍狭，如向日葵、稠李的叶；如果叶长是叶宽的 1.5~2 倍左右，最宽处位于长轴方向的近叶尖 1/3 处，叶片上部圆阔，下部稍狭，则称为倒卵形(obovate)，如白车轴草的小叶、白玉兰等植物的叶。

菱形(rhomboidal)　叶片呈等边斜方形，如菱、乌桕的叶。

肾形(reniform)　叶片基部凹形，先端钝圆，横向较宽，似肾形，如灰杨、冬葵的叶。

盾形(peltate)　凡叶柄着生在叶片背面的中央或近中央(非叶基)，不论叶形如何，均称为盾形叶，如莲、米老排、旱金莲的叶。

圆形(rotund)　长宽近相等，形如圆盘，如莲、王莲、圆叶锦葵的叶。

三角形(trianglar)　基部宽呈平截状，三边或两侧边近相等，如加拿大杨。

矩圆形(或长圆形，oblong)　叶片长 2~4 倍于宽，两边近平行，两端均圆形，如长柄双花木、连香树的叶。

匙形(spatulate)　叶片形似勺，先端圆形向基部变狭，如杨梅、海桐的叶。

心形(cordate)　与卵形相似，但叶片下部更为广阔，基部凹入，似心形，如紫荆和巨紫荆的叶。

3.4.3.3 叶尖

叶尖是指叶片的顶端，常见的形状如下(图 3-30)：

渐尖(acuminate)　叶短尖头稍延长，渐尖而有内弯的边，如槐、'龙爪'槐的叶。

急尖(acute)　尖头呈锐角，叶尖两侧缘近直，如荞麦的叶。

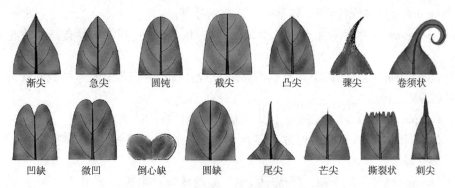

图 3-30　叶尖的类型

钝形（obtuse）　叶端钝而不尖或近圆形，如冬青、厚朴的叶。
截形（truncate）　叶尖如横切成平边状，如鹅掌楸的叶。
短尖（凸尖，mucronate）　叶尖具有突生的短锐尖，如白玉兰的叶。
骤尖（硬尖，cuspidate）　叶尖尖而硬，具尖突状利尖头，如凤尾丝兰的叶。
微缺（凹缺，emarginate）　叶端有稍显著的凹缺，如瓜子黄杨、赤楠、刺槐的叶。
尖凹（微凹，retuse）　叶端微凹入，如黄檀的叶。
倒心形（obcordate）　叶端凹入，形成倒心形，如酢浆草、白车轴草的叶。
圆形（rounded）　先端圆形，如海桐的叶。
尾尖（caudate）　先端渐狭长成长尾状附属物，如梅、菩提树的叶。
芒尖（aristate）　顶尖具芒或刚毛，如小叶栎的叶。

3.4.3.4　叶基

叶基是指叶片的基部，常见的形状如下（图 3-31）：

图 3-31　叶基的基本类型

耳形（auriculate）　叶基两侧的裂片钝圆，下垂如耳，如白英的叶基。
箭形（sagittate）　叶基两侧的小裂片尖锐，向下，形似箭头，如慈姑属植物的叶基。
戟形（hastate）　叶基两侧的小裂片向外，呈戟形，如田旋花的叶基。
偏斜（oblique）　叶基两侧不对称，如榆树、朴树、南酸枣的小叶的叶基。
楔形（cuneate）　叶片中部以下向基部两边逐渐变狭如楔子，如垂柳、褐毛杜英的叶基。
心形（cordate）　叶基圆形而由中央微凹，呈心形，如紫荆的叶基。

圆形(rounded) 叶基圆形,如苹果、喜树的叶基。
盾状(peltatum) 叶柄着生在叶片背面的近中部,远离叶基,如旱金莲、荷花等植物的叶基。
下延(decurrent) 叶基向下延长,而贴附于茎上或着生在茎上而呈棱或翅状的,如杉科植物的叶基。
抱茎(amplexicaul) 叶基部抱茎,如金丝桃、金丝梅的叶基。
穿茎(perfoliate) 对生叶的两片叶基部两侧合生而包围着茎,茎像贯穿在两片叶中,如元宝草的叶基。
截形(truncate) 基部平截,略成一直线,如地锦槭的叶基。
渐狭(attenuate) 叶基向基部两边逐渐变狭。

叶基的不同形式,与叶的着生状态有很大关系,常见叶的着生状态如图3-32所示。

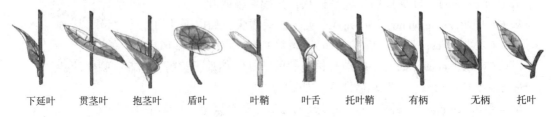

下延叶　贯茎叶　抱茎叶　盾叶　叶鞘　叶舌　托叶鞘　有柄　无柄　托叶

图 3-32　常见叶的着生状态

3.4.3.5　叶缘与叶裂

(1)叶缘

叶缘是指叶片边缘的形状,常见类型如图3-33所示。

全缘(entiger) 叶缘呈一连续的平滑曲线,不具任何齿缺,如女贞、玉兰、樟树、丁香的叶缘,有的全缘叶呈现反卷现象等。

波状(undulate) 叶缘起伏如波浪,如乐昌含笑的叶缘。波状叶缘又可分为浅波状(repandus)、深波状(sinuatus)和皱波状(crispus)。

全缘　刺齿　睫毛状　圆锯齿　细圆锯齿　牙齿　小牙齿

锯齿　细锯齿　重锯齿　不规则锯齿　反卷　波状　浅裂

图 3-33　叶缘的锯齿类型(仿汪远的"植物形态术语"讲座)

齿状(dentate)　叶缘齿尖锐，两侧近等边，齿直而尖向外方，如杨树的叶，包括刺齿、牙齿和小牙齿状(denticulatus)。

圆齿状(crenata)　又称为钝齿状，叶缘具圆而钝的齿，如圆叶锦葵、山毛榉的叶。

锯齿状(serrated)　叶缘具尖锐的齿，齿尖朝向叶先端，如月季、樱花等的叶。

重锯齿(double serrate)　锯齿上复生小锯齿，如榆树、樱桃、榆叶梅的叶。

睫毛状(ciliate)　叶缘有稀疏的长毛，状如眼睫毛，如蔓长春花的叶。

(2) 叶裂(leaf divided)

叶片边缘凹凸不齐，凹入和凸出的程度较齿状叶缘大而深，称为叶裂(图 3-34)。按照叶裂的深浅可分为：

羽状裂(pinnately divided)　叶片长形，裂片自主脉两侧排列成羽毛状，按照其缺裂的深度可分为羽状浅裂(缺裂深度不超过叶片宽度的 1/4)、羽状深裂(缺裂深度为叶片宽度的 1/4～1/2)和羽状全裂(缺裂深度接近中脉)。

掌状裂(palmately divided)　叶近圆形，裂片成掌状排列，依其缺裂的深度可分为掌状浅裂(缺裂深度不超过叶片宽度的 1/4)、掌状深裂(缺裂深度为叶片宽度的 1/4～1/2)和掌状全裂(缺裂深度接近叶基)。

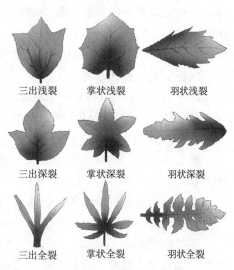

图 3-34　叶裂的基本类型

3.4.3.6　叶脉及脉序

叶脉(vein)分布在叶肉中，是叶中的维管束，一般由主脉、侧脉、侧脉的侧脉(细脉)组成。通常主脉较粗大，在叶背上特别隆起，在叶面有时隆起，有时凹陷。

叶脉的分枝方式，称为脉序(venation)。园林植物中常见脉序有网状脉、平行脉、射

图 3-35　叶脉的基本类型

出脉、弧形脉 4 种类型(图 3-35)。

①网状脉(reticulate)　叶脉数回分枝后，连结组成网状。大多数双子叶植物的脉序属于此类型。按照主脉数目和排列方式不同又分为下面 3 种。

羽状脉(pinnate venation)　指具一条明显的主脉(中脉)，两侧生羽状排列的侧脉，如榆树、苹果等多数双子叶植物属此类型。

掌状脉(palm venation)　由叶基发出多条主脉，主脉间又一再分枝，形成细脉。如果具三条自叶基发出的主脉，称为掌状三出脉；如果三条主脉稍离叶基发出，则称为离基三出脉。

辐状脉(radial venation)　指盾形叶的主脉从叶片的中央向四周呈辐射状排列，如莲、王莲、旱金莲、铜钱草等。

②平行脉(parallel-veined)　各叶脉平行排列，由基部至顶端或由中脉至边缘，没有明显的分枝，一般平行脉又可分为以下两种。

直出平行脉　侧脉与中脉平行达叶尖，如竹类、结缕草等植物的叶脉；

横出平行脉　侧脉自中脉两侧分出，向叶缘延伸，彼此平行，如芭蕉、美人蕉等植物的叶脉。

单子叶植物的叶脉多为平行脉，但也有例外，如竹芋类植物的叶脉是羽状脉。

③射出脉(radiate vein)　指叶脉由叶片基部辐射出，如棕榈、蒲葵等植物的叶脉。

④弧形脉(curvinervis)　是指叶脉自叶基发出汇合于叶尖，但中部脉间距离较远，呈弧状，如玉簪、紫萼、尖叶四照花等植物的叶脉。

3.4.3.7　叶的变态

叶的变态类型较多，常见的有以下几种(图 3-36)。

①苞叶(bracteal leaf)　生在花或花序外面的一种变态叶状物，称为苞叶，也叫苞片。聚生在花序外围的苞片称为总苞(involucre)，生于花序梗上每朵小花下方的苞片称为小苞片。苞片有保护花和果实的作用，有的还可作为识别植物的重要特征，有的苞片因有鲜艳

图 3-36　变态叶的类型

的颜色和特殊的形态而具有观赏价值，如三角梅、一品红、珙桐、红掌、马蹄莲、金苞花、三白草的苞叶等。

②鳞叶(scale leaf)　指叶的功能特化或退化成鳞片状的叶，如木麻黄的叶。

鳞芽外具保护作用的芽鳞片，是退化的叶；

地下茎上的鳞叶，有肉质和膜质两类，肉质鳞叶出现在鳞茎上，肥厚多汁，如洋葱、百合的鳞叶；膜质鳞叶常存在于球茎、根茎上，如慈姑、荸荠的地下茎上的鳞叶。

竹节蓼生长在干旱环境时，叶退化为鳞片。

③叶卷须(leaf tendril)　叶的一部分变成卷须状，有攀缘作用，如香豌豆。叶卷须与茎卷须的区别在于叶卷须与枝条间有芽，而茎卷须的腋内无芽。叶卷须常由复叶的叶轴、叶柄或托叶转变而成。

④捕虫叶(insect-catching)　有些植物具有能捕食小昆虫的变态叶，称为捕虫叶。有的捕虫叶呈瓶状，有的呈囊状，有的呈盘状。具捕虫叶的植物，称为食虫植物(insectivorous plant)，如茅膏菜、猪笼草等。

⑤叶状柄(phyllode)　有些植物的叶片不发达，而叶柄转变为扁平的片状，并具有叶的功能，如台湾相思树、银叶金合欢(幼年时叶片为羽状复叶，而成年后叶片退化直至消失，而银色的叶柄则逐渐变宽，形如单叶)的叶。

⑥叶刺(leaf thorn)　由叶或叶的部分(如托叶)变成刺，如紫叶小檗、仙人掌等。

3.4.4　叶的类型

根据叶柄上着生的叶片数量，可将叶分为单叶和复叶两大类型。

(1) 单叶(simple leaf)

一个叶柄上只着生一个叶片，称为单叶，如桂花、榉树、火棘、蜡梅等的叶片。

(2) 复叶(compound leaf)

一个叶柄上着生二至多数叶片，称为复叶。复叶的总柄称为(总)叶柄(petioles communis)；叶柄以上，长有小叶或羽片的部分叫叶轴；组成复叶的每一个叶，称为小叶片(foliolum)；小叶的叶柄，称为小叶柄(petiolulus)；小叶的托叶，称为小托叶(stipella)。当叶轴进行二次、三次分裂后，就可形成多回羽状复叶，其每裂一次形成的裂片，称为羽片(pinnule)，最后一级的裂片就称为小羽片(如图3-37)。

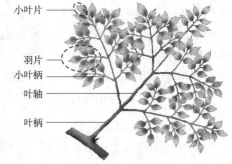

图3-37　复叶的结构

(3) 常见的复叶类型

常见复叶类型如图3-38所示。

①羽状复叶(pinnately leaf)　小叶在叶轴的两侧排列成羽毛状的复叶，其中，小叶的数目为单数，有一顶生小叶的复叶为奇数羽状复叶，如刺槐、核桃、月季、紫藤等；小叶的数目为双数，无顶生小叶的复叶为偶数羽状复叶，如香椿、无患子等。

图 3-38 叶的基本类型

羽状复叶又因叶轴分枝的情况,可分为一回、二回、三回或多回羽状复叶。叶轴不分枝,叶轴两侧生小叶片,称为一回羽状复叶,如月季;叶轴分枝一次,各分枝两侧生小叶片,称为二回羽状复叶,如合欢、复羽叶栾树、肥皂荚等;叶轴分枝两次,各分枝两侧生小叶片,称为三回羽状复叶,如南天竹、苦楝等。

②掌状复叶(palmately compound leaf)　小叶从总叶柄顶点发出,向各方展开呈手掌状排列的复叶,如七叶树、鹅掌柴、马拉巴栗等。总叶柄分枝可能呈二回、三回掌状复叶,还有一种鸟趾状掌状复叶,如乌蔹莓、胶股蓝的叶。

③三出复叶(ternately compound leaf)　仅有3个小叶集中生于叶轴顶端。如果3个小叶柄等长则称为掌状三出复叶(ternate compound leaf),如白车轴草等;如顶端小叶的叶柄比侧生的两个小叶的叶柄长,则称为羽状三出复叶(ternate compound leaf),如重阳木、云南素馨等植物的叶。

④单身复叶(unifoliate)　三出复叶的下面两个小叶退化成小翼状,总叶柄顶端只具有一个小叶,总叶柄与小叶连接处有关节,如柚的叶。

(4) 复叶与小枝的区别

复叶与小枝看上去非常相似,它们的主要区别见表3-2所列。

表 3-2　复叶与小枝的区别

属性	复叶	枝条
顶芽	叶轴顶端无顶芽	枝条顶端有顶芽
腋芽	叶轴基部有腋芽;小叶基部无腋芽	枝条基部无腋芽;叶片基部有腋芽
排列方式	所有小叶排列在同一平面上	叶片在枝上呈多方位排列
落叶方式	小叶先脱落,叶轴最后脱落	叶片脱落,枝条一般不落

3.4.5 幼叶在芽内的卷叠方式

幼叶在芽内的卷叠方式是植物在展叶期的一个重要识别特征，常见的卷叠方式有以下几种(图 3-39)。

对折式　　席卷式　　内卷式　　外卷式　　拳卷式　　内折式　　折扇式

图 3-39　幼叶在芽内的卷叠方式

对折式　是指叶片以中脉为对称轴，中脉两侧叶缘相互重叠的一种折叠方式，如桃的幼叶。

席卷式　是指叶缘沿着中脉方向卷叠，直至卷向另外一边的叶缘，像卷席子一样，如梅的幼叶。

内卷式　是指叶片中脉两侧的叶缘沿叶面方向，分别向中脉方向卷叠的一种方式，如苏铁的叶。

外卷式　是指叶片中脉两侧的叶缘沿叶背方向，分别向中脉方向卷叠的一种方式。

拳卷式　是指叶片先对折式卷叠后，再从叶尖向叶基部卷叠的一种方式。

内折式　是指叶片正面直接从叶尖弯向叶基的一种折叠方式。

折扇式　是指叶片的叶缘从一边向另一边以折叠方式卷叠，如棕榈的幼叶。

3.4.6　叶的寿命与脱落

3.4.6.1　叶的寿命

植物的叶都有一定的寿命，不同的植物，其叶的寿命是不同的。桃、李、梅等植物的叶的寿命只有几个月，春季长出，到秋冬就全部脱落，这种植物称为落叶植物。杜英类、女贞、矮紫杉、罗汉松、雪松等植物的叶的寿命为 1 至多年，最长的紫杉叶的寿命可达 8~10 年，其植株上不断有新叶产生，又有老叶脱落，相互交替，全树终年有叶，这种植物称为常绿植物。杜英类植物的老叶在脱落前呈现红色，致使其树上一年四季都有红叶和绿叶出现，成了园林植物的一大特色；虎皮楠科的交让木(*Daphniphyllum macropodum*)在春季新叶发育完成之后，到了夏季，老叶像交接班一样比较整齐地在短时间内完成换叶过程；樟树在春季长新叶时，老叶也像交接班一样，比较整齐地全部换成新叶。

3.4.6.2　叶的脱落

①脱落原因　叶的衰老和落叶是植物生长发育的自然现象。植物落叶的现象受内外条

件影响，通常叶片经过一定时期活动后，细胞内矿物质积累太多，引起细胞生理机能的衰老而死亡；季节的变化和环境的改变，也会影响植物叶的脱落。低温和短日照是影响落叶的主要环境因素，它们使植物激素发生变化，继而影响离区的形成（图3-40）。一般情况下，大多数落叶植物是温带植物，当冬季来临前，日照逐渐变短，加上天气干旱而寒冷，根系吸水困难，为了降低水分蒸腾，植物通过激素调节主动适应不良环境（如低温或干旱）而引起叶的脱落。即使热带地区，当旱季到来时，植物同样需要通过落叶来减少蒸腾。

② 离层与保护层的形成 叶的脱落是叶柄基部组织发生一系列变化的结果。植物在落叶之前，靠近叶柄基部的皮层细胞进行反分化，分裂出数层较为扁小的薄壁细胞。随后，该区部分薄壁细胞的胞间层发生黏液化而分解或初生壁解体，形成了离层（separation）。离层所对应的外层表皮细胞和内部维管束的薄壁细胞的胞间层、初生壁或整个

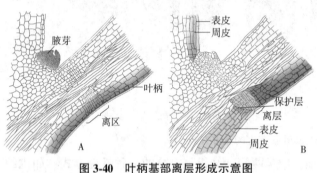

图 3-40　叶柄基部离层形成示意图
A. 离层形成　B. 离层处断离，保护层出现

细胞发生溶解，结果使这些细胞彼此分离。发生溶解的细胞区，称为离区。在叶的重力和风吹雨打的机械作用下，叶就从枝上脱落。在离区下方，发育出木栓细胞层，逐渐覆盖整个断面，并与茎的木栓层相连。这些由木栓细胞所形成的覆盖层称为保护层（protective layer）。保护层细胞的细胞壁栓质化，有时还有木质等物质沉积于细胞壁和细胞间隙内，以保护叶脱落后所暴露的断面，避免水分丧失和病虫害。

离层的产生使植物落叶，以适应寒冷、缺水的环境。从内部来讲，离层的产生，与生长素的减少或乙烯和脱落酸的增加有关。从外部来看，是植物在日照逐渐变短的环境因素影响下诱导产生的。

3.5　花的形态学知识

植物在生活史中，通过细胞的分裂和扩大，导致体积和重量的增加，称为生长；植物的生长包括营养生长（根、茎、叶等营养器官的形成和生长）和生殖生长（花、果实和种子等生殖器官的形成和生长）两个阶段。营养生长是生殖生长的基础，生殖生长所需的养分，主要是由营养器官同化合成而提供的，只有在营养生长良好的基础上，到达一定时期，才能顺利完成花芽分化，才能开花、结实。

3.5.1　花的基本结构

一朵完整的花由花萼、花冠、雄蕊和雌蕊四部分组成。雄蕊和雌蕊合称为花蕊，是花中心的生殖部分。花被（花萼和花冠的合称）和花蕊螺旋状或轮状着生在花托上。此外，大多数植物是有花柄（花梗，pedicel）和花托（receptacle）的（图3-41）。

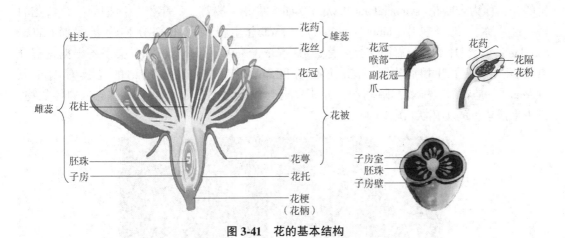

图 3-41　花的基本结构

3.5.1.1　花萼(calyx)

花萼位于花的最外轮，由若干萼片(sepal)组成，常小于花瓣，质较厚，常为绿色，在花朵尚未开放时，起着保护花蕾的作用。花开后，则退化至花的下方。有些植物的花萼有鲜艳的颜色，状如花瓣，称为瓣状萼(sepal petaloid)或叫花萼瓣化，如白玉兰的瓣状花萼白色，二乔玉兰的瓣状花萼玫瑰红色。萼片各自分离的称为离萼(chorisepal)，萼片彼此合生的称为合萼(gamosepal)，合萼下端的连合部分为萼筒(calyx tube)，上端的分离部分为萼裂片(calyx lobe)。花萼也有一些变异现象(图3-42)，比如萼筒下端向一侧延伸成管状的距(spur)，如凤仙花属、旱金莲，或者花萼的外面还有一轮

距（新几内亚凤仙）

副萼（黄葵）

图 3-42　花萼异类现象

绿色的瓣片，称为副萼(epicalyx)，如木芙蓉、草莓、黄秋葵等。一般植物的花萼和花冠同时脱落，有些植物的花萼可保留到果实成熟，称为花萼宿存，也称为宿萼(persistent calyx)，如柿属、茄科、芍药、苹果等。有些植物的萼片退化形成冠毛以帮助果实的传播，如蒲公英、波斯菊、一枝黄花的果实。

3.5.1.2　花冠(corolla)

花冠位于花萼内侧，由若干花瓣(petal)组成，排列成一轮或几轮。花瓣中常含有花青素或有色体而呈现绚丽多彩的颜色，有些植物的花瓣表皮细胞形成乳突而呈现丝绒般光泽，有些植物的花瓣中含有挥发油而释放芳香气味，有的植物的花瓣蜜腺(nectary)分泌蜜汁，等等，这些特点适应于昆虫传粉，也具有一定的观赏价值。此外，花冠对花蕊具有一定的保护作用。如果花冠退化，则植物需要借助风力传粉。

自然界中，植物的花瓣存在分离或连合现象，这是由植物的遗传因素决定的。花瓣分离的花，一般称为离瓣花(choripetalous flower)，如桃、樟树、含笑、荷花等；花瓣基部合

生的花,称为合瓣花(sympetalous flower),如牵牛花、凌霄、一串红、泡桐等。合瓣花的每一裂片称为花冠裂片(lobus corollae),下部合生成筒状的部分称为花冠筒(tubus corollae),冠裂片下部与冠筒交界处称为冠喉(faux corollae)。恩格勒分类系统根据花瓣分离与否,将双子叶植物分为离瓣花亚纲和合瓣花亚纲。有些植物的花具有副花冠(corona),是花冠或雄蕊的附属物,介于花冠与雄蕊之间,如水仙花中金黄色的杯状物、钉头果淡紫色的小杯状(图3-43)。

水仙　　　　　　　　　钉头果

图 3-43　副花冠现象

有些园林植物的花瓣向后或向侧面延长成管状、兜状等形状的结构,称为花距,它是植物进化的结果,也是植物识别的一个重要特性,有些花距还具有较高的观赏价值,如紫堇属。花距里面通常具有分泌蜜汁的腺体,昆虫在吸食蜜糖的同时,也能完成传粉工作。

(1) 花冠的类型

花冠是全部花瓣的统称。根据花瓣数目、形状及离合状态,以及花冠筒的长短、花冠裂片形态等,通常分为以下类型(图3-44):

十字花冠(cruciate corolla)　由4个花瓣两两相对呈"十"字形排列、花瓣分离的花冠类型,如十字花科二月蓝的花冠。

蔷薇花冠(roseform corolla)　花瓣5片或更多,分离,每片呈广圆形,无瓣片与瓣爪

十字花冠　　蔷薇花冠　　辐射状花冠　　坛状花冠　　高脚碟状花冠　　钟状花冠
(二月蓝)　　(蛇莓)　　　(珊瑚樱)　　(君迁子)　　(茑萝)　　　　(金钟花)

漏斗状花冠　管状花冠　　蝶形花冠　　假蝶形花冠　　舌状花冠　　　唇状花冠
(牵牛花)　　(炮仗竹)　　(锦鸡儿)　　(双荚决明)　　(菊花)　　　　(紫花泡桐)

图 3-44　花冠的基本类型

之分，如蔷薇科桃、梅、蛇莓的花冠。

辐射状花冠(rotate corolla)　花冠筒极短，花冠裂片向四周辐射状伸展，如珊瑚樱的花冠。

坛状花冠(urceolate corolla)　花冠筒膨大为卵形或球形，上部收缩成短颈，花冠裂片微外曲，如柿、君迁子等植物的花冠。

高脚碟状花冠(hypocrateriform corolla)　花冠筒部呈狭长圆筒形，上部突然水平扩展成碟状，如丁香、迎春花、栀子、茑萝等植物的花冠。

钟状花冠(campanulate corolla)　花冠筒阔而稍短，上部扩大成钟形，如桔梗科、金钟花、吊钟花等植物的花冠。

漏斗状花冠(infundibulate corolla)　花冠筒下部呈筒状，向上渐扩大成漏斗状，如牵牛、田旋花等植物的花冠。

管状花冠(tubulate corolla)　又称为筒状花冠，花冠管大部分呈一圆管状，花冠裂片向上伸展，如醉鱼草的花、向日葵与菊花的盘心花、炮仗竹等植物的花冠。

蝶形花冠(papilionaceous corolla)　花瓣5片，最外面的一片花瓣最大，常向上扩展，称为旗瓣；侧面对应的二片通常较旗瓣小，且同形，常直展，称为翼瓣；最里面对应的两片，其下缘常稍合生，状如龙骨状，称为龙骨瓣。刺槐、紫藤、锦鸡儿等植物的花冠为蝶形花冠。如果旗瓣在内，则为假蝶形花冠，如双荚决明、紫荆等植物的花冠。

舌状花冠(ligulate corolla)　花瓣5片，基部合生成短筒，上部向一侧伸展成扁平舌状，如向日葵、菊花的盘边花的花冠。

唇形花冠(labiate corolla)　花瓣5片，基部合生成花冠筒，花冠裂片稍呈唇形，上面两片合生为上唇，下面3片合生为下唇，如一串红、天蓝鼠尾草、泡桐等玄参科植物的花冠。

十字花冠、蔷薇花冠、辐射花冠、坛状花冠、高脚碟状花冠、钟状花冠、漏斗花冠、筒状花冠等花冠的花瓣形状、大小基本一致，并且通过它的中心，有两个以上呈辐射状排列的对称轴，常称为辐射对称花(flos actinomorphus)或整齐花；舌状花冠、唇形花冠、蝶形花冠、假蝶形花冠等其花瓣形状、大小不一致，并且通过它的中心，对称轴只有一条，常被称为左右对称花或两侧对称花(flos zygomorphus)或不整齐花。少数植物的花是不对称的，即通过花的中心，不能做出对称面的花，被称为不对称花(non-symmetry flower)，如美人蕉的花。

(2)花被片在花芽中的排列方式

花被是花萼和花冠的合称，着生在花托的外围或边缘部分。不同种类的植物，其花被片在植物中的排列方式是不同的。常见排列类型如下(图3-45)：

镊合状　　内镊状　　外镊状　　包旋转状　　旋转状　　旋转折摺状　　覆瓦状　　重覆瓦状

图3-45　花被片在花芽中的排列方式

镊合状(valvate)　指花瓣或萼片各片的边缘彼此接触，但不相互覆盖，包括镊合状、内镊状、外镊状，如茄、番茄等。

旋转状(convolute)　指花瓣或萼片每一片的一边覆盖相邻一片的边缘，而另一边又被另一相邻片的边缘所覆盖，包括包旋转状、旋转状、旋转折褶状，如夹竹桃、络石、棉花等。

覆瓦状(imbricate)　与旋转状排列相似，但必有一片完全在外，有一片则完全在内，如桃、梨、油茶等。如果有两片完全在外，两片完全在内的覆瓦状，则称为重覆瓦状。

3.5.1.3　雄蕊群(androecium)

雄蕊群是一朵花内所有雄蕊(stamen)的总称，位于花冠的内方。各类植物中，雄蕊的数目及形态特征较为稳定，常可作为植物分类和鉴定的依据。一般较原始类群的植物，雄蕊数目很多，并排成数轮；较进化的类群，数目减少，恒定，或与花瓣同数，或几倍于花瓣数。

雄蕊由花药和花丝组成。花药(anther)是花丝顶端膨大成囊状的部分，囊内有大量的花粉粒(pollen)，是雄蕊最重要的组成部分；花粉囊是产生花粉的地方；每一花药通常由2~4个花粉囊组成，左右对称分开，中间以药隔相连；花丝(filament)常细长，支持花药，多数花丝可伸展到花被外，以利于散放花粉，基部常着生于花托或贴生于花冠上。花丝有分离或连合现象，如梅花花丝分离，山茶外轮花丝连合成片状，扶桑花丝合生成筒状。

(1) 雄蕊类型

雄蕊的类型因植物种类不同而异，常见的有以下几种类型(图3-46)。

离生雄蕊(stamina distinota)　一朵花的雄蕊彼此完全分离，如桃、荷花、韭莲等。

单体雄蕊(stamina monadelpha)　一朵花的花药完全分离，而花丝合成一束的雄蕊，如蜀葵、朱槿等。如果雄蕊的花丝完全合生成球状或圆柱形的管，如苦楝、梧桐、扶桑等，又称为花丝筒或雄蕊筒(tube staminalis)。

二体雄蕊(stamina diadelpha)　一朵花的花丝连合而成二组的雄蕊，如刺槐、紫藤等。

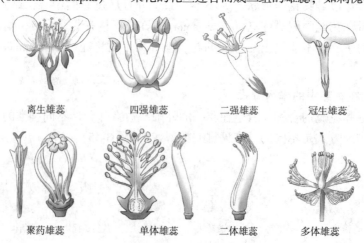

图3-46　雄蕊类型

多体雄蕊(stamina polyadepha)　一朵花的花丝分成多束的雄蕊,如金丝桃、山茶、红蓖麻等。

聚药雄蕊(stamina syngenesa)　一朵花的花药合生,而花丝分离的雄蕊,如菊科、葫芦科植物。

二强雄蕊(stamina didynama)　雄蕊4枚,其中一对较另一对长,如唇形科和玄参科植物。

四强雄蕊(stamina tetradynama)　雄蕊6枚,其中4长、2短,如十字花科植物。

冠生雄蕊(stamina epipetala)　雄蕊着生花冠上,如茄科植物。

退化雄蕊(stamina rudimentaria)　雄蕊没有花药,或稍具花药而无正常的花粉粒,或仅具雄蕊残迹,如观赏葫芦的雌花中的雄蕊。

(2) 花药着生方式

花药在花丝上的着生方式主要有以下几种(图3-47)。

丁字药　个字药　广歧药　全着药　基着药　背着药　内向药　外向药

图3-47　花药着生方式

基着药(底着药,basifixed anther)　指花药的基部着生在花丝的顶端,如小檗、唐菖蒲、望江南等。

全着药(adnate anther)　花药全部贴着在花丝上,又称为贴着药,如莲、玉兰、油桐等。

背着药(dorsifixed anther)　花药背部着生在花丝上,如梅、马鞭草、山茱萸等。

丁字药(versatile anther)　花药的背部中央的一点着生在花丝顶端,整个雄蕊犹如丁字形,易于摇动,如百合、竹等。

个字药(divergent anther)　花药片基部张开,花丝着生在汇合处,形如个字,如凌霄、二月蓝等。

广歧药(divaricate anther)　花药片近完全分离,叉开成一直线,花丝着在汇合处,如毛地黄。

冠生花药(epipetalous anther)　雄蕊花丝与花冠结合,花药着生在花冠上,并与花冠分离,如碧冬茄、珊瑚樱等。

内向药(introverted anther)　花药向着雌蕊一面生长的花药。

外向药(extroverted anther)　花药向着花冠一面而背着雌蕊生长的花药。

(3) 花药开裂方式

常见的花药开裂方式如下(图3-48)。

瓣裂(valvuler dehiscence)　在花药的侧壁上裂成几个小瓣,花粉由瓣下的小孔散出,其中的小瓣像活动状的花粉盖,所以又称为盖裂,如樟树、小檗等。

孔裂(porous dehiscence)　药室顶端成熟时开一小孔,花粉由小孔散出,如杜鹃花等。

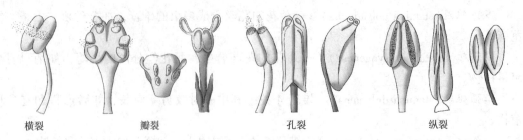

图 3-48　花药开裂方式

横裂(transversal dehiscence)　沿花药中部成横向裂开,如木槿、蜀葵等。

纵裂(congitudinal dehiscence)　指花药沿花粉囊壁交界处成纵行裂开,是最常见的一种开裂方式,如梨、百合、牵牛花、油菜等。

3.5.1.4　雌蕊群(gynoecium)

雌蕊群位于花的中央,是一朵花所有雌蕊(pistillum)的总称。在形态发生上,雌蕊由一个或数个变态叶卷合而成,这种变态叶称为心皮(carpellum),心皮是组成雌蕊的基本单位。每个心皮通常有 3 条维管束,其中相当于叶片中脉的维管束称为背束(dorsal carpellary bundle),相当于叶片边缘的维管束称为腹束(ventral carpellary bundle)。心皮在形成雌蕊时,两侧的腹束向内卷曲而合成的缝,称为腹缝线(ventral suture);心皮的中脉称为背缝线(dorsal suture)。子房里的胚珠就着生在腹缝线上(图 3-49)。

图 3-49　心皮形成雌蕊示意图

(1)雌蕊的组成部分

雌蕊通常由柱头(stigma)、花柱(style)和子房(ovary)三部分组成。

柱头(stigma)　位于雌蕊的顶端,为识别和接受花粉的地方。常见柱头有钝裂片状、盘状、头状、羽毛状、帚刷状、放射状、鸡冠状等。

花柱(stylus)　连接柱头和子房的颈状结构称为花柱,通常为圆柱状,有些植物的花柱很短甚至没有,如虞美人。花柱位于子房的顶端,也有位于子房背部、腹部或基部的。花柱一般在花后就凋萎,但铁线莲、蚊母树、枫香等果期花柱宿存。

子房(ovarium)　位于雌蕊基部,内生胚珠,常呈膨大状,其壁称为子房壁,内腔称为子房室,有一室或多室之分,每室有一到多枚胚珠。子房基部有一些蜜腺,以吸引昆虫、鸟类或其他动物为其传粉。传粉授精后，子房壁发育成果皮，胚珠发育成种子。

(2) 雌蕊的类型

园林植物中常见的雌蕊类型如下（图 3-50）。

图 3-50　雌蕊类型

单雌蕊（pistillum simplex）　一朵花中由一个心皮构成的雌蕊，子房也是一室，胚珠 1 至多数，如桃、杏、刺槐等的雌蕊。

离生心皮雌蕊（gynoecium apocarpum）　一朵花中具有多个心皮，但彼此分离，各自形成一个独立的雌蕊，但胚珠可以有多粒，包括三心皮离生、五心皮离生、八心皮离生等，如草莓、铁线莲、木莲、八角等的雌蕊。

复雌蕊（pistillum compositum）　由两个或两个以上心皮联合而成的雌蕊，故又称为合生心皮雌蕊。它可以是多室或一室，每室一个或多个胚珠，如柳树、梨等。在子房部分，仅心皮边缘合生，则形成单室子房，如垂柳；若边缘向内卷曲而合生，则分隔成数室子房，如马蔺等。

(3) 子房的着生位置（图 3-51）

①上位子房（epigynous）　又称为子房上位，子房底部与花托相连。根据花被位置又可分为：

上位子房下位花（superiorhypogynous）　即子房上位花被下位，子房仅以底部和花托相

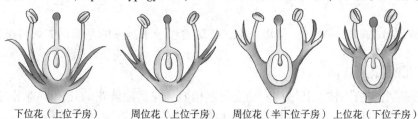

图 3-51　子房的着生位置

连，萼片、花瓣、雄蕊着生的位置低于子房，如刺槐。

上位子房周位花(superior-perigynousflower) 即子房上位花被周位，子房底部与杯状花托的中央部分相连，花被与雄蕊着生于杯状花托的边缘，如桃、李等。

②半下位子房(semi-inferior ovary) 又称为子房半下位，子房的下半部分陷生于花托中，并与花托愈合，花的其他部分着生在子房周围的花托边缘上，从花被的位置来看，可称为周位花，如马齿苋。

③下位子房(inferior ovary) 又称为子房下位，整个子房埋于杯状的花托中，并与花托愈合，花的其他部位着生在子房以上花托的边缘上，故也称为上位花，如梨、苹果的花。

(4) 胎座类型

胚珠着生的地方称为胎座，胎座有以下几种类型(图3-52)。

图3-52 胎座的基本类型

边缘胎座(marginal placenta) 由单心皮构成的一室子房，胚珠着生于子房的腹缝线上，如蝶形花科、苏木科、含羞草科植物。

侧膜胎座(parietal placenta) 由两个以上心皮合生的一室子房，胚珠沿腹缝线着生，如葫芦科植物。

中轴胎座(axile placenta) 由多心皮构成的多室子房，心皮边缘在中央处连合形成中轴，胚珠着生于中轴上，如番茄、秋葵、金橘等。

特立中央胎座(central placenta) 由中轴胎座演化而来，多心皮构成，子房室间的隔膜消失形成一室子房，但中轴依然存在，胚珠着生在中轴周围，如石竹属、报春花属等。

顶生胎座(apical placenta) 子房一室，胚珠着生于子房室的顶部，如瑞香科、榆属、桑属等。

基生胎座(basal placenta) 子房一室，胚珠着生于子房室的基部，如菊科植物等。

3.5.1.5 花柄(花梗，pedicel)

花柄是着生花的小枝，其结构和功能与茎相似。花柄随着花的开放、凋谢、结果等变化过程，而发育成果柄。花柄的长短常随植物种类而异，有的植物花柄很长，如桂南木莲、沙梨等，有的植物则无花柄，如贴梗海棠。

3.5.1.6　花托（receptacle）

花托是花梗膨大的顶端，也是花萼、花冠、雄蕊群、雌蕊群着生的地方。多数植物的花托稍微膨大。不同的植物，花托类型不同（图3-53）。草莓、毛茛属植物的花托肉质化隆起呈圆锥形，木兰科植物的花托伸长呈柱状，卫矛、柑橘的花托扩展呈盘形，荷花的花托膨大呈杯形，蔷薇属植物的花托呈杯状或瓶状，梨的花托呈壶状等。此外，花生的花托非常特殊，着生在子房基部形成短柄状，在受精作用后能迅速伸长，形成子房柄，将子房推入土中，发育成果实。

圆锥形　　壶状　　环状　　花盘状　　杯状　　柱状　　碗状

图 3-53　常见的花托类型

3.5.1.7　禾本科植物小穗和小花的构造

（1）禾本科植物的小穗结构

禾本科植物的小穗由小穗轴、颖片（2枚）、小花（3~5枚）组成（图3-54）。其中颖片相当于双子叶植物的总苞，即花序下的叶状或片状附属物，有外颖、内颖，位于小穗的基部，坚硬。

（2）禾本科植物的小花结构

由小花轴、外稃（1枚）、内稃（1枚）、浆片（鳞片、花被）（2枚）、雄蕊（群）（3枚）、雌蕊（群）（1枚或2枚心皮）组成（图3-54）。每一朵能够发育的花的外面有2片鳞片状薄片包住，称为稃片，外边一片称为外稃，是花基部的苞片变态（相当于双子叶植物的苞片），有时中脉延长成芒，里面一片称为内稃，是萼片变态（相当于双子叶植物的花萼），鳞片状；浆片是花瓣片变态（相当于双子叶植物的花被），为2片囊状突起，位于内稃内，可吸水膨胀，使内外稃撑开，露出雄蕊和柱头，适合风力传粉；雄蕊3枚，花丝细长，花药大，开花时悬垂花外；雌蕊1枚，2个羽状柱头，花柱不明显，子房一室。

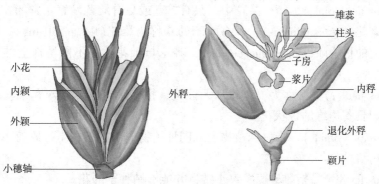

图 3-54　禾本科植物花的结构特点

3.5.2 花的基本类型

3.5.2.1 根据花的结构组成分

完全花(flos completes)　一朵花中花萼、花冠、雄蕊和雌蕊四部分俱全的，称为完全花(见图3-41)，如桃、苹果等植物的花。

不完全花(flos incompletus)　一朵花中，花萼、花冠、雄蕊和雌蕊四部分，任缺其1~3部分的花，称为不完全花，如核桃、垂柳、银杏等植物的花。

3.5.2.2 根据花被的数量分

两被花(flos dichlamydeus)　指一朵花中同时具有花萼和花冠的花，如紫玉兰、木槿等。

单被花(flos monochlamydeus)　指一朵花中只具花萼而无花冠，或花萼与花冠不分化的花。其花被可为一轮也可多轮，但其颜色、形态常无区别，一般呈各种颜色，如玉兰为白色，白头翁为紫色等。

无被花(裸花, flos nudus)　指一朵花中花萼和花冠均缺的花，如垂柳、杨树等。

重被花(flos plenus)　指在一些栽培植物中花瓣层数增多的花，如碧桃、日本晚樱等。

在园艺生产中，一般认为，花瓣1~3层，均可称为单瓣花，因为它们的雌雄蕊发育正常，并且结实能力很强；如果花瓣为2~3层，其雌雄蕊发育不完全正常的花，被称为复瓣花；如果花瓣为4层及以上，其增加的花瓣基本上都是雌雄蕊瓣化而成，以致其雌雄蕊完全发育不正常，这样的花被称为重瓣花。单瓣花、复瓣花和重瓣花，都具有很高的观赏价值，都各有特色。不同种类，单瓣、重瓣说法有些不同，比如樱花的原始种是只有一层花瓣的单瓣花，花瓣5片，而白玉兰的原始种是有3层花瓣的单瓣花，每层3瓣。目前，经过人工培育筛选，演变出十余瓣的半重瓣、四十瓣左右的重瓣、八九十瓣的千重瓣，比如菊樱、菊花桃、千瓣向日葵。

3.5.2.3 根据花的雌蕊与雄蕊状况分

两性花(flos bisexualis)　指一朵花中，雌雄蕊都发育充分的花，如木槿、多花木蓝等。

单性花(flos unisexuals)　指一朵花中，只有雄蕊或只有雌蕊发育正常的花。其中只有雄蕊的花称为雄花(flos staminatus)；只有雌蕊的花称为雌花(flos pistillatus)。雌花与雄花长在同一植株上的称为雌雄同株(monoecius)，雌花与雄花长在不同植株上的称为雌雄异株(dioecius)。

中性花(flos neuter)　又称为不育花、无性花，指一朵花中，雌蕊和雄蕊均不完备或缺少的花，如向日葵边缘的舌状花。

杂性花(flos polygamus)　指一株植物上或同种植物的不同植株上，既有单性花，也有两性花，如槭树科植物等。

孕性花(flos fertilis)　指雌雄蕊发育正常，并能够结种子的花。

不孕性花(flos sterilis)　指雌雄蕊发育不正常，不能结种子的花。

3.5.2.4 根据花粉传播途径分

传粉(pollination)是指成熟花粉从雄蕊花药或小孢子囊中散出后,传送到雌蕊柱头或胚珠上的过程。在自然条件下,传粉包括自花传粉和异花传粉两种形式。达尔文早在1876年的《植物界中异花传粉和自花传粉的作用》一文中就指出:植物连续自花传粉是有害的,异花传粉是有益的。由异花传粉所得的后代,植株较高大,生活力强,结实率高,抗逆性也较强。大量的生产实践和科学试验的事实证明了达尔文理论的正确性。

植物界有种种避免自花传粉和保证异花传粉的适应特征:①雌雄异熟,一般情况下即使是两性花,同一朵花的雌雄蕊也不会一起成熟,如马兜铃是雌蕊先于雄蕊成熟,雌蕊接受的花粉是另一朵花的花粉;②雌雄异株;③雌雄同株,但开单性花,只能进行异花传粉;④有的植物雌蕊柱头对自身花粉有拒绝、杀害作用,或者花粉对自花柱头有毒,如西番莲具有雌雄异熟特性,并且花柱会随着时间的推移不断改变方向和角度,以免自花授粉,从而使后代的性状更加优良,进而保证了种族持续性的高生活力和适应性。

植物传粉必须借助于风、昆虫(包括蜜蜂、甲虫、蝇类和蛾等)、鸟、水、蜂鸟、蝙蝠和蜗牛等媒介将花粉传到另一朵花的雌蕊柱头上。其中,风和昆虫是最普通的媒介,因此,根据花粉传播途径不同,花主要可分为风媒花和虫媒花。

(1)风媒花

风媒花是指借助风力传播花粉的花,如垂柳、杨树、核桃、枫香等植物的花。

风媒花的特点:①花被一般不鲜艳,小或退化,无香味,不具蜜腺;②花丝细长,宜于传粉;③花粉粒一般比较小、质轻、量多、外壁光滑而干燥,不含动物激素,一般不易致敏;④雌蕊柱头一般较大,常分裂呈羽毛状,开花时伸出花被以外,增加受纳花粉的机会;⑤花期一般为早春,多为先花后叶或花叶同放,宜于花粉传播。

(2)虫媒花

虫媒花是指以蜂、蝶、蛾、蝇、蚁等昆虫为媒介传播花粉的花,如刺槐、泡桐、蜡梅、无花果等植物的花。

虫媒花的特点:①花被一般大而艳丽,常有香味或其他气味,有分泌花蜜的蜜腺;②花粉粒大,质重,数量较少,表面粗糙,常形成刺突雕纹,有黏性,易黏附于访花采蜜的昆虫体上;③虫媒花粉由于昆虫本身含有动物激素,昆虫在采蜜时会把自身的动物激素带到花粉上,人食用之后容易致敏,蜂花粉是典型的虫媒花粉;④虫媒花的大小、形态、结构、蜜腺的位置等,常与虫体的大小、形态、口器的结构等特征之间形成巧妙的适应;⑤虫媒花植物的分布以及开花的季节性和昼夜周期性,与传粉昆虫在自然界中的分布、活动的规律性之间存在着密切的关系。

瘿花,是由雌花特化而来的中性花,既不传授花粉,也不孕育果实,而是为一种与榕属植物共生存的榕小蜂提供产卵、孵化的场所。

3.5.3 花的合生与贴生

合生(connatus) 凡同一器官各部分相结合,称为合生,如杜鹃花的各个花瓣基部合生，蝶形花科、苏木科、含羞草科植物的各个花萼基部合生。

贴生(adnatus)　凡不同器官之间结合，称为贴生，如茄科植物的雄蕊基部与花冠贴生，号称冠生雄蕊。

合生与贴生这两个术语也可用于其他器官。

3.5.4　花程式和花图式

3.5.4.1　花程式(floral formula)

把花的形态结构用特定的符号和数字表示成类似数学方程式的形式，称为花程式，通过花程式可以表明花各部的组成、数目、排列、位置，及其彼此的关系。

(1)花部结构使用的符号及其表示的意义

K 花萼(calyx)；　　　　　　　　C 花冠(corolla)；

A 雄蕊群(androecium)；　　　　G 雌蕊群(gynoecium)；

P 花被(perianth)花萼和花冠无明显区别；

1、2、3、4、5 表示花的各部分相应的数目或轮数；

∞ 表示数目很多而不固定；0 表示缺少或退化；

( ) 表示同一花部彼此合生；不用此符号者为离生；

+ 表示同一花部的轮数或彼此有显著区别；

$\underline{G}$、$\overline{\underline{G}}$、$\overline{G}$ 分别表示子房上位、子房半下位、子房下位；

G(5∶5∶2)括号内分别表示心皮数目、每个子房的房室数目、子房中每室的胚珠数目；此处的括号表示心皮合生；

↑ 表示两侧对称花(不整齐花)；　　＊ 表示辐射对称花(整齐花)；

♂ 雄花；　　　♀ 雌花；　　　⚥ 两性花(有时可以省写)

(2)花程式的书写顺序

　　a. 花性别；　　　　　　　　b. 对称情况；

　　c. 花各部分　从外部到内部依次介绍 K、C、A、G 或 P、A、G，并在字母右下方写明数字以表示花各部分的数目。

(3)花程式实例

杨柳科　♂↑$K_0 C_0 A_{2-\infty}$；♀↑$K_0 C_0 \underline{G}_{(2:1:\infty)}$　　木兰科　⚥＊$P_{6-15} A_\infty \underline{G}_{\infty:1:1-\infty}$

石竹科　⚥＊$K_{4-5;(4-5)} C_{4-5} A_{5-10} \underline{G}_{(2-5:1:\infty)}$　　锦葵科　⚥＊$K_5 C_5 A_\infty \underline{G}_{(2-\infty:2-\infty:1-\infty)}$

桑科　♀＊$K_{4-6} C_0 \underline{G}_{(2:1:1)}$；♂＊$K_{4-6} C_0 A_{4-6}$

'龙爪'槐　⚥↑$K_{(5)} C_{1+2+(2)} A_{(9)+1} \underline{G}_{1:1:\infty}$

3.5.4.2　花图式(floral diagram)

花图式是花的横切面简图，用不同的图例符号分别表示花各部分轮数、数目、排列、离合等关系。

(1) 花图式常用图例

在绘制花图式时，用圆点表示花着生的花轴，位于图的上方；用空心弧线图形表示苞片，位于图的最外层；用带有线条的弧片表示萼片，弧片中央尖突的部分表示萼片的中脉，位于图形第二层；实心弧线图形表示花冠，位于图的第三层；用带点的弧片表示花被；雄蕊以花药的横切图形表示，位于第四层，若雄蕊间有连接线的，则表示雄蕊合生；雌蕊（心皮）以子房横切面图形表示，位于图形的中心，并注意各部以虚线连接来表示。花图式的基本图例符号如图 3-55 所示。

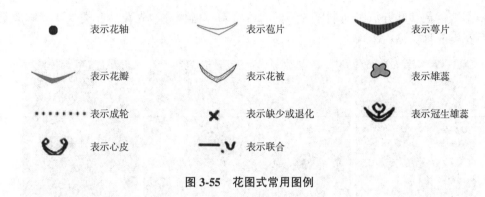

图 3-55　花图式常用图例

(2) 花图式举例（图 3-56）

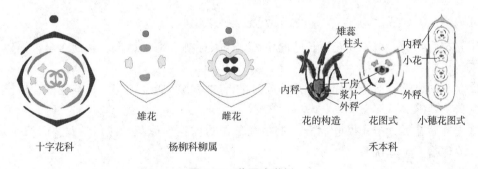

图 3-56　花图式举例

3.5.5　花芽分化与开花类别

3.5.5.1　花芽分化

植物的生长点既可以分化为叶芽，也可以分化为花芽。这种生长点由叶芽状态开始向花芽状态转变的过程，称为花芽分化。

根据不同植物花芽分化的特点，可以分为以下 4 种类型。

①夏秋分化型　绝大多数早春和春夏间开花的观花植物，如垂丝海棠、榆叶梅、梅、迎春花、金钟花、玉兰、枇杷、杨梅等。

②冬春分化型　原产暖地的某些植物，如荔枝、龙眼，一般秋梢停长后，至次年春季

萌芽前，即于头年 11 月至次年 4 月间，花芽逐渐分化与形成。芸香科的柑、橘、柚等从 12 月至次年春季间分化花芽，其分化时间较短，并连续进行。

③当年分化型　许多夏秋开花的植物，如木槿、槐、紫薇、荆条等，都是在当年新梢上形成花芽并开花，不需要经过低温。

④多次分化型　在一年中能多次长新梢，每抽一次，就分化一次花芽并开花的树木，如樱花、桃、海棠花、月季等。

3.5.5.2　开花类别

根据植物花和叶开放时间顺序的不同，可将园林植物分为先花后叶类、花叶同放类和先叶后花类 3 种类型(图 3-57)。

先花后叶（蜡梅）　　　　花叶同放（紫玉兰）　　　　先叶后花（金丝桃）

图 3-57　植物开花类别

①先花后叶类　指先开花后长叶的植物，如银芽柳、梅、蜡梅、紫荆、李、福建山樱花、玉兰、二乔玉兰等。

②花叶同放类　指开花和展叶几乎同时进行的植物，如金钟花、日本晚樱、核桃、海棠花、紫玉兰等。

③先叶后花类　指先展叶后开花的植物，如绣球花、琼花、槐、刺槐、山茶、紫薇、木槿、珍珠梅、金丝桃等。

3.5.6　花序及其类型

有的植物花单生于叶腋或枝顶，称为单生花，而有的植物数花簇生于叶腋，或按一定的规律排列在花轴上形成花序，即花序是指花在花轴上的排列方式和开放次序。花序的主轴称为花轴，花轴上着生许多花，花下常有一个变态叶称为苞片，花序中没有典型的营养叶，有时在每朵花的基部形成一个小的苞片(图 3-58)。整个花序基部也有一个或多数变态叶，称之为总苞片，有些是数枚集生在花序基部称为总苞。花序轴下部无花的部位叫总花梗。无叶的总花梗被称

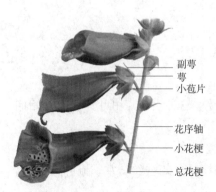

图 3-58　花序各部的名称(毛地黄)

为花葶(scape)，即无茎植物从地表基生莲座叶丛中抽出的无叶花序梗。根据花轴上花排列方式、花轴分枝形式、开放次序和生长状况不同，将花序分为有限花序和无限花序。

3.5.6.1　无限花序(indefinite inflorescence)

无限花序又称为向心花序(concentric inflorescence)，这是一种类似总状分枝的花序，花轴顶端分化新花能力可保持相当一段时间，并且顶端不断增长陆续形成花。开花顺序为花序基部的花先开，依次向上开放。如果花轴是扁平的，则由外向心开放。因此，无限花序是一种边开花边形成花的花序，根据花排列的不同特点又分为下列几种。

①总状花序(raceme)　花互生排列在不分枝的花轴上，每朵花的花梗几乎等长，花序轴随着每朵花的开放而不断伸长，如羽衣甘蓝、刺槐、广西紫荆等植物的花序。

②穗状花序(spike)　花的排列与总状花序相似，但每朵花几乎无梗，如千屈菜、红千层、白千层、香薷等植物的花序。

③柔荑花序(ament)　与穗状花序相似，但为单性花排列在细长、柔软的花轴上，花序下垂，常无花被，开花结果后，整个花序脱落，如杨树、柳树等植物的花序。

④肉穗花序(spadix)　与穗状花序相似，但花序轴肉质肥厚，且花序下有一大型的佛焰苞，如天南星科、棕榈科等植物的花序。

⑤伞房花序(spadix)　与总状花序相似，但花梗不等长，下部花的花梗较长，向上渐短，以致使整个花序的花几乎排在一平面上，犹如现代的平房顶，如山楂、梨、苹果等植物的花序。

⑥伞形花序(umbel)　花柄几乎等长，每朵小花均自花轴顶端一点长出，整个花序的花排成一球面状，形似开张的伞，如莎草科、五加科等植物的花序。

⑦头状花序(Capitulum)　多数无柄的小花生于球形或圆锥形或扁平的花序轴上，呈头状排列的花序，如合欢、悬铃木等植物的花序。

⑧篮状花序(basket)　蓝眼睛、天人菊、向日葵等菊科植物的头状花序外有数轮总苞片，此类花序称为篮状花序。

⑨隐头花序(hypanthium)　花序轴肉质、肥大并内凹成头状囊体，许多无柄单性花隐生于囊体的内壁上，雄花位于上部，雌花位于下部。整个花序仅囊体前端留一小孔，以便昆虫进出传粉，如无花果、薜荔、榕树、菩提树等植物的花序。

⑩圆锥花序(panicle)　花序轴分枝，每一分枝上形成一总状花序，可称为复总状花序。花序轴分枝，每一分枝若为一穗状花序，则称为复穗状花序(complex spike)。两者均属圆锥花序，整个花序开张呈圆锥形状，如女贞、珍珠梅、复羽叶栾树等植物的花序。

⑪复伞房花序(compound corymb)　伞房花序的每一分枝再形成一伞房花序，如花楸属、石楠、粉花绣线菊等植物的花序。

⑫复伞形花序(compound umbel)　伞形花序的每一分枝又形成一伞形花序，如茴香等植物的花序。

各类无限花序及其关系如图 3-59 所示。

3.5.6.2　有限花序(determinate inflorescence)

有限花序又称为聚伞类花序(cyme)或离心花序(inflorescentia centrifuga)，其花轴呈合

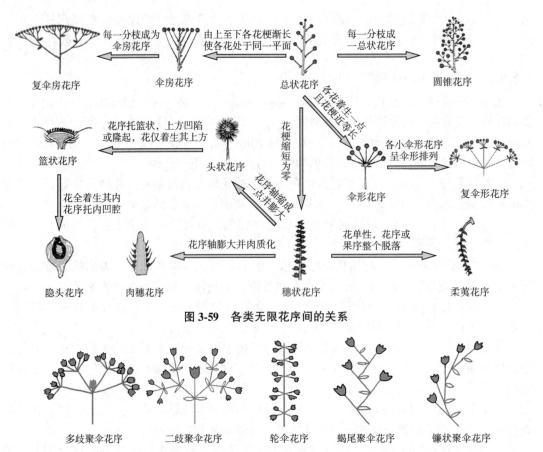

图 3-59　各类无限花序间的关系

图 3-60　有限花序类型

轴分枝或假二叉分枝式，即花序主轴顶端的花先开放，基部的花后开放，或者中心的花先开放，周围的花后开放，依据花轴分枝不同，又可分为以下几种（图3-60）。

①单歧聚伞花序（monochasium）　是典型的合轴分枝式，花序轴的顶端形成一花之后，在顶花下面的苞片腋中仅发生一侧枝，其长度超过主枝后枝顶同样形成一花，此花开放较前一朵晚，同样在它的基部又形成侧枝及花，依此类推，就形成单歧聚伞花序。如果花朵连续地左右交互出现，状如蝎尾，称为蝎尾状聚伞花序（cincinnus），如蝎尾蕉、唐菖蒲、委陵菜等。如果花朵出现在同侧，形成卷曲状，称为镰状聚伞花序（drepanium）或螺旋状聚伞花序（bostryx）或卷伞花序，如白花丹科补血草的花序。

②二歧聚伞花序（dichasium）　花序轴顶端形成顶花之后，在其下伸出两个对生的侧轴，侧轴顶端又生顶花，依此类推，即花序轴呈假二叉分枝式，如石竹科、龙胆科等植物的花序。

③多歧聚伞花序（pleiochasium）　花序轴顶芽形成一朵花后，其下有3个以上侧芽发育成侧枝，花梗长短不一，节间极短，外形上类似伞形花序，但中心花先开，如大戟科等植物的花序。

④轮伞花序（verticillaster）　聚伞花序着生在对生叶的叶腋，花序轴及花梗极短，呈轮状排列，如一些唇形科等植物的花序。

3.6 果实的形态学知识

3.6.1 果实的形成

被子植物在完成受精后，花的各部位随之发生显著变化（图3-61），通常花萼、花瓣、雄蕊、雌蕊都枯萎脱落，仅有少数植物的花萼、柱头可宿存，连同子房及胚珠一起膨大，形成果实。胚珠发育成种子，子房壁发育成果皮。

一般情况下，植物结实一定要经过受精以后才开始的。但有一些植物，不经过受精作用也能结实，这种现象称为单性结实（parthenocarpy）。单性结实有两种情况：一种是天然单性结实（营养单性结实），即子房不经过传粉或任何其他刺激，便可形成无籽果实的现象，如香蕉、葡萄、柑橘和柠檬的某些品种。另一种称为刺激单性结实，即子房必须经过一定的人工诱导或外界刺激才能形成无籽果实的现象，如果用爬山虎的花粉刺激葡萄花的柱头，或用苹果某些品种的花粉刺激梨花的柱头，或用某些生长调节剂处理花蕾，或用低温和

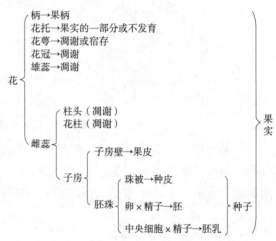

图 3-61　花部与果部的对应关系图

高强光处理番茄等，都可诱导单性结实。单性结实在一定程度上与雌花所含植物生长激素的浓度有关。

单性结实必然产生无籽果实，但无籽果实并非全由单性结实所产生，如有些植物的胚珠在发育为种子的过程中受到阻碍，也可以形成无籽果实；另外，三倍体植物所结果实一般也为无籽果实。单性结实可提高果实的含糖量和品质，且不含种子，便于食用。

有些植物的果实形成过程非常奇特，如花生属植物。在植物王国里，花生属植物是独有的地上开花、地下结果的植物，而且一定要在黑暗的土壤环境中才能结出果实，所以人们又称它为"落花生"。花生是一年生草本植物，从播种到开花只用一个月左右的时间，而花期却长达两个多月。它的花单生或簇生于叶腋。单生在分枝顶端的花，只开花不结果，是不孕花。生于分枝下端的是可孕花。花生开花授粉后，子房基部子房柄的分生组织细胞迅速分裂，使子房柄不断伸长，从枯萎的花萼管内长出一条果针，果针迅速纵向伸长，它先向上生长，几天后，子房柄下垂于地面。在延伸过程中，子房柄表皮细胞木质化，逐渐形成一顶硬壳，保护幼嫩的果针入土。当果针入土达2~8cm时，子房开始横卧，肥大变白，体表生出密密的茸毛，可以直接吸收水分和各种无机盐等，供自己生长发育所需。靠近子房柄的第一颗种子首先形成，相继形成第二颗、第三颗。表皮逐渐皱缩，荚果逐渐成熟。如果子房柄因土面板结而不能入土，子房就在土上枯萎。为此，落花生要栽植在沙质土壤里，并需要及时进行中耕，多次进行培土，以便它的果实在黑暗中形成。

3.6.2 果实的基本结构

果实由果皮和种子组成，其中果皮由外果皮(exocarp)、中果皮(mesocarp)和内果皮(endocarp)3层结构组成，各层的质地、厚薄因物种而异(图3-62)。

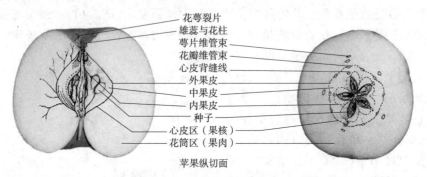

图3-62 果实的基本结构(苹果)

如果植物的果实仅由子房发育而成，则被称为真果(true fruit)，如核桃、桃、杏、樱桃等。如果植物的果实，是由子房、花托、花萼、花冠，甚至整个花序参与发育而成的，则被称为假果(pseudocarp 或 false fruit)，如梨、苹果、花红、石榴等。

3.6.3 果实的基本类型

根据植物果实的形态结构不同，可分为单果、聚合果和聚花果。

3.6.3.1 单果(simple fruit)

单果是指由一朵花的子房发育而形成的果实。根据果熟时果皮的性质不同，可分为干果和肉质果两大类。

(1)干果(dry fruit)

果实成熟时果皮干燥，称为干果。根据果皮开裂与否，又可将干果分为裂果和闭果。

①裂果(dehiscent fruit)　果实成熟后果皮开裂，根据心皮数目和开裂方式不同，可将其分为(图3-63)：

蓇葖果(follicle)　由单雌蕊的子房发育而成，成熟时果皮沿背缝线或腹缝线一边开裂，如白玉兰、广玉兰、粉花绣线菊、八角、梧桐、牡丹、苹婆、飞燕草等植物的每一小果都是蓇葖果。

荚果(legume)　由单雌蕊的子房发育而成，成熟后果皮沿背缝线和腹缝线两边开裂，如蝶形花科、苏木科、含羞草科植物的果实。但有少数荚果是不开裂的，如槐、黄檀。

角果　由两个心皮的复雌蕊子房发育而成，果实中央有一片由侧膜胎座向内延伸形成的假隔膜，成熟时果皮由下而上两边开裂，如十字花科植物的果实。根据果实长短不同，又有长角果(silique)和短角果(silicle)的区别，前者如羽衣甘蓝、二月蓝等植物的果实；后者如屈曲花、香雪球等植物的果实。

蒴果(capsule)　由两个或两个以上心皮的复雌蕊子房形成，成熟时以多种方式开裂

图 3-63　裂果类型

(如室背开裂、室间开裂、盖裂、孔裂等)，如曼陀罗、木槿、紫花泡桐、凌霄等植物的果实。室背开裂(loculicidus)是指果瓣沿心皮的背缝线裂开，如仿栗、百合、鸢尾的果实开裂方式；室间开裂(septicidus)是指沿室间隔膜(即腹缝线)开裂，如曼陀罗、牵牛花的果实开裂方式；孔裂(poricidus)是指由多数小孔开裂，如石竹科、虞美人、罂粟等植物的果实开裂方式；盖裂(circumscissus)是指上部横裂一周成一盖，如大花马齿苋(太阳花)、车前草等植物的果实开裂方式。

②闭果(achenocarp)　果实成熟后，果皮不开裂，称为闭果，又可分为(图3-64)：

图 3-64　闭果类型

瘦果(achene)　由单雌蕊或2~3个心皮合生的复雌蕊而仅具一室的子房发育而成，内含1粒种子，果皮与种皮分离，如向日葵、荞麦的果实。

颖果(caryopsis)　与瘦果相似，也是一室，内含1粒种子，但果皮与种皮愈合，因此常将果实误认为种子。颖果是禾本科植物特有的果实。

坚果(nut)　果皮坚硬，一室，内含1粒种子，果皮与种皮分离，有些植物的坚果包藏于总苞内，如板栗、麻栎、榛等植物的果实。

翅果(samara) 果皮沿一侧、两侧或周围延伸呈翅状，以适应风力传播。除翅的部分以外，其他部分实际上与坚果或瘦果相似，如三角枫、臭椿、榆树、杜仲、喜树、对节白蜡等植物的果实。枫杨、青钱柳的果实属于翅坚果，其翅是由小苞片发育而成的。

分果(schizocarp) 复雌蕊子房发育而成，成熟后各心皮分离，形成分离的小果，但小果的果皮不开裂，如锦葵、蜀葵等植物的果实。其他如伞形科植物的果实，成熟后分离为2个瘦果，称为双悬果(cremocarp)；唇形科和紫草科植物的果实成熟后分离为4个小坚果(nutlet)，特称为四小坚果，双悬果和四小坚果分别为该类植物的特征。

(2) 肉质果(ficshy fruit)

果实成熟时，果皮或其他组成果实的部分，肉质多汁，称为肉质果，常见的有以下几种(图3-65)：

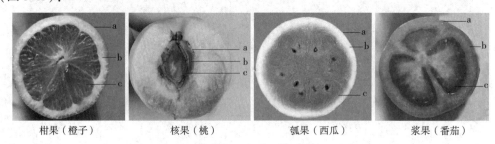

柑果(橙子)　　核果(桃)　　瓠果(西瓜)　　浆果(番茄)

图 3-65　肉质果类型
a. 外果皮　b. 中果皮　c. 内果皮

浆果(berry) 由复雌蕊发育而成，外果皮薄，中果皮、内果皮均为肉质，或有时内果皮的细胞分离成汁液状，内含1粒至多粒种子，如葡萄、番茄、柿等植物的果实。

柑果(hesperidium) 是柑橘类植物特有的一类肉质果，由多心皮复雌蕊、中轴胎座的子房发育而成，外果皮革质，分布许多分泌腔；中果皮疏松，有很多分枝的维管束，与外果皮无明显界限；内果皮膜质形成若干室，向内生有许多肉质的毛囊，是主要的食用部分，每室有多个种子，如柑橘、柚等植物的果实。

核果(drupe) 是具坚硬果核的一类肉质果，由单雌蕊或复雌蕊子房发育而成。外果皮薄，中果皮肉质，内果皮形成坚硬的壳，通常包围一粒种子形成坚硬的核，如桃、杏、核桃、桂花、女贞、枣等植物的果实。

梨果(pome) 是由花托和子房共同形成的假果。即由下位子房的复雌蕊形成，花托强烈增大和肉质化并与果皮愈合，外果皮、中果皮肉质化而无明显界线，内果皮革质或木质，中轴胎座，常分隔为5室，每室含2粒种子，如梨、苹果等植物的果实。

瓠果(pepo) 为瓜类所特有的果实，由3个心皮组成，是具侧膜胎座的下位子房发育而来的假果，即由下位子房的复雌蕊形成，花托与外果皮常愈合成坚硬的果壁，中果皮、内果皮与发达的胎座肉质化，有些无明显的外、中、内果皮之分，如西瓜、黄瓜等葫芦科植物的果实，其食用部分为肉质的中果皮和内果皮，西瓜的主要食用部分为发达的胎座。

3.6.3.2　聚合果(fructus polyanthocarpus)

聚合果是指由一朵花中的离生心皮雌蕊发育而成的果实，每一雌蕊形成一个独立的小

图 3-66 聚合果类型

果，集生在膨大的花托上。根据每个小果的种类不同，可分为聚合瘦果（如草莓、委陵菜的果实）、聚合蓇葖果（如广玉兰、八角的果实）、聚合核果（如悬钩子、黑莓的果实）、聚合坚果（如莲的果实）和聚合翅坚果（如鹅掌楸的果实）等（图3-66）。

3.6.3.3 聚花果（fructus multiplices）

聚花果是指由整个花序发育形成的果实，因此又称为复果。花序中的每朵花形成独立的小果，聚集在花序轴上，外形似一个果实，如悬铃木、构树、喜树、无花果、枫香的果实；有的复果花轴肉质化，如桑葚和菠萝；成熟时整个果穗由母体脱落（图3-67）。

图 3-67 聚花果类型

3.7 植物体表附属物

许多植物体表面是光滑的而无其他粗糙的感觉,有的表面是无任何毛的,有的植物表面会长出一些附属的衍生物,比如毛被、腺体、腺点、木栓翅和零余子等。

3.7.1 毛被

一些植物体的表面会形成各种毛被(indumentum),这些毛被都是植物表皮细胞的衍生物,由单细胞或多细胞组成,有分支或不分支,形状各异,并且可能还有一定的颜色。常见毛被如下(图3-68)。

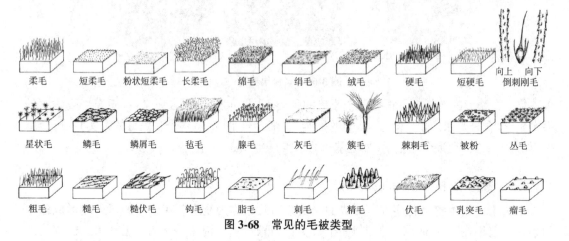

图3-68 常见的毛被类型

3.7.1.1 不分支毛

①柔毛(pomace) 质地比较柔软且较细,类似于人体表的汗毛。又可分为:

短柔毛(pubescens) 短而柔的毛,如榆叶梅叶背的毛。

长柔毛(pilosus) 长而柔的毛,并且较稀疏,如柳叶菜茎干和叶两面密被长柔毛,千日红叶两面的白色长柔毛。

曲柔毛(villosus) 柔软且皱曲。

绵毛(lanatus) 长、密、弯曲而缠结的毛,如绵毛水苏叶上的毛。

绢毛(sericeus) 毛光亮、稠密而向一个方向伏生,如亮叶杜英叶上的毛。

绒毛(tomentosus) 极密而互相交织如毡的短毛,如广玉兰、金叶含笑、毛背桂樱叶背的毛等。

平伏毛(flat hair) 长而平伏于植物体表面的毛,如锦绣杜鹃叶正面或背面的毛。

②硬毛(horsetail) 质地较硬、较粗、有弹性的毛。

短硬毛(hirtus) 毛短而硬的毛。

长硬毛(hispidus) 毛硬、直而粗的毛。

③刚毛(setiformis) 又称为刺毛,为基部膨大而硬的毛,如玫瑰枝上的毛。有些植物体上的刚毛是朝向顶芽方向,即向上生长的;有些刚毛则是背向顶芽方向,即向下生长的。

3.7.1.2 分支毛

①星状毛(stellatus)　由一个中心体向四周发射出多个分支,排列呈星状的毛,如红檵木的叶背或叶面的毛。

②丁字毛(divaricato-bicuspidatus)　着生于植物体表,分两支呈丁字形,平铺于表面。丁字毛与平伏毛的区别是,用细针尖拨动毛的尖端,对应一端向相反方向移动的为丁字毛;对应一端不动的为平伏毛。

③鳞片状毛(lepidotus)　由许多分支毛排列在一个平面上且互相合生而成,如胡颓子茎和叶的毛。

④毡毛(pannosus)　为许多分支或不分支的毛互相交织在一起而组成的一层毡毛状毛被柔毛,如银白杨叶背的毛被。

3.7.1.3 腺毛

腺毛(glandulosus)是指具有分泌功能的毛被,并且毛的顶端或基部具有一个或多个腺细胞,如花烟草全株表面的毛。腺鳞(glandular scale)也是一种腺毛,只是柄部极短,其头部通常由较多的分泌细胞组成,排列成鳞片状。腺鳞在植物界中普遍存在,特别常见于唇形科、菊科、桑科等植物。

此外,还有灰毛、簇毛、棘刺毛、被粉、丛毛、粗毛、糙毛、糙伏毛、钩毛等。

3.7.2　蜜腺、腺体与腺点

①蜜腺(nectarium)　指花盘、花瓣或雄蕊基部能分泌蜜汁的附属体或附属小体,如龙眼和荔枝的花盘蜜腺、金莲花花瓣基部的蜜腺(图3-69)。

②腺体(gland)　是指叶片上的突起,里面多含芳香油,如樟树叶子的三出脉基部、千年桐、油桐叶基的腺体(图3-70)。

③腺点(gland point)　一般指透过光能看到的透明点,如芸香科植物的叶、果皮上多有腺点(图3-71)。

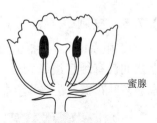

图 3-69　蜜　腺

图 3-70　腺体(千年桐)

图 3-71　腺点(柚)

3.7.3 木栓翅与叶轴翅

①木栓翅(wood bolt wings)　木栓翅是指生长在枝干上的木片状的翅状物，卫矛、大果榆的枝都有木栓翅(图3-72)。

②叶轴翅(leaf shaft wings)　又称为叶翼，是指长在盐肤木、枫杨、对节白蜡等植物的复叶叶轴上的翅状物，多为绿色，质地与叶片和叶轴相似(图3-73)。

图3-72　木栓翅(卫矛)　　　　　图3-73　叶轴翅(盐肤木)

3.7.4 零余子

叶腋间常生的珠芽，称为零余子，如薯蓣科薯蓣属、蓼科金线草(*Antenoron filiforme*)等植物常有零余子。零余子是腋芽的变态，即侧枝的变形，称为地上块茎，也称为气生块茎或珠芽(图3-74)。

3.7.5 皮刺

皮刺(aculeus)是指由植物体的表皮或皮层形成的尖锐突起的部分(图3-75)。皮刺与茎之间没有维管组织相连，易于剥落，剥落面平坦。蔷薇、月季、紫枝玫瑰、刺槐、刺楸、椿叶花椒、花椒等茎上散生许多皮刺。

图3-74　零余子(薯蓣)　　　　　图3-75　皮刺(紫枝玫瑰)

小　结

细胞是构成植物体的形态结构和生命活动的基本单位，也是植物体生长发育的基础。而来源相同、机能相同、形态结构相似、有密切联系的细胞群分别构成了植物体的六大组织。各种不同组织又分别构成了植物体的根、茎、叶、花、果实和种子六大器官。本章主要从功能、来源、结构、类型等方面用最简洁的特定科学术语（形态术语）分别讲述了园林植物的六大器官及其附属物的形态特征，以便读者更好地认识、区分、掌握和运用。

思考题

1. 植物组织有哪些类型？它们各有什么功能？
2. 植物种子由哪些部分组成？常见园林植物种子有哪些类型？
3. 简述植物幼苗的形态学特征在园林中的作用。
4. 举例说明植物根的作用。
5. 举例说明园林植物根及其变态类型。园林植物根系有哪些类型？
6. 什么是根瘤和菌根？各有什么作用？
7. 园林植物茎的基本功能有哪些？
8. 园林植物茎由哪些部分组成？各有什么特点？
9. 园林植物茎有哪些类型？举例说明每种茎干类型的特点。
10. 举例说明园林植物茎干皮的特征。
11. 举例说明园林植物的分枝方式。
12. 园林植物叶的基本功能有哪些？举例说明园林植物的叶序类型和叶的类型。
13. 园林植物叶的形态特征是什么？
14. 分析说明落叶植物与常绿植物叶的寿命特点与脱落肌理。
15. 举例说明园林植物花的基本结构及其基本类型。
16. 指出下列植物的花托类型和花药着生方式：
莲、木莲、桃、梨、海棠花、大叶黄杨、黄杨、百合、凌霄、石榴、复羽叶栾树、木芙蓉。
17. 什么是花程式和花图式？写出常见科的花程式，并画出其花图式。
18. 举例说明植物花芽分化与开花类别。
19. 常见的无限花序有哪些？画出它们的关系图。
20. 举例说明园林植物常见的果实类型及其基本特点。
21. 简述园林植物体表附属物的类型及其功能。
22. 下列哪些植物的叶是互生叶？哪些植物的叶是对生叶？
八角金盘、熊掌木、银杏、金钱松、雪松、光叶白兰、白玉兰、枫香、三角梅、檫木、对节白蜡、福建柏、桂花、光皮树、红翅槭、百日草、彩叶草、萼距花。

第4章
园林植物分类基础

地球上几乎到处都生长着植物，而且种类繁多，形态各异。地球上已发现的植物中种子植物有 25 万余种，隶属于约 400 科 12 600 余属。我国幅员辽阔，植物资源丰富，按照《中国植物志》记录，种子植物约有 31 142 种，属于 301 科 3408 余属，中国植物图像库 (Plant Photo Bank of China, PPBC) 收录各类植物图片 495 科 5083 属 34 044 种 5 557 495 幅。面对如此众多、彼此又千差万别的植物，如何进行识别、研究、交流和应用，必须先根据它们的自然属性，由粗到细、由表及里地进行分类。

植物分类 (plant classification) 是用比较、分析和归纳的方法，依据植物的演化规律、亲缘关系，建立一个合乎逻辑的分类阶元系统 (system of categories)。每个阶元系统可以包含任何数量的植物，用于反映每一种植物的系统地位和归属。

植物分类是人类衣食住行、经济发展、健康长寿的需要，也是植物分类学自身发展的需要，包括资源清查、地方植物志的编写、生物多样性的认识与保护以及探讨植物的起源与演化等；也是植物地理学、植物生态学、植物遗传学、植物生理学、植物化学、植物分子生物学、植物资源学、环境植物学、园林树木学、园林花卉学、植物景观设计、药用植物学和资源植物学等的基础。

4.1 植物分类发展概况

随着时代的发展和人类认识水平的不断提高，植物分类的方法也在不断进步。英国植物学家杰弗雷 (C. Jeffrey, 1982) 在《植物分类学入门》中，将植物分类历史划分为 3 个时期：人为分类系统时期 (远古—约 1830 年)、自然分类系统时期 (1763—1920) 和系统发育分类系统时期 (1883 年至今)。

4.1.1 人为分类系统时期

人为分类系统时期又称为民间分类学或本草学时期，是人类在生活和生产实践中，对各种植物的形态、构造、生活史、生活习性、应用等方面进行观察和积累，进一步加以研究比较，把具有共同点的种类归并成一个类群，并根据它们的差异分成若干不同的种类，按照等级顺序排列所形成的人为分类系统。

人们对植物的认识主要始于食用和药用。原始人类采摘植物的果实和种子，挖掘植物的根和块茎等作为食物，寻找药草治病等，这在世界各地出土的古代遗物中得到了证实。据古植物学家研究化石证实，1.35 亿年以前，在北半球的许多水域都有莲属植物的分布。

如在日本北海道、京都发掘的更新世至全新世(200万年前)的莲化石，在中国柴达木盆地发掘的1000万年前的荷叶化石。在瑞士新石器时代的水上住宅里，也曾发现有亚麻、梨和苹果等植物的种子。

我国是世界上研究植物最早的国家。6000~7000年前，西安半坡遗址中，就有花、草、谷物、树、叶的雕绘。《诗经》(公元前600)中记载了200多种植物，《尔雅》(前476—前221)中按草本和木本两大类记载了300多种植物；西晋嵇含的《南方草木状》按草、木、果、竹四类记载了300多种植物；《神农本草经》(约200年)按上品药、中品药、下品药3类记载了365种药用植物；《唐·新修本草》(简称《唐本草》，659，是世界上第一部由国家颁布的药典)按草、木、果、菜、米谷等记载了844种植物；明代李时珍《本草纲目》(1590年，1659年被H. Boym译成拉丁文，取名为中国植物志 *Flora Sinensis*)以纲、目、部、类和种作为分类等级，将植物分为木部、果部、草部、谷蔌部及蔬菜部，记录了山草、芳草、隰草、水草、蔓草和毒草等1892种植物，其中药用植物1195种；清代吴其濬《植物名实图考》(1848年，我国最早的一部植物图谱)从应用和生长环境角度记录了谷、蔬、山草、湿草、石草、蔓草、水草、芳草、毒草、群芳、果、木12类1714种植物。

在西方，古希腊学者Aristotle(前384—前322)开始了植物研究。他的学生切奥弗拉斯特(Theophrastus，被誉为"植物学之父")著有《植物的历史》(*Historia Plantarum*)、《植物的研究》(*Enquiry into Plants*)，按乔木、灌木、半灌木和草本(分为一年生、二年生和多年生)记载了约480种植物，并且知道有限花序与无限花序、离瓣花与合瓣花、子房的位置。日耳曼的A. Magnus(1193—1280)提出了单子叶植物与双子叶植物的概念，Otto Brunfels(1464—1534)根据花的有无，将植物分成了有花植物和无花植物两类；瑞士的Conrad Gesner(1516—1565)提出花和果的特征是植物分类的最重要的依据，其次才是茎和叶，并由此定出植物属(genera)的概念；意大利的A. Caesalpino(1519—1603)在 *De Plantis*(被称为第一个植物分类)中记载了豆科、伞形花科、菊科、十字花科等1500种；Charles de I'Eluse(1525—1609)通过精确观察和描述，提出了植物种(species)的概念；瑞士的G. Bauhin(1560—1624)在《植物界纵缆》中记载了6000多种植物，提出了种加词的概念，并首次使用双名法；英国植物学家John Ray(1628—1705)于1703年在《植物分类方法》中，按草本和木本记载了1800种植物，其中草本分为不完全植物(无花植物)和完全植物(有花植物)，完全植物又分为单子叶植物和双子叶植物，木本分为单子叶植物和双子叶植物，并根据果实类型、叶和花的特征进行分类，为自然分类系统奠定了基础，但将子叶的特征放在了次级。

总之，人们在人为分类系统时期对植物的茎、叶、花和种子等形态特征、部分种类的习性、用途等有一定认识，并能根据首先选定的一个或少数几个特征划分植物类群，但对植物亲缘关系缺乏系统的认识。

4.1.2 自然分类系统时期

4.1.2.1 机械分类阶段

瑞典植物学家林奈(Carolus Linnaeus，1707—1778，植物分类学之父)在《自然系统》(*Systema Nature*，1735)中，根据雄蕊的数目、排列的方式以及它和雌蕊的关系等性器官，将高等植物分为 24 纲，发表了《植物属志》（*Genera Plantarum*，1737，描述了 935 属）和《植物种志》（*Species Plantarum*，1753，描写了 10 000 种已知的植物，现代植物分类新起点）。《自然系统》所建立的分类系统称为生殖器官分类系统，为近代植物分类系统奠定了基础，但因其主张"种起源于上帝"，故属人为分类系统的典型。林奈的这 3 部著作与其所主张的双名命名法（binomial nomenclature），对植物分类学的发展起到了巨大的推动作用。

4.1.2.2 自然分类阶段

法国植物学家 Bernard de Jussieu（1699—1776）和他的侄儿裕苏（Antoine Laurent Jussieu，1748—1836）于 1789 年在《植物属志》中发表了一个比较自然的分类系统，接受了 John Ray 的观点，以子叶为主要分类特征；也接受了林奈的观点，重视花部的特征，将植物分为无子叶植物、单子叶植物、双子叶植物 3 类，并认为单子叶植物是现代被子植物的原始类群。

瑞士植物学家德·堪多（Augustin Pyramus de Candolle，1778—1841）于 1813 年发表了《植物学基本理论》，提出了一个新的分类系统，他修正并补充了 Jussieu 的系统，将植物分成 135 目，肯定了子叶数目和花部特征的重要性，并将维管束的有无及其排列情况列为门、纲的分类特征。

德国植物学家 August Wilhelh Eichler（1839—1887），以植物形态学为分类依据，对植物界进行了全面研究，于 1883 年完成了一个新的分类系统，正确区分了裸子植物与被子植物，并将被子植物分为单子叶植物与双子叶植物，又将双子叶植物分为离瓣花类和合瓣花类。

英国植物学家边沁（George Bentham，1800—1884）与虎克（Joseph Dalton Hooker，1817—1911）于 1862—1883 年发表了 3 卷《植物属志》，在此《植物属志》中发表了一个以德堪多系统为基础的新系统，对花瓣的合生与否特别重视，把种子植物分为双子叶植物、裸子植物和单子叶植物 3 个纲。此分类的优点在于把多心皮类放在被子植物最原始的地位，而把无花被类列于次生地位；缺点是把裸子植物放在单子叶植物与双子叶植物之间。边沁—虎克系统使自然系统达到了全盛时期。

总之，自然分类系统时期是以植物性状的相似程度为分类原则，并以之决定植物的亲缘关系和系统排列。

4.1.3 系统发育分类系统时期

英国博物学家达尔文（Charles Darwin，1809—1882）根据 20 多年古生物学、生物地理学、形态学、胚胎学和分类学等许多领域的大量研究，以自然选择为中心，从变异性、遗传性、人工选择、生存竞争和适应性等方面论证物种起源和生命自然界的多样性与统一性，于 1859 年发表了《论依据自然选择即在生存斗争中保存优良族的物种起源》（*On the Origin of Species by Means of Natural Selection, or the Preservation of Favoured Races in the Struggle for Life*）[简称《物种起源》（*On the Origin of Species*）]。《物种起源》的核心内容包括：生物都有繁殖过剩的倾向，而生存空间和食物都是有限的，所以生物必须为生存而斗争。在同一群体中的个体存在变异，那些能适应环境的有利变异体将存活下来，并繁殖后代，不利变异体则会被淘汰。如果自然条件的变化是有方向的，则在历史过程中，经过长期的自然选择，微小的变异就得到积累而成为显著的变异，由此可能导致亚种和新种的形成。随着性状分歧的加大，新种不断形成，老种灭绝，特别是由于中间过渡类型的灭绝，不同物种之间形态差异逐渐扩大，而在生物分类的实践中，相同的物种归于一个属，相近的属归于一个科，相近的科归于一个目。如果从时间和空间两个方面来看，生物的自然选择正如达尔文所描绘的一株不断分叉的生物进化大树（图4-1）。由此而创立的生物进化学

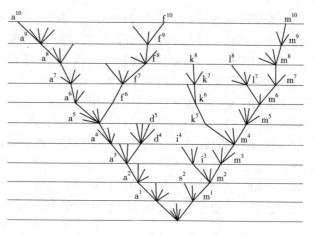

图4-1 达尔文的生物进化树

说，彻底摧毁了唯心论和形而上学对科学的统治，推翻了上帝创造世界与物种不变的观念，给植物分类的研究提出了去寻找分类群间亲缘关系的任务，树立了植物界系统发育的观点，标志着植物分类进入到系统发育分类系统时期。

从此，植物分类学家从古生物学、比较形态学、比较解剖学、植物化学、植物生态学和细胞学等不同角度，对植物各方面的性状进行比较分析，然后根据性状的演化趋势来推测植物的亲缘关系，逐渐建立起一些能客观反映植物界进化情况、体现植物各类群亲缘关系的自然分类系统，称为系统发育分类系统（phylogenetic system）。

本时期，中国也涌现了大量的植物分类学家，并提出了很有价值的分类系统，比如秦仁昌的蕨类植物分类系统（1978、1991）、郑万钧的裸子植物分类系统（1978）、吴征镒的被子植物分类系统（简称"八纲系统"，1998）等。

被子植物是在形态和结构上达到了高度发展的类群。达尔文以后100多年来，分类学家们都以生物进化学说为依据，以植物的形态、结构以及生态学等方面的特征为基础，尤其是现代植物分类学家不断吸取古植物学、解剖学、生物化学、细胞学、孢粉学、胚胎学以及植物地理学等向分类学所提供的资料，对被子植物进行了分类，并力求建立一个完善的系统发育的分类系统，以说明被子植物的演化关系，但由于化石证据的极端缺乏，各种假说和推论纷纷出现，并将研究的重点放在对现存有花植物的研究方面，因而引起了问题的复杂化。以前所提出的分类系统虽然同是自然分类系统，但由于研究者的论据不同，所建立的系统也是不同的，甚至有的部分是互相矛盾的，所以无论著作者的声明如何，都不够臻于完善，也不能准确地反映被子植物系统发育的真正亲缘关系。

近年来，随着DNA测序和生物信息技术的发展，利用分子系统发育学（molecular phylogenetics）手段来研究植物更自然的系统演化关系已成为有效且普遍的途径。由此，被子植物分类系统出现了很多新变化，大家熟悉的APG分类系统就是其中一例。

4.2　园林植物分类方法

园林植物分类隶属于植物分类，是以园林植物为主要分类对象，根据植物特定形态指

标，按照不同的分类等级或园林用途，对植物进行排列分类的基本方法，结合园林建设的需求，以园林植物在园林中的应用为目的，以提高园林建设水平为主要任务的一种分类。

学习园林植物分类基础知识，有助于进一步学习园林专业的树木学、花卉学、植物景观规划设计等课程；有助于正确鉴定园林植物的种名及其形态特征，使园林工作者更好地认识植物，从而为园林的生产、应用、科研工作服务；有助于调查了解园林植物资源和使用情况，为进一步利用野生园林植物资源引种和培育提供资料；有助于利用植物亲缘关系探寻新的园林植物资源，从而进一步拓展园林植物种质资源；有助于正确区分植物的近亲种，如八角与莽草、人参与刺五加等，以及外观相似的非近亲种，如柳叶马鞭草与薰衣草；有助于学习植物、研究植物过程中交流更方便，在园林建设中能更好地利用园林植物进行造景，从而更好地为城乡园林建设服务。

4.2.1　园林植物的自然分类法

自然分类法是利用自然科学的先进手段，从比较形态学、比较解剖学、古生物学、植物化学和植物生态学等不同角度，以植物进化过程中亲缘关系的远近作为分类标准的分类方法。本方法能反映植物的亲缘关系和系统发育，具有较强的科学性，对园林植物生产实践有重要意义。例如，可依据植物亲缘关系，选择亲本进行人工杂交，培育新品种等。

4.2.1.1　园林植物的基本分类方法

园林植物的基本分类方法主要有形态分类法、细胞分类法、化学分类法、数量分类法、超微结构和微形态分类法、分子分类法等。

(1)形态分类法(morphological classification method)

形态分类法是指根据植物的形态或表型性状来进行分类的一种方法。形态分类法是历史最悠久的、最基本的、最简便易行的一种经典分类方法(classical classification method)，古今中外的学者们为其积累了丰富的经验。

从形态或表型性状来检测遗传变异和区分种属之间的差别是最直接的方法。由于表型和基因型之间存在着基因表达、调控、个体发育等复杂的中间环节，如何根据表型上的差异来反映基因型上的差异就成为用形态学方法检测遗传变异的关键所在。通常利用的表型性状有两类，一类是符合孟德尔遗传规律的单基因性状(质量性状)，另一类是由多基因决定的数量性状。表型性状即植物的外部特征，如株高、生长习性、有效分枝数、叶形、叶数、花序、节位、花形、花色、花数、单株结果数、果长、果宽、果厚、每果粒数、种子颜色、形态、百粒重、产量、抗病性等。这些性状简单直观，应用较广。

随着光学显微镜(light microscope，LM)、扫描电子显微镜(scanning electron microscope，SEM)和透射电子显微镜(transmission electron microscope，TEM)技术的发展，形态分类学常与解剖学、孢粉学、超微结构和微形态学紧密结合。

早在20世纪50年代后期，电子显微镜技术就应用于被子植物分类工作中。直到60年代末，电子显微镜资料应用在被子植物分类方法才得以发展。1975年科尔(Cole)和本克(Behnke)编纂了在植物分类学中所运用的植物电子显微特征。现在，电子显微镜的资料越来越多地用于被子植物科和目的修订和划分方面，微观特征为我们揭开了新的视野；但无论如何，都是证据之一。

(2) 实验分类法(experimental classification method)

实验分类法主要是用实验方法研究物种起源、形成和演化的一种分类方法。

实验分类法研究的内容相当广泛。比如，探索一个种在同一个分布区内由于气候及土壤等条件的差异所引起的种群变化，以及同一个种在不同分布区的性状差异而表现不同的生态型(一个种对某一特定生活环境发生基因型反应的产物)，从而验证分类学所划分的种的客观性。实验分类法还可采取种内杂交及种间杂交的方法，来验证分类学所做出的自然界种群发展的真实性。同种之内个体相交的可孕性，以及它们同别种个体杂交的不育性，已经成为一般规律。因此，在种的等级以上有时利用能否杂交的现象，来解决分类上存在的问题。此外，植物分类学方面不断发现自然界存在着天然杂交现象，可以通过人工杂交来验证由于天然杂交得到的种群发展的真实性。人工杂交的方法也用于属内及属间的种类。

随着 DNA 测序和生物信息技术的发展，使实验分类法由细胞水平跨入分子水平的领域。细胞质及细胞核的移植，是加速物种形成及人工控制物种发展的新途径，而基因的移植又使实验分类法走向更高级的阶段。

(3) 细胞分类法(cell classification method)

细胞分类法是指通过利用细胞标记来研究植物染色体核型(染色体组成、形态、数目、大小、随体、行为、着丝点位置以及变异特性等)和带型(C 带、N 带、G 带等)，以此来研究植物的自然分类、进化关系和起源的一种分类方法，又称为**染色体分类法**(chromosome classification method)、**细胞系统发育**(cytophylogeny)、**核系统学**(karyosystematics)、**染色体系统发育**(chromosome phylogeny)。

细胞分类法诞生于 20 世纪 30 年代，到 20 世纪四五十年代，系统的细胞分类学研究才开始得到重视。直到 20 世纪 70 年代，染色体分带技术才用来比较染色体的结构组织，以及从 20 世纪 80 年代开始应用分子遗传学方法和理论，特别是遗传工程实验技术来检测染色体的同源性，大大提高了核型分析的准确性和可靠度，给细胞分类学注入了新的活力，并对一些传统方法和理论的有效性提出了质疑。

染色体的数目在植物类群之间、属间、种间，甚至种内都可能有变化，因此常用作植物分类学的依据。同一个种的染色体数目通常是稳定的，不同种的染色体数目往往是不一样的，同类群植物的染色体数目存在一定相关性。如木兰目中大多数科的染色体数目的 $x=19$，松属(*Pinus*)及其近缘属的 $x=12$，栎属(*Quercus*) $x=12$，杜鹃花科马银花亚属的 $x=13$，蜡梅科植物的 $x=11$。

利用所研究的染色体数目资料已修正了分类学的部分错误，如专家研究发现，芍药属(*Paeonia*)的染色体基数 $x=5$，与毛茛科多数属的基数 = 6、7、8、9、12 不同，故将芍药属从毛茛科中分出来独立成为芍药科(Paeoniaceae)；大血藤属(*Sargentodoxa*)植物的染色体数为 $2n=2x=22$，属小型染色体，与木通科植物 $2n=2x=32$、30、28 的染色体数明显不同，Stapf(1926)将其另立为大血藤科。

染色体组分析是由木原均(1930)提出的，是以衡量染色体的同源程度来研究物种与物种之间,以至于属与属之间的亲缘关系及演化规律,从而建立以不同染色体组构成为基础的分类单位——属。

根据染色体的同源性和非同源性可以知道是否出现杂交;查明染色体结构上的差异;解释不育的原因;指明一个种的衍生关系,这在分类学上具有重要意义。利用杂交实验来检测亲源分类群之间染色体同源性的程度,在植物方面有了深入的应用,在确定分类单位和研究系统演化上,无疑是有重要意义的,但自然界植物种类繁多,生长环境差别很大,系统演化更是错综复杂,染色体数目也不是绝对恒定的,所以在植物分类学的研究中,细胞学的资料是其中一个方面,它同其他学科一样是分类学的证据之一。

(4) 化学分类法(chemical classification method)

化学分类法是在20世纪60年代前后兴起的,它是利用化学的特征来研究植物各类群间的亲缘关系和起源,探讨植物界的演化规律的一种分类方法。

化学资料作为植物分类证据的研究已有近200年的历史。植物分类学家 A. Cronquist、A. Takhtajan 和 V. H. Heywood 等认为,化学证据对于分类学有着决定性的意义,为分类学做出重大和正确的修正。如芍药属因不含毛茛科其他植物普遍含有的毛茛苷(ranunculin),而另立为芍药科,与细胞分类法取得了一致的结果。罂粟目(Rhoeadales)分为罂粟目(狭义的)(Papaverales)和白花菜目(Capparales),因为前者有苯甲基异喹啉和后者没有的一些生物碱。

如在形态分类中,中央种子目包括商陆科、紫茉莉科、粟米草科、番杏科、仙人掌科、马齿苋科、落葵科、石竹科、藜科、苋科和刺戟草科,但因为石竹科、粟米草科不含甜菜拉因色素,而含花色苷(与甜菜拉因相排斥),因此,石竹科和粟米草科另立为石竹目。

(5) 数量分类法(numerical classification method)

数量分类法是基于形态学特征分类的基础上,运用数学方法(比如聚类分析法)和电子计算机软件,对植物的形态、结构、遗传、生化成分和生态学等大量性状进行综合分析的一种分类方法,又称为数值分类法、表征分类法。数量分类使植物分类的研究从定性的、描述性的水平引向精确的、定量的水平,摆脱了传统分类的主观性,分类结果更加准确。

(6) 分子分类法(molecular classification method)

进入20世纪80年代之后,分子生物学得到迅猛的发展,特别是DNA测序技术明显提高,使得DNA的序列可以大量用于分类学研究,并可以利用这个序列的相似程度判断物种的亲缘关系,于是,逐渐兴起利用分子数据研究生物类群间的系统发育关系称为分子系统发育学(molecular phylogenetics),这种在分子水平对植物进行系统学研究时,利用所得到丰富的数据,结合统计学方法研究生物体间或基因间进化关系的一种分类方法,就是分子分类法。

被子植物系统发育研究组(angiosperm phylogeny group,APG)基于分子数据建立的分类系统(APG分类系统)是分子分类法应用的结果。

4.2.1.2 园林植物分类的等级

自然分类系统常用等级的方法表示每一种植物的系统地位和归属。

种(species,缩写)是植物分类系统的基本单位,根据亲缘关系把形态相似、亲缘相近的一些种归纳成属(Genus),再把形态相似、亲缘相近的一些属归纳成科(Familia),如此类推而成目(Order)、纲(Classis)、门(Divisio)和界(Regnum)。因此,植物分类系统从上到下的分类等级顺序为界、门、纲、目、科、属、种,有时根据需要在各分类等级之下分别加入亚门(Subdiviso)、亚纲(Subclassis)、亚目(Suborder)、亚科(Subfamilia)和亚属(Subgeus)等辅助等级。

在植物分类系统中,每种植物都有它相应的系统位置,现以月季为例说明分类等级。

    界 植物界 Plantae
   门 被子植物门 Angiospermae
   纲 双子叶植物纲 Dicotyledons
  亚纲 蔷薇亚纲 Rosidae
   目 蔷薇目 Rosales
   科 蔷薇科 Rosaceae
  亚科 蔷薇亚科 Rosoideae
   属 蔷薇属 Rosa
   种 月季 Rosa chinensis

植物分类系统的分类等级虽多,但在分类实践中最常用的等级有科、属和种3个,其中种的概念最为重要。

种(species,缩写 sp.)是植物进化和自然选择的产物,是植物分类的基本单位,是具有一定的自然分布区和一定的生理、形态特征的生物类群。同一种内的各个个体具有相同的遗传性状,且彼此交配可以产生后代,而与另一个种的个体杂交,在一般情况下则不能产生后代或不育。

种具有相对稳定的特征,但在长期的进化过程中,同种内有些个体会发生变化,形成有显著差异的群体。因此,分类学家根据这些差异的大小,又在种下分为亚种、变种、变型、品种4个种下等级。

亚种(subspecies,缩写 subsp.)是指形态上有较大的变异且占据有不同分布区的变异类群。如凹叶厚朴(*Magnolia officinalis* subsp. *biloba*)是厚朴(*Magnolia officinalis*)的亚种。

变种(varietas,缩写 var.)是种下等级最常用的分类单位,一般指具有相同分布区的同一物种,由于生境不同导致个体间在形态结构或生理功能上出现明显差异的变异类群。如红花檵木(*Loropetalum chinense* var. *rubrum*)是檵木(*Loropetalum chinense*)的变种,日本晚樱(*Cerasus serrulata* var. *lannesiana*)是山樱花(*Cerasus serrulata*)的变种,绒毛皂荚(*Gleditsia japonica* var. *velutina*)是山皂荚(*Gleditsia japonica*)的变种。

变型(forma,缩写 f.)是指种内个体变异小,能稳定遗传,且无一定分布区的变异类群。如重瓣木芙蓉(*Hibiscus mutabilis* f. *plenus*)是木芙蓉(*Hibiscus mutabilis*)的变型,银薇(*Lagerstroemia indica* f. *alba*)是紫薇(*Lagerstroemia indica*)的变型,黄叶银杏(*Ginkgo biloba* f. *aurea*)、塔状银杏(*Ginkgo biloba* f. *fastigiate*)都是银杏(*Ginkgo biloba*)的变型。

品种(cultivar,缩写 cv.)只用于栽培植物的分类,野生植物中没有品种这个单位,因为品种是人类经人工选育而形成的种性基本一致、遗传性比较稳定、符合人类需求的某些观赏性状或经济性状的栽培植物类群。如'宫粉'梅(*Armeniaca mume* 'Alphandii')、'绿萼'梅(*Armeniaca mume* 'Viridicalyx'),'垂枝'银杏(*Ginkgo biloba* 'Pendula')是银杏(*Ginkgo biloba*)的品种。

杂交种(×)指两个不同的亲本杂交所生的植物,不同科的植物一般是不能杂交。例如,红叶石楠(*Photinia fraseri*)是光叶石楠(*Photinia glabra*)与石楠(*Ph. serrulata*)杂交而成。

4.2.1.3 园林植物品种的分类方法

园林植物品种是指人们根据自己的需要选育出具有特定的生物学特性、观赏特性和使用价值,并能适应一定自然和经济条件、满足人类一定需求、具有一定数量的某种植物类群,是自然或人工选择和培育的结果。

园林植物品种分类是将有确切名称的园林植物品种合理地予以归类分型并构成完整体系的原则和方法。品种只有在进行了适当归类分型之后,才能真正认清和确定其地位和特点,使之在生产和推广中充分发挥作用。

(1)园林植物品种分类的必要性和重要性

①不同品种,各有其一定的生态习性、生物学特性与观赏特性,在对某一品种做出正确分类后,就可针对其特点进行合理的栽培与应用。

②有了正确的种名与品名,又已明确其在分类体系中的地位,便可在推广、交流中做到心中有底,言之有物。尤其将中国园林植物作为商品出口国际市场时,必须以正确的品种分类作基础,并在品种命名办法上与《国际栽培植物命名法规》接轨,彼此有了共同语言,才好增进了解,促成贸易。

③园林植物品种分类对提高观赏园艺的理论水平,尤其在改进园林植物育种、探讨起源与演化等方面,是大有启发和裨益的。

(2)园林植物品种分类的基本原则

①品种演化关系与形态、应用二者兼顾,而以前者为主。国际上及中国古代,则多从实用观点出发,普遍按形态差异或民间传统将不同的观赏植物品种进行分类。

②种源组成是品种分类的一级标准。一般采用的方法,是将同一种或同一变种起源的品种,不论是一个种的变种或一个种的染色体加倍所成的多倍体,均列为一个品种系统。

③在各品种系统内,再按性状之相对重要性,依次分列各级分类标准。如在中国梅花品种分类中,主要实行二元三级分类:第一级标准——按种源组成分为真梅系、杏梅系、樱李梅系、山桃梅系等;第二级标准——按枝姿分为直枝梅类、垂枝梅类、龙游梅类等;第三级标准——按重瓣性、花色、花萼色等,分为不同枝型,如在直枝梅类下,再分江梅、宫粉、玉蝶、朱砂等型。至于花果大小、心皮多少、花梗长短等,则在三级外穿插加入"群"级标准,予以解决。如小梅群(型)、品字梅群(型)、长梗梅群(型)等。

④园林植物的应用向多方发展,而又可兼顾者,一般其品种分类仍可纳入统一的体系

为宜。这样既能维持种内的统一性,又可在种下求同存异,照顾到特殊性。如在中国梅的品种分类中,将梅花与果梅融为一个整体,纳入统一的分类检索表中(陈俊愉、包满珠,1992)。在果梅品种中,既有直枝梅类的'江梅'、'宫粉'梅、'绿萼'梅等,又有小梅群(型)的品种,还有杏梅系单杏型和丰后型的品种以及各型花果兼用品种等。当然,对于每一具体种类的具体情况,也应具体分析,灵活掌握。

(3) 园林植物品种分类途径

①历史、考古的方法　通过历史、考古等研究途径,探寻观赏植物出现不同系统、类(群)、型之早晚及其演化轨迹。

②育种试验的方法　主要通过实生选种,在播种天然授粉种子的实生苗中,以及人工品种间、种间杂交育种的表现与分析,从而清理出各系统、类、型之间演化关系的来龙去脉。

③比较分析、微观测试的方法　近年又发展到微观形态比较(花粉、叶表皮细胞、染色体核型分析等)、同工酶指标测试、数量及分支分类以及分子系统学等技术,均可与历史学等研究结果相互核对,查明品种演化的轨迹。

(4) 品种分类级别及类型数

级别多少常因种类特点、遗传多样性和某些影响因素而异,一般不宜层次太多,以免重叠纷繁,难以掌握。如能抓住关键特点,突出重点,层次分明,理顺关系,就可以成为比较合理的分类体系。通常为三级左右,即分为系统、类、型,使人一目了然,如菊花($Dendranthema \times grandiflorum$)第一级标准按主要种源组成,可先分为小菊、大中菊两大系统,前者的野菊($D. indicum$)为主要种源组成,染色体数 $2n = 4x$,$6x+2 = 36$,56;后者以毛华菊($D. vestitum$)为主要种源组成,染色体数 $2n = 6x-2$,$8x+3 = 52$,75。第二级标准是花瓣(实际为小花),分为舌状花类、筒状花类。最后,再按花型(实际是头状花序,系第三级标准),将不同品种对型入座,各就各位。如在上述菊花品种的分类方案中,列出 2 系统、2 类、22 型的体系,较易掌握。

(5) 品种分类方法

①一元分类法　一个分类系统中仅用一个分类标准的方法称为一元分类法。比如,按照种系来源分,百合品种有亚洲百合杂种系、东方百合杂种系、麝香百合系、星叶百合杂种系、白花百合杂种系、美洲百合杂种系、喇叭形百合杂种系、其他类型、原生种 9 个种系,每个种系又包含很多品种。

②二元分类法和多元分类法　一个分类系统中使用两个分类标准的方法称为二元分类法,依次类推。二元以上的分类法称为多元分类法,但是一个分类系统的标准不能过多,否则会显得庞杂琐碎,给应用造成困难。

1962 年由陈俊愉、周家琪二人共同倡导的二元分类原则,分别于梅花和牡丹、芍药中试行成功。此外,在兰花、菊花、荷花、桂花、山茶、水仙、紫薇、桃花、榆叶梅、蜡梅等中国名花种类的品种分类中得到推广应用(表 4-1),成为花卉品种分类中独树一帜的中国学派。

表 4-1 中国传统名花的品种分类

种名	拉丁名	一级标准	二级标准	三级标准	种系名称	类型名称	种群名称
梅花	Prunus mume	种系	枝姿	花型(含大小、瓣性、萼色、心皮数)	真梅系、杏梅系、樱李梅系	直枝梅类、垂枝梅类、龙游梅类、杏梅类、美人梅类	品字梅型、小细梅型、江梅型、玉蝶型、绿萼型、宫粉型、朱砂型、洒金型、黄香型、粉花垂枝型、五宝垂枝型、残雪垂枝型、白碧垂枝型、骨红垂枝型、玉蝶龙游型、单瓣杏梅型、春后梅型、美人梅型
桂花	Osmanthus fragrans	开花习性	花色	花中的花性、结实与否、花瓣、花冠大小及开花时间	桂花原变种系、四季桂变种系	四季桂类、秋桂类	银桂品种群、金桂品种群、丹桂品种群、四季桂品种群
月季	Rosa spp.					杂交香水月季、小姐妹月季、多花月季、大型多花月季、杂交藤本月季、杂交蔓性月季	
牡丹	Paeonia suffruticosa	种和变种	花型	花色		单瓣类、半重瓣类、重瓣类	单瓣型、荷花型、葵花型、玫瑰花型、牡丹花型、扁球型、圆球型、长球型、绣球型、平头台阁型、楼子台阁型
杜鹃花	Rhododendron simsii	花心变异情况	花型及花冠大小	花色		春鹃、夏鹃、春夏鹃、春秋二季性杜鹃花	大花大叶种、小花小叶种
水仙	Narcissus tazetta	种系	副花冠与花冠裂片(花瓣)的长度比	花序形状(单花、多花);副花冠的开裂与否			喇叭水仙群、大杯水仙群、小杯水仙群、仙客来水仙群、多花水仙群、重瓣水仙群

（续）

种名	拉丁名	一级标准	二级标准	三级标准	种系名称	类型名称	种群名称
山茶	*Camellia japonica*	雄蕊的瓣化	花瓣的自然增加	雄蕊的演化；萼片的瓣化		单瓣类、半重瓣类、重瓣类	单瓣型、半曲瓣型、五星型、荷花型、松球型、托桂型、菊花型、芙蓉型、皇冠型、绣球型、放射性、蔷薇型
菊花	*Chrysanthemum xmorifolium*	花序大小	花瓣种类	花序上花瓣组合、伸展姿态构成的形状	小菊系、大中菊系	舌状花类、筒状花类	平瓣型、匙瓣型、匙管瓣型、桂瓣型、宽瓣型、荷花型、芍药型、反卷型、管瓣型、莲座型、卷散型、舞瓣型、圆球型、圆盘型、翎管型、松针型、垂珠型、舞环型、龙爪型、毛刺型、大桂型
荷花	*Nelumbo nucifera*	种颈组成	体型大小	重瓣型	中国莲种系、美国莲种系、中美杂种莲种系	单瓣类、复瓣类、重瓣类、重台类、千瓣类	单瓣红莲组、单瓣白莲组、复瓣粉莲组、重瓣红莲组、重瓣粉莲组、复瓣白莲组、重瓣酒锦莲组、红台莲组、千瓣莲组、单瓣粉碗莲组、单瓣红碗莲组、单瓣白碗莲组、复瓣粉碗莲组、复瓣红碗莲组、复瓣白碗莲组、重瓣粉碗莲组、重瓣红碗莲组、重瓣白碗莲组、单瓣黄莲组、杂种单瓣复色莲组、杂种单瓣白莲组、杂种单瓣黄莲组、杂种单瓣红莲组、杂种复瓣黄碗莲组、杂种单瓣黄碗莲组、杂种复瓣白碗莲组
兰花	*Cymbidium* ssp.	种系	花朵花部数量	花部各组成部分数量	春兰系、蕙兰系、寒兰系、莲瓣兰系、春剑系、建兰系、墨兰系	单瓣类、多瓣类	兜瓣型、竹叶瓣型、多花型、素瓣型、奇瓣型
蜡梅	*Chimonanthus praecox*	种型	花的大小	花内被片紫红色斑纹状况	蜡梅种系、亮叶蜡梅种系、杂种蜡梅系	小花蜡梅类、中花蜡梅类、大花蜡梅类	小紫心型、小乔种型、小心型、素心型、乔种型、红心型

4.2.2 园林植物的人为分类法

人为分类法是以园林植物的少量特征、生长习性、观赏特性、园林用途等作为分类依据的分类方法。本方法受人为主观因素影响很大,为典型的实用主义分类方法。由于分类的出发点不同,建立的人为分类系统多种多样。不论哪种人为分类系统,均不能反映植物的进化规律和亲缘关系,但人为分类方法简单明了,易掌握,实用性强,目前普遍应用于园林、园艺等生产实践中。

4.2.2.1 根据植物的生活型分类

园林植物按其生活型可分为木本园林植物和草本园林植物两大类型。

(1) 木本园林植物类

木本园林植物是指多年生、茎木质化的园林植物,种类包括乔木、灌木、木质藤本和木本竹类等。

①乔木类(tree) 指植物株形高大,具有明显主干,分枝点距地面较高,且高度达6m以上的木本植物,如水杉、枫香树、金钱松、樟树、木棉等。又可根据其高度分为伟乔(≥31m)、大乔(21~30m)、中乔(11~20m)和小乔(6~10m)。

②灌丛类(shrub) 指植物株形矮小,一般高度为6m以下,成丛生状或分枝低矮的木本植物,包括灌木(有明显主干)和丛木(没有明显主干),如山茶、蜡梅、南天竹、月季、杜鹃花、栀子、红背桂、棕竹等。

③木质藤本类(woody vine) 指茎杆木质化,不能直立生长,需缠绕或攀缘其他支持物上才能向上生长的木本植物,依其生长特点不同可分为绞杀类(如常春油麻藤、紫藤,具有缠绕性和较粗壮、发达的茎干的木本植物)、吸附类(如常春藤、爬山虎、络石、薜荔等,可借助吸附根或吸盘而向上攀缘的植物)、卷须类(如葡萄,可借助卷须而向上攀爬的植物)、蔓条类(如蔓长春花、南迎春、蔓性蔷薇、粉团蔷薇、藤本月季等,每年生长数根长枝,可水平蔓延或向上攀爬的植物)等。

④木本竹类(woody bamboo) 指禾本科多年生木质化竹类植物,如凤凰竹、箬竹、人面竹、湘妃竹、紫竹、金竹、桂竹、方竹等。

⑤匍匐类(repent) 干、枝等均匍地生长,与地面接触部分可生出不定根。

(2) 草本园林植物类

草本园林植物是指茎柔软多汁,含木质较少的园林植物,习惯上又称为草本花卉。草本植物包括一年生草本、二年生草本和多年生草本三大类型。

①一年生草本花卉类(annual herb) 指在一年内完成其生命周期,即种子当年春天播种萌发,当年夏秋开花结实后枯死的草本花卉,又称为春播花卉。一年生草本花卉多产于热带或亚热带,不耐寒,一般在春季无霜冻后播种,于夏秋开花结实后死亡。如鸡冠花、百日草、万寿菊、凤仙花、茑萝等。

②二年生草本花卉类(biennial herb) 指在两年内完成其生命周期,即种子当年秋天播种萌发,翌年春夏才开花结实后枯死的草本花卉,故又称为秋播花卉。二年生草本花卉

实际生活时间常不足一年,但跨越两个年头,故称为二年生植物。该类花卉具有一定的耐寒力,但不耐高温,如三色堇、金盏菊、瓜叶菊、虞美人等。

③多年生草本花卉类(perennial berb)　指植物体寿命超过两年,能多次开花结实,每次开花结实后,地上部分枯死,地下部分继续生存,或者地上部分依然保持正常的状态。

根据多年生草本花卉地下部分形态不同,常分为球根花卉和宿根花卉。球根花卉借助地下茎或根变态形成的膨大部分,以度过寒冷的冬季或干旱炎热的夏季。如郁金香、唐菖蒲、百合、水仙等。宿根花卉主要依靠形态正常的地下部分宿存于土壤中,以度过寒冬。如君子兰、芍药、菊花、天竺葵、鸢尾等。

④草质藤本类(herbaceous vine)　指茎干草质化,不能直立生长,需要缠绕或攀缘于其支持物才能向上生长的草本植物,如牵牛、茑萝等。

4.2.2.2　根据繁殖方式分

繁殖是生物为延续种族产生新个体的生理过程。根据繁殖过程不同,园林植物苗可分为以下两类。

①有性繁殖苗(sexual propagation seedling)　有性繁殖苗又称为实生苗(seedling),是指利用植物种子或孢子进行繁殖而得到的苗,包括播种苗、野生实生苗以及它们的移植苗等。裸子植物和种子植物多采用种子繁殖,如金钱松、雪松、白皮松、樟树、梧桐、棕榈、乐昌含笑、醉香含笑、榉树、珙桐、喜树、蓝果树等。蕨类植物和苔藓植物多采用孢子繁殖,如肾蕨、波士顿蕨、铁线蕨、葫芦藓、金发藓等。一般而言,实生苗具有根系发达、生长旺盛、寿命较长、生长适应性强、抗性强等特点,因此,园林中的行道树、孤植树、桩景树等多选用实生苗。

②无性繁殖苗(asexual propagation seedling)　通过嫁接、扦插、压条、分株、组织培养等无性繁殖方式而得到的苗,称为营养繁殖苗,包括嫁接苗和自根苗。其中,嫁接苗是指某植株的枝或芽(即接穗)接到另一植株的枝干或根(即砧木)上,接口愈合后长成的苗木;自根苗是指根系由自身体细胞产生的苗,又称为无性系苗或营养系苗,它是用扦插、压条、分株和组织培养等方法繁殖而成的,包括扦插苗、压条苗、分株苗、组培苗等。

4.3　园林植物的学名基础

4.3.1　园林植物的命名法则

自然界的园林植物种类繁多,由于各个国家的语种和文字不同,其名称各异,即使在同一个国家的不同地区,名称也往往不一致,因而,同物异名或同名异物的现象非常普遍。

同物异名现象,如著名园林植物玉兰(*Magnolia denudata*),湖南、河南称其为白玉兰,浙江称其为迎春花,湖北称其为应春花,江西称其为望春花,四川峨嵋山称其为木树花,广州称其为玉堂春等;叶子花(*Bougainvillea spectabilis*)常被称为九重葛、三角花、红宝巾、簕杜鹃等;朱槿(*Hibiscusrosa-sinensis*)常被称为扶桑、佛槿、大红花等。

同名异物现象,如我国民间叫夜来香的园林植物有多种,一为茄科夜香树属(*Cestrum*)

的多年生灌木，又名夜香树（*Cestrum nocturnum*）；一为萝藦科夜来香属（*Telosma*）的藤本植物，又名夜香花（*Telosma cordata*）；一为石蒜科晚香玉属的草本植物晚香玉（*Polianthes tuberosa*），人们习惯上也称夜来香；又如，广东所称的白玉兰是木兰科含笑属的白兰花（*Michelia alba*），属常绿类；而湖南、河南的白玉兰（*Magnolia denudata*）是木兰科木兰属的植物，属落叶类。这样一来常常造成混淆。

同物异名和同名异物现象，会给植物识别和应用带来很大的障碍，更不利于国际间的学术交流和科学发展。为此建立共同的命名法则是非常必要的，《国际植物命名法规》就此应运而生。

国际上规定，植物任何一级分类单位，均须按照《国际植物命名法规》，用拉丁文或拉丁化的文字对植物进行命名，这样的命名称为植物学名（scientific name）或拉丁名，是世界通用的唯一正式名称。但因种种原因，有些植物有两个或两个以上的学名，除一个统一公认的学名外，其余都称为异名（synonymum，即 syn.）。

(1) 种的命名

根据《国际植物命名法规》的规定，以瑞典植物分类学家林奈创立的"双名法"对每种植物进行命名。双名法是用两个拉丁词或拉丁化的词给每种植物命名的方法。

植物学名的第一个词为属名，第二个词为种加词（区别于同属中不同种的名字）。根据林奈的"双名法"，一个完整的植物学名由属名、种加词和命名人三部分组成，书写格式一般为属名首字母大写，种加词全部小写，命名人为姓氏缩写，属名和种加词书写时用斜体，命名人用正体，如月季的拉丁学名是 *Rosa chinensis* Jacq.，由属名 *Rosa*（蔷薇属），种加词 *chinensis*（中国的）和命名人 Jacq. 组成。在多数文献中，命名人的名字通常省略，如月季花的学名可直接写成 *Rosa chinensis*。

(2) 亚种的命名

亚种的命名采用三命名法，即在种的学名之后加上亚种标志符号 subsp.（也可写成 ssp.，是 subspecies 的缩写），再加上亚种的种加词及命名人，用公式可表达为亚种学名=属名+种加词+命名人+subsp.（亚种标志）+亚种的种加词+命名人。例如，凹叶厚朴的学名是 *Magnolia officinalis* Rehd. et Wils. subsp. *biloba*（Rehd. et Wils.）Law。亚种学名书写格式与种的学名类似，命名人、亚种标志词 subsp. 和亚种的种加词用正体。在文献期刊中，命名人的名字亦可省略不写。

(3) 变种的命名

变种的命名亦采用三命名法，即变种学名=属名+种加词+命名人+var.（varietas，变种标志符号）+变种的种加词+命名人。例如，日本晚樱的学名是 *Cerasus serrulata*（Lindl.）G. Don ex London var. *lannesiana*。变种学名书写格式同亚种。

(4) 变型的命名

变型的命名亦采用三命名法，即变型学名=属名+种加词+命名人+f.（forma，变型标志符号）+变型的种加词+命名人。例如，'龙爪'槐 *Sophora japonica* Linn. f. *pendula*。变型学名书写格式同亚种。

(5) 品种的命名

品种的命名是在原种的学名之后加上'品种名',或加上 cv.(cultivarietas,品种标志符号)和品种名。如梅 *Armeniaca mume* Sieb. 的宫粉品种'宫粉'梅的学名为 *Armeniaca mume* Sieb. 'Alphandii'。

(6) 杂交种的命名

杂交种的学名通常在学名之间加一个乘号"×"。如二乔玉兰是白玉兰 *Yulania denudata* (Desr.) D. L. Fu 和紫玉兰 *Yulania liliiflora* (Desr.) D. C. Fu 杂交种。二乔玉兰的学名是 *Yulania* × *soulangeana* (Soul.-Bod.) D. L. Fu,其中乘号"×"表示它是一个杂交种,书写为正体。

(7) 属的命名

属的命名由属名+命名人组成。如银杏属(*Ginkgo* Linn.)、蔷薇属(*Rosa* Linn.)、樱属(*Cerasus* Mill.)等。属名书写时用斜体,命名人用正体。同属的种名连续列在一起,第一个种写属的全名,第二、三、……则其属名可以省写为属名的第一个字母,或双辅音,并在其后加".",如月季(*Rosa chinensis*)、玫瑰(*R. rugosa*)、野蔷薇(*R. multiflora*)。

如果在属名后写 sp.,表示该属的某种,是 species 的缩写。在属名后写 spp.,表示该属的若干种。

(8) 科的命名

科的学名是以本科模式属的学名去掉词尾,加上-aceae 组成。如蔷薇科的学名 Rosaceae,是由模式属蔷薇属的学名 *Rosa* 去掉词尾 a 后加上-aceae 而成。科名书写时用正体。

(9) 命名人

植物各分类等级之后均有命名人,一方面表示荣誉归属;另一方面表示作者要对这个命名负责。如银杏 *Ginkgo biloba* Linn. 的命名人是 Linnaeus(林奈)。如果两个人合作命名,则在两个命名人之间加上 et 或 &(和),如芭蕉 *Musa basjoo* Sieb. et Zucc.。如果命名人没有公开发表,而由他人代为发表时,则在命名人后加上 ex 或 apud 再加上代为发表人的名字,如白皮松 *Pinus bungeana* Zucc. ex Endl.。如果命名人命名有误,被他人改正时,原命名人加括号附于新命名人之前,如金钱松 *Pseudolarix amabilis* (Nelson) Rehd.。

命名人一般为姓氏缩写,缩写无严格规范。一般是有两个音节以上的名字,缩写到第二个音节元音前为止,有时也可缩写为一个音节,如林奈 C. Linnaeus = Linn = L.、L. K. Fu(中国植物学家傅立国);我国作者姓为单音节,无须缩写,如 Hu 胡先骕、Chun 陈焕镛、Cheng 郑万钧。

(10) 其他分类等级的拉丁学名

植物界各分类等级都有自己的拉丁学名,100 多年来,经历届国际植物学会对命名法规的讨论和修订,已规范成固定的词尾,如:

门-phyta　　　　　种子植物门 Spermatophyta
亚门-ae　　　　　裸子植物亚门 Gymnospermae
纲-opsida　　　　松杉纲 Coniferopsida

亚纲-dae	金缕梅亚纲 Hamamelidae	
目-ales	木兰目 Magnoliales	
亚目-ineae	菊亚目 Asterineae	
科-aceae	榆科 Ulmaceae	
亚科-oideae	竹亚科 Bambusoideae	
族-eae	箣竹族 Bambuseae	
亚族-inea	向日葵亚族 Helianthinae	

关于属和属以下的等级，如亚属(subgenus)、组(sectio)、亚组(subsectio)、系(series)、亚系(subseries)的学名词尾不作统一规定，在书写植物学名时，常常可以用其缩写符号(表4-2)。

表 4-2 植物学名中常见的缩写符号

缩写	原词	含义	缩写	原词	含义
sp.	species	种或某属的某种	Vol.	Volnmen	卷
ssp.	subspecies	亚种	Nov.	nova	新
f.	forma	变型	Ined.	ineditus	未发表的
cv.	cultivarietas	栽培变种	Ms.	manuscriptum	手稿
var.	varietas	变种	Fig.	figura	图
gen.	genus	属		et	和、与
fam.	familia	科		ex	从、根据前
sect.	sectio	组		×	杂交
ser.	series	品系系列		+	嫁接
syn.	synonymus	异名的省略符号	spp.		表示某属的许多种

4.3.2 《国际植物命名法规》简介

《国际植物命名法规》(*International Code of Botanical Nomenclature*)是由国际植物学大会审议制定。首届大会于1867年8月在法国巴黎举行，出版了最早的植物国际命名法规，即《巴黎法规》。1910年在比利时的布鲁塞尔召开的第三次国际植物学会议，奠定了现行通用的国际植物命名法规的基础。以后国际植物学会议每6年举办一次，每次会议都会对国际植物命名法规进行修订，推出新版的法规，至今已举办19届。最新的法规是2017年7月第十九届国际植物会议(在中国深圳举办)制定的《深圳法规》(*Shenzhen Code*)。

国际植物命名法规是各国植物分类学者对植物命名所必须遵循的规章，现将其要点简述如下。

①每一种植物只有一个合法的拉丁学名，其他名称为异名或废弃。
②每种植物的完整拉丁学名包括属名、种加词和命名人。
③优先原则。一种植物已有2个或2个以上的拉丁学名，应以最早发表的名称为合法学名(不早于1773年)。

④一个植物必须具有有效的拉丁文描述，才算合法有效的。

⑤发表科和科以下的各级新类群时，必须指明其命名的模式标本，才算有效。

⑥保留名。对不符合命名法规的名称，但由于历史上惯用已久，经国际植物学会议讨论作为保留名。例如，有些科名的拉丁词尾不是-aceae，菊科 Compositae(Asteraceae)、十字花科 Cruciferae(Brassiaceae)、伞形花科 Umbelliferae(Apiaceae)等。

4.3.3 属名的来源

属名是同属各个种共同的名字，第一个字母要大写，最主要来源如下。

(1)来自古拉丁或希腊名称

雪松属(*Cedrus*)来自希腊文雪松；苏铁属(*Cycas*)来自古希腊名一种在埃及生长的棕榈 kykas，樟属(*Cinnamomum*)来自古希腊名肉桂 kinnamomon，乌桕属(*Sapium*)来自拉丁语中的一种松或枞。

(2)来自植物土名

银杏属 *Ginkgo* 来自日本土名"金果"；铁杉属 *Tsuga* 来自日本土名；荔枝属 *Litchi* 来自中文名荔枝拉丁化。

(3)表示植物形态特征

金合欢属(*Acacia*)来自希腊语中的针或刺，指植物各部常具刺；槭树属(*Acer*)来自拉丁语(指槭树木质部)锐、硬；苋属(*Amaranthus*)来自希腊语中的 amarantos(不凋落的)+anthos(花)，指具色的苞片长时不退色；木麻黄属(*Casuarina*)来自拉丁语中的 casuarius(食火鸡)，指细长的枝条似食火鸡的羽毛；八角属(*Illicium*)来自拉丁语，表示其具诱人的香味；侧柏属(*Platycladus*)，来自希腊语中的 platys(宽阔的)+klados(枝)，指小枝扁平；桔梗属(*Platycodon*)来自希腊语中的 platys(宽阔的)+kodon(钟)，指花冠宽钟形。

(4)以植物最初发现的产地命名

福建柏属(*Fokienia*)，指模式种采自我国福建省；圆柏属(*Sabina*)，sabine 属意大利地方，指模式种产地；台湾杉属(*Taiwania*)，指模式种首次发现于我国台湾省。

(5)以纪念某人命名，人名末尾要添某些字母

合欢属(*Albizzia*)，(人)Filippo del Albizzi，18 世纪德国自然科学家；珙桐属(*Davidia*)，(人)Pere Armand David，1826—1900，法国传教士，曾在中国采集植物标本；木兰属(*Magnolia*)，(人)Pierre Magnol，1683—1751，法国植物学家；含笑属(*Michelia*)，(人)pietro Antonio Micheli，1679—1737，意大利植物学家；紫藤属(*Wisteria*)，(人)Casper Wister，1761—1818，美国植物解剖学教授。

(6)表示用途

地榆属(*Sanguisorba*)来自拉丁语 sanguis(血)+sorbeo(吸收)，指供药用有止血效果。

(7)表生态特征

木槿属(*Hibiscus*)来自希腊语 hibiskos，一种沼泽锦葵；松属(*Pinus*)来自拉丁语 pinus，表示生长在山区的一种松树。

4.3.4 种加词表示的意义

种加词作为定语置于属名之后,表示同属中不同种的作用。大多数种加词是形容词词性,它的性、数、格应与属名完全一致。若是名词作种加词,则其性别无须与属名一致。

(1) 表形态、特征、性状、颜色

石榴(*Punica granatum*)来自拉丁语 punica 石榴,granatus 多籽的;榕树(*Ficus microcarpa*),micro-carpus 小果的;葡萄(*Vitis vinifera*)来自拉丁语 vitis 藤蔓植物,vini-fera 产葡萄酒的;山鸡椒(*Litsea cubeba*),cubeb 有胡椒味的;垂盆草(*Sedum sarmentosum*),sarmentosus 具长葡茎的;佛甲草(*Sedum lineare*)线形的。

(2) 表生态习性

柏木(*Cupressus funebris*),funebris 表示生于墓地的;千年桐(*Vernicia montana*),montana 生于山地的。

(3) 表产地

紫荆(*Cercis chinensis*)和白蜡树(*Fraxinus chinensis*),chinensis 中国产的;黄杨(*Buxus sinica*),sinicus 中国的;朴树(*Celtis sinensis*)和茶(*Camellia sinensis*),sinensis 中国产的;黄檀(*Dalbergia hupeana*),hupeana 湖北的。

(4) 表用途

天竺葵(*Pelargonium hortorum*),园圃的;厚朴(*Magnolia officinalis*),药用的;构树(*Broussonetia papyrifera*),可造纸的。

(5) 表纪念某人

山桃(*Prunus davidiana*),纪念法国传教士;白豆杉(*Pseudotaxus chienii*),纪念钱崇澍;藤紫珠(*Callicarpa peii*),纪念中国的裴鉴氏。

(6) 表地方土名

柿树(*Diospyros kaki*),为日本土名。

(7) 与属名同格的名词

欧洲云杉(*Picea abies*),冷杉属的。

4.3.5 园林植物学名的读音

拉丁语是中世纪古罗马帝国通用的一种官方语言,在欧洲有广泛的影响。随着罗马帝国的衰亡,拉丁语也逐渐被其他语种所代替,现仅梵蒂冈教廷仍然使用。作为一门"死语言",拉丁语仍然广泛应用于植物学、动物学、医学、古典哲学、天文学等学科。

拉丁语广泛用于命名和描述,这是因为拉丁语与现代语言相比,具有以下优点:拉丁语是一门死语言,语义和解释都不像英语及其他语言那样不停地变化。拉丁语在语义方面是最专业和最精确的。

4.3.5.1 拉丁语字母和发音

拉丁语由 23 个字母组成，后人从德语或英语中加入 J、U、W，而成 26 个字母，字形与英语一致(表 4-3)。发音有所不同，语法差别更大。

表 4-3 拉丁语字母表

大写	小写	发音	大写	小写	发音	大写	小写	发音
A	a	[a:]	J	j	[i:]	S	s	[s][z]
B	b	[b]	K	k	[k]	T	t	[t]
C	c	[k][ts]	L	l	[l]	U	u	[u:]
D	d	[d]	M	m	[m]	V	v	[v]
E	e	[e]	N	n	[n]	W	w	[w]
F	f	[f]	O	o	[o]	X	x	[ks]
G	g	[g]	P	p	[p]	Y	y	[i, j]
H	h	[h]	Q	q	[k]	Z	z	[z]
I	i	[i:]	R	r	[r]			

目前，对于这个已经失去口语作用的古典语言，在发音上存在着相当大的分歧。有不少人把它按照英语的读音来读，也有不少人是根据德语或法语的读音规则来发音。无形中在拉丁语的读音上产生了不少混乱现象。虽然拉丁语的发音和上述几种外语有相似之处，在读音规则方面也有相同点，但是拉丁语到底是拉丁语，有它自身的规律与使用习惯。因此，本书将拉丁语的读音做初步介绍，以便在掌握这些读音方法与规则之后，能够比较准确地读出拉丁语的植物学名。

4.3.5.2 语音分类

拉丁语字母分为元音、辅音、双元音和双辅音 4 种。

(1) 元音

a、e、i、o、u、y

(2) 辅音

浊辅音 b、d、g、j、l、m、n、r、v、z、w

清辅音 c、f、h、k、p、q、s、t、x

(3) 双元音

由两个元音组成，并作一个音节，通常有以下 4 个。

ae=[e], oe=[e], au=[au], eu=[eu]

(4) 双辅音

由两个辅音组成，读一个音，划分音节时不能分开。双辅音有 4 个。

ch=[h][k], ph=[f], rh=[r], th=[t]

4.3.5.3 发音举例

(1) 单元音

① a[a][ɑ:]　　*Abies*['a:bies]冷杉属、*Ananas*[a'nanas]凤梨属、*Canna*['kana]美人蕉属、*Allamanda*[ala'manda]黄蝉花属。

② E、e[e]　　*Acer*['atser]槭属、*Hedera*['hedera]常春藤属。

③ I、i[i]　　*Ilex*['i:leks]冬青属、*Tilia*['tilia]椴属、*Vitis*['vi:tis]葡萄属。

④ O、o[o]　　*Bombax*['bombaks]木棉属、*Cocos*['kokos]椰子属、*Cosmos*['kozmos]波斯菊属、*Ormosia*[or'mosia]红豆属、*Rosa*['roza]蔷薇属。

⑤ U、u[u]　　*Malus*['ma:lus]苹果属、*Populus*['populus]杨属、*Ulmus*['ulmus]榆属。

⑥ Y、y[i]　　*Gymnocladus*[dʒimno'kladus]肥皂荚属、*Pterocarya*[ptero'karya]枫杨属、*Syringa*[si'ringa]丁香属、*Yucca*['iuka]丝兰属。

(2) 双元音

① ae[e]　　-aceae 科名词尾、*Maesa*['me:za]杜茎山属、*Paeonia*[pe:'onia]芍药属。

② oe[e]　　*Coelogyne*[tse'dʒine]贝母兰属、*Phoebe*['febe]楠木属。

③ au[au]　　*Aucuba*[au'kuba]桃叶珊瑚属、*Rauvolfia*[rau'volfia]萝芙木属、*Paulownia*[pau'lownia]泡桐属、*Bauhinia*[bau'hinia]羊蹄甲属。

④ eu[eu]　　*Eucommia*[eu'komia]杜仲属、*Leucaena*[leu'ke:na]银合欢属、*Eucalyptus*[eu'caliptus]桉属、*Euonymus*[eu'onimu:s]卫矛属、*Koelreuteria*['koelreu'teria]栾树属。

(3) 单辅音

单辅音的一般读法，可参考表 4-3 拉丁语字母表。

① B、b[b]　　*Betula*['betula]桦木属、*Berberis*['berberis]小檗属。

② C、c[k]　　在元音 a, o, u, 双元音 au, 一切辅音之前及一词之末　　*Camellia*[ka:'mellia]山茶属、*Canna*['kana]美人蕉属、*Codiaeum*[ko'dieum]变叶木属、*Crataegus*['kra:tegus]山楂属、*Cryptomeria*[kripto'meria]柳杉属、*Cupressus*['kupressus]柏木属。

③ C、c[ts]　　在元音 e, i, y, 双元音 ae, oe, eu 之前　　*Acacia*[a'katsia]金合欢属、*Caesalpinia*[tse sal'pinia]云实属、*Cedrus*['tsedrus]雪松属、*Chartaceus*[kar'tatseus]纸质的、*Cinnamomum*[tsin'namomum]樟属、*Coeruleus*[tse'ruleus]天蓝色的、*Cycas*['tsikas]苏铁、*Ricinus*['ritsinus]蓖麻属。

④ D、d[d]　　*Dalbergia*[dal'berdia]黄檀属、*Dianthus*[di'a:ntus]石竹属。

⑤ F、f[f]　　*Fagus*[fagus]水青冈属、*Fragaria*[fra'garia]草莓属。

⑥ G、g[g]　　在元音 a, o, u, au 和一切辅音前及词尾时　　*Gaura*['gaura]山桃草属、*Gleditsea*[gle'ditsea]皂荚属、*Glochidion*[glo'hidion]算盘子。

⑦ G、g[dʒ]　　在元音 e, i, y, ae, oe, eu 前时　　*Gentiana*[dʒen'tiana]龙胆属、*Ginkgo*['dʒinkgo]银杏属。

⑧ H、h[h]　　*Hainania*[hai'nania]海南椴属、*Hibiscus*['hibiskus]木槿属、*Hypericum*[hi'perikum]金丝桃属。

⑨J、j[j]　*Jacaranda*[jaka'randa]蓝花楹属、*Jasminum*[jasminum]迎春花属、*Juglans*['juːglans]胡桃属。

⑩K、k[k]　*Kandelia*[kan'delia]秋茄树属、*Kerria*['keria]棣棠属、*Kochia*['kokia]地肤属。

⑪L、l[l]　*Ilex*['iːleks]冬青属、*Larix*['lariks]落叶松属、*Lycium*['litsium]枸杞属、*Malus*['maːlus]苹果属。

⑫M、m[m]　*Malus*['maːlus]苹果属、*Metasequoia*[me'tazeku'oia]水杉属。

⑬N、n[n]　*Nandina*['nandina]南天竺属、*Neillia*[ne'ilia]绣线梅属。

⑭P、p[p]　*Photinia*[fo'tinia]石楠属、*Pinus*['pinus]松属。

⑮Q、q 与 u 联用，读[ku]　*Aquilaria*[akui'laːria]沉香属、*Liquidamba*[likui'dambar]枫香属、*Quercus*[ku'erkus]栎属。

⑯R、r[r]　*Rosa*['roza]蔷薇属。

⑰S、s[s]　*Salix*[saliks]柳属、*Salvia*['salvia]鼠尾草属、*Sedum*['sedum]景天属、*Solanum*['solanum]茄属、*Spiraea*['spirea]绣线菊属。

⑱S、s[z]　在两元音之间，或一元音与辅音 m，n 之间　*Chinensis*['kinensis]中国的、*Musa*[muza]芭蕉属。

⑲Sc[ʃ]　在元音 e，i，y 前　*Scindapsus*[ʃin'dapsus]藤芋属、*Scirpus*[ʃ irpus]蔗草属。

⑳T、t[t]　*Taxus*['taksus]红豆杉属、*Trifolium*[tri'folium]车轴草属。

Ti[tsi]在元音前读国际音标，如 *Maoutia*[ma'outsia]水丝麻属、*Tiarella*[tsia'rella]黄水枝属。

Ti[ti]其他情况读，如 *Hyptis*['hiptis]山香属、*Pulsatilla*[pul'satilla]白头翁属。

㉑V、v[v]　*Vicia*['vitsia]野豌豆属、*Vitis*['vitis]葡萄属。

㉒W、w[w]　*Wisteria*[wis'teria]紫藤属。

㉓X、x[ks]　*Tamarix*['tamariks]柽柳属、*Xylosma*['ksilosma]柞木属。

㉔x[kz]　在两元音之间，如 *Ixora*[i'kzora]龙船花属、*Oxalis*['okzalis]酢浆草属。

㉕z[z]　*Zelkova*['zelkova]榉属、*Ziziphus*['zizifus]枣属。

（4）双辅音

①Ch、ch　发[h]或[k]音　*Chamaecyparis*[kame'tsiparis]花柏属、*Chloranthus*['klorantus]金粟兰属、*Schima*['shima]木荷属。

②Ph、ph[f]　*Aphananthe*[a'fanante]糙叶树属、*Pharbitis*[farbitis]牵牛属。

③Rh、rh[r]　*Rhapis*['rapis]棕竹属、*Rhododendron*[ro'dodendron]杜鹃花属、*Rhus*[ruːs]漆树属。

④Th、th[t]　*Lythrum*['litrum]千屈菜属、*Thea*['tea]茶属、*Thuja*['tuja]侧柏属、*Thymus*['timus]百里香属。

4.3.5.4　音节

拼音是把一个辅音字母和一个元音字母合并发音，这样的发音称为顺拼音。例如，ba、be、bi、bo、bu。如果把一个元音字母和一个辅音字母合并发音就称为倒拼音，例如，

ab、eb、ib、ob、ub。

拼音应当尽量先做顺拼音，不能顺拼音时，才做倒拼音，因此对一单词区分音节时，应先找出元音字母，然后在这些元音字母左边去找辅音字母作顺拼音。例如，把 *Codonopsis*（党参属）做拼音时，先找出其中的 4 个元音字母，再向这 4 个元音字母右边找辅音字母如下：*Co-do-no-p-si-s*，这个单词内的 p 和 s 两个辅音字母，不能做顺拼音，就只好作倒拼音，拼到它前面的音节中去，读成：*Co-do-nop-sis*。

一个单词内如有一元音字母，既无法做顺拼音，又无法做倒拼音（前后都无辅音字母）时，就单独发音，例如，*Opuntia* 仙人掌属的发音应为 *O-pun-ti-a*，其中，o、a 单独发音。

每个单词都可以划分成音节，音节是发音的基本单位。划分音节的规则：

①一个词有多少元音（或双元音）就有多少音节。元音可以单独成为一个音节，但辅音（或双辅音）不能单独成为一个音节。如 *Pi-nus* 松属（两个元音，两个音节），*Cin-na-mo-mum* 樟属（4 个元音，4 个音节），*A-cer* 槭属（元音单独成一音节），。

②两个元音（或双元音）之间如有一个辅音，则该辅音应跟后面一个元音划在一起成为一个音节。如 *Pi-nus* 松属、*Be-tu-la* 桦木属。

③一个单词内，在元音或双元音之间有两个或两个以上辅音字母时，划分音节应在最后一个辅音之前，例如，*O-pun-ti-a* 仙人掌属、*Cin-na-mo-mum* 樟属、*Kaemp-fe-ri-a* 山奈属。但双辅音及 *tr*、*pl*、*pr*、*bl*、*br*、*gn*、*gl*、*gr*、*dr*、*st* 等辅音组合不划分开，如 *Pem-phis* 水苋花属、*Gink-go* 银杏属。

④一个辅音后面连着 *l* 或 *r* 时，则这个辅音和 *l* 或 *r* 应划在一个音节内。如 *Li-ri-o-den-dron* 鹅掌楸属。

⑤当第一个音节前有两个以上辅音，或最后一个音节后有两个辅音时，把辅音合并在各该音节内。如 *Pla-ta-nus* 悬铃木属。

⑥有几个词里的 ae 或 oe，在字母上加上两个小点，是表示单独的音节，它们不是双元音，如 *Hip-po-pha-ë* 沙棘属、*Leu-co-tho-ë* 木藜芦属。

4.3.5.5 音量

元音的长短称音量，可分为长元音和短元音。在元音上划一横线，表示长元音，如 ā、ē、ō；在元音上划一弧线，表示短元音，如 ĭ、ĕ。

(1) 长元音

①双元音都是长元音（自然长音）　如 *Chamaēcyparis* 扁柏属、*Linnaēa* 林奈花属。

②元音在两个或两个以上的辅音之前（双辅音除外），尤其是有两个相同的辅音并列（如 *ll*、*pp*、*rr*、*ss*）时，读长音（地位长音）　如 *chinēnsis* 中国的、*Taiwanēnsis* 台湾的。

③元音在 x 或 z 之前为长音　如 *Tāxaceae* 红豆杉科、*Lespedēza* 胡枝子属。

④单元音字母在 nf、ns、gn、nx、net 之前也是长音　如 *Lens* 兵豆属、*Roegneria* 鹅观草属。

⑤下面的词尾都是固定的长音　-ātus、-āta、-ātum、-ālis、-āle、-āre、-ārum、-āmus、-āris；-ēmus、-ētis、-ēma、-ēbus；-īnus（有例外）、-īna、-īnum、-īquus、-īqua、-īquum、-īvus、-īva、-īvum；-ōnis、-ōnum、-ōrum、-ōsis、-ōsus、-ōsa、-ōsum、-ōma。

(2) 短元音

①元音之前的元音或 h 之前的元音为短音　如 *Cunninghamǐa* 杉木属、*hupěhensis* 湖北的、*Tilǐa* 椴属、*Rhoděa* 万年青属。

②元音在 ch、ph、rh、th 和 qu 之前为短音　如 *Calycǎnthaceae* 蜡梅科、*Mǎchilus* 润楠属、*Metasěquoia* 水杉属。

③并非所有在两个或两个以上辅音前的元音都是长音　如 b、g、p、q、d、t、c 中的任一辅音与 l 或 r 组合时，则它们之前的元音为短音。如 *Pǐcrasma* 苦木属。

④元音在最后的 m 或 t 之前，往往是短音　如 *Sedūm* 景天属。

⑤下列的词尾都是固定的短音　-ǐcus, -ǐca, -ǐcum, -ǐdus, -ǐda, -ǐdum, -ǐmus, -ǐma, -ǐmum, -ǐbus, -ǐnis, -ǐne, -ǐni, -ǐnum; -ðlus, -ðla, -ðlum; -ǔlus, -ǔla, -ǔlum。

4.3.5.6　重音

一个音节较其他音节读得更重一些，这个音节就是重音的音节，通常以"ˋ"符号加在重音音节的元音字母上。重音音节的规则：

①一个词有两个音节，则重音一定在第一个音节上。如 *Màlus* 苹果属、*Làrix* 落叶松属。

②一个词有三个或三个以上的音节，如倒数第二个音节的元音发长音的话，则重音就在倒数第二个音节上。如 *Lithocàrpus* 石栎属、*Phyllostàchys* 刚竹属。

③一个词有三个或三个以上的音节，如倒数第二节音节的元音发短音的话，则重音在倒数第三个音节上。如 *Taxòdǐum* 落羽杉属、*Betūla* 桦木属。

④重音永远不会在最末一个或倒数第四个音节上。

4.4　园林植物鉴定过程

园林植物的鉴定（identification）是指根据植物本身的形态特征，结合检索表确定植物系统位置的一个过程。

4.4.1　标本采集及描述

鉴定未知植物是植物分类学的一项基本工作，鉴定植物的前提是采集标本，在鉴定植物标本之前，最好先描述标本，将标本的主要识别特征列出来，如花的结构、果实类型、叶形、叶序等特征。相对于干燥标本，新鲜标本更容易描述。

4.4.2　查阅分类学文献

植物分类学文献是最古老最复杂的科学文献之一，一些有关植物分类学图书目录、索引、指南，可以帮助鉴定者找到一个分类学类群或一个地区的相关文献。然后结合描述、绘图及鉴定检索表对未知植物进行鉴定，所以掌握植物分类学文献的知识对鉴定者非常重要。常见的植物分类学文献主要有植物志（包括地方植物志、地区植物志、大洲植物志、世界植物志等）、植物识别手册、专科专属专著、植物图鉴、植物分类学期刊、区域性的植物名录或园林植物名录等。

4.4.3 鉴定命名

当大致能判断出植物标本的归属类群时,可以借助分类学文献的检索表或访问网络植物标本馆进行鉴定命名。

如果不能判断植物标本的归属类群,可以把标本送到标本馆或把未知植物的照片、标本照片、特征描述传到植物分类学专业网站,由相关植物学专家给予鉴定命名。中国目前常用的植物学专业网站有国家植物标本资源库(http://www.cvh.ac.cn)、"植物智"(www.iplant.cn)、中国植物图像库(ppbc.iplant.cn)、中国自然标本馆(https://cfh.ac.cn)、全球生物多样性信息网络(GBIF)(http://www.gbif.org/zh/)、Global Plants 全球植物标本图片数据库(JSTOR)等。

4.4.4 园林植物检索表

4.4.4.1 检索表的概念

检索表是快速鉴定未知植物的工具,是根据法国博物学家拉马克(Lamarck)的二歧分类原理,以特征对比方式编制而成的区分植物种类的文字表,也是构成植物志、识别手册、专著及其他形式分类学文献的重要部分,是植物分类中识别鉴定植物不可缺少的工具。检索表是识别植物的一把钥匙。各门、纲、目、科、属、种都有相应的检索表,其中,科、属、种的检索表最为常用。近年来,基于卡片、表格、计算机程序的检索表也广泛应用。

4.4.4.2 编制检索表的基本原则

编制检索表是依据植物的花、果实和种子以及根、茎、叶的主要特征,按照二歧分类原则排列制定的。所谓二歧分类原则就是事物的两分法,植物的性状也不例外。如种子裸露或包被、单子叶或双子叶、离瓣花或合瓣花、直根系或须根系、子房上位或下位等,都可以划分为相对立的两种性状。如果按某个性状划分时,出现的性状多于两个时,则可以多次分组,如鸡爪槭、玉兰、桃,按果实类型分组,则可以分成聚合蓇葖果(玉兰)、翅果或核果(鸡爪槭和桃)两组,然后再分为翅果(鸡爪槭)、核果(桃)。

4.4.4.3 检索表的类型

植物检索表依据不同的排列格式通常分为定距式检索表和平行式检索表。

(1)定距式检索表

定距式检索表是指同一对相对特征相隔一定的距离进行排列,并且标注同一序号,下一对相对特征序号向右退后一格,如此依次编排下去。因定距式检索表编排形似楼梯,故又称为阶梯式检索表。本检索表看起来简单明了,是植物志和识别手册使用最普遍的检索表,如《中国植物志》就是采用的该类型检索表。虽然定距式检索表查找起来方便快捷,但编排特征太多时,会容易发生位置排错,并比较费版面。定距式检索表示例:

1. 植物体构造简单，无根、茎、叶的分化，无胚。(低等植物)
　2. 植物体不为藻类和菌类所组成的共生体
　　3. 植物体内含叶绿素或其他光合色素，自养生活方式 ………………… 1. 藻类植物
　　3. 植物体内无叶绿素或其他光合色素，寄生或腐生 ………………… 2. 菌类植物
　2. 植物体为藻类和菌类所组成的共生体 ………………………………… 3. 地衣类植物
1. 植物体构造复杂，有根、茎、叶的分化，有胚。(高等植物)
　4. 植物体有茎和叶及假根 …………………………………………………… 4. 苔藓植物门
　4. 植物体有茎、叶和根。
　　5. 植物以孢子繁殖 ………………………………………………………… 5. 蕨类植物门
　　5. 植物以种子繁殖 ………………………………………………………… 6. 种子植物门

（2）平行式检索表

平行式检索表是指同一对相对特征相邻并列编排，并标注同一序号，依次出现的序号不退格，每行特征描述之末标明应查下一序号或查到的分类等级。平行检索表编排美观、整齐又节省篇幅，但不如定距检索表醒目易查，如《苏联植物志》采用的就是该类型检索表。平行式检索表示例：

1. 植物体构造简单，无根、茎、叶的分化，无胚(低等植物) ………………… 2
1. 植物体构造复杂，有根、茎、叶的分化，有胚(高等植物) ………………… 4
2. 植物体为菌类和藻类所组成的共生体 …………………………………… 1. 地衣类植物
2. 植物体不为菌类和藻类所组成的共生体 ………………………………… 3
3. 植物体内含有叶绿素或其他光合色素，自养生活方式 ………………… 2. 藻类植物
3. 植物体内不含叶绿素或其他光合色素，营寄生或腐生生活 …………… 3. 菌类植物
4. 植物体有茎、叶和假根 …………………………………………………… 4. 苔藓植物
4. 植物体有根、茎和叶 ……………………………………………………… 5
5. 植物以孢子繁殖 …………………………………………………………… 5. 蕨类植物
5. 植物以种子繁殖 …………………………………………………………… 6. 种子植物

总之，不论是哪种检索表，它们的结构都是以两个相对的特征进行编写的，且两项的号码是相同的，排的位置是相对称的。

4.4.4.4　检索表使用方法

检索表具体使用法，依下列步骤进行：

①可根据季节，采集有花、果的植物数种，如为草本，则采全株；如为木本植物，则采集带花或果的一个枝条。

②首先仔细观察植物体的外形，解剖和观察花、果的结构。如花果太小时，可借助放大镜和解剖镜如实解剖和观察，并写出花程式。

③鉴定时，根据看到的特征，从头依顺序逐项往下查。查相对的两项特征时，要看到底哪一项符合要鉴定的特征，并顺着符合的一项查下去，直至查到种名为止。

④根据被查植物的特征，如确能直接判断属于哪一大类，可直接从大类查起，不必从头检索。

⑤为了熟悉检索表的用法，初学时，应采用花果较大的植物去查，因其便于观察和解剖。

4.4.4.5 检索表编制的基本步骤

第一步　根据给定种类的性状特征(重在花果性状)，按照二歧分类原则进行归类，并用大括号连接，比如给定的种类是合欢、锦绣杜鹃、红檵木、桂花、光皮树、海桐六种植物，归类结果：

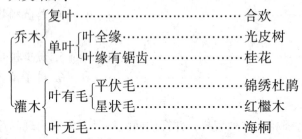

第二步　根据检索表的类型套用相应格式，从而编定检索表。根据检索编制原则和格式，上述种类可编制成如下形式(表 4-4)。

表 4-4　检索表编制案例

定距式	平行式
1. 乔木	1. 乔木 ……………………………………… 2
2. 复叶 ……………………………… 1. 合欢	1. 灌木 ……………………………………… 4
2. 单叶	2. 复叶 ……………………………………… 1. 合欢
3. 叶全缘 …………………… 2. 光皮树	2. 单叶 ……………………………………… 3
3. 叶缘有锯齿 ……………… 3. 桂花	3. 叶全缘 …………………………………… 2. 光皮树
1. 灌木	3. 叶缘有锯齿 ……………………………… 3. 桂花
4. 叶片表面光滑无毛 ……… 4. 海桐	4. 叶片表面光滑无毛 ……………………… 4. 海桐
4. 叶片表面形成各种毛被	4. 叶片表面形成各种毛被
5. 叶片表面附着平伏毛 … 5. 锦绣杜鹃	5. 叶片表面附着平伏毛 …………………… 5. 锦绣杜鹃
5. 叶片表面附着星状毛 … 6. 红檵木	5. 叶片表面附着星状毛 …………………… 6. 红檵木

编制检索表时，应特别注意：
①用于编制检索表的相对性状一定是表示相反特征的一对性状；
②用于编制检索表的相对性状必须是最有把握的性状；
③用于编制检索表的相对性状必须是该组植物最突出、最直观、最有代表性的特点；
④用于编制检索表的相对性状必须是植物本身的特点，如根瘤菌不属于植物本身的特点，而是植物与其他物体间的关系；
⑤检索出的种类，尽量编上序号，以免漏种。

4.5　园林植物标本采集和制作

园林植物学是实践性很强的课程，野外实习需采集大量植物标本，并将它们制件保存起来，方便以后的教学和科研需要，同时也可丰富自己的园林植物知识。

4.5.1 标本采集和制作工具

①枝剪　手枝剪、高枝剪(图4-2)。

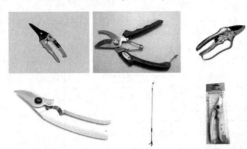

图4-2　枝剪类型

②采集袋　普通塑料编制袋、密封袋、小纸袋。

③标本夹　用杉木或较坚韧的杂木制成长45cm、宽35cm、厚1cm的条夹板，两块为一副(图4-3)。

④标本纸　吸水纸(草纸或报纸)、瓦楞纸(烘烤标本时用)、台纸(装订标本时用)。

⑤暖风炉　烘干标本。

⑥标签　标签长约5.5cm、宽约3cm，每份标本要挂标签，标签上面记载采集地点、采集日期，标签下面记载采集人、采集号。

⑦采集记录单　见采集样单(长16cm、宽10cm)(图4-4)。

⑧其他　线绳、刷子、胶水、沙袋、铅笔、小锄头、小削刀、美工刀、采集记录本、望远镜、海拔仪或GPS等。

图4-3　标本夹

4.5.2 标本的采集方法

①真菌标本　采集需要用玻璃瓶保存(用硫酸铜或福尔马林溶液)，有的也用烘干法保存。较小的藻类、地衣、苔藓植物，干后用小纸袋盛好，上面注明采集号、地点、海拔、日期、名称。

②草本植物　一般要连根挖出，要根、茎、叶、花或果均具备。蕨类应有孢子叶。50cm以上的草本植物，应连根挖出，再折成"N"形，或切成几段压制，保存好繁殖器官和根部。

③竹类标本　应具备枝、叶、杆、箨及根茎，如有花、果更好。

④木本植物标本　应有枝、叶、花或果，无花或无果不应制成标本，采集生长正常、无病虫、有花或果的枝条，长约40cm、宽约28cm。每种采集3份以上，立即吊上标签，含水份较多或叶易卷缩的植物应立即压制。

⑤记录注意事项　在实地将记录本上项目进行记录，不常见的植物和偏远地区的稀有植物应详细登记，记录号与标签号应一致。

⑥其他　易脱落的花或果实要用小纸袋盛好写上采集号。

×××森林植物标本室
采集记录单

标本号 _____
产地 _____ 省 _____ 县（市）_____ 海拔高 _____ 米
生境 _____
习性 _____
体高 _____ 米，胸高直径 _____ 厘米
树皮 _____
叶 _____
花 _____

果 _____

用途 _____
土名 _____
采集人 _____ 采集号 _____
采集日期：20 ___ 年 _____ 月 _____ 日
附记 _____
科名 _____ 科号 _____
学名 _____

标签

图 4-4 采集记录标本的样单

4.5.3 标本的压制

①标本整理 采回后将标本分种排列，校对编号，进行适当修剪，除掉过密的枝叶或病虫叶，果实过大的剖开压制，部分花应露出雄蕊或雌蕊。

②标本登记 在压制标本的同时，详细记载采集地点、采集日期、花果的颜色等项内容（最好是一人整理和压制、一人做记录）。没有采集记录的标本存入标本室是无价值的。特别是采集地点和时间：采集地点应有省（自治区、直辖市）名、县（市）名和小地名，一些没经验的采集员，往往只写上小地点，这是不对的。若要把标本送往外单位的标本室保存或送专家鉴定，必须附上详细的采集记录。

③标本压制 将整理的标本摊在吸水纸上，将枝叶展平，叶要有正、反面，叶与叶、叶与花不要重叠。铺展妥后再盖上 2~3 张吸水纸，上面再放标本，如此重叠压制。若用瓦楞纸压制，将每份标本用一定规格（40cm×30cm）的旧报纸或白纸或吸水纸夹好放在瓦楞纸上，这样一块瓦楞纸放一份标本。无论是吸水纸或瓦楞纸，在压到 30cm 左右高时，用标本夹夹好，再用绳索捆紧（吸水纸应捆得很紧，瓦楞纸不宜将空隙压实）。

④标本风干 吸水纸压制标本应每天换纸 1~2 次，换下的吸水纸要晒干或烤干，最好边烤边换，瓦楞纸压制标本应用暖风炉烘干，温度控制在 50~60℃时，烤 1 天即可；温度高（60~70℃）时，烤 12h 即可，个别含水量高的植物取出单独压制、单独烘烤。

4.5.4 标本的消毒和装订

①标本第一次消毒 标本压平后，进行消毒。一般用升汞和 75%的酒精配成 3∶1000 或 5∶1000 的溶液，将配好的溶液倒入搪瓷盘中，用竹筷将标本浸入溶液，浸透后夹出摆放于干纸上晾干，再用吸水纸压平，然后用干报纸夹好。升汞有剧毒，操作时不宜用手接触，操作后要用肥皂水洗手、脸。

②标本装订 选择厚实的白色或黄色硬纸板作台纸，切成规格 45cm×30cm 一张，将

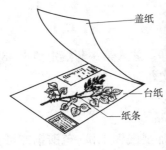

图 4-5　标本装订示意图

标本摆在台纸中部偏左上，左上角粘贴采集签，右下角粘贴鉴定签（图 4-5）。用线或韧性强的纸条将标本订在台纸上，有的用特制胶水粘贴。有的标本干燥后，部分果实种子脱落，可用小纸袋装好，一并粘贴于台纸上。

③标本第二次消毒　准备一个密闭的木箱，将装订好的标本放入密封箱的架上，在下面瓷盆中放 50% 的硫酸液，加入 10g 氰化钾（比例：15mL 浓硫酸加 30mL 水加 10g 氰化钾），熏蒸 1~2 天，将标本摆在通风的干燥房中，毒气散掉后即可保存，操作时一定要戴口鼻罩，并避免吸入硫酸和氰化钾蒸气。至此，标本算制作完毕，制作完好的标本称为腊叶标本。

4.5.5　标本的保存

4.5.5.1　腊叶标本保存

①按照近代分类系统以科为顺序，依次排列放置于标本柜中（图 4-6），每种多份标本用纸夹或纸套包夹，套夹面写上属名和种名的前一个音节。

②标本柜内和标本中放置樟脑片或萘片，每格柜中还需放置干燥剂（硅胶）。

③标本应经常检查，发现病虫害应及时杀虫，标本室内应保持干燥。

图 4-6　标本保存与查阅

4.5.5.2　浸液标本保存

某些多汁的器官及花、果需要保持原形状和颜色，常需制成浸液标本（图 4-7），下面

图 4-7　双子叶植物浸液标本

介绍几种方法。

(1) 保存绿青色植物器官法液

①硫酸铜、亚硫酸法　先将标本用冷开水洗净，放入第一药液中消毒48h，取出再浸入第二药液中保存，瓶口用石蜡密封，一年换一次药液。

第一种药液配方：硫酸铜150g，蒸馏水4500cm^3；

第二种药液配方：亚硫酸150g，蒸馏水2000cm^3。

②醋酸铜法　醋酸10份，蒸馏水10份，另加醋酸铜1份（硫酸铜亦可），加热至沸点，使醋酸铜（或硫酸铜）溶解至饱和状态，然后投入标本煮20~40min（依种类不同定时间）；使标本颜色由原色变为淡黄色，然后复变为原色即可，取出用清水洗涤，再入酒精溶液内长期保存，此法只用于革质叶标本，纸质标本易煮烂。

(2) 红色保存法

将标本洗净直接浸入下面任何一种溶液中：

第一种溶液：甲醛1份，酒精5份，蒸馏水44份。

第二种溶液：亚硫酸(6%)1份，硝酸钾2份，甲醛2份，盐15份，甘油60份，蒸馏水1000份。

第三种溶液：硼酸1份，酒精5份，蒸馏水70份。

(3) 黄色保存法

将标本洗净直接浸入以下任何一种溶液中：

第一种：亚硫酸1份，酒精1份，蒸馏水8份。

第二种：硝酸钾1份，硼酸7份，蒸馏水1000份，甘油43份。

(4) 白色保存法

浸入以下任何一种溶液即可：

第一种：氯化锌3份，酒精1.5份，蒸馏水1份。

第二种：亚硫酸1份，酒精1份，蒸馏水8份。

第三种：亚硫酸1份，硝酸钾1份，盐3份，蒸馏水130份。

(5) 黑色保存法

浸入以下任何一种溶液即可：

第一种：硼酸1份，酒精6份，蒸馏水40份。

第二种：硼酸1份，甲醛2份，蒸馏水90份，盐2份，甘油4份。

(6) 红褐或黄褐色保存液

氯化锌3份，酒精1.5份，蒸馏水1份。

(7) 杂色保存法

先以如下固定液将各种颜色固定，浸渍时间1~1.5天。

固定液配制：甲醛1份，亚硫酸2份，蒸馏水130份，甘油20份，当颜色固定后，再把标本置于以下任何一种溶液中保存：

第一种：亚硫酸(6%)1份，蒸馏水130份。

第二种：硼酸 1 份，醋酸 1 份，蒸馏水 50 份。

小 结

植物是园林设计必不可少的素材，而面对地球上的 50 万种植物，学习掌握植物分类的基本知识尤为重要。植物分类的发展经历了人为分类、自然分类和系统发育分类 3 个时期，期间主要采用了形态分类、实验分类、细胞分类、化学分类、数量分类和分子分类等方法，并提出了植物《国际植物命名法规》、双命名法及其读音。同时，为了学好相应的知识，本章还介绍了园林植物标本的采集、描述与制作及其鉴定方法，其中检索表是植物鉴定的重要工具。

思考题

1. 简述植物分类的发展概况。
2. 结合实例，分析说明园林植物分类的基本方法。
3. 园林植物分类等级是什么？举例说明。
4. 园林植物品种分类有几种方法？
5. 简述中国传统十大名花的品种分类现状。
6. 什么是园林植物双命名法？
7. 园林植物学名由哪几部分组成？各部分有什么特点？
8. 园林中常用的人为分类法有哪些类型？各自的分类依据是什么？
9. 园林植物鉴定的基本步骤有哪些？
10. 什么是园林植物检索表？检索表有哪几种形式？
11. 检索表编制的基本步骤是什么？
12. 从以下园林植物中任选 15 种，编制不同形式的检索表。
砂地柏、日本五针松、银杏、金钱松、木瓜、红檵木、粉团蔷薇、鸢尾、结香、复羽叶栾树、合欢、火棘、粉花绣线菊、棕榈、木槿、百日草、枫香、地锦槭、白玉兰、枸骨、柚、七叶树、南天竹。
13. 熟悉园林植物标本制作方法和注意事项。

第5章
园林植物基本特性

　　园林植物作为一种生命体，具有生长发育、繁殖、衰老、死亡等方面的生物学特性，有新陈代谢方面的生理学特性，有观赏感知方面的形态学特性，有从花果籽到根茎叶的多种用途和功能而形成的经济特性，有适应环境的生态特征，还有诗词方面的文化特征等。

　　植物区别于其他生物的特有性状，主要如下。

　　①自养特性　植物种类多种多样，但以绿色植物占比最大，所有绿色植物以叶片为主要部位，含有特殊的光合色素，能够利用太阳光能进行光合作用制造自己生长发育所需的有机物，并通过发达的根系吸收自己生长发育所需要的无机态矿质营养和水分。

　　②环境适应性　植物对生态环境的变化具有广泛的生理适应能力，并在进化过程中不断地改变其形态和生理来适应环境而生存繁衍。根据水环境的不同，有耐长期干旱的沙漠植物（CAM植物），也有耐长期水淹的水生植物，当然更多的是不耐长期干旱和长期水淹的中生植物。根据光照环境的不同，有喜光不耐阴的喜光植物，有喜阴不耐强光的阴生植物，但大多数植物在弱小时需遮阴，长大后需晒太阳的耐阴植物。总之，不同植物适宜生长在不同的环境条件中。

　　③生长发育的周期性　植物对环境一年四季周期性变化的适应，表现出三种周期性：生长大周期、季节周期性、昼夜周期性，从而形成了花开有时、结果有序的周期性特点。

　　④生长的相关性　植物体作为一个统一的整体，各器官的生长是相互依赖又相互制约的。如地下根茎和地上枝叶的生长表现出"根深叶茂、本固枝荣""旱长根、水长苗"；营养器官和生殖器官的生长表现出"贪青迟熟""大小年"现象。

　　⑤植物的极性　植物体的整体或离体营养器官的两端表现出形态学的上端长芽，形态学的下端长根。

　　⑥植物的再生性　植物器官的再生性表现在花、果实、种子的后期再生及缺失器官的重建。植物的生殖器官花、果实和种子是在一定的发育阶段感受一定的环境刺激再产生的，不是与生俱来的。离体枝条缺根，枝条扦插后就再生出根；离体的根缺芽，扦插后就能再生出枝条。

　　⑦光范型特性　黑暗中生长的幼苗与光照下生长的幼苗在形态上有很大的差异，前者在黑暗中，生长如"豆芽菜"，植株生长快而瘦长，茎节细长而脆弱，顶端呈弯钩状不展，叶细小且黄化，无叶绿素，不能展开进行光合作用；后者在光照下，叶片展开转绿，能进行正常的光合作用，植物矮化且茎秆壮实，韧性增强，抗性增加。

　　⑧植物的运动特性　植物整体不能自由移动，但其器官可以发生有限的运动。分为运动有方向性的向性运动，如向光性、向水性、向化性、向重力性；运动没有方向性的感性

运动，如感夜性、感温性、感震性；以及近似昼夜节奏的生物钟运动。

不同的园林植物具有不同的特性，只有充分掌握每种园林植物的基本特性，才能采取适当的栽培手段和技术管理措施，营造和维护好设计者理想的园林植物景观，才能正确应用园林植物为人类创造出理想的生存环境，真正实现人与自然的和谐共处。

5.1 园林植物生物学特性

园林植物的生物学特性是指其生长发育、繁殖、生长发育规律及其生长周期各阶段的性状表现等。

5.1.1 园林植物的生长与发育

5.1.1.1 生长

生长是园林植物的细胞、组织，以及根、茎、叶、花、果实、种子等器官的重量和体积的不可逆增加的过程，即植物体由小变大的过程，为量的改变。生长包括营养生长和生殖生长。

5.1.1.2 分化

分化是指从一种同质的细胞类型转变为形态、结构和功能与原来不相同的异质细胞类型的过程，可在细胞、组织、器官等不同水平上表现出来，如从生长点转变成叶原基、花原基；从形成层转变为输导组织、机械组织、保护组织等，薄壁细胞分化成厚壁细胞、木质部、韧皮部等。从营养体到生殖体的转变即花芽分化，是植物一生中十分重要的分化过程。

5.1.1.3 发育

发育是指由于生长和分化，使园林植物的组织、器官以及整个植株在形态、结构和生理功能经过一系列复杂质变以后产生的与其相似个体的现象，即园林植物的个体发育，是植物生命所经历的全过程，一般包括种子萌发、营养体形成、生殖体形成、开花、传粉和受精、结实等阶段，直至衰老和死亡。

生长、分化和发育三者关系密切，它们不是处于生活周期的不同时期，而是常常交叉或重叠在一起。生长是量变，是分化和发育的基础；分化是质变，是变异生长。发育包含了生长和分化，是器官或植物体有序的量变与质变，比如花的发育，包括花原基的分化和花器官各部分的生长；果实的发育包括果实各部分的生长和分化。发育必须在生长和分化的基础上才能进行，没有生长和分化就没有发育，发育是生长和分化的必然结果。从分子生物学的观点来看，植物的生长、分化和发育的本质是基因按照特定的程序表达引起植物生理生化活动和形态上的变化。

5.1.1.4 园林植物生长的周期性

园林植物生长的周期性是指植株或器官生长速率随昼夜或季节变化呈现有规律变化的

现象，主要包括昼夜周期性、季节周期性和生长大周期性。

①昼夜周期性 指植物在一天中的生长速率呈现出明显的周期性。昼夜周期性出现的主要原因是在一天中的温度、湿度、光强等发生有规律的变化，所以又称为温周期现象。不同的园林植物，昼夜周期性表现不同。一般表现为白天生长慢，夜间生长快，但也与天气、季节有关系，冬天植物白天的生长速率往往大于夜间。

近年来，一些植物学家在研究植物树干增粗速度时发现，植物树干有类似人类"脉搏"一张一缩跳动的"日细夜粗"规律性，速生阔叶树种尤为明显。这种昼夜周期性特征与气孔开合引起的蒸腾作用有很大关系。

②季节周期性 指植物的生长在一年中总是遵循一年四季光照、温度及水分的变化而表现出春发芽、夏成荫、秋落叶、冬休眠的循环生长，即随季节的变化呈现出一定的周期性。岳麓山风景名胜区爱晚亭的"枫叶景观"就是季节周期性表现的实例。

不同园林植物，季节性周期特点表现不同。我国古代就有"二十四番花信风"之说（表5-1）。所谓花信风，就是指某种节气时开的花，因为风是应花期而来，所以称为信风。

表 5-1 二十四番花信风

节 气	一候代表植物	二候代表植物	三候代表植物
小 寒	梅	山茶	水仙
大 寒	瑞香	兰花	山矾
立 春	迎春花	樱桃	望春
雨 水	菜花	杏花	李花
惊 蛰	桃花	棠梨	蔷薇
春 分	海棠花	梨花	木兰
清 明	桐花	麦花	柳花
谷 雨	牡丹	重瓣空心泡	楝花

我国也早有与花期有关的花名歌谣：正月梅花香又香，二月兰花盆里装，三月桃花连十里，四月蔷薇靠短墙，五月石榴红似火，六月荷花满池塘，七月栀子头上戴，八月金桂满枝黄，九月菊花初开放，十月芙蓉正上妆，十一月水仙供上案，十二月蜡梅雪里藏。现在的花节多源于此。

③生长大周期 指植物器官或整个植株的生长速率不受环境的影响，总是表现出植物体或器官或细胞生长的"慢—快—慢"的基本规律。即开始生长缓慢，以后逐渐加快，然后又减慢直至停止。

研究和了解植物或器官大周期，在园林生产中，采取促控措施必须在植株或器官生长最快的时期之前进行。比如，生产中常用磷肥壮根，氮肥壮叶，复合肥壮果，为了保证梨树根壮、枝繁叶茂、果实丰硕，可以在根生长旺盛期的4月、9月前增施一次磷肥，在5月前增施一次氮肥，在6月前增施一次复合肥；为防止园林中观赏草倒伏，必须在茎基部第一、二节间伸长之前，增施复合肥，使其茎秆粗壮，根系发达，以便提高观赏草的景观价值。

此外，园林植物还具有一定的生物钟（生理钟）。18世纪瑞典植物学家林奈第一个认识到，植物在同一季节里开的花，也可能在一天的不同钟点开放或闭合，于是他根据植物开花的时间特点，编了一个"花钟"，每一钟点开一种花，把开花时间表示在一个钟面形的花坛上，以致后来欧洲人还利用这种"钟"的规律来布置花坛。

生物钟是指园林植物生命活动的内源性昼夜节奏现象，也称为节奏性运动。不同的园林植物，生物钟不同（表5-2），如木槿在早上开花，傍晚凋零；睡莲属的蓝睡莲、墨西哥睡莲（黄花睡莲）、矮生睡莲（睡莲）、香睡莲、块茎睡莲午后开放，欧洲白睡莲白天开放，埃及白睡莲傍晚开花，红花睡莲夜间开放；昙花在傍晚开花；合欢、任豆的羽叶夜间闭合等。

表5-2 几种园林植物的花开放或闭合的时间（北京时间）

大约时间	种　名	生物钟特性
1：00	紫薇（*Lagerstroemia indica*）	开花
3：00	蛇床（*Cnidium monnieri*）	开花
4：00	牵牛花（*Pharbitis nil*）、向日葵（*Helianthus annuus*）、亚麻（*Linum usitatissimum*）	开花
5：00	蔷薇（*Rosa multiflora*）、蒲公英（*Taraxacum mongolicum*）	开花
6：00	龙葵（*Solanum nigrum*）、猫儿菊（*Hypochaeris ciliata*）	开花
7：00	芍药（*Paeonia lactiflora*）、郁金香（*Tulipa gesneriana*）、波叶异果菊（*Dimorphotheca sinuata*）	开花
8：00	山柳菊（*Hieracium umbellatum*）	开花
9：00	太阳花（半支莲）（*Portulaca grandiflora*）	开花
10：00	酢浆草（*Oxalis corniculata*）、马齿苋（*Portulaca oleracea*）	开花
11：00	虎眼万年青（*Ornithogalum caudatum*）	开花
12：00	午时花（*Pentapetes phoenicea*）、鹅肠菜（*Myosoton aquaticum*）、西番莲（*Passiflora coerulea*）	开花
13：00	石竹（*Dianthus chinensis*）	闭合
15：00	万寿菊（*Tagetes erecta*）	开花
16：00	打碗花（*Calystegia hederacea*）	闭合
17：00	紫茉莉（*Mirabilis jalapa*）、月见草（*Oenothera stricta*）、亚马逊王莲（*Victoria amazonica*）、白睡莲（*Nymphaea alba*）	开花 闭合
18：00	烟草花（*Nicotiana alata*）	开花
19：00	丝瓜花（毛蕊铁线莲）（*Clematis lasiandra*）、月光花（嫦娥奔月）（*Calonyction aculeatum*）、剪秋罗（*Lychnis fulgens*）、晚香玉（*Polianthes tuberosa*）	开花
20：00	夜来香（夜香树）（*Cestrum nocturnum*）	开花
21：00	昙花（*Epiphyllum oxypetalum*）	开花
22：00	月亮花（绣球防风）（*Leucas ciliata*）	开花
23：00	夜香仙人掌	开花

不过，随着地域和气候的变化，"花钟"植物开花的时间也可能改变。

5.1.2　园林植物的生命周期

园林植物的生命周期是指园林植物从繁殖开始，经过幼年、青年、成年、老年直到个体生命结束为止的全部生活史。不同园林植物的生命周期中，存在着相似的生长与衰亡变化规律,但也有不同的特点。

(1) 实生苗与营养繁殖苗的生命周期

由于繁殖方式不同,同一种园林植物的生命周期会有差异。

①实生苗的生命周期特点　实生苗发育成的园林植物,其生命周期一般可以划分为幼年和成年(成熟)两个阶段。从种子萌发到具有开花潜能(具有形成花芽的生理条件,但不一定就开花)之前的一段时期称为幼年阶段。中国民谚的"桃三杏四梨五年"指的就是桃、杏、梨的幼年期分别为 3、4、5 年。

不同树种的幼年阶段差别很大,如矮石榴、紫薇播种苗当年或次年就可开花,牡丹要 5~6 年,而银杏则达 15~20 年。同种植物,栽培地点不同,幼年阶段的时间也不同,如苏铁在广州幼年期为 7~8 年,在长沙、株洲、湘潭为 10~20 年,在四川为 20~30 年。

实生大树尽管已经进入了成年阶段,但同一株树的不同部位所处的阶段并不一致。树冠外围的枝能开花结果,显然处于成年阶段,树干基部萌发的枝条常常还处在幼年阶段,即"干龄老,阶段幼;枝龄小,阶段老"。这在园林树木或果树修剪整形以及进行扦插繁殖时均应注意。

一般而言,实生苗具有根系发达、生长旺盛、寿命较长、环境适应性强、抗性强等特点,因此,园林中的行道树、孤植树、桩景树等多选用实生苗。

②营养繁殖苗的生命周期特点　营养繁殖苗发育成的园林植物一般已通过了幼年阶段,因而没有性成熟过程。只要生长正常,有成花诱导条件,随时能成花。有些植物由于长期采用无性繁殖,非常容易衰老,也与此有关,如垂柳。

营养繁殖苗能保持母本优良性状,变异性小,苗木生长整齐一致,结果早,繁殖方法简便,在园林中广泛应用。但无主根,根系较浅,苗木生活力较差,对环境适应性、抗逆性较差,寿命短等特点。

(2) 不同生长类型的园林植物的生命周期特点

不同生长类型的园林植物,其更新方式和能力很不相同。一般而言,离心生长(植物由根颈向地上和地下两端不断扩大其空间的生长)和离心秃裸(以离心方式出现的根系自疏和地上植物体冠幅的自然打枝)几乎所有园林植物均可出现,而向心枯亡和向心更新(植物由树冠外向内膛、由顶部向下部,直到根颈而进行的枯亡和更新)(图 5-1)只有具有长寿潜伏芽的种类才有。比如,槐、银杏、樟树、女贞、蜡梅等具有长寿潜伏芽的树种,能表现出明显的向心枯亡和向心更新;桃(仅个别芽寿命较长),一般很难自然发生向心更新,即使由人工锯掉衰老枝后,在下部从不定地方发出枝条来,树冠多不理想。松属的许多种,虽有侧枝,但没有潜伏芽,也就不会出现向心更新;棕榈科的许多种,只有顶芽,无侧芽,也就无离心秃裸和向心更新。有些乔木除靠潜伏芽更新外,还可靠根蘖

图 5-1　园林植物的向心枯亡和向心更新

更新,如毛竹是以竹鞭(地下根茎)上的长寿潜伏芽进行更新为主。

5.1.3 园林植物的年周期

园林植物的年周期是指每年随着气候变化,其生长发育表现出与外界环境因子相适应的形态和生理变化,并呈现出一定的规律性,如落叶乔木在一年中,会萌芽、抽枝、展叶、开花、结果、果实成熟、落叶等;一年生花卉会经历播种、萌发、幼苗、成年苗、开花、结果和枯亡等。一年生园林植物的年周期等同于其生命周期。

在年周期中,这种与季节性气候变化相适应的植物器官的形态变化时期称为物候期(phonological period)。不同园林植物种类、不同品种物候期有明显的差异。环境条件、栽培技术也会改变或影响物候期。园林生产中常利用物候特征来调节控制植物生长发育向着人们期望的方向发展,园林设计中也常常利用植物的物候特征营造出不同的季相景观,比如清代陈溟子《花镜》描写的四季景观有"梅呈人艳,柳破金芽;海棠红媚,兰瑞芳夸;梨梢月浸,桃浪风斜。树头蜂抱花须,香径蝶迷林下。一庭新色,遍地繁华。夏日榴花烘天,葵心倾日;荷盖摇风,杨花舞雪;乔木郁葱,群葩敛实。篁清三径之凉,槐荫两阶之槃;紫燕点波,锦鳞跃浪……白帝徂秋,金风播爽;云中桂子,月下梧桐,篱边丛菊,沼上芙蓉;霞升枫柏,雪泛荻芦。晚花尚留冻蝶,短砌犹噪寒蝉……迄乎冬冥司令,于众芳摇落之时,而我圃不谢之花,尚有枇杷累玉,蜡瓣舒香;茶苞含五色之葩,月季逞四时之丽。檐前碧草,窗外松筠……",真可谓庭院景色,藉花木而四季不绝。

大部分植物每年都有一个生长期(指植物各部分器官表现出显著形态特征和生理功能的时期)和休眠期(指植物的芽、种子或其他器官生命活动微弱、生长发育表现停滞的时期),落叶的木本植物有更明显的生长期和休眠期,而秋海棠、君子兰、天竺葵、樟树、洋玉兰等常绿植物以常绿休眠形式存在,给人感觉是无明显的休眠期和生长期之分。

5.2 园林植物生理学特性

园林植物的生理学特性是指植物体内各系统、器官的生命活动特性,包括植物的生长发育与形态建成、物质与能量代谢、信息传递和信号转导3个方面。

植物生理学特性是通过细胞生理、代谢生理、生长发育生理、信息生理、逆境生理和分子生理综合作用的结果。在此重点介绍园林植物的代谢生理特性。

5.2.1 园林植物的水分代谢

5.2.1.1 水分在植物生命中的基本作用

(1)构成植物体

水是植物体的主要组成成分,一般占植物体组织鲜重的65%~90%,往往以自由水和束缚水两种形式存在。

(2)参与植物的生命活动

①水是细胞原生质的主要组分 原生质含水量高达80%以上,可使原生质保持溶胶状

态，以保证植物体各种生理生化过程的正常进行。

②水直接参与植物体内重要的代谢过程　无论是光合作用，还是呼吸作用，各种有机物的合成、转化和分解都离不开水的直接参与。

③水是各种生化反应和物质吸收、运输的理想介质　光合作用中的碳同化、呼吸作用的底物分解代谢、蛋白质和核酸代谢都在水中进行；植物根系吸收、运输各种无机物和有机物，以及植物的茎杆、叶中的吸收和运输功能都需要水作为介质。

④水能使植物体保持良好的姿态　足够的水分可使细胞保持一定的紧张度，从而使植物的枝叶、花果保持正常的姿态，便于充分吸收阳光和进行气体交换，同时可使花朵开放，利于传粉。

⑤细胞的分裂和伸长生长都需要足够的水　植物体里有足够的水分，才能保持一定的膨压，植物的生长才不会受到抑制，否则植物可能生长矮小。

5.2.1.2　园林植物的水分吸收

(1) 水分吸收类型

①渗透性吸水　指具有中心液泡的成熟细胞，依靠渗透作用，沿着水势高的系统通过选择透性膜(质膜和液泡膜)向水势低的系统进行的水分吸收方式。

②吸胀吸水　指未形成液泡的细胞(如干燥种子的细胞和植物幼嫩细胞)，依靠吸胀作用，沿着水势高的区域通过半透性膜向水势低的区域进行的水分吸收方式。吸胀吸水是靠亲水胶体(如细胞壁的纤维素和原生质成分蛋白质等)吸水膨胀的现象。

(2) 水分吸收的影响因素

①植物自身因素　影响植物吸收水分的自身因素主要是根系的有效性，而根系的有效性取决于根系密度总表面积和根表面的透性。

②土壤因素　植物根系对水分的吸收，受土壤可利用水、土壤通气状况、土壤温度、土壤溶液浓度等多因素的影响。

③大气因素　大气因素包括光照、温度、湿度、风、气压等。各个大气因素共同作用于植物体，影响植物体的蒸腾作用，从而影响植物对水分的吸收。蒸腾作用是植物吸水的主要动力。

5.2.1.3　园林植物的水分运输

(1) 水分运输的途径

水分从土壤中被植物体的根系吸收后，通过植物的茎杆转运至叶和其他器官，其基本途径：土壤水→根毛→根皮层→根中柱鞘→根导管→茎导管→叶柄导管→叶脉导管→叶肉细胞→叶肉细胞间隙→气孔下腔→气孔→大气。水分运输过程中要经历扩散、集流、渗透等运动方式，每一个过程都有不同的驱动力。

(2) 水分沿导管或管胞上升的动力

水分沿导管或管胞上升的动力主要是植物的蒸腾拉力(负压力)拉动水分向上运动；其次是根压(正压力)压迫水分向上运动。

5.2.1.4 园林植物的水分散失

(1) 水分散失的方式

①吐水 指水分从未受伤的叶片尖端或边缘的气孔向外溢出液滴的现象,也称为滴泌现象。吐水是由根压引起的。一般情况下,园林植物生长健壮,根系活动较强,吐水量就较多,所以,吐水现象可以作为根系生理活动的指标,并能用以判断苗木长势的好坏。

②蒸腾作用 指水分从活的园林植物体表面(主要是叶片)以水蒸气方式散失到大气中的过程。蒸腾作用是园林植物体水分散失的主要方式。

(2) 蒸腾作用的生理意义

蒸腾作用在植物生命活动中具有重要的生理意义:①促进植物体内水分及无机盐的运输;②促进根部对矿质离子的吸收;③降低植物叶片表面的温度。

蒸腾作用包括气孔蒸腾和角质蒸腾,气孔蒸腾是主要形式,占90%~95%,是水分由液态通过气孔直接蒸发为气态而散发到大气中。气孔蒸腾和角质蒸腾过程吸收了大量的热量,可降低叶片的温度,因此,在炎夏,植物通过蒸腾作用可以调节植物体的温度,以免高温灼伤植物器官,并可改善环境的温度。在正常情况下,园林植物一方面蒸腾失水,另一方面不断地从土壤中吸收水分,并有效地利用水分进行各种生命活动,这种吸水、用水、失水三者的和谐动态关系就是水分平衡。当失水小于吸水时,园林植物可能出现吐水现象,或徒长,或倒伏;当失水大于吸水时,园林植物可能萎蔫而影响光合作用、呼吸作用等正常的生命活动。只有失水与吸水维持动态平衡,园林植物才能进行正常的生命活动。

维持园林植物水分平衡,主要通过增加吸水和减少蒸腾两种方式,通常以前者为主,因为减少蒸腾会降低植物的光合性能,影响植物的生长、开花和结果等。在园林生产中,大树移植损失了大量根系,难于增加吸水时,可以选择傍晚及阴天移栽,并通过搭棚遮阴,或剪去一部分枝叶的方式减少蒸腾。特殊情况下,也可以采取喷洒抗蒸腾剂的办法维持水分平衡。

5.2.2 园林植物的矿物质代谢

5.2.2.1 园林植物必需元素的标准与分类

园林植物的必需元素是指大多数植物正常生长发育所必不可少的营养元素。

①必需元素的特征 按照国际植物营养学会的规定,植物必需元素在生理上应具备三个特征:对植物生长或生理代谢有直接作用;缺乏时植物不能正常生长发育;其生理功能不可用其他元素代替。

②必需元素的类型 根据溶液培养等方法发现,植物必需元素有17种:碳(C)、氢(H)、氧(O)、氮(N)、磷(P)、钾(K)、钙(Ca)、镁(Mg)、硫(S)、铁(Fe)、锰(Mn)、锌(Zn)、铜(Cu)、钼(Mo)、硼(B)、氯(Cl)和镍(Ni)。除碳、氢、氧、氮外,其余都是矿质元素。其中,钙、钼、硼、氯对某些低等植物则属于非必需元素。另有一类植物除上述必需元素外,还需要碘(I)、钒(V)、钴(Co)、硅(Si)、钠(Na)、硒(Se)等元素中的一

种或几种。

根据园林植物对必需元素需要量的大小,可以划分为大量元素(C、H、O、N、P、K、Ca、Mg、S,含量通常为植物体干重的0.1%以上)和微量元素(Fe、Mn、Zn、Cu、Mo、B、Cl、Ni,含量通常为植物体干重的0.01%以下,稍多则会发生毒害)。

5.2.2.2 园林植物对矿质元素的吸收

(1) 植物细胞对矿质元素的吸收

植物细胞对矿质元素的吸收,主要与溶质的跨膜运输(transport across membrane)有关。根据离子跨膜运输是否与能量消耗有关,可以将植物细胞吸收矿质元素分为被动吸收(passive absorption)和主动吸收(active absorption)。前者不需要代谢提供能量,顺着跨膜化学势梯度驱使离子跨膜运输;后者是通过水解ATP产生的能量来驱动离子逆浓度梯度跨膜转运,从而吸收矿质元素。

(2) 植物根系对矿物质的吸收

大量试验证明,根毛区是植物吸收矿质元素的主要区域。植物根系对矿物质的吸收是选择性吸收。正常情况下,植物只有在含有适当比例的、按一定浓度配成的多盐溶液中才能正常生长发育,这种溶液称为平衡溶液(balanced solution)。对陆生植物来说,土壤溶液一般也是平衡溶液,但并非是理想的平衡溶液,因此,在园林生产中需要通过适当施肥来改善土壤,以使其形成较理想的平衡溶液。

(3) 植物叶片对矿物质的吸收

根系是植物吸收矿物质的主要器官。植物通过根系以外的地上部分吸收矿质元素的过程称为根外营养。由于地上部分吸收矿质元素的器官主要是叶片,所以根外营养又称为叶片营养(foliar nutrition)。根外营养一般通过根外施肥,也称为叶面施肥,即在叶面上喷洒营养液的施肥方式。常用于叶面施肥的肥料有尿素、磷酸二氢钾、硝酸钾、硫酸钾、硫酸铵,过磷酸钙和草木灰的浸出液、偏磷酸铵及大部分微量元素肥料等。

叶面喷施的肥料可以通过气孔进入叶片,但主要是通过角质层裂隙进入叶片。

根外施肥方法简单,肥料利用率高,肥效快,容易快速被植株吸收,在园林生产中广泛用于保花保果、促进花芽分化和缺素症矫治等。

5.2.2.3 合理施肥

合理施肥是实现壮根、壮叶、壮果、保果,从而提高园林植物适应抗逆环境的能力,提高植物的姿态、叶、花、果等观赏价值,减少养护成本,以及环保的一个重要措施。常见肥料及其使用方法如下。

① 氮肥 常见的氮肥有尿素、硫酸铵和硝酸铵等,它们是供给速效氮的主要肥源,是植物合成蛋白质的主要元素之一,可使绿叶肥美。

② 磷肥 过磷酸钙及磷矿粉是磷的来源之一,有助于花芽分化、强化植物的根系,并使根肥壮,增加植物的抗寒性。

③ 钾肥 钾肥可增强植物的抗逆性和抗病力,是植物不可缺少的元素之一。常用的钾

肥有氯化钾和硫酸钾。

④复合肥 对壮果、保果效果不错。常见的磷酸二氢钾、尿磷铵、铵磷钾复合肥等。此外，还有一些花卉专用肥，如观叶花卉专用肥、木本花卉专用肥、草本花卉专用肥、酸性土花卉专用肥、仙人掌类专用肥及盆景专用肥等。

5.2.3 园林植物的光合作用

光合作用通常是指绿色植物(包括藻类)吸收光能，通过叶片叶肉组织细胞内的叶绿体中光合色素(叶绿素 a、叶绿素 b、叶黄素和胡萝卜素等)的参与和有关酶的催化作用，将二氧化碳(CO_2)和水(H_2O)合成富能有机物，并将光能转变为有机物中的化学能而贮存起来，同时释放氧气的过程。光合作用是地球上最重要的化学反应。所有能够进行光合作用的生物都属于自养生物(autotroph)，所有依靠光合作用产物生活的生物都属于异养生物(heterotroph)。

光合作用的重要性：①将无机物转变成有机物，是规模最大的将无机物合成为有机物和释放氧气的过程；②将光能转变成化学能，是地球上规模最大的将太阳能转变为可贮存的化学能的过程；③维持大气中氧和二氧化碳含量的相对稳定。总之，光合作用是生物界最基本的物质代谢和能量代谢过程。

5.2.3.1 光合作用的场所

研究表明，叶绿体是植物进行光合作用的最基本的细胞器。光合作用的主要器官是叶片。为了适应光合作用，园林植物的叶多为异面叶(bifacial leaf)。异面叶，又称为背腹叶(dorsiventral leaf)，是指叶片两面的内部结构不同，通常是上叶面主要受光，其叶肉细胞呈紧密垂直状排列，形成光合作用效率很高的栅栏组织，颜色深绿，而下叶面主要背光，其叶肉细胞分布松散，形成光合作用效率较低的海绵组织，颜色浅绿。与其相对应的另外一种叶称为等面叶。

5.2.3.2 光合作用的过程

一般情况下，光合作用分成两个阶段：光反应和暗反应(图 5-2)。

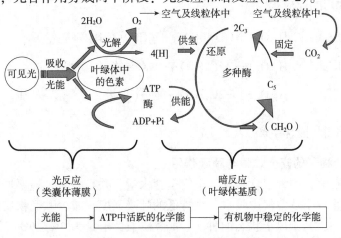

图 5-2 光合作用的三过程解析图

5.2.4 园林植物的呼吸作用

呼吸作用是指生活细胞内的有机物,在一系列酶的参与下,逐步氧化分解成简单物质,并释放能量的过程。根据呼吸过程中是否有氧气参与,可将其分为有氧呼吸和无氧呼吸。有氧呼吸是高等植物呼吸的主要形式,在无氧条件下,植物可进行短暂的无氧呼吸,以保证植物的生存,长时间缺氧会使植物受害甚至死亡。

5.2.4.1 呼吸作用的意义

①呼吸作用能为生命活动提供能量　呼吸作用释放出来的能量,一部分转变为热能而散失,另一部分储存在ATP中。当ATP在酶的作用下分解时,就把储存的能量释放出来,用于生物体的各项生命活动,如细胞的分裂、植株的生长、矿质元素的吸收、肌肉收缩、神经冲动的传导等。

②呼吸过程能为体内其他化合物的合成提供原料　在呼吸过程中所产生的一些中间产物,可以成为合成体内一些重要化合物的原料。例如,葡萄糖分解时的中间产物丙酮酸是合成氨基酸的原料。同时,使大气中二氧化碳和氧气的含量保持平衡。

③为代谢活动提供还原力　在呼吸底物降解过程中,形成的NADH、NADPH等可为脂肪和蛋白质生物合成、硝酸盐还原等过程提供还原力。

④增强植物抗病能力　植物受到病菌感染时,感染部位呼吸速率急剧升高,以通过生物氧化分解有毒物质;受伤时,也通过旺盛的呼吸,促进伤口愈合,使伤口迅速木质化或栓质化,以阻止病菌的侵染。呼吸作用的加强还可以促进具有杀菌作用的绿原酸、咖啡酸等的合成。

5.2.4.2 呼吸作用的场所

线粒体(mitochondria)是植物细胞中最重要的呼吸场所,它是由内外两层膜包被的细胞器。

5.2.4.3 呼吸作用的反应式

有氧呼吸反应式: $C_6H_{12}O_6 + 6H_2O + 6O_2 \xrightarrow{酶} 6CO_2 + 12H_2O + 能量$

无氧呼吸反应式: $C_6H_{12}O_6 \xrightarrow{酶} 2C_2H_5OH + 2CO_2 + 能量(少量)$

$C_6H_{12}O_6 \xrightarrow{酶} 2C_3H_6O_3 + 能量(少量)$

5.2.4.4 呼吸作用与园林生产

(1)园林植物种子的安全贮藏与呼吸作用

种子要安全贮藏,则种子含水量低于安全含水量,并且贮藏环境要低温、低湿、低氧浓度。目的是防止种子从空气中吸水,维持低的呼吸强度,减少贮藏物质消耗,确保种子长时间贮藏。其中,处于风干状态的种子(油料种子含水量为8%~9%,淀粉种子含水量为12%~14%),细胞中水分几乎都是束缚水,原生质呈凝胶态,酶活性降低到极限,呼吸作用极微弱，可以入库贮藏，一般把种子可以入库的最高含水量称为安全含水量。氧浓度最好保持略高于无氧呼吸消失点（含氧量10%），防止无氧呼吸产生并积累酒精对种子造成毒害。

(2) 园林植物的块根块茎的贮藏与呼吸作用

块根、块茎在贮藏期间是处于休眠状态。张翼翔（2015）研究了三种不同贮藏方式（常温贮藏式——温度为13~20℃，空气相对湿度为44%；冷藏柜式——温度恒定为5℃，空气相对湿度40%；地窖式——温度为3~10℃，空气相对湿度为52%）的唐菖蒲种球生理生化变化，发现球茎呼吸速率先降至最低点后剧烈上升，于第8周和第12周达到最高峰。

(3) 园林植物栽培与呼吸作用

呼吸作用与园林植物各个器官对养分的吸收、运转、转化及其生长发育关系密切。因此，在园林植物栽培过程中许多措施都是为了直接或间接地保证其呼吸作用的正常进行。比如，唐菖蒲种球贮藏、花卉种子浸种需要常翻动；栽培管理过程中的整地晒土、中耕除草、勤灌浅灌、松土、除草，以及随着园林苗木的长大而采取的疏植，都是为了保证园林植物的呼吸作用能正常进行。

5.2.5 园林植物的生长调节物质

园林植物的生长物质（Garden Plant Growth Substances）是指具有调节园林植物生长发育功能的一些生理活性的物质，包括植物生长激素和植物生长调节剂。

植物激素（phytohormones）是指在植物体内合成的、可以移动的对生长发育产生显著作用的微量（1μmol/L以下）有机物质，包括生长素类、赤霉素类、细胞分裂素类、脱落酸、乙烯和油菜素甾醇类；植物生长调节剂（plang growth regulators）是指人工合成的具有类似植物激素生理活性的化合物，包括生长促进剂、生长抑制剂、生长延缓剂等，如吲哚丙酸、萘乙酸、矮壮素、乙烯利、多效唑等。

5.2.5.1 生长素类

(1) 生长素类型

研究发现，吲哚乙酸（IAA）是高等植物体内最主要的生长素。吲哚丁酸（IBA）、4-氯-3-吲哚乙酸（4-Cl-IAA）、苯乙酸（PAA）也属于天然的生长素类。

常用的人工合成的生长素类药剂，按其化学结构不同，大致可分为三大类：吲哚衍生物类（如吲哚丙酸IPA）、萘酸类（如α-萘乙酸NAA）和苯氧酸类（如2,4-二氯苯氧乙酸2,4-D）。

(2) 生长素的基本作用

①促进植物生长；②促进细胞分裂与分化。

(3) 生长素在园林植物生产中的应用

①园林植物扦插繁殖　用IBA在200mg/L和500mg/L两种不同浓度分别处理醉鱼草枝条切段基部1h和15s后，生根率、生根数和平均根长都有明显提高。桃树绿枝基部在

750~1500mg/L 的 NAA 溶液中浸蘸 5~10s，猕猴桃插枝用 5000mg/L 的 IBA 溶液浸蘸 5~10s，小叶黄杨插枝用 5000mg/L 的 IBA 粉剂处理，均能显著地促进插条生根。目前常用的促进生根药剂主要是 IBA 和 NAA，IBA 的效应强，维持时间长，诱发的不定根多而长；NAA 促进生根较少但粗壮。研究发现，如果将 IBA 与 NAA 二者混用效果最佳。

②防止落花落果　园林生产上，用 10~50mg/L NAA 或 1mg/L 的 2,4-D 喷洒柑橘、苹果等植物的树冠，则可减少落花落果，使观花观果效应更理想。

③实现单性结实　一些雌雄异株的观果植物，如果用 10~15mg/L 的 2,4-D 溶液蘸花或喷花簇，既可促进产果，还可引起单性结实，提高观果植物的品质。

④疏花疏果　生产中，应用 5~20mg/L 的萘乙酸、25~50mg/L 的萘乙酰胺喷施苹果树冠，40mg/L 的萘乙酸钠喷雪花梨，能有效地疏除部分花、果，省工、经济，并能克服果树"大小年"现象，减少病虫害的发生。

5.2.5.2　赤霉素类

(1) 赤霉素的类型

赤霉素(gibberellin)是从赤霉菌培养基的滤液中分离出的活性物质，以自由态和结合态两种形式存在，统称赤霉素(GA)。赤霉素广泛分布于被子植物、裸子植物、蕨类、藻类、细菌和真菌中，多存在于生长旺盛部分，如茎端、嫩叶、根尖和种子。据 2015 年统计，已发现至少 136 种赤霉素，其中有 80 多种来自于高等植物。根据被发现的先后顺序编排，赤霉素(GAs)的编号分别有 GA_1、GA_2、GA_3……GA_s。

(2) 赤霉素的基本作用及其应用

①促进完整植株的伸长生长。

②促进种子萌发。赤霉素是解除植物休眠的特效药，播种前采用赤霉素液浸种可提高种子发芽率，加快发芽速度。

③促进长日照植物或需低温的植物在不适宜的环境下开花，但对短日照及中间性植物一般没有效果。

此外，GA 对花的性别分化及随后的果实发育起调节作用。在葡萄生产中，利用 GA 促进雄花发育，抑制其雌花发育，有于形成无籽果实及促进果实肥大。

赤霉素可抑制果柄产生离层，促进树体营养物质向花果运转，刺激子房膨大，从而促进坐果和果实发育，提高坐果率。生产上多用作保果剂。比如，可以在梨、苹果、桃、梅、樱桃、枇杷、杨梅、龙眼、荔枝、柿、石榴等观果植物的盛花期或幼果期喷施或涂抹浓度为 10~50mg/L 的赤霉素，可以有效提高其保果率。

赤霉素也可刺激果皮生长，增厚果皮，增强韧性，从而减轻裂果。生产中，常在裂果前或裂果发生期用 20~30mg/L 赤霉素喷果或 200~250mg/L 赤霉素涂果面的方法对植物裂果加以控制。

5.2.5.3　细胞分裂素类

细胞分裂素(cytokinin，CTK)，又称为"细胞激动素"，是一类促进细胞分裂、诱导芽的形成并促进其生长的植物激素。主要分布于进行细胞分裂的部位,如茎尖、根尖、未成熟的种子、萌发的种子、发育着的果实内部。

植物体内天然的细胞分裂素有玉米素(ZT)、二氢玉米素、异戊烯腺嘌呤、玉米素核苷、异戊烯腺苷等。人工合成的细胞分裂素除了激动素外,还有6-苄基氨基嘌呤(6-BA)等。

5.2.5.4 脱落酸

脱落酸(abscisic acid,ABA)是指能引起芽休眠、叶子脱落和抑制细胞生长等生理作用的植物激素。其合成部位主要是根冠和萎蔫的叶片,茎、种子、花和果等器官也有合成脱落酸的能力。

脱落酸的生理作用主要是导致休眠及促进脱落。用脱落酸处理植物生长旺盛的小枝,可以引起与休眠相同的状态;产生芽鳞状的叶子代替展开的营养叶;减少顶端分生组织的有丝分裂活动;并能引起下面的叶子脱落和防止休眠的解除。用脱落酸处理能萌发的种子,可以使之休眠。

5.2.5.5 乙烯

乙烯(ethylene,$CH_2{=}CH_2$)为一种气体植物激素。成熟的组织释放乙烯较少,而在分生组织、萌发的种子、凋谢的花朵和成熟过程中的果实中,乙烯的产量较大。它存在于成熟的果实、茎的节、衰老的叶子中。乙烯的产生具有"自促作用",即乙烯的积累可以刺激更多的乙烯产生。

乙烯的生理作用是:促进果实成熟、促进叶片衰老、诱导不定根和根毛发生、打破植物种子和芽的休眠、抑制多种植物开花(但能诱导、促进菠萝及其同属植物开花)、在雌雄异花同株植物中可以在花发育早期改变花的性别分化方向等。

5.2.5.6 油菜素甾醇类

油菜素甾醇(brassinosteroids,BR)是一类具有高生理活性的甾体激素,在植物中含量低。在被子植物中,油菜素甾醇在花粉、花药、种子、叶片、茎、根、幼嫩的生长组织中均有较低浓度的广泛分布。

油菜素甾醇在植物的生长发育中有着重要的作用,与其他植物激素一起参与调控植物多方面的发育,包括茎叶的生长、根的生长、维管组织的分化、育性、种子萌发、顶端优势的维持、植物光形态建成等。另外,在植物对环境胁迫的防御中也有重要作用。

5.3 园林植物观赏特性

园林植物的体量、形态、色彩、芳香、质地以及其汁液中的酸甜苦辣等特性能唤起人的美感。人们欣赏园林植物,是审美的想象、情感和理解的和谐活动,是生理的感知(包括视觉、嗅觉、触觉、听觉和味觉)引发到心灵的触动。园林植物除了个体的观赏特性,还有像花海、花境等群体的观赏特性。

5.3.1 园林植物的体量

植物的体量是园林植物造景时首先考虑的观赏特性,它直接影响着园林空间的范围、结构与布局,在植物景观设计中起着非常重要的作用。

根据植物的高度、外观形态,园林植物的体量可以分为大中型乔木(高度>10m)、小乔木(高度为6~10m)、大灌木(高度为3~6m)、中灌木(高度为1~3m)、矮灌木(高度为0.3~1m)和地被植物(高度<0.3m)六大类型。不同体量的植物,分布距离不同,进入人们的视域角不同,给人的感受也是不同的(图5-3)。比如,大中型乔木在距人1.5m内,视域角则为70°~90°,人们欣赏时,就会感觉它神圣、高大、挺拔,具有鼓舞人心、引人积极向上的作用;若距人5m内,视域角大于60°,则会让人感觉很不稳定,有向后倾倒的感觉;如果距人10m,则其视域角可位于30°~45°,人们欣赏时,就会感觉很快乐。中灌木类的植物在距人5m内,视域角在10°~30°,人们欣赏时,感觉特别宁静、平稳、亲切。

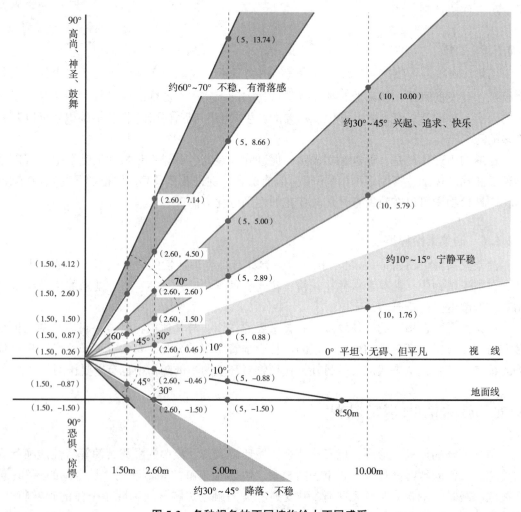

图5-3 各种视角的不同植物给人不同感受

不同体量的植物在景观中的作用也是不同的(表5-3)。

表 5-3 不同体量的植物在景观中的作用

不同体量的植物类型	高 度(m)	理想视距(m)	观赏特性	景观作用
大中型乔木	>10	>10	高耸、挺拔、雄伟	植物大空间的骨架、"顶棚和墙壁";创造视线焦点;创造独特景观
小乔木	6~10	2.6~10	亲切之感	植物小空间的"天花板";创造标志性景点;列植于道路边
大灌木	3~6	>1.5	分枝点低,枝叶密实,易于围合,形成的空间具有亲切、明亮、欢快之感	景观空间具有强烈的围合性、屏蔽性、趋向性、导向性
中灌木	1~3		最具亲和力,高度与人们的视线平齐,叶丛通常贴地或仅微微高于地面	创造较小的植物景观围合空间;是理想各类较大植物与小灌木的景观视线过渡材料
矮灌木	0.3~1	高度在人的视线以下		利用其创造的植物景观不影响人的视线,但可暗示人的行为,并在植物景观的垂直结构中具有强烈的连接作用
地被植物	<0.3		高度远低于人的视线,植物景观的平面构图中具有重要作用	丰富基面

5.3.2 园林植物的形态

园林植物的形态包括园林植物的形状和姿态。不同植物,形态差异很大,即使是同一种植物,单株间的结构、形态也存在一定的差异。

5.3.2.1 姿态

不同植物拥有不同的表现形态,常称为植物的姿态。不同姿态的植物可使人产生不同的情感。如果把植物的姿态与人的情感融合可以将植物的姿态分成垂直向上型、水平展开型、垂直向下型、无方向型和特殊型五大类型。

①垂直向上型　包括株形为纺锤形(如钻天杨)、圆柱形(如美国铅笔柏、圆柏)、圆锥形(如雪松,图5-4)、尖塔形(如池杉、落羽杉、水杉)等植物。此类植物具有挺拔向上生长的特点,能引导视线向垂直轴的上方移动,产生垂直感和高度感,甚至可能使人产生一种超越现实空间的幻觉,别具腾越之感,常用在陵园、墓地等纪念性区域烘托刚强、严肃、静谧、敬仰的气氛。

②水平展开型　包括株形为偃卧形、匍匐形等的园林植物(图5-5),其株宽大于或等于株高,如矮紫杉、偃柏、偃松、铺地柏、砂地柏、雀舌栀子、匍匐栒子等。具有水平方向生长的习性,能产生宽广感和向外延伸的动势,能引导视线沿水平方向移动,产生平坦、舒适、空旷、轻松自然之感,常与垂直向上型植物、或坡地、或低矮水平延伸的构筑物等结合,可创造出别致的景观。

图 5-4　垂直向上型植物（雪松）　　　　图 5-5　水平展开型植物（砂地柏）

③垂直向下型　指具有明显的悬垂或下弯枝条的园林植物，如'龙爪'槐、垂枝樱、迎春、垂柳、'垂枝'桃等，能将视线引向地面，种于水边或高地，产生轻柔、飘逸、活跃等与众不同的感觉（图 5-6）。

④无方向型　指株形为圆形、卵圆形、广卵圆形、倒卵形、钟形、倒钟形、扁球形、半球形、馒头形、伞形、丛生形、拱枝形等外轮廓接近圆、椭圆或以弧形、曲线的园林植物，对视线的引导没有明确的方向性和倾向性，能产生柔和、平静、稳定之感，多用于调和垂直向上型与水平展开型株型的植物景观中（图 5-7），常见植物有'千头'柏、'馒头'柳、观音竹、棣棠等。

图 5-6　垂直向下型植物（'垂枝'桃）　　　　图 5-7　无方向型植物（'千头'柏）

⑤特殊型　指经过多年的风霜雪雨后，形成的不规则、或多瘤节、或歪扭式、或缠绕螺旋式等的奇特造型，姿态万千的园林植物，如北京昌平区延寿寺的盘龙松、山西太原市天龙山的蟠龙松、黄山的旗形式的迎客松（图 5-8）、山东莒县的"天下第一银杏"、湖北荆州市章台古梅（实为蜡梅）、湖南怀化市中方县的百年刺葡萄、云南阳宗镇的九头龙树王（黄连木）、或桩景植物，多孤植于开敞空间、入口等。

此外，园林植物的姿态还受种类、年龄、生境、栽培手段、株数等多种因素的影响。

图 5-8　特殊型植物(左：延寿寺的"盘龙松"　右：黄山的迎客松)

5.3.2.2　干皮形态

干皮的形态多种多样，既是植物识别的重要特点，也是园林观赏的一个重要部位。比如白桦、柠檬桉、梧桐、紫薇等干皮光滑；白皮松、榔榆、光皮梾木等干皮斑驳如龙纹；松属植物干皮剥落呈龟甲状；木兰科植物、花榈木干皮中镶嵌的枝痕如丹凤眼；榉树皮的枝痕如漩涡；构树、血皮槭树皮如蛇皮；山桃、桃、樱花等树皮具横纹状；古银杏、古槐树等古树皮疣突状；木棉、月季、玫瑰等干皮针刺状；酒瓶椰、酒瓶兰等树干形如酒瓶等。干皮外形的变化很复杂，且可随着园林植物年龄的增长而变化。

5.3.2.3　枝条形态

枝条以其数量、长短、粗细以及枝序角等围合成各种各样的树冠以供鉴赏，所以树冠之美取决于枝条之姿。大多数园林植物的枝条为直伸形，而枣、拐枣、马甲子、瓜木等园林植物的枝呈"之"字形，樟树、柏树等园林植物经风霜雪雨侵蚀而成的古树枝条形如游龙，以及人工造型而成的'龙爪'枣、'龙爪'桑、龙爪柳等枝枝如虬龙，极具观赏价值。正如龚自珍的"梅以曲为美，直则无姿；以欹为美，正则无景；以疏为美，密则无态"。此外，乌桕枝条纤细密集，集于树上婆婆迷人。

5.3.2.4　叶的形态

园林植物叶的形态，包括叶的形体和叶的排列姿态，千变万化，各有不同的观赏价值。比如雪松、华南五针松等植物叶形如绣花针，圆柏、日本花柏等植物的叶细小如鱼鳞，芭蕉、香蕉等植物的叶形如皇帝用的大宫扇；银杏叶秀如折扇；棕榈、蒲葵等叶形如蒲扇；黄栌、紫锦木、猕猴桃等叶形如团扇；梧桐、鸡爪槭等叶缺如花；鹅掌楸叶形如鹅掌或马褂；羊蹄甲属植物叶形如羊蹄；变叶木叶形如青铜戟；合欢、水杉等叶形如羽毛；七叶树小叶排列形如佛掌；竹柏、夹竹桃叶形如竹叶；旅人蕉等叶排列姿态如孔雀开屏；王莲的巨型叶片奇特似盘；鱼尾葵叶的每个裂片形如鱼尾；龟背竹叶面孔洞形如龟背裂纹；柚的叶形如葫芦等，都具有极高的观赏价值(图 5-9)。

5.3.2.5　花的形态

园林植物花的形态，包括花的形体和花排列的姿态，千姿百态，丰富多样。有的花形似仙鹤，有的似蝴蝶，有的似荷包，有的似袋鼠，有的似拖鞋，有的似嘴唇，有的似漏斗，有的似鸡冠，有的如喇叭，有的花序如鸡冠，有的花序排列如猫尾，有的花序如蝴蝶戏珠，有的花序如八仙过海，有的花排列如满天星，有的花序如球状，有的如玉米棒，有的花序排列形如蝎尾等(图5-10)。

图 5-9 叶的观赏形态

图 5-10 花的观赏形态

5.3.2.6 果形

园林植物的果形多种多样，特别是观果植物的果形更奇特、更具有观赏价值，如葫芦形、佛手形、乳形、棱角形、灯笼形、陀螺形、蜡烛形、腊肠形、蛇形、瘤状、翅膀形、元宝形等(图5-11)。

图 5-11 果的观赏形态

图 5-12　根的观赏形态(左：落羽杉　右：人参榕)

5.3.2.7　根脚

园林植物的根脚有自然形态类型和加工形态类型，可用于独立成景，独立欣赏（图 5-12）。前者是植物为了适应自然环境条件而形成的，比如人面子、榕树等为了适应华南地区高温高湿的环境，根脚常变成板状，榕树和锦屏藤常从枝上长出"胡须"状的呼吸根，榕树的呼吸根甚至长大变成支柱根，水杉、池杉、水松等种于水边则地下根伸出地面形成的"佛像"状的呼吸根；后者是人们利用提根技术，使根部显露于天地之间而形成的，比如观根盆景的制作、人参榕的人参似的根，紫薇的丛生根等。

此外，有些植物的芽也具有很强的观赏价值，如木兰的芽形如木笔（图 5-13），故有龚自珍的"万把木笔写春秋，势欲书空映朝霞"。

5.3.3　园林植物的色彩

除园林植物的大小、形态之外，最引人注目的观赏特性便是园林植物的色彩。色彩是园林植物极为重要的组成部分，鲜艳的色彩给人最直接最强烈的印象。

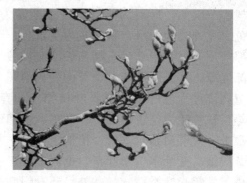

图 5-13　芽的观赏形态——木兰的芽

园林植物色彩同一般色彩一样，具有冷暖感、远近感、轻重感、软硬感、明快与忧郁感、华丽与朴素感、宁静感、庄严感、神秘感，这些感觉是色彩对人产生的生理和心理作用的错觉，如艳红的石榴花、贴梗海棠和粉红的合欢花能使人兴奋、激动，充满活力，能使人积极向上；黄色能使人感到愉快，是一种表现光明，带有至高无上的权威和宗教的神秘感、庄严感；绿色是一种最为宁静的色彩，是一种生理安全的色彩，绿色会使人过分兴奋的神经得以抑制，调节人的压力；橙色是一种温暖而欢乐的颜色，带有力量、饱满、决心与胜利的感情色彩，甜蜜而亲切；白色的栀子、丁香、六月雪让人倍感清爽和淡雅。

色彩和感情是一个非常复杂和微妙的问题，绝不是一成不变的。因人、因时、因地及情绪条件不同而呈现出差异。我国劳动人民习惯将大红大紫作为吉祥如意的象征，因此，红黄等暖色系花卉在喜庆场合就特别受人喜欢。而文人雅士则喜欢清逸素雅的色彩，如将梅花中的'绿萼'梅、兰花中的'绿云'视为高贵品种。

因此，为了达到理想的园林景观效果，设计师应根据环境、功能、服务对象等选择搭配适宜的植物色彩。

园林植物的色彩，主要通过植物的干皮、叶、花、果等器官呈现出来。

5.3.3.1 干皮色

秋冬季，落叶类植物的枝干的形体和色彩成为其主要的观赏焦点，部分常绿植物的干皮色彩也具有一定的观赏价值。如干皮为红色的红瑞木、血皮槭、山桃、杏、山杏等，干皮为黄色的金竹、'金枝'槐、'小琴丝'竹、'金镶玉'竹等；干皮为白色或灰白色的白桦、毛白杨、银杏、粉单竹、柠檬桉等；干皮呈斑驳色的木瓜、榔榆、悬铃木、光皮树、白皮松等；枝干皮为绿色的迎春花、棣棠、梧桐、楠竹等；干皮为五彩色的彩虹桉。

5.3.3.2 叶色

大多数园林植物的叶色都为绿色，但绿色也有深浅、明暗不同的种类，如山茶、女贞、桂花、樟树、榕树、夹竹桃等常为深绿色，水杉、池杉、乌桕、金钱松等常为浅绿色。即使同一绿色的植物其叶色也可能随着生长季节、生境的改变而改变，如樟树春季刚换新叶时为嫩绿，后逐渐转为浓绿，秋冬季转为黄绿；石榴春季嫩叶为紫色，夏季变为浅绿，秋季变为金黄色；金叶女贞新叶鲜黄色，随着植株的生长，中下部叶逐渐复绿；红叶石楠在长江流域栽培时，新叶色为亮红色，到夏季，中下部叶逐渐变绿。凡是叶色随着季节的变化而明显变化，或是植物体上终年有一定彩叶，这类植物统称为色叶植物或彩叶植物，如春色叶为红色的香椿、枫香、南天竹、爬山虎等，秋色叶为红色的黄栌、乌桕、地锦槭、蓝果树、水杉、池杉等，秋色叶为黄色的银杏、对节白蜡、垂柳、梧桐、紫荆、复羽叶栾树、金钱松、无患子、蜡梅等，以及紫鹅绒、变叶木、彩叶草、七彩朱蕉、金叶小檗、紫叶小檗、红檵木、紫叶李、紫叶桃等常年彩叶类植物。此外，还有银叶菊、芙蓉菊、石莲花、大叶景天等终年为银白色叶的植物。

5.3.3.3 花色

园林植物的花色千变万化，层出不穷，给人的美感最直接、最强烈。要真正运用好植物的花色，除了掌握植物花色外，还要掌握植物的花期。同一种花色，花期不同，给人感觉也是不同的。春季看见白花植物，让人感觉寒意未消，盛夏看到白花植物，有一种心静自然凉、暑气全无的感觉。常见园林植物的花色与花期见表5-4所列。

表 5-4 园林植物花色与花期

	春	夏	秋	冬
白色系	白玉兰、阔瓣白兰、火力楠、光叶白兰、厚朴、沙梨、白花碧桃、李、白鹃梅、木香花、火棘、刺槐、南天竹、檵木、山矾、白花山茶、白花泡桐、白花杜鹃、美丽马醉木、流苏树	木莲、白兰、石楠、槐、木荷、白花紫茉莉、大花马齿苋、梧桐、女贞类、茉莉花、栀子、雀舌栀子、六月雪、络石、柿树、金银花、金银忍冬、白花夹竹桃	油茶、银薇、白花木槿、八角金盘、九里香	白花山茶、油茶
红色系（含紫红）	桃、山桃、垂丝海棠、贴梗海棠、榆叶梅、梅、樱花、钟樱桃、红花高盆樱、玫瑰、凤凰木、木棉、蜀葵、朱槿、龙船花、鸡冠花、茶梅、山茶、映山红	月季花、刺桐、合欢、红千层、石榴、美人蕉、朱槿、三角梅、大花马齿苋、莲、南酸枣、凌霄、炮仗花、夏堇、一串红、红王子锦带花	木芙蓉、木槿、朱槿、大丽花、石蒜、三角梅、翠菊	一品红、山茶、梅
紫色系	紫玉兰、二乔玉兰、红花木莲、紫藤、二月蓝、紫荆、广西紫薇、芍药、三角梅、锦葵、苦楝、瑞香、雏菊、美女樱、千日红、毛泡桐、密蒙花、锦绣杜鹃	粉叶羊蹄甲、常春油麻藤、紫薇、大花紫薇、三角梅、千日红、大花马齿苋、瞿麦、冬青、醉鱼草、牡荆、假连翘、大丽花	香花崖豆藤、桔梗、醉鱼草、沙参、德国鸢尾、石竹	
黄色系	含笑、黄兰、蜡梅、黄牡丹、黄刺玫、黄木香花、棣棠、银荆树、银叶金合欢、蜡瓣花、结香、黄花杜鹃、迎春花、金钟花、连翘	小檗、萍蓬草、米仔兰、复羽叶栾树、栾树、黄花美人蕉、大花萱草、黄菖蒲、金丝桃、金丝梅、黄槐决明、黄蝉、鸡蛋花、黄花夹竹桃、向日葵	十大功劳、阔叶十大功劳、双荚决明、黄槐决明、米仔兰、桂花、栾树、菊花、黄花夹竹桃、中国石蒜、忽地笑	蜡梅、金花茶
蓝色系	风信子、鸢尾、蓝花楹、矢车菊、瓜叶菊	三色堇、鸢尾、马蔺、飞燕草、乌头、八仙花、牵牛花、翠雀、耧斗菜、蓝雪花	藿香蓟、翠雀	

5.3.3.4 果色

园林植物的果实色彩鲜艳，有些甚至经冬不落，具有很高的观赏价值，如果实或种子为红色的南天竹、火棘、樱桃、石榴、冬青、铁冬青、枸骨、无刺枸骨、九里香、金银忍冬、接骨草、接骨木、珊瑚树、海芋等；果实或种子为黄色的银杏、珊瑚朴、朴树、木瓜、柿、柚、金橘、乳茄、喜树等；果实或种子为紫色或蓝黑色的十大功劳、阔叶十大功劳、紫珠、葡萄、麦冬、山麦冬等；果实为白色的夜香树（洋素馨）、红瑞木、玉果南天竹、湖北花楸等。

5.3.4 园林植物的芳香

芳香是园林植物独有的审美特性。一般艺术的审美感知，多强调视觉和听觉的感赏，唯园林植物的嗅觉感赏更具特色。"香远益清""暗香浮动"道出了玄妙横生、意境空灵的植物芳香之韵。

不同的园林植物，香气各不相同，天然的香气分为水果香型、松柏香型、辛香型、木材香型、薄荷香型（清凉）、蜜香型、茴香型、薰衣草香型等。如香柏、女贞、香叶天竺葵的叶揉碎后有苹果香味，常山的叶有黄瓜香叶，茴香菖蒲叶有茴香味，含笑花有香蕉的果香味，菊花、辛夷、七里香、丁香有辛而甜的香味，茉莉、兰花、栀子、白玉兰、荷花、米仔兰、紫罗兰等幽幽清雅或素净的清香味，桂花、山矾、橙有香香甜甜之味，迷迭香、百里香、肉桂、木香、夜来香、蜡梅等有浓烈醉人之香，故有"熏我欲醉须人扶"之佳句。

此外，园林植物的汁液还有一些特殊的味道，如豆腐柴叶有烧焦的糊味，石菖蒲、鱼腥草叶有鱼腥味，樟树、红楠叶有樟脑味，木姜子叶有生姜味，黄连木叶有油漆味，肥皂荚叶有奶香味，胡椒木叶有花椒味等，以及香叶天竺葵和女贞的叶、香水百合的花、菲油果、菠萝蜜的果等都有不同的果香味。

5.3.5 园林植物的质地

园林植物的质地是指单株植物或群体植物外观的粗糙感和光滑感，是植物的重要观赏特征之一，对景观的协调性、多样性、空间感有着不可忽视的作用。

园林植物的质地受植物叶片的大小、叶表面的粗糙度、叶缘的类型、枝条的长短、枝干的疏密度、树皮的外形、植物的综合生长习性以及人的观赏距离等因素的影响，一般分为粗质型、中质型和细质型3种类型。

①粗质型植物　通常叶片大，枝干粗壮，树形松散，如海枣、布迪椰子、蒲葵、苏铁、广玉兰、枇杷、泡桐等。

②中质型植物　通常叶片和枝干中等大小，枝叶分布密度适中，如桂花、樟树、无患子、紫荆、女贞等。

③细质型植物　具有许多小叶片和微小脆弱的小枝，以及整齐密集而急促的人冠型，如合欢、龟甲冬青、雀舌黄杨、地肤、文竹等。

5.4 园林植物生态学特性

园林植物生长环境中的光照、温度、水分、空气、土壤、生物等生态因子都对其生长发育产生直接或间接的影响，通过新陈代谢作用，就形成了不同园林植物对不同的生态因子的特定需要，这就是园林植物的生态学特性。

各生态因子对园林植物的影响是综合的，缺一不可，并且是相互联系的。并且不同的园林植物，对各生态因子有不同的适应范围，即生态幅不同，如木棉、槐、合欢、一串红等在全日照的70%以上的光照下才能生长好，而南方红豆杉、八角金盘、麦冬等在全日照的5%~20%的光照下生长良好。生态幅相似的园林植物属于同种生态类型。

5.4.1 光照因子

光照因子主要通过其光质、光照强度、光照时间这3个基本特质影响园林植物的生长发育。

5.4.1.1 光质对园林植物的影响

光质对园林植物的影响是指光谱对园林植物的影响。不同光谱对园林植物的影响如下：

280~315nm　对园林植物的形态和生理影响极小；
315~400nm　叶绿素吸收少，影响光周期效应，阻止茎干伸长；
400~520nm　叶绿素与类胡萝卜素吸收比例最大，对光合作用影响最大；
520~610nm　色素的吸收率不高；
610~720nm　叶绿素吸收率低，对光合作用与光周期效应有显著影响；
720~1000nm　色素吸收率低，刺激细胞延长，影响开花与种子发芽；
>1000nm　转换成热量。

由此说明，光谱对园林植物影响最大的敏感区为400~700nm，通常称为光合作用有效能量区域，跟人眼能看到的可见光区基本一致。因此，如果以人工光源以补充光量，光源的光谱分布也应该接近此范围。光波长低于400nm的光谱，能抑制园林植物茎的生长，但可以促进幼芽的形成、细胞的分化、花青素和色素的形成，所以园林苗圃育苗时常用淡蓝色薄膜覆盖，以利于幼苗生长。同时，茎可以生长得更粗壮。高山上常富含这种短波长的光谱，所以高山花卉一般低矮且色彩艳丽。热带花卉大多花色艳丽。

5.4.1.2 光照强度对园林植物的影响

在园林绿地中，可以看到乔木层、灌木层、地被层植物所获得的光照条件明显不同，这是植物长期所处环境的结果。由此说明不同园林植物对光的需求程度是不同的，通常通过光补偿点和光饱和点来衡量。

光补偿点又称为收支平衡点，即光合作用所产生的碳水化合物与呼吸作用释放所消耗的碳水化合物达到动态平衡时的光照强度。当光照强度进一步增加，光合强度逐渐提高，直到光合产物不再增加时的光照强度即为光饱和点。对于具体的植物来说，光照强度过弱或过强（如低于植物光合作用的光补偿点和超过光饱和点）都会导致光合作用不能正常进行而影响植物正常生长发育。园林植物的黄化现象就是植物对极端光照强度的特殊适应现象。

不同植物的光补偿点和光饱和点是不同的，根据植物生长与光照强度的关系，可分为三种生态型：喜光植物、阴性植物和中性植物（耐阴植物）。

(1) 喜光植物

喜光植物是指一般在全光照的70%以上的阳光下，植物体生长健壮，开花多，花色正，花朵大，且不耐阴蔽。例如，水杉、池杉、木棉、垂柳、梅花、蜡梅、萱草、一串红等，以及草原沙漠及旷野中的多种草本植物。喜光植物常具有以下特点：①树冠多呈伞形；②树干下部侧枝易早行枯落；③树叶主分布区稀疏透光，且叶色较淡而质薄；④叶呈针形；⑤多为落叶树。

(2) 阴性植物

阴性植物是指在较弱或散射光的光照条件下比在全光照的条件下生长良好，一般需光度为全日照的 5%~20%，不能忍受过强的光强，如矮紫杉、紫金牛、吉祥草、一叶兰、万年青、红掌、绿萝、吊兰等。阴性植物常具有以下特点：①树冠多呈圆锥形，且枝条紧密；②树干下枝不易枯落，且分布繁密；③树叶主分布区浓密，且叶色浓而厚实；④叶扁平或呈鳞片状，叶表面和叶背面有明显区别；⑤多为常绿树。

（3）中性植物（耐阴植物）

一般需光度在 20%~70%，对光的适应范围较大，在充足的阳光下生长最好，但也能忍受一定的荫蔽，所以又称为耐阴植物。中性植物又可以分为中性偏阳、中性稍耐阴和中性偏阴三种。常见的榆属、朴属、榉属等植物属于中性偏喜光植物，木荷、圆柏、七叶树等植物属于中性稍偏阴性植物，八角金盘、东瀛珊瑚、海桐、罗汉松等植物属于中性偏阴性植物。

5.4.1.3 光照时间对园林植物的影响

俗话说，"长到夏至，短到冬至"，意思是夏至这一天白天的时间最长，从这天开始，白天的时间又慢慢地变短；短到冬至过后，白天的时间又慢慢地变长。为了适应这种一年四季发生的日照长度周期性变化，园林植物形成了以下三种类型。

①长日照植物　如果植物在开花前的一段时间里，每日光照时数多于 14~16h 的临界时数，则称为长日照植物，如唐菖蒲、樱花、牡丹、瓜叶菊、鸢尾等；长日照植物多在春末夏初开花，起源于南温带、北温带等高纬度地区，在临近赤道的地带，一般不能正常开花结实。

②短日照植物　如果植物开花前的一段时间里，每日的光照时数少于 12h 的临界时数，则称为短日照植物，如一品红、菊花、大丽花、一串红、八仙花等；短日照植物多在秋季开花，起源于热带、亚热带等低纬度地区，如果将其植于高纬地带（纬度 66.5°以上），则不能正常开花结实。

③日中性植物　中性植物对光照长度的适应范围较宽，在较短或较长的光照下均能正常开花，如月季、扶桑、四季秋海棠等。

每种类型的植物在成花与开花过程中对光照时间的需求是不同的，这是园林植物在系统发育过程中对所处的生态环境长期适应的结果。这种园林植物的成花对每日的光照时数与黑暗时数的交替性节律变化的反应，称为光周期现象。

园林生产中，常常通过调节光照时间来控制园林植物的花期，以满足造景需要。

正确了解和掌握日照长度对植物生长、花芽分化、开花的影响，对花期调控和栽培具有重要意义。

5.4.1.4 城市光污染对园林植物的影响

科学研究证实，光污染对园林植物影响很大，比如在长时间、大剂量的夜间灯光照射下，梧桐、刺槐的叶子会变得稀疏，甚至枯死，还会引起花芽过早形成，影响植物休眠和冬芽的形成。

5.4.2 温度因子

温度因子通过对园林植物体内酶活性的影响，从而影响园林植物的生长发育和分布。

(1) 温度三基点

园林植物的温度三基点是指园林植物在生长发育过程中所需的最低温度(最低点)、最适温度(最适点)、最高温度(最高点)。一般情况下,园林植物种类不同,原产地气候型不同,温度的"三基点"也不同。原产于热带的园林植物,生长的基点温度一般为18℃;原产于亚热带的园林植物,生长的基点温度一般为15~16℃;原产于温带的园林植物,生长的基点温度一般为10℃左右。

(2) 生长期积温和有效积温

生长期积温是指园林植物在生长期中高于某温度数值以上的昼夜平均温度的总和。有效积温是指园林植物开始生长活动的某一段时期内的温度总值。有效积温的计算公式为:

$$S = (T - T_0) \times N$$

式中,N 为生长活动的天数,T 为 N 日期间的日平均温度,T_0 为生物学零度(常根据园林植物的萌动物候期及气象资料而定),S 为有效积温。

每种植物的生长发育,特别是开花结实都需要一定的有效积温,达不到其生理需要的积温,植物就无法进行有性繁殖。

(3) 节律性变温

昼夜之间及季节之间温度差异的周期性变化称为节律性变温。其中,园林植物对昼夜温度变化的适应性称为温周期;园林植物对季节性变温而形成的生长发育节律称为物候期。

园林植物的温周期和物候期特性与其遗传性和原产地温度变化特性有关。一般原产于大陆性气候地区的植物在日变幅为10~15℃下,生长发育最好;原产于海洋性气候区的植物在日变幅为5~10℃时生长最好;原产于温带的植物或亚热带偏北的植物物候期会更明显一些。

(4) 非节律性变温

不随昼夜及季节的突发性温度变化则是非节律性变温,非节律性变温对植物的生理进程伤害极大,甚至造成植物死亡,主要有低温伤害和高温伤害两大类型,前者包括寒害、霜害或冻害、冻拔、冻裂等;后者包括树皮灼伤、根颈灼伤等。植物为了适应低温环境,冬芽外面常具有鳞片,植物体表可能有白粉和密毛。在高温环境下,植物体表也有密毛、鳞片,能过滤部分阳光,有些植物体为白色、银白色,叶革质发亮,反射部分阳光,使植物体免受热伤害;有些植物的树干或根茎有很厚的木栓层,具有绝热和保护作用。

(5) 温度影响园林植物的分布

节律性变温影响园林植物在地球上的分布,使得不同地理区域分布着不同的植物种类,从而形成了热带植物、亚热带植物、温带植物和寒带亚寒带植物。园林生产中,常根据园林植物的耐寒性不同将园林植物分为耐寒性植物、不耐寒性植物和半耐寒性植物。

5.4.3 水分因子

水分是植物体的重要组成部分和光合作用的重要原料之一,无论是植物根系从土壤中吸收和运输养分的过程，还是植物体内一切生理生化反应都离不开水，水分的多少直接影响着植物的生存、生长、发育和分布。不同的植物种类，由于长期生活在不同水分条件的环境中，形成了在水分需求关系上不同的生态习性和适应性。一般情况下，在潮湿的土壤中，多为浅根性植物；在土壤干燥的地区，多属深根性植物。根据园林植物对水分的要求不同，一般园林植物可以分为以下4种类型。

(1) 旱生植物（xerophytes）

旱生植物多为原产热带干旱或沙漠地区的多浆或多肉的仙人掌科、景天科、大戟科的植物。包括肉质贮水型（如仙人掌、蟹爪兰、芦荟等）、深根无叶型（如柽柳、沙枣等）以及一些通过缩短生命周期（如短命菊）或以肉质块茎适应干旱环境的植物（如仙客来）。

(2) 中生植物（mesophytes）

中生植物是指植物体的形态结构和适应性均介于湿生园林植物和旱生园林植物之间，大多数露天栽培的园林植物均属于这一类。如紫娇花、金鸡菊、沿阶草、车轴草、虞美人、樟树等。

(3) 湿生植物（hygrophytes，moisture loving plants）

湿生植物多原产于热带雨林或山涧溪旁、沼泽地等湿润环境，喜生于空气湿度较大的环境中，生长期间需要大量的水分，在干燥或中生的环境常生长不良或死亡，如龟背竹、广东万年青、龟背竹、海芋、垂柳、枫杨、池杉、附生兰类、凤梨科植物等。

(4) 水生植物（hydrophytes，aquatic plants）

水生植物适生于水生环境，其根、茎、叶内多有通气组织的气腔与外界互相通气，以便吸收氧气，并且在水面以上的叶片往往比较大；在水中的叶片小，常呈带状或丝状，叶片薄，表皮不发达；根系不发达。根据水生植物茎叶与水面的关系、生态习性和适生环境不同，又可将其分为（图5-14）：

睡莲

菹草

红树

千屈菜和荷花

图5-14 水生植物

①挺水植物 指根或地下茎深入泥中生长发育，茎、叶挺出水面的植物，如芦竹、莲、千屈菜、水葱、再力花、黄菖蒲、香蒲、旱伞草、菖蒲、纸莎草、燕子花等。其中，生长在沿海一带的红树林属海生植物，是一种特殊的挺水植物，如红树、秋茄树等。

②浮水植物 指根状茎发达，生于泥中，无明显地上茎或茎细弱不能直立，叶片漂浮在水面的植物，如萍蓬草、睡莲、王莲、槐叶萍、芡实、菱、荇菜、莼菜等。

③漂浮植物 指根不生于泥中，植株漂浮于水面上的水生植物，如大藻（*Pistia stratiotes*）、槐叶萍、满江红等。

④沉水植物 植物体完全沉没于水中，与大气完全隔绝，通气组织特别发达的植物，其表皮细胞没有角质层和蜡质层，能直接吸收水分、矿质营养和水中的气体，从而代替根的功能，如金鱼藻、狐尾藻、苦草、菹草、眼子菜等。

此外，空气湿度对植物的生长影响也很大，不同的植物种类对空气湿度的要求也各不相同。湿生植物和水生植物对空气湿度的要求也较高，而中生植物对空气湿度的要求既不能过低也不宜过高。旱生植物则适应较低的空气湿度。

5.4.4 土壤因子

5.4.4.1 土壤对园林植物的生态作用

①土壤为园林植物根系提供生长的场所。一般情况下，园林植物生长离不开土壤，土壤是园林植物生长的基质。

②土壤可以固定园林植物，没有土壤，园林植物就难于站立。

③土壤为园林植物提供水分、氮、磷、钾以及各种微量元素。

④土壤为园林植物提供合适的生境。

因此，一种理想的土壤应该是保水性强，有机质丰富的中性至微酸性的壤土。

5.4.4.2 园林植物对土壤适应性的生态类型

(1) 根据园林植物对土壤酸碱盐的适应性分

①酸性土植物 该类植物在 pH<6.5 的土壤中生长最好，多生长于热带和亚热带的高温多雨地区的红壤、黄壤土中，如杜鹃花、山茶、白兰花、茉莉、栀子等。

②中性土植物 适宜在 pH 6.5~7.5 的中性土壤上生长，多数园林植物均适于中性土生长，如菊花、矢车菊、百日草、雪松、杨、柳等。

③碱性土植物 适宜在 pH 8.5 以上的碱性土壤中生长，一般生于温带的园林植物多属此类，如紫穗槐、柽柳、沙棘、黄栌、侧柏、合欢等。

④盐碱土植物 该类植物主要生长在我国沿岸线的盐土、碱土以及各种盐化、碱化的土壤，或西北内陆干旱地区或者地下水位高的地区的土壤中，如柽柳、白榆、白蜡、紫穗槐、臭椿、侧柏等。又可依植物对盐碱土的适应性可分为喜盐植物(可以在含盐量为1%的土壤上生长，如盐蓬、老鼠筋)、抗盐植物(像田菁、盐地风毛菊等植物的根很少吸收土壤中的盐)、耐盐植物(像柽柳、二色补血草、红树等植物的茎、叶上的盐腺有泌盐作用)。

(2) 根据园林植物对土壤肥力的适应性分

①喜肥植物 该类植物喜欢生活在肥沃的土壤中，如梧桐、核桃、山茶、梅等。

②耐贫瘠植物 该类植物在一定贫瘠的土壤中生活最好，如杜鹃花、黄荆、马尾松、构树、木麻黄、锦鸡儿等。

(3) 根据园林植物对土壤质地的适应性分

①沙质土植物 该类植物能适应沙漠半沙漠地带的土壤，具有耐干旱、耐贫瘠、耐沙

埋、抗日晒、抗寒耐热、易生不定根、不定芽等特点，如沙冬青、柽柳等。

②钙质土植物　又称喜钙植物，是指生长在含有高量代换性 Ca^{2+}、Mg^{2+} 离子而缺乏代换性 H^+ 离子的钙质土或石灰性土壤上的植物。如南天竹、柏木、青檀、臭椿等。

5.4.5 空气因子

5.4.5.1 空气对园林植物的影响

在自然状态下，空气是无色无味的，主要由氮气（体积约占78%）、氧气（体积约占21%）、稀有气体（氦、氖、氩、氪、氙、氡，体积约占0.934%）、二氧化碳（体积约占0.002%）以及其他物质（如水蒸气、杂质等）混合而成。空气是园林植物的"生命气体"。其中，对园林植物生命活动影响最大的是氧气、二氧化碳和氮气。

①氧气　对园林植物的地上部分不形成特殊的作用，但是对园林植物根部、水生植物尤其是沉水植物以及种子萌芽的呼吸作用影响很大，缺氧容易导致代谢不彻底，甚至产生酒精而致根、种子等腐烂。

②二氧化碳　是光合作用的必需原料，其浓度直接影响光合产物。所以现代园艺设施栽培中，常通过施用干冰的办法来补充二氧化碳，从而提高园艺植物产量。

③氮气　园林植物不能直接利用氮气，但可以通过固氮微生物和蓝绿藻吸收和固定空气中的游离氮。固氮微生物包括好气性自生固氮微生物、厌氧性自生固氮微生物和共生固氮微生物三大类群，前二者独立存在于土壤之中；后者与高等植物如根瘤菌等共生。

此外，还可以通过雷鸣闪电将氮和氧合成易被植物吸收的氮化物，故有雷鸣闪电具有"施肥"之功效一说。

5.4.5.2 大气污染对园林植物的影响

随着工业的发展，油漆厂、有机化工厂、染化厂等排放的有毒气体越来越多，对园林植物带来了严重影响。一部分植物对大气有毒物质毫无抗性和解毒作用，而表现出非常"敏感"的特质，这种植物被园林界称为污染指示植物或监测植物。不同的园林植物可监测不同的污染物（表5-5）。另一部分对大气有毒物质具有一定抗性和解毒作用的植物，称为抗污染植物，不同的园林植物可抗性和解毒的污染物是不一样的。

表5-5　常见污染物及其污染源和相应的指示植物和抗性植物

污染物名称	污染源	指示植物	抗性植物
SO_2	火山爆发、生活用煤、发电厂、有色金属冶炼厂、石油加工厂、硫酸厂	地衣、马尾松、油松、雪松、红松、油松、杉、月季、杏、杜仲、凤仙花、四季秋海棠、含羞草、紫苜蓿、合欢、茉莉、紫丁香、白蜡树、连翘等	刺槐、银杏、加杨、臭椿、榆树、丁香、夹竹桃、女贞、桂花、枫杨、梓树、垂柳、夹竹桃、蚊母树、珊瑚树、枸骨、山茶等

(续)

污染物名称	污染源	指示植物	抗性植物
$XCl_n Cl_2$	铝厂、磷肥厂、钢铁厂、玻璃厂、化工厂、农药厂、冶炼厂、自来水厂	水杉、落叶松、油松、柳、石榴、杏、梅、桃、苹果、白千层、百日草、波斯菊、金盏菊、蛇目菊、硫华菊、锦葵、四季秋海棠、福禄考、一串红、复叶槭、竹、凤仙花、枫杨、木棉等	柳、圆柏、侧柏、木槿、女贞、丁香、木槿、无花果、构树、榆树、接骨木、紫荆、槐、紫藤、紫穗槐等
F_2、HF	使用水晶石、萤石、磷矿石和氟化氢的企业	地衣、唐菖蒲、玉簪、郁金香、锦葵、万年青、萱草、草莓、翠菊、榆叶梅、葡萄、杜鹃花、樱桃、杏、李、桃、月季、复叶槭、雪松等	棕榈、凤尾兰、大丽花、一品红、万寿菊、山茶、秋海棠、槐、臭椿、泡桐、绦柳、垂柳、夹竹桃、银杏等
光化学烟雾	汽车尾气	五针松、牡丹、兰花、秋海棠、矮牵牛、蔷薇、丁香、木兰、垂柳、早熟禾、梓树、皂荚、葡萄等	银杏、柳杉、日本黑松、樟树、海桐、石楠、山茶、栀子、洋玉兰、夹竹桃、悬铃木、连翘、冬青等

5.4.5.3 风对园林植物的影响

风是由空气流动引起的一种自然现象。低速风有利于植物花粉、种子传播，促进空气正常流动，如银杏雄株的花粉可顺风传播数十千米以外。高速风则可能导致园林植物风倒、风折等生理和机械伤害，有时还可能改变园林植物的外形。比如沿江绿带中的园林植物，由于长期受同一方向的江风影响，形成旗形树冠，并且背风方向根系尤为发达，可以直到支撑作用，增加植物的抗风力。

一般来说，树冠紧密、材质坚韧、根系强大深广的树种，抗风力较强，如榉树、乌桕、臭椿、垂柳、河柳、樟树、台湾相思、木麻黄等；而树冠庞大、材质硬脆、根系浅的树种，抗风力较弱，如木棉、泡桐等。

同一树种的抗风力又因繁殖方法、立地条件和栽植方式的不同而有异。比如用扦插繁殖的树木，其根系比用播种繁殖的浅，故易倒；在土壤松软而地下水位较高处亦易倒；孤立树和稀植的树相比，密植者易受风害。

5.4.6 生物因子

在植物生存环境中，许多生物彼此之间的存在各种相互关系，如捕食、寄生、竞争和互惠共生等，可以分为动物、植物和微生物，其中包括动物对植物的生态作用，植物与土壤微生物的相互作用以及植物与植物之间错综复杂的相互作用。

（1）动物对园林植物的影响

动物对园林植物影响很大，比如蚯蚓的活动可以为园林植物松土而改善土壤透气性，同时其排泄物有利于改善土壤肥效；啄木鸟以树皮下的天牛、透翅蛾为食，从而保护了园林植物；很多鸟类食用园林植物果实时，也散播了种子，对园林植物的繁殖起到了很好的作用。但是，有些动物可能危害园林植物，如野兔、野猪可能啃食草坪草，象鼻虫可致使豆科植物的种子全部毁坏而无法萌芽，松毛虫在短期内能将成片的松林针叶吃光，蚜虫、潜叶蛾、凤蝶、螨类、介壳虫等可能损坏幼嫩枝叶、花、果实等。

作为高等动物的人类对植物资源的利用、改造、发展、引种驯化，以及对环境的生态破坏和对环境造成的污染等行为，已充分表明人类对环境和其他生物的影响已越来越具有全球性，远远超出了其他生物的范畴。人类对园林植物的作用是有意识的和有目的性的，其影响程度和范围正不断提高。

(2) 园林植物间的相互影响

园林植物不是孤立存在的，它们之间有着各种各样的联系，有种内个体间的种内关系，也有不同种个体间的种间关系，主要表现为树冠摩擦、树干机械挤压、附生关系、寄生关系、攀缘关系、竞争关系、生化影响等。

①附生关系　某些苔藓、地衣、蕨类、兰科植物等，借助根吸着于树干、枝、茎和树叶上，进行特殊方式的生活，生理关系上和附生的林木没有联系或很少联系，它们主要依赖于积累在树干裂缝和枝杈内的大气灰尘和植物残体生活，大气降水从树体上流下许多营养物质，也是附生植物的营养物质来源。由于它们得来的水分来源于大气，晴朗干燥的天气里失去水分后便处于假死状态，对附主影响不大，但热带森林中的绞杀榕、榼藤等却可缠绕附主树干，限制后者生长，最后将附主绞杀致死。

②寄生关系　菟丝子、槲寄生、桑寄生等，从园林植物体中吸取其所需的全部或大部分养分和水分，而使寄主植物逐渐枯竭死亡。

图 5-15　附生和攀缘植物

③攀缘关系　攀缘植物利用其他植物的树干作为它的机械支柱，从而获得更多的光照，藤本植物与所攀缘的树木间虽然没有营养关系，但会影响树干输导营养物质而使树干变形，也有可能削弱林木的同化作用而影响林木的正常生长（图 5-15）。

④竞争关系　园林植物间为利用环境的能量和食物资源而发生的相互关系。

⑤生化影响　园林植物根、茎、叶等排放出的化学物质对其他植物的生长和发育可能有相互促进作用，则互为相生植物，如牡丹与芍药间种可以互相促进生长，皂荚、白蜡树、驳骨丹种在一起会产生促进生长速度的作用，金盏菊和月季组合可以抑制土壤线虫，杨和臭椿组合可以抑制蛀干天牛的发生，山茶、茶梅、红花油茶和山苍子组合可以阻止霉污病的发生，苦楝、臭椿和杨、柳、槭组合可以抑制光肩星天牛，月季和大蒜组合可以预防月季黑斑病。反之，排斥关系，则互为相克植物，如将苹果种在核桃树附近则苹果会受到核桃叶分泌出核桃醌的影响而发生毒害，刺槐与果树组合会抑制果树结果，梨、苹果与圆柏组合则会加速梨桧锈病的发生。

(3) 微生物对园林植物的影响

微生物与园林植物间存在有利有害的关系。比如蝶形花科、苏木科、含羞草科、罗汉松、木麻黄、杨梅等植物的根与根瘤菌间形成的共生关系，是一种互惠互利的关系，植物的根系为真菌提供生存场所，供给碳水化合物，菌根中的真菌帮助根系扩大吸收面积，并使土壤中磷、铁等矿质有效化，真菌合成某些维生素，促进植物生长发育，还能抑制土壤中病原菌的繁殖，从而提高植物的抗病性等。而细菌、病毒、真菌与植物间形成的寄生关系，只是寄生一方受益，而被寄生一方受害，以至受害植物发生病害而出现变色、组织坏死、萎蔫和畸形等症状。

此外，有些园林植物对环境条件都有一定的特殊适应性，比如向日葵的花盘会向着太阳转动，含羞草的羽状复叶经风或动物触动即会合拢、下垂，任豆、合欢的羽状复叶到了夜间会自然下垂而合拢，木芙蓉的花色一天中早上、中午、傍晚发生三次变化，猪笼草的叶片变形似"猪笼"，捕蝇草的叶碰到飞来的虫子沿中脉对折成"贝壳"状而吞食虫子，南美的卷柏遇干旱而缩成一团，随风滚动，遇湿润而展开扎下继续生长，所以又叫"九死还魂草"。

5.5 园林植物文化特性

人类学之父，英国学者爱德华·泰勒认为："文化是综合体，包含知识、信仰、艺术、法律、道德、习俗以及作为社会成员所掌握的其他能力和形成的习惯"。而中国学者们大多采纳《辞海》的解释：文化是指人类社会历史时间过程中所创造的物质财富和精神财富，特指精神财富。所以植物文化可以理解为在人与自然界长期的共处过程中，人们为其赋予了人的精神品质和寓意，包括了物质层面，即与其相关的知识、食用和药用价值相关联的文化，同时包括精神层面，即透过植物这一载体，反应出的传统价值观念、哲学意识、审美情趣、文化心态等。

在园林漫长的发展过程中，植物的许多特性被人们赋予了深刻的内涵，或表达自己独特的气质，或表达对美好生活的向往，或抒发内心的情感，由此植物本身就有了独特的文化内涵。植物的文化内涵溯其根源通常与其形态特征、生长发育规律、生理习性、生态习性等息息有关。比如琼花因其巨大的聚伞花序中间为细小如珍珠般的小花，周围具8朵大型的不孕花，微风吹拂下，宛若蝴蝶戏球，又似八仙舞，于是就有"中含散水芳，外围蝴蝶戏"（宋·韩琦）、"千点真珠擎素蕊，一环明月破香葩"等诗词；梅花花开五瓣，竹叶三片，有"梅开五福，竹报三多"的象征；石榴的果实多籽，有多子多福的寓意；枇杷的果实为金黄色，故有"树繁碧玉叶，柯叠黄金丸""摘尽枇杷一树金"的说法；菊花因其花开霜后而被称为"霜下杰"；兰花因其原生于深山幽谷而被誉为"空谷佳人"，有诗赞其"不因人而芳，不择地而长"的清新淡雅、高洁、傲骨刚毅，被尊称为"花中君子""正人君子"；松、竹、梅因不畏严寒而被誉为"岁寒三友"；茉莉花因其具有别致的花香而喻为"人间第一香"；月季因其花朵的美艳夺目而被称为"花中皇后"；海棠花则因其叶茂花艳，风姿绰约，婀娜含娇，果实奇香而被称为"花中仙子"。

5.5.1 园林植物文化的类型

5.5.1.1 园林植物与农耕文化

早期,先民们为了生存,长期以自然界中植物的果实和根、茎、叶为生,逐渐与大自然建立了深厚的情感,从而形成了不可分割的依赖关系。从后稷开始,人类实现了从采集向农业生产的转变,随之产生了农耕文化。到了原始社会中、晚期,随着农耕文化的逐步兴起,人类越来越重视植物的栽培、利用和再生。从此,人类生活有了相对可靠的经济保障。

最早的人工栽培以提供生活资料的果园、菜畦、药圃为主。汉代以前,苑囿是帝室物质生活资料的生产基地和供应基地,包括皇室食用的栌橘、黄柑、枇杷、沙棠、桃、李、杏、梅、留落(石榴)、隐夫(山樱桃)、杨梅等水果。

随着农耕文化的兴起,先民们在这片土地上演绎着各种生产繁衍活动,如天子亲耕、祈求丰收、女子采桑、祭祀祖先、男女互赠,或采葛制衣,或种粮以糊口等。并认为植物具有超人的意志和力量,为了寻求神灵的保佑,希望获得战胜困难的力量,开始了植物古树崇拜、植物图腾崇拜,传播植物神话故事,不断出现了以植物为题材的诗词歌赋,这些活动深深影响着人们的自然观,使先民们亲近大自然,保护大自然,保护大自然中的植物。此时的植物文化,重在追求"福""禄""平安""富贵""如意""和谐美满"等吉祥之意,有别于以功名利禄和荣华富贵作为追求目标的世俗文化。西晋·周处《风土记》载有:"九月九日折茱萸以插头上,辟除恶气而御初寒"。中国古代农村流传的谚语"玉堂春富贵"(玉兰、海棠、迎春花、牡丹、桂花),以及流传于明代民窑青花瓷器上的"富贵长春",都是劳动人民对美好生活的希望。现代商界也常利用特殊植物表达吉祥,如黄金香柳象征千层金,榆树、青钱柳象征钱财不断,发财树象征财源滚滚,幸福树象征福满家园,万年青象征生意兴隆等。

5.5.1.2 园林植物与儒家文化

儒家文化是以儒家学说为指导思想的文化流派,其"真善美""礼乐""比德、比兴"以及"中庸之道"思想,对植物文化的影响很大。比如,相传子贡将卫国移来的楷木(黄连木)植于孔子墓前,以颂扬尊师孔子拥有楷木的刚正不屈的高尚品格;朱元璋《雪竹》:"雪压枝头低,虽低不着泥;一朝红日出,依旧与天齐",宋·徐庭筠的《咏竹》:"未出土时先有节,便凌云去也无心",以颂竹刚正不阿的品质;南宋·陆游称颂梅花"零落成泥碾作尘,只有香如故"的君子气节,东晋·陶渊明称颂菊花"怀此贞秀姿,卓为霜下杰"的高洁以及卓尔不群的品格,以及号称"富贵花"的牡丹具有不与百花众香争春斗妍,单选谷雨潮,在百花盛开之后开放,是为"非君子而实亦君子者也,非隐逸而实亦隐逸者也",象征了中华民族虚怀若谷、谦虚礼让、宽厚容人的品格和美善相乐之美的文化理念。清康熙皇帝《避暑山庄记》:"至于玩芝兰则爱德行,睹松竹则思贞操。""岁不寒,无以知松柏,事不难,无以知君子"的松柏,"出淤泥而不染",而又"香远益清,亭亭净植"的荷花,"疏影横斜水清浅"的梅花,"挺拔虚心有节"的竹子,"秀雅清新,暗香远播"的深谷幽兰等,都是理想的比德植物。"四君子"（梅、兰、竹、菊）、"岁寒三友"（松、竹、梅）、"松鹤延年""松菊犹存""蟾宫折桂"等植物典故与儒家文化息息相关，体现着人们对于美好事物的追求。

5.5.1.3 园林植物与隐逸文化

在中国封建社会里，士大夫们通过科举之路走上仕途后，始终在"官场"与"乡野"之间徘徊，使他们的人生观、道德观和审美观有着自己鲜明的特色，所形成的士大夫文化中的很大一部分为出世、避世的隐逸文化，即不寻求认同为"隐"，自得其乐为"逸"，追求"达则兼济天下，穷则独善其身"的处世哲学，以简单朴素及内心平和的人格自由与独立为追求目标，常表现为遁迹山林，寄情山水和植物。如宋·苏轼《于潜僧绿筠轩》："宁可食无肉，不可居无竹。无肉令人瘦，无竹令人俗。人瘦尚可肥，士俗不可医。"北宋·晏殊《寓意》："梨花院落溶溶月，柳絮池塘淡淡风。"宋·林逋《山园小梅》："众芳摇落独暄妍，占尽风情向小园。疏影横斜水清浅，暗香浮动月黄昏。霜禽欲下先偷眼，粉蝶如知合断魂。幸有微吟可相狎，不须檀板共金尊。"无不体现出文人、士大夫们退而思政、隐而待仕的隐逸情怀，其中"隐"的内涵和手法大大丰富了园林文化的艺术感染力。

5.5.1.4 植物与宗教文化

中国宗教同中国所有的古代文明一样，丰富而古老。花草树木崇拜应该是最早最原始的宗教之一，随后出现了植物图腾崇拜。到了两汉，不仅产生了中国本土的严格意义上的宗教——道教，印度佛教也传入中国。魏晋南北朝时期，道、释两教竞相发展。从此，道教和佛教成了中国的两大主要宗教。

（1）植物与道教文化

中国的道教认为道生神，道生万物，有物即有神，当然就认为花木就有司花之神——花神。唐·陆龟蒙《和扬州看辛夷花韵》有："柳疏梅堕少春丛，天遣花神别致功"。如今在南京、苏州等地，还有专供祭祀花神用的"花神庙"。在中国花卉史中记载有牡丹仙子、荷花仙子。传说八仙中的蓝采和所持宝物是花篮，篮内神花异果能广通神明；何仙姑所持宝物是荷花，它出污泥而不染，可修身禅静。道教人士往往携带桃木剑、桃枝，用桃叶煎汁来驱邪避鬼。

道教以老子的《道德经》为根本，信仰"道"和"德"，具有鲜明的中国特色，也渗透在植物文化领域。道教的植物文化主要以植物的寓意为主。

①青春永驻、长生不老　道教追求长生不死、得道成仙，所以松、杉、柏因其寿命长、常年绿色而被道教推崇，寓意永恒。在古老的道馆里都会有大片松柏，四川青城山道观内有一棵柏树，相传是武当派祖师张三丰亲手所植。银杏，又名公孙树，是以寿命长、姿态雄伟而常植于道观内，并且银杏的果实可以食用和药用。在道教文化里，银杏有着"寿、富、奇、神"的特点，是长生久视、延年益寿的象征。槐、圆柏树、樟树、榆树、黄杨等在道教中也象征着长生。还有一些养生的天然植物如灵芝、茯苓、黄精可以驻颜延年强身健体，道教认为其得山川之灵气，含日月之精华而常为道教信徒服用。

②吉祥福瑞　梧桐、桂花、石榴、枣、牡丹都有吉祥、福贵的象征。《诗经》中描述

"凤凰鸣矣，梧桐生矣"，百鸟朝凤时，凤凰就是在梧桐树上接受朝拜。

③超凡脱俗 道教追求超脱于凡尘之外，许多有不俗品质的植物就融入了道教文化，如出淤泥而不染的荷花；"得志凌云尚虚心"的竹；凛冬时节一枝独秀的梅，都为道教推崇。

紫薇，全真道华山派就以紫薇为门派象征；香椿、海棠、杏、牡丹、玉兰、山茶、荔枝在道教文化中也有各种美好象征或积极寓意。

与道教相关的道家思想，对植物文化的形成有着很重要的作用。道家经典《道德经》提出了"人法地，地法天，天法道，道法自然"的说法，提出崇尚自然。明代著名的园林设计大师计成在《园冶》中所明示的"虽由人作，宛自天开"，既是中国植物文化的最高境界，也是道家思想中的"道法自然"在植物文化中的精妙体现。在这种艺术氛围里，中国传统园林初步形成了自然山水式园林的艺术格局。由此可见，道家思想是园林形成并发展的重要推动力，作为园林文化中重要的构成要素，植物文化也自然受到影响，中国传统园林初步形成自然山水式园林，植物配置也追求自然，对植物文化影响极为深远。

(2) 植物与佛教文化

佛教由印度传入中国，给中国的植物文化注入了新的元素，形成了独特的寺庙植物文化。

比如，莲花也称荷花，是佛教的教花，是圣洁的象征，这源于它"出淤泥而不染，濯清涟而不妖"的品格，也因"莲花池畔暑风凉"而倍受印度人喜爱。在印度的文化中，莲花是集真善美于一身的象征。据说释迦牟尼就是菩萨化成一头洁白玉象通过巨型莲花绽开，脱颖而出，入胎摩耶夫人(即佛圣之母)而转世的。也有说释迦牟尼出生时"下地能走，周行七步，步步生莲"。因此，莲花也成了佛教圣花。在我国的佛教寺庙中，三世佛及观音菩萨大都是足踏莲花座，或端坐于莲花台之上，或手持莲花。所以莲花在佛教中地位尊贵。佛陀成道后，布道时坐的法器就是"莲花座"，象征清净、纯洁、慈悲。

相传佛祖释迦牟尼一生的几个关键时刻都与植物连在一起：于无忧树(*Saraca asoca*)下诞生，七叶树(*Aesculus chinensis*)树下念经，菩提树(*Ficus religiosa*)下顿悟，娑罗树(*Shorea robusta*)间涅槃。故菩提树、娑罗树、七叶树、无忧树称为"四大佛教树种"。其中，菩提树又叫觉树、道树、智慧树，是佛教圣树，是因佛祖释迦牟尼在其树下打坐，豁然开悟，得证菩提果而成佛。佛教传入中国，仅有南方地区适合栽培菩提树，而在温带和北方地区，僧人们为了表达对佛祖的虔诚和敬仰，选择古老的、珍贵的银杏树种来代替，这与银杏具有"霜侵雪蚀老不死""玉骨冰肌未肯枯"的坚韧品格和"世外沧桑阅如幻，梵音禅意一树金"及其不受凡尘干扰、洁净素雅的叶片有很大关系，也因其木多雕刻成千手观音，故被称之为"中国的菩提树""中国佛教圣树""中国佛指树"。此外，僧人们还选择叶形与菩提树叶形相近的植物，如糠椴、南京椴、丁香属植物等。我国青海省的惶中塔尔寺600年前栽培的暴马丁香，被誉为"西海菩提"。

佛教中还有"四大吉花"：优昙花、莲花、曼陀罗花(*Datura stramonium*)和山玉兰；"五树六花"：菩提树、大青树、贝叶棕、槟榔、唐棕或椰子、荷花、文殊兰、黄姜花、黄缅桂、鸡蛋花和地涌金莲、千瓣莲花。

佛教植物文化经过中华文化的渲染、环境的变化，在华夏大地已有一套自成的体系，使中国寺庙园林的植物文化更加丰富多彩，如茉莉、瑞香、石榴、忍冬、樟树、罗汉松、无患子(种子称为菩提子)、桂花、茶、柳树、菊花、山茶、石蒜、悬铃木(称为净土树)、龙柏以及号称"果中之仙品，世上之奇卉"的佛手等植物，被称为汉化的佛教植物。七叶树夏天初开时，直立密集型的白花，极像一串串玉质的小佛塔，使其蒙上了一层神秘色彩，成为寺庙的一种象征。七叶树、银杏、樟树、榕树等长寿树种也较为常用，寓意佛教文化根深蒂固，源远流长。

5.5.1.5 植物与少数民族文化

中国 55 个少数民族，在长期的生产生活过程中形成了独具特色的植物文化。云南勐腊县搓梭族人常用植物的花、果、叶、藤、根、茎等交流与传递信息，送玉叶金花表达"白头偕老"，送无根藤表示"请勿造谣"，送木棉树表示"私奔"等，并将这种现象称为"绿色密电码""植物暗语"；贵州苗族或瑶族等少数民族利用枫香树脂、松树脂、杨梅树皮、虎杖根等染料植物文化；因榕属植物寿命长、树干粗、树冠大，是热带雨林中唯一的绞杀植物，能把其他一些乔木绞杀致死，气生根能发育成粗大的支柱根，形成"独树成林"的特殊景观，云南西双版纳各民族的先民信奉榕树为"龙树""神树"，并有食用榕属植物的嫩枝叶、果实的习惯，以祈健康长寿；白族将大青树(*Ficus hookeriana*)作为神树，保佑着整个村子的兴旺发达；傣族则把芭蕉(*Musa basjoo*)、甘蔗(*Saccharum officinarum*)、芦苇(*Phragmites australis*)等作为可降服妖魔、通神的神性植物，对其敬拜。

5.5.2 园林植物文化的表现形式

5.5.2.1 汉字中的植物文化

汉字是世界上使用人数最多的一种古老而独特的文字。中国人发明的汉字是人类文字的奇峰，也是中华文明的根基和中华民族的魂魄，它多为既表形又表意的形声字，并且包含着深刻、丰富、有趣的生态哲学。比如，以木为本，见立木而亲，田木正果，门木是闲，于木西而栖；困，《说文解字》曰："木在口中则困，即苦闷也"；《象形字典》解释：甲骨文 = (口，石砌的花池)+ (木，树)，表示接近根部的树干被地面上石砌的池子限制，生长受阻。相，《易经》说："地上最容易远眺观察的位置，莫过于在树上。"即木目则相，即察看也，心目木而想；休，《说文解字》说："从人依木而休"，甲骨文 = (人，劳动者)+ (木，树)， 像一个人呆在大树 的枝叶之下，表示古人在野外劳作时，选择能遮阳蔽雨的树下歇息。水见青草而自清，争吵之人见青草而静。東(东)，官溥說：从日在木中，凡東之屬皆从東，东是指日在木中，就是树遇到太阳就生长。柏，甲骨文 = (林) (白，"伯"，第一)，比喻"林中之伯"，表示林中第一木，林中之王。也有人将柏解释为：木白吸光，鳞叶清香，木质坚优，可供观赏。竹空虚心，人空蠢笨；梦，夕阳西下卧于林中之美妙；禾在口边，天地人和；禾音通活，靠禾而活；草荣木华，时在盛夏等，无不蕴含着丰厚的生活和生态哲理。

5.5.2.2 书画中的植物文化

书画作为一种艺术形式，有着丰富的形象特征，能够折射出时代的文化魅力，其中与植物相关的书画作品，还蕴含着丰富的植物文化。比如，宋徽宗所画的《腊梅山禽图》，画上题诗："山禽矜逸态，梅粉弄清柔，已有丹青约，千秋偕白头"。通过梅花与鸟雀来表达白头偕老和喜上眉梢的美好寓意；《宣和画谱》中写道："所以绘事之妙，多寓兴于此，与诗人相表里焉。故花之于牡丹芍药，禽之于鸾凤孔翠，必使之富贵；而松竹梅菊鸥鹭雁鹜，必见之幽闲。至于鹤之轩昂，鹰隼之击搏，杨柳梧桐之扶疏风流，乔松古柏之岁寒磊落，展张于图绘，有以兴起人之意者，率能夺造化而移精神，遐想若登临览物之有得也。"

5.5.2.3 植物图腾文化

当人类迈入农业阶段后，逐渐出现了植物神，进而出现了对桑树、谷类植物、桃、苇、菖蒲等植物的崇拜，其中桑树是人类最早崇拜植物，这可能与古代"丝"的应用与发展有关。我国是世界上最早饲养家蚕和利用缫丝制绢的国家，人们长期将桑与蚕并奉为神明。如《诗经·氓》中的"抱布贸丝"；《山海经·海外北经》云"欧丝之野在大踵东，一女子跪据树欧丝"，郭璞注"言瞰桑而吐丝，盖蚕类也"；《山海经·中山经》云"又东五十五里，曰宣山""其上有桑焉，大五十尺，其枝四衢，其叶大尺余，赤理黄华青柎，名曰帝女之桑"，这些都属于典型的桑蚕图腾。同时，人们还将桑林视为兴云致雨、通天圣地、解除旱灾的神明之所，《吕氏春秋·顺民》曾记载"昔者汤克夏而正天下，天大旱，五年不收，汤乃以身祷于桑林"，商汤桑林祈雨，也是植物图腾崇拜的明显例证。这在四川成都郊区三星堆出土文物遗存中的"通天神树"得到了印证。

由于桑树须靠大量的阳光照射与吸呐，故桑的崇拜与太阳及太阳神有关的神话相连。《山海经》和《淮南子》中多次出现桑与太阳的关系，如太阳爬高时需扶桑才能攀缘。《山海经·海外东经》："黑齿国，下有汤谷，汤谷上有扶桑，十日所浴。在黑齿北，居水中，有大木，九日居下枝，一日居上枝。"羲和把十个太阳安置在东方谷（又作"汤谷"）的扶桑之树上，它们总是九日居下枝，一日居上枝。居上枝的从上枝进入天空，于是人间便分享它的光明与温暖。《说文·桑部》："桑，日初出东方汤谷所登桑，桑木也。"这在湖南长沙马王堆西汉墓出土的帛画中得到了印证。

起源于原始社会的图腾是一种带有民族特征的文化，每个富有特色的民族，崇拜的植物可能有所不同。比如，夏族植物图腾为薏苡；楚族图腾为荆、桃；夜郎族图腾为竹；满族图腾为柳枝；彝族信仰的图腾有榕树、竹、松、柏；布朗族崇拜葫芦。海南黎族植物图腾为竹、木棉树、芒果树、野芭蕉和蕃薯、槟榔树、酸豆树等，黔东南地区的苗族先民崇拜枫木，并将枫木视为"蝴蝶妈妈"（即苗族的始祖）。

植物图腾崇拜蕴含着有益的生态保护意识，该生态意识将人类与植物密切关联起来。一方面，植物被人类的主观想象赋予了神灵的色彩，给人类的生产生活带来保障；另一方面，人们对崇拜的图腾植物，采取严加保护的态度。

5.5.2.4 文学中的植物文化

我国历代以植物为题材的诗词歌赋、小说、戏剧等文学形式，多得不计其数。其中，

《诗经》是我国最早的一部诗歌总集，全书涉及 140 多种植物。其后，屈原借花草抒怀的《楚辞》："余既滋兰之九畹兮，又树蕙之百亩"。随着后来山水田园诗的兴起，歌咏植物的名篇佳作层出不穷，如陶渊明《饮酒》中的"采菊东篱下，悠然见南山"，周敦颐的《爱莲说》"出淤泥而不染，濯清涟而不妖"，陆游《卜算子·咏梅》"零落成泥碾作尘，只有香如故"等名篇佳句都家喻户晓。《全芳备祖》《广群芳谱》等汇集了历代诗人有关花草树木的诗词歌赋。截至清朝，前人留下的歌咏植物的诗词有 3 万余首。

除诗词以外，以植物为题材的戏剧和小说也有很多名篇佳作。明代汤显祖的《牡丹亭》中以花名作为唱词，多次提到了桃、杏、石榴、荷花、菊花、丹桂、梅、水仙、牡丹等。清代著名小说家蒲松龄在短篇小说集《聊斋志异》中，塑造了许多花仙和花精的文学形象等。曹雪芹继承并借鉴了以往诗词歌赋、小说、戏剧中经常出现的花木题材，并加以发展和运用，在《红楼梦》中别出心裁地将数十种名花佳木配置在大观园里，配以相应的吟花诗词，作为展开故事情节的线索，显明人物性格的手段。以花名人、喻人，是《红楼梦》的一大艺术特色，主奴名字中与花有关的约 50 个，如迎春、探春等；以花喻人的有：牡丹喻宝钗，芙蓉喻黛玉，玫瑰喻探春，海棠喻湘云等。

在现代的诗歌、散文中也不乏花草树木的身影，许多文人雅士亦因此而与植物结下了不解之缘。现代著名文学家和园艺家周瘦鹃的《花木丛书》、著名散文家秦牧的《花城》《花市徜徉录》《花街十里一春城》，以及朱自清、郭沫若、老舍、叶圣陶、冰心、茅盾等都写有植物方面的篇章。毛泽东《卜算子·咏梅》通过赞梅花写出了革命者的坚贞不屈，战胜困难的信心和豪情。

中国植物文化的核心精神是植物的人格化，文人雅士托借植物抒发情感，赋予其象征意义，久而久之，约定俗成，为人们所谙熟和共识。比如，松，苍劲古雅，不畏霜雪风寒的恶劣环境，能在严寒中挺立于高山之巅，具有坚贞不屈、高风亮节的品格。竹"未曾出土先有节，纵凌云处也虚心"，因此，常比作有气节的君子。兰被认为绿叶幽茂，柔条独秀，既无娇柔之态，又无媚俗之意。菊花具有不畏风霜严寒恶劣环境的君子品格。生长在大漠的胡杨"千年不死，死后千年不倒，倒后千年不朽"象征着顽强抗争的精神。

5.5.2.5 植物地名文化

植物地名是指不同历史时期，某类植物因与人类关系甚为密切，而民间就此命名的一种地理标识。植物地名中往往蕴含丰富的信息，它可以反映一个地区的主要植物种类、居民族群对植物认知、保护与利用、管理方式等。如我国 283 个地级（市）地名中，共有 42 个含有植物或与植物相关的地名，2854 个县级（市）地名中有 144 个含有植物或植物相关的地名，而 34 个省（直辖市、自治区或特别行政区）级地名中仅有 1 个含有植物或与植物相关的地名，如榆树市、梨树县、木兰县、青冈县、牡丹江市、莲花县、樟树市、广西壮族自治区的简称"桂"等。贵州用楠木命名的地方有 93 处之多，贵州正是我国楠木的重要产地。湖南长沙市以植物命名的有银杏路、杉木冲、杨梅村、迎春路、紫藤园等 70 多个地名。

5.5.2.6 植物景点题名文化

景点题名，顾名思义就是用最简洁、凝练的语言表达景点的特性与意境，是我国古老的文化传统，蕴藏着丰富的史地常识、社会传承及审美习惯。周维权在《中国古代园林史》中"用文字题署景物的做法已见于唐代……但都是简单的环境状写和方位、功能的标定。到两宋时则代之以诗的意趣，即景题的诗化"。

园林植物景点题名是用植物的名称命名景点，其意味深长。比如华清宫的芙蓉园、粉梅坛、石榴园、椒园等，辋川别业的文杏馆、竹里馆、辛夷坞(紫玉兰)等，艮岳的梅岭(梅)、龙柏坡(龙柏)、斑竹麓(斑竹)、海棠川(海棠)等，避暑山庄的万壑松风(松)、曲水荷香(荷花)、梨花伴月(梨)、香远益清(梅)，拙政园的远香堂(荷花)、梧竹幽居(慈孝竹、梧桐)、海棠春坞(海棠)、得真亭(圆柏)等，杭州西湖的苏堤春晓(柳、桃)、曲院风荷(荷花)、柳浪闻莺(柳)、平湖秋月(桂花、枫树)，岳麓书院的柳塘烟晓、桃坞烘霞、风荷晚香、桐荫别径、花墩坐月等。柳塘烟晓是一处空灵的景致，取名于塘与垂柳的结合，隐喻人类渴望的宁静、自由、闲适之意。桃坞烘霞，又名"桃李坪"，隐喻老师最幸福的事情就是成就学生，桃李满天下。风荷晚香，借荷花的"中通外直，不蔓不枝，出淤泥而不染，濯清涟而不妖"的高尚品格表达对学子们的期望。桐荫别径，小路两旁古树参天，林木繁茂，踏入其中，有曲径通幽之感，是陶冶性情的好地方。花墩坐月，月在空中，或阴或晴、或圆或缺；人在园中，或独或聚，或思先贤遗风，或穷究天理人生。竹林冬翠，映射出冬季落叶后，"日光穿竹翠玲珑"的意境。此外，岳麓书院利用银杏林，营造景点"楚材林"，源于秋季金色的银杏叶落满书院，隐含"书中自有黄金屋"之寓意(图5-16)。

| 柳塘烟晓 | 桃坞烘霞 |
| 岳麓书院二门 | 竹林冬翠 |

图5-16　植物景点题名文化

5.5.2.7 建筑装饰中的植物文化

建筑装饰中的植物文化多以匾额、楹联、壁画、窗格等形式出现。

匾额、楹联中使用植物,既体现了植物在文学创作、诗歌词句中的重要地位,也巧妙利用比德表达了园林的思想。比如,岳麓书院讲堂内冯友兰先生撰写的"惟楚有材,于斯为盛;沅生芷草,澧育兰花。"其中,"芷草"和"兰花"均代指人才。用于此,既暗示了岳麓书院人才济济,也借此联表达了他对莘莘学子的期望。此外,还有吹香亭楹联写有袁枚的"放鹤去寻三岛客,任人来看四时花",隐含着袁枚效仿林逋养鹤种花,隐居生活,不以富贵为己所好,而是寄情于荷香四溢的景致之中。书院二门(侧门)的"潇湘槐市"匾额,也意味着岳麓书院人才辈出。麓山寺禅堂前书楹联"禅参柏树西来意,堂绕湘江北去流",隐喻参禅悟道需要松柏不畏严寒、不畏贫瘠的品性。

中国传统园林中,壁画、窗格中多用松、竹、柳、梧桐、芭蕉、贝叶、菱、水藻、枫树、梧桐、玉兰、牡丹、荷花、梅、兰花、菊花、葵花、万年青、月季、木芙蓉、海棠、紫藤、栀子、桂花、水仙、桃、石榴、葡萄、葫芦、佛手、柑橘、柿、荔枝、桂圆、苹果、茱萸等观叶观花观果类植物纹样,承载着园林主题和植物文化内涵。这些植物纹样多用以装饰砖雕的影壁、花墙、壁挂、门窗、门楼、屋顶、墀头、栏板等,木雕的门窗、木雕罩、雀替、栏杆和挂落等,以及石雕的台基、柱础、抱鼓石、门枕石、栏杆等。比如,岳麓书院赫曦台侧壁上刻有浮雕竹与荷,二者均是清高与气节的代表,体现着书院中对学生的气节、情操的引导。书院大门、二门门口的门枕石雕刻着梅、兰、竹、桃等,警示学子们要有坚韧不拔、不畏艰难的顽强精神。古麓山寺大门雕刻图案包含松、竹、梅、菊,均代表着一身傲骨,自命清高,不与世俗同流合污的情境与感情。长沙开福寺内连廊侧壁、廊顶挂有大量壁画。墙壁上挂有梅与喜鹊组合的壁画,以表喜上眉梢之意;而廊顶的壁画有诸多主题,包括柳树抽芽、松鹤延年(图5-17)、牡丹盛开、芙蓉花开、桃之夭夭等,其中的植物包括松、柳、桃、梅、牡丹、木芙蓉、菊花、荷花、槐、兰花、水杉等。长沙晓园公园崇贤馆外墙壁有梅、兰、竹、菊、荷花、牡丹壁画式浮雕。

图 5-17　开福寺连廊廊顶壁画

5.5.2.8 铺装中的植物文化

植物纹样的铺装,具有一般铺装的"视觉审美"和"完美人格"两大功能,图案多样,寓意深远,有用牡丹、万年青、桃子、灵芝、梅花(梅开五福)以表如意、富贵、长寿等吉祥图案,有用多子的葫芦、石榴以表多子多福的图案,有用莲花以体现高尚品质的图案,还有莲花、葫芦、芭蕉扇寓意神话传说暗八仙的图案。

5.5.2.9 国花省花市树市花文化

人们不仅以植物象征人的品格和精神，还用以代表一个城市、一个民族、一个国家的精神文化面貌。于是，许多城市和国家的人民把最喜爱的、最有代表性的一种或两种植物尊为市花、市树、省花、州花、国花等。国花、省花、市树、市花不仅是一个国家、省份、城市形象的重要标志，更重要的是生态环境的标志，也是文化底蕴的标志，有的甚至成为一个城市或一个国家的地理标志。

此外，国花还能体现国民的美德精华、民族的灿烂历史。国花象征民族团结精神，增强民族凝聚力，展现国民对祖国的热爱和浓郁的民族感情。目前，全世界已经有100多个国家确立了各自的"国花"。

中国从上世纪80年代开始兴起市花评选，至今已经至少有447个城市拥有自己的市花，其中约85%的城市(382个)的市花集中在月季(127个)、紫薇(39个)、杜鹃花(34个)、桂花(28个)、三角梅(17个)、石榴(15个)、荷花(14个)、玫瑰(13个)、山茶(13个)、兰花(11个)、丁香(10个)、菊花(10个)、牡丹(10个)、梅(10个)、桃花(7个)、朱槿(7个)、白玉兰(6个)、栀子(6个)、兴安杜鹃(5个)19种花之内，拥有独一无二市花的城市只有34个(部分城市有两种市花)。其中，月季适应性强，栽培管理容易，花姿秀美，花色绮丽、花大色美，具有"花开花落无间断，春来春去不相关。牡丹最贵惟春晚，芍药虽繁只夏初。唯有此花开不厌，一年长占四时春"(宋·苏轼)的特质，拥有"花中皇后"的美誉，深受全国人民喜爱，故名列市花数量之冠。号称"花圣"的紫薇，名列第二，也许因其与"紫微"(代皇宫重地)同音，而具有"皇权威仪"之意，也许因其花开百日，花色姹紫嫣红，艳丽多姿，也许与其树身光洁的特质有关。号称"花中西施"的杜鹃花，市花数量仅次于月季、紫薇，这与其花艳丽夺目的姿态有很大关系，还与"杜鹃啼血""杜宇化鸟""映山红"红色歌曲有密切关系。

国内外已有相当多的城市拥有了自己的市树。市树的确定，不仅能代表一个城市独具特色的人文景观、文化底蕴、精神风貌，体现人与自然的和谐统一，而且对带动城市相关绿色产业的发展，优化城市生态环境，提高城市品位和知名度，增强城市综合竞争力具有重要意义。中国现在至少有428个城市评选了市树，其中约74%的城市(317个)的市树集中在樟树(86个)、槐(80个)、银杏(36个)、垂柳(15个)、桂花(12个)、广玉兰(11个)、雪松(11个)、凤凰木(10个)、法国梧桐(7个)、扁桃(5个)、栾树(5个)、榕树(5个)、榆树(5个)、云杉(5个)、合欢(4个)、黄葛树(4个)、木棉(4个)、小叶榕(4个)、油松(4个)、樟子松(4个)20个树种之内，拥有独一无二市树的城市只有36个(部分城市有两种市树)。樟树因分布广，适应性强，材质优良(江南四大名木之一)，四季常绿，枝叶茂密，树冠宽大，树下荫浓，树姿雄伟，如亭如盖如帷之势而唐朝就有多人吟咏，如"樟之盖兮麓下，云垂幄兮为帷"(沈亚之《文祝延二阕》)、"挥手杭越间，樟亭望潮还"(李白《送王屋山人魏万还王屋》)、"富阳山底樟亭畔，立马停舟飞酒盂"(白居易《醉送李协律赴湖南辟命因寄沈八中丞》)等，因此，深受人民喜爱，被86个城市尊选为市树；槐，生命力强，适应性强，绿叶周期长，秋色叶金黄，枝杆粗大美观，枝叶茂盛，花香淡雅，槐花食用性强，并具有"山西洪洞大槐树""槐市""槐荫学市""将登槐鼎之任""怀来远人也，予与之共谋"等文化意蕴，而被 80 个城市尊为市树。

5.5.2.10 民俗中的植物文化

人们自古都爱植物，常把它们当成幸福、吉祥、长寿、美好、和平的化身，并与衣食住行、婚丧嫁娶、岁时节日等多方面有密切关系，久而久之，就在民间社会中积淀成为各种民俗。民俗，即民间风俗，也可称为民间文化，是中华传统文化具象化的一种形式，通过人作为载体反映民间社会群体的文化表现和文化行为，联通民众的物质生活和精神生活，并且世代相传生生不息的一种文化现象。

(1) 节日民俗

春节，人们会购买象征吉祥的橘树，驱邪的桃树以及水仙花、仙客来、梅花、蜡梅等年宵花来增添节日气氛。在广东，春节时还有逛花市的习俗；元宵节，将杨枝插在门上的习俗，因为"杨"与"阳"谐音，并且杨枝代表着春天树木生长，民众们借着这好兆头以求当年如杨枝般不断生发。

三月三，湖南、湖北等地有农历"三月三吃地菜花煮鸡蛋"的习俗，源于民间"三月三（农历），荠菜赛灵丹"、"春食荠菜赛仙丹"的说法，这与少数民族的三月三用红兰草、黄饭花、枫香叶、紫番藤等植物的汁液染色而成的"五色糯米饭和彩蛋"有异曲同工之妙；清明节，我国许多地区有将柳条插在门上的习俗，或将柳条编织成柳圈佩戴在头上，有谚语曰："清明不带柳，红颜成皓首"，象征着生机勃勃，并有驱邪之意。

端午节，用箬叶或笋叶包粽子，以纪念伟大的诗人屈原，将菖蒲、艾叶、白芷等插在门口，还有用"艾、蒲、蒜"煮水沐浴的习俗，过去小女孩们还会采石榴花簪在头发上进行装点；七夕节，中国情人相会之节，年轻姑娘们常用凤仙花加少许明矾捣烂用来涂染指甲，期盼尽快找到如意郎君。

中秋节，正值桂花、菊花盛放之时，伴着明月赏桂花、闻桂香、赏菊花便成一大事项，就着嫦娥奔月、吴刚折桂的神话故事更是别有一番风味；重阳节，民间有插茱萸、赏菊花、饮菊花酒的习俗。茱萸被认为是可以辟邪祛灾的植物，称为"辟邪翁"。

(2) 植物节日

植物节日是指不同国家和地区，根据不同的植物所形成的观花，或观果，或观叶，或赏芳香的节日。

中国有句"花朝月夕"的成语，寓意花晨月夜，良辰美景。旧俗将二月半定为花朝，八月半定为月夕。花朝节，简称花朝，俗称"花神节""百花生日""花神生日"，是汉族传统节日。流行于东北、华北、华东、中南等地。节日期间，人们结伴到郊外游览赏花，称为"踏青"；姑娘们剪五色彩纸粘在花枝上，称为"赏红"。各地还有"装狮花""放花神灯"等风俗。

随着旅游业的发展，花节活动越来越盛行。在中国，最著名的植物节日莫过于武大樱花节(3月8日~4月9日)、南京国际梅花节(2月20日~3月31日)、洛阳牡丹花文化节(4月5日~5月5日)、济南大明湖荷花节(农历六月二十四日~农历七月三十日)、杭州西湖桂花节(10月前后)、开封菊花文化节(10月)、陕西汉中油菜花节(3月)、北京平谷桃花节(4月15~25日)、昆明茶花节(1~2月)、成都国际桃花节(3月)、川西北的看花节(7~8月)等。在湖南也有很多花节,如植物园的樱花节、浏阳大围山的杜鹃花节、湘潭国院杜鹃花文化旅游节、永州阳明山杜鹃花节、永州蓝山梨花节、常德桃花源的桃花节等。

除了花节外,各个地方还举行了果实采摘节、秋天赏秋色叶的节日,如郑州的葡萄采摘节(7~8月)、滁州采桃节、重庆潼南采梨节等,香山红叶文化节(10月中旬)、巫山国际红叶节等。

(3)花市与花会

花市是指销售盆花、切花、种苗、球根、盆景、干花等花卉的集市,有些还兼售大树苗和园艺用品,一般可分为长期性的固定花市和临时性的节日展销两类。印度普曼迪阿三花市、泰国清迈花市、荷兰 Singel Bloemenmarkt 花市、泰国 Talat Pak Klong 花市、厄瓜多尔 Cuenca Flower Market 花市等是世界著名的花市。中国在唐代已出现花市。成都春天花乐园、广州岭南花卉市场是国内两大尤负盛名的花市。

花会最早称为香会,因中华人民共和国成立后破除迷信,改香会为花会,是古老的传统民俗活动。花会属于民间组织,始见于明朝中叶,发展最兴盛时有七大花会:北京花会、青海七里寺花会、开封菊花花会、洛阳牡丹花会、上海花会(四月兰花、九月菊花)、成都花会(二月)等。

此外,中国是礼仪之邦,在与花相处的历史长河中,中国人对于各种礼仪场合的用花也产生了一定的习俗。如上海市民,婚庆时喜用扶郎花装饰新房,寓意妻子扶持夫君成就大业。

5.5.2.11 植物名称故事

在中华文化里,名字一直是拥有独特意义的一种象征符号,文字赋予了每个植物名称独有的内涵,并在融入了人类的观察和思想之后,形成了植物的个性标志。植物名称与文化的关联主要体现在植物本身的历史典故、谐音寓意,以及植物本身的形态习性、生长习性、生态习性等方面。比如,罗汉松种子光洁似和尚头部,种子下面肉质鲜红的种托,宛如披袈裟的和尚身子,因此而得名;红豆杉种子形如豆,外面的假种皮红色,叶形像杉木叶,因而得名;苏铁枝叶似凤尾,树干似芭蕉或松树的干,果如凤凰蛋、仙鸟蛋,又称为凤尾蕉、凤尾松(明·吴其濬《植物名实图考》);鸡冠花因其花序酷似鸡冠而得名;合欢的叶片夜合晨舒,象征夫妻恩爱,婚姻幸福,故称"合婚树"。

相传西汉名将霍去病在一次出征中,许多士兵们病倒在地,不知如何治疗。有一位马夫发现战马都没有病症,究其原因竟是吃了长在战车前的一种野草。于是马夫将这一发现报告上级,霍去病立即下令将此野草煎水,分送士兵们喝下,果然痊愈了。于是将这长在战车前神奇的野草命名为车前草。

此外,植物文化还与插花艺术、养生文化、中国邮票、中国名人文化等相融合。

小 结

本章通过阐述园林植物的生物学特性、生理学特性、观赏特性、生态学特性和文化特性来说明其基本特性。生物学特性包括植物的生长发育、生命周期和年周期；生理学特性包括植物的水分代谢、矿物质代谢、光合作用、呼吸作用和生长物质；观赏特性主要从植物的体量、形态、色彩、芳香和质地等方面进行解析；生态学特性则可从光照、温度、水分、土壤、空气五个方面进行介绍；园林植物的文化特性从文化类型和表现形式两个角度进行了讲述。

思考题

1. 园林植物的生长周期有哪些类型？每种类型有哪些特点？
2. 举例说明园林植物的生命周期和年周期特点。
3. 植物有别于其他生物的特性有哪些？
4. 园林植物的代谢生理有哪些？
5. 园林植物的观赏特性体现在哪几个方面？
6. 什么是园林植物的生态学特性？
7. 影响园林植物生长发育的生态因子有哪些？各生态因子如何影响园林植物的生长发育？
8. 什么是园林植物文化？
9. 园林植物文化的基本类型有哪些？
10. 园林植物文化在园林中的表现形式有哪些？

第 6 章
植物在园林中基本作用

园林植物作为园林景观的五大要素之一，不仅具有构成园林景观和营造景观空间的美化功能，还具有调节生态环境、维护生态环境的作用，尤其对局部小气候的改善作用极大。此外，还可以带来一定的经济效益。

6.1 调节园林生态环境

(1) 改善空气质量

园林植物是城市环境中二氧化碳和氧气的调节器，并且可以分泌一些挥发性物质杀死细菌或昆虫，同时，还可利用叶片吸收有毒气体和阻滞尘埃，从而使空气质量变得更好，更利于人类生存。

(2) 调节温度

植物的树冠能遮挡阳光而减少地面辐射热，还可以阻挡来自路面、墙面和相邻物体的反射热，并通过光合作用将光能转化成化学能，从而改善环境温度。当植物成片栽植时，植物可以降低林内温度，使林内、林外产生温差，产生微风，从而适当降低环境温度。到了冬季，植物受热面大，散热慢，使林内温度高于空旷地，从而形成一个冬暖夏凉的小生境。

(3) 改善湿度和水质

植物通过叶面蒸腾作用改善空气或土壤湿度；水生植物可以通过植物根的吸附作用，吸收一些有毒物质，并将其转化成无毒成分，从而净化水质。由中国、美国和韩国的水利、园林、环境专家共同设计的成都活水公园是以净化水质为主题的中国环境教育典范。之后出现的上海园博园后滩花园、长沙洋湖湿地以及园林水景中的生态浮床都利用了植物净化水质的特点。

(4) 改善光照环境

强烈的阳光照射到植物体上，其中的红橙光和蓝紫光被植物吸收用于光合作用，而人们可视的反射光主要是绿色光，绿色光线柔和，对眼睛保健有良好作用，使人们在精神上觉得清爽和宁静。

近年来，光污染越来越严重。所谓光污染，是指光辐射过量而对生活、生产环境以及人体健康产生不良的影响。如果在光污染源周围选择合适的植物种类合理搭配，可以适当阻挡光污染源发射的光线，并利用植物的吸光特性，削弱光污染，改善光照环境，给人们提供一个更好的生存空间。

(5) 改善噪声环境

城市环境中充满各种噪声。噪声污染已经和大气污染、水污染以及固体废物污染一起被认为是当今社会的四大污染公害，给人类带来了极其不利的影响。

城市园林中利用行道树、公园绿地等能减缓车辆噪声对市民的影响，浓密的绿篱墙隔音效果显著。据研究表明，雪松、圆柏、'龙柏'、珊瑚树、海桐、桂花、女贞以及一些垂直绿化植物等对降低噪声有较好的作用。

6.2 维护园林生态环境

(1) 涵养水源，保持水土

植物利用树冠和地被植物的截流，以及死地被的吸收，减少地表径流，使之转变为土壤径流和地下水，既可防止土壤直接被水冲刷而流失，也可使植物蓄存降水，补充地下水和缓慢进入河流或水库，调节河川径流。

(2) 防风固沙

利用植物枝叶对风沙的阻挡作用，降低风速，一般常用紧密结构、疏透结构和通风结构三种防风林带类型。植物根系可以固结沙粒，加上枯枝落叶腐烂后有机质聚集，促进了沙的成土作用，改变沙地性质，使得流沙趋向固定。

(3) 其他防护作用

①防火作用　一些植物因富含木栓层和水分而具有一定的抗燃性，如榕属植物、苏铁、银杏、珊瑚树、木荷、棕榈、桃叶珊瑚等。

②防辐射　将植物种植成一定的林带，对放射性物质具有一定的阻隔作用。

③防海浪　我国的海岸主要有基岩海岸、平原海岸和生物海岸三种类型。红树林海岸是生物海岸的一种，是利用红树林护岸保滩、促淤助涨、降低沿岸泥沙流容量等特点而形成的一种特殊海岸类型。

④防海潮风　海潮风是指从海洋吹向大陆，空气中带有盐分的风。研究表明，生长在海边的有些植物，授粉、花粉发芽以及叶色都可能受到盐害，而有些植物则可以抵挡海潮盐风，为其他植物创造更好的生存环境，比如在种植湿地松时，在其前面种植一排木麻黄，湿地松会生长更好。

6.3 构成园林景观

园林景观主要由园林植物、园林建筑、山石、水体、园路等要素组成，其中，园林植物是主要素材之一。园林景观能否美观、持续稳定、经济实用，园林植物起了非常重要的作用。如果没有园林植物，就不是真正的园林。

园林植物在园林中有巨大的作用，它可构成美景、营造出各种引人入胜的景境。植物本身就是大自然的艺术品，它的姿态、干皮、叶、花、果姿，均具有无比的魅力；古往今来千千万万的诗人、画家无不为它们讴歌作画，由此可见它们对人类的巨大影响。人们在与大自然、植物的接触中，可以荡涤污秽、纯洁心灵、美育精神、陶冶性情，这不仅是一种崇高的精神享受，还是一种美好的精神文明教育。

高低大小不同的植物配置促使林冠线起伏变化，改观了地形。如在平坦地上，种植高矮有变的树木远观可以形成起伏有变的地形。若在高处种植大树、低处种植小树，便可增加地势的变化。

在堆山、叠石及各类水岸或水面之中，可利用植物来美化风景构图，补充和加强山水气韵。亭、廊、轩、榭等建筑的内外空间，也需要植物的衬托。所谓"山得草木而华，水得草木而秀，建筑得草木而媚"。

6.4 营造景观多样性

景观多样性是指不同类型的景观在空间结构、功能机制和时间动态方面的多样化和变异性。

6.4.1 空间多样性

植物可以起到组织空间的作用。植物有疏密、高矮之别，利用植物所形成的空间具有界定感，可以阻挡视线、透漏视线、变化风景视线，从而限制和改变景色的观赏效果，加强园林景观的层次和整体性。由于植物千差万别，因此，不同乔木、灌木、草本、藤本相互组合可以形成不同类型和不同感受的园林植物空间形式。

园林植物空间就是巧妙地运用不同高度、不同特征的各种植物种类，通过控制种植形式、空间布局、规格及其空间内部比重等，结合相应的山石、建筑等其他要素，形成的各类户外空间。常见的园林植物空间组合形式有开敞空间、半开敞空间、覆盖空间、封闭空间和垂直空间。

(1) 开敞空间

开敞空间即开放空间，是指运用分枝点高的独干乔木、低矮的灌木及地被植物作为空间的限定因素，形成具有四周开敞、外向、无私密性的空间，如利用海桐、黄杨、红檵木、椰子等营造的空间，可以允许人眺望远处(图6-1)。

图 6-1 开敞空间

(2) 半开敞空间

半开敞空间与开敞空间相类似，它所形成的空间一面或多面受到较高植物的封闭，限制了视线的通透，而其余面的植物低于视线，以致它的方向性朝向封闭较差的开敞面（图6-2）。

图 6-2　半开敞空间

(3) 覆盖空间

覆盖空间是指利用具有浓密树冠的高大乔木，构成顶部覆盖而四周开敞的空间，又称为封顶开敞空间。此空间人的视线和行动不受限制，但有一定的隐蔽感和覆盖感，树冠交织构成天棚，人在其中可远观山水，也可在树下纳凉（图6-3）。

(4) 封闭空间

封闭空间除具备覆盖空间的特点外，其垂直面也是封闭的，四周均被中小型植被所封闭，具有极强的隐密性和隔离感，其平面表现形式为口型（图6-4），因此又称为闭合空间。

图 6-3　覆盖空间　　　　图 6-4　封闭空间　　　　图 6-5　垂直空间

(5) 垂直空间

垂直空间是指运用高大挺拔的植物构成一个直立、朝天开敞的室外空间。园林中常用总状分枝性强的高大乔木构成垂直空间，其垂直尺度强，可引人积极向上。垂直空间两侧几乎完全封闭，视线的前方和上部都是完全开放的，所以更容易产生夹景的效果（图6-5）。

植物景观空间的虚实透漏、四季有变、年年不同，尤以落叶树形成的空间变化最丰富，夏季可能是覆盖空间或封闭空间，冬季可能形成开敞空间，随着季节的变化，其空间的围合性可能产生很大的变化。在园林中，单一的植物景观空间类型是很少的，一般是由上述不同空间组合而成线式、集中式、放射式、组团式、包容式、网格式等多种形式（图6-6）。

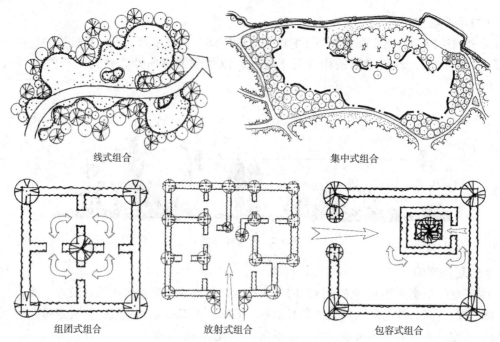

图 6-6 植物空间的组合形式

6.4.2 时序多样性

植物作为自然界的生命个体，除具有一般物质所拥有的三维性外，第四维的时间性（包括年龄、季节和时刻等）是非常重要的特性。植物生长带来的景色变化是植物所特有的作用，是其他素材所不能替代的，特别是落叶植物的发芽、展叶、开花、结果，秋叶的变化，使人明显地感到春、夏、秋、冬的季节变化。

(1) 季相景观多样

园林植物随着季节的变化表现出不同的季相特征，春季繁花似锦，加之叶的展开、芽的萌发，给人以山花烂漫、生机盎然的景观效果；夏季绿树成荫，林草茂盛；秋季硕果累累，丹桂飘香，秋菊傲霜，而丰富多彩的秋叶秋果更使秋景美不胜收；冬季草木凋零，山寒水瘦，但枝干虬劲，别有一番景致，为创造园林四时演变的时序景观提供了条件。根据植物的季相变化，把不同花期的植物搭配种植，使得同一地点在不同时期产生某种特有景观，给人以不同的感受，体会时令的变化。

(2) 年相景观多样

植物由幼年向成熟的转化表现出植物的年相景观。如黑松幼时树冠狭圆锥形，老时树冠扁平形；侧柏幼树树冠尖塔形，老树广圆形；油松在幼龄时全株团簇似球，壮龄时呈卵形或不整齐梯形，老龄时树冠为平顶枝干盘虬而有飞舞之姿等。

因此，评价或欣赏植物景观时，一定要用动态的眼光。

6.4.3 地域景观多样性

植物生态习性的不同及各地气候条件的差异，致使植物的分布呈现地域性。不同地域环境形成不同的植物景观，如广州市常用木棉树、凤凰木、大花紫薇等，树冠下常种蕨类地被、水鬼蕉等，形成典型的热带风光；长沙市常用樟树、桂花、复羽叶栾树、苦楝，林下常种麦冬、吉祥草等，形成典型的常绿落叶阔叶林景观。各地在漫长的植物栽培和应用观赏过程中形成了具有地方特色的植物景观，并与当地文化融为一体，甚至有些植物材料逐渐演化为一个国家或地区的象征。如洛阳把牡丹作为市花，大量种植，牡丹盛开季节，男女老少涌上街头公园观赏，载歌载舞，享受牡丹带来的精神愉悦，场面十分壮观。贵州百里的杜鹃花、云南大理的山茶、深圳的三角梅等，都具有浓郁的地方特色。运用具有地方特色的植物材料营造植物景观，对弘扬地方文化、陶冶情操具有重要意义。

6.4.4 意境多样性

利用园林植物进行意境创作是中国传统园林的典型造景风格和宝贵的文化遗产。中国植物栽培历史悠久，文化灿烂，很多诗词歌赋和民风民俗都留下了歌咏植物的优美篇章，并为各种植物材料赋予了人格化内容，从欣赏植物的形态美升华到欣赏植物的意境美，达到了天人合一的理想境界。

在园林景观创造中可借助植物抒发情怀，寓情于景，情景交融。松苍劲古雅，不畏霜雪严寒的恶劣环境，能在严寒中挺立于高山之巅；梅不畏寒冷，傲雪怒放；竹则"未曾出土先有节，便凌云处也虚心"。3种植物都具有坚贞不屈、高风亮节的品格，所以称为"岁寒三友"。其配置形式，意境高雅而鲜明，常用于纪念性园林以缅怀前人的情操。兰花生于幽谷，叶姿飘逸，清香淡雅，绿叶幽茂，无媚俗之意，摆放于室内或植于庭院一角，意境尤显高雅。

6.5 创造经济效益

园林植物可以创造经济效益是指大多数园林植物均具有生产物质财富、创造经济价值的作用。自古就有"燕秦千树栗，其人与千户侯"的说法，并把栗类、枣、柿、榆等果实富含淀粉类的植物称为"木本粮食树种"或"铁杆庄稼"。人们还常以香椿、枸杞、木槿、刺槐、榆等植物的叶、花、果为蔬菜，并直接食用桃、枇杷、柿、猕猴桃、无花果、芒果、番木瓜、杨梅、香蕉、椰子等植物的果实，或将这些果实加工成果干、果脯、罐头等。

随着科学技术的发展，许多园林植物的果实或种子被开发为食用，比如糖槭、金樱子等还可以用于提取糖分，椴属、槐、紫云英、枇杷、五味子、枸杞等还是有名的花蜜植物，玫瑰、菊花、茉莉、桂花、玉兰、百合、栀子、梅、兰等可制作花茶饮用，银杏、连翘、枸杞、金银花、杜仲、辛夷、老鸦柿、刺楸、接骨木、槟榔、佛手、喜树、厚朴等常用作中药原材料，棕榈科果冻椰子属植物的果实还是制作果冻的原材料。

此外，玫瑰、薰衣草、柠檬、肉桂、八角、黄荆、蜡梅等富含芳香油的园林植物提取芳香油，用羊蹄甲属、云实属、杜英属、柳属、合欢属、杨梅、台湾相思、金合欢、苦楝、乌桕、冬青、化香树、黄连木、石榴等富含鞣料的园林植物制革、纺织印染、渔网制造，用卫矛属、印度橡皮树、杜仲、白桂木、薜荔等富含橡胶的园林植物提取橡胶等。

合理运用园林植物来提高某个区域的形象、环境质量与品质，从而吸引游人和商家，以增加经济收入，并使人们获得了精神方面的愉悦。小区开发商们，常采用提高绿化覆盖率的方式，吸引购房者，提高房价，有效地增加经济效益。利用花节创造"花海""花浪""花岭"景观带动旅游，为人们增加收入，成为当今脱贫致富的有效途径。

小　结

园林植物作为园林景观的五大要素之一，在园林景观中起着非常重要的作用。本章介绍了园林植物的调节园林生态环境、维护园林生态环境、构成园林景观、营造景观多样性、创造经济效益等作用。通过本章的学习，读者可以充分了解园林植物在园林中的作用，以便在园林规划设计时，更好地利用园林植物营造园林景观，从而为人类创造更理想的生存环境。

思考题

1. 园林植物在园林中的基本作用有哪些？
2. 园林植物如何调节园林生态环境？
3. 简述园林植物对生态环境的维护作用。
4. 结合案例，综合分析园林植物的景观特点。
5. 谈谈你对园林植物景观经济效益的看法。

第 7 章 园林植物基本应用形式

7.1 乔灌木应用形式

乔灌木植物种类繁多，有的可观花，有的可观叶，有的可观果，有的可同时观花果或观果叶；有的分枝点高，有的分枝点低；有的树体高大挺拔，有的低矮易于亲近，由此形成了多种多样的植物景观形式。

7.1.1 孤植式

孤植是指用一株树单独种植，或两三株同种树紧密栽植在一起的一种应用形式。

(1) 应用地点

常用在公园入口、花坛中央、庭院、湖滨池边、假山旁、道路交叉点等。孤植这种应用方式重点强调树木的个体美，多为独赏树型。

(2) 孤植植物的特点及其常用种类

①体形巨大，树冠伸展，给人以雄伟、浑厚的艺术感染力（图7-1），如雪松、樟树、枫杨、苦楝、银杏等；②姿态优美、奇特，富于变化，枝叶线条突出，给人以龙飞凤舞、神采飞扬的艺术感染力，如白皮松、合欢、垂柳等；③开花繁茂，果实累累，花色艳丽，给人以五彩缤纷的艺术感染力，如蓝花楹、玉兰、樱花、紫薇、柿树等；④芳香馥郁，给人以香沁肺腑的美感，如白兰花、桂花、刺槐等；⑤具有彩色叶者，使游人产生霜叶照眼的艺术感染力，如乌桕、枫香、鸡爪槭、黄栌、银杏等；⑥生长健壮，寿命长，能经受住一定的自然灾害，且病虫害少的树种；⑦抗性强，喜光，不含毒素，不易落污染性花果的树种。

图 7-1 孤植应用形式

7.1.2 对植式

对植是将数量或形态大致相等的两株或两丛树木对称种植的一种应用形式。

(1) 应用地点

多用于建筑物门前、公园入口、机关单位入口等。如苏州网师园入口对植两株'龙爪'槐,犹如天然的守门狮;长沙麓山寺门口对植两株罗汉松(图7-2);自古就有双桂当庭的应用方式,意在双桂留芳,象征荣华富贵,也取秋风送香之意,表达足不出户便可闻其香之意。

(2)常见种类

有雪松、银杏、罗汉松、圆柏、'龙爪'槐、桂花、海桐等。

7.1.3 列植式

列植是对植的延伸,也称为行植,是将乔灌木按一定的株行距成列种植的一种应用方式,多应用于规则式园林绿地中或自然式绿地的局部,如道路、广场、河边、建筑周围、纪念性区域等(图7-3)。

图7-2 对植应用形式

(1)应用要点

①列植宜选用树冠形状比较整齐的树种,如樟树、桂花、乐昌含笑等;②大乔木的株行距为5~8m,有时为了取得近期的景观效果,常用3~5m,待其长大以后,隔株疏植,株距6~10m。也可采用乔灌木间隔栽植的方法,具有简单的交替节奏变化;③列植于硬质铺地和上下管线较多的地段的植物,应该具有较强的生态适应性。

(2)最常见的列植形式——行道树

行道树是指栽培于道路两侧及分车带树木的总称。中国气候与欧美等国家相比,夏天长而热,行道树显得尤为重要。中国栽植行道树始于春秋战国时代,至秦朝大规模推广。《吕氏春秋》记载:"子产相郑,桃、李垂于街",这是用树木绿化街道的开端。

行道树的主要功能 可为车辆及行人庇荫,减少路面辐射热及反射光,降温、防风、滞尘、减弱噪声、装饰并美化街景。

图7-3 列植应用形式

行道树的基本要求 适应当地的自然环境,抗性强;主干通直而不生萌蘖,根系深;枝叶茂密,树冠整齐;花、叶无毒、无恶臭;落果少,无毛絮飞扬;繁殖容易、易于获得大苗;生长快并耐修剪,寿命长。此外,落叶树种还要求发芽早,落叶迟且较整齐。行道树为城乡绿化的骨干树种,能统一、组合城市景观,体现城市与乡村道路特色,因此,行道树的规划与设计应本着与城市道路、沿街建筑及地方文化等相协调的原则。

常见的行道树植物种类 银杏、樟树、广玉兰、悬铃木、鹅掌楸、椴树、七叶树、喜树、榕树、女贞、荷花玉兰、红花羊蹄甲、槐等。其中银杏、鹅掌楸、椴树、悬铃木、七叶树被称为"世界五大行道树",而悬铃木则号称"行道树之王"。

7.1.4 丛植式

丛植也称为树丛,是将两株至十几株同种类或相似种类的树种较为紧密地种植在一起,使其林冠线彼此密接而形成一个整体的外轮廓线。

应用地点 主要用于自然式园林中,如自然式草地、路旁、水边、山地和建筑四周等。

丛植方式 主要有:①两株式;②三株式;③四株式;④五株式;⑤六株以上的形式等(图7-4)。

常用种类 雪松、龙柏、银杏、鹅掌楸、木麻黄、樟树、银桦、杨树、喜树等。

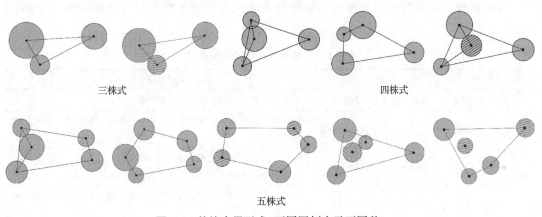

图7-4 丛植应用形式(不同图例表示不同种)

7.1.5 群植式

群植又称为树群、聚植,将二三十株乔灌木混植成群。树群所表现的主要是群体美,树群一般布置在开阔的场地上。

树群包括单纯树群和混交树群。单纯树群是由一个树种组成,为丰富其景观效果,树下可用耐阴宿根花卉如玉簪、萱草、金银花等作地被植物;混交树群由多个树种组成,具有多层结构,通常为五层,即乔木层、亚乔木层、大灌木层、小灌木层和地被层(图7-5)。

7.1.6 林植式

林植是由单一或多种树木在较大面积内,呈片林状的种植,从而构成林地或森林景观。多出现于自然风景区、大型自然公园、工矿场区的防护带、城市外围的绿化带等。

林植一般包括疏林和密林。疏林是指郁闭度在0.4~0.6的风景林,多为纯乔木林,它舒适、明朗,适合游人活动;密林是指郁闭度在0.7~1.0的风景林,可分为单纯密林和混交密林。

单纯树群　　　　　　　　　　　　混交树群

图 7-5　群植应用形式

7.1.7　绿篱式

绿篱是指能密集栽培以形成类似墙垣形式的植物应用形式，又称为植篱。最早见于中国农村院落四周密植带刺或多分枝灌木以形成院落或牲畜的围栏。

基本类型　绿篱有很多类型，不同的分类方式，绿篱类型不同，选择的种类也不同（表 7-1）。

表 7-1　不同分类方式的绿篱类型

分类方式	类 型	特 点	常用植物种类
按绿篱的高度划分	树墙	高度大于 1.5m 的植篱	石楠、桂花、龙柏、罗汉松、珊瑚树、女贞等
	高篱	高度为 1.2~1.6m 的植篱	法国冬青、石楠、日本珊瑚树、枳、马甲子、蚊母树、桂花、竹类等
	中篱	高度 0.5~1.2m 的植篱	栀子、含笑、小叶女贞、黄杨、米仔兰、九里香、'四季'桂、红叶石楠、冬青卫矛、六月雪、木槿、'千头'柏等
	矮篱	高度小于 0.5m 的植篱	小叶女贞、红檵木、金丝桃、紫叶小檗、雀舌黄杨、南天竹、金叶女贞等
按绿篱的造型形式分	几何型	篱体呈几何体型，篱面通常平直，篱体断面一般是几何形状，需定期修剪造型	
	建筑型	将篱体造型设计成城墙、拱门、云墙等建筑式样	
	自然型	篱体呈自然形体，不拘一格，多用于花篱、彩叶篱、果篱、刺篱等	
按绿篱的植物种类分	树篱	由乔木或灌木构成，包括常绿和落叶种类，观花果种类和非观花果种类	
	竹篱	由茎秆相对矮的竹类植物种植而成的绿篱	
	藤蔓篱	由木本或草本的常绿或落叶藤蔓植物构成	
	刺篱	由有刺的灌木组成，具有较好的防护作用	枸骨、小檗、胡颓子、马甲子、贴梗海棠、枳、三角梅等
	草花篱	常由一年生草本植物构成，具有强烈的季节性	
	混合式绿篱	由两种或更多植物混合栽植而成	

(续)

分类方式	类型	特点	常用植物种类
按绿篱的观赏特点分	花篱	以观花为主的绿篱	鸢尾、石蒜、玉簪、红花油茶、藤本月季、木槿、火棘等
	果篱	以观果为主的绿篱	九里香、金弹子、火棘、猫耳刺、紫金牛等
	彩叶篱	以观彩色叶为主的绿篱	红檵木、金叶女贞、小叶女贞、银边胡颓子等
	枝篱	以观枝干为主的绿篱	红瑞木、矮紫杉等

基本功能　分隔空间，屏障视线；界定范围，充当围墙；充当背景，衬托景物；增加美观，强调构图。绿篱高度不同，功能不一样。例如，齐膝高的绿篱给人以方向感，并形成花坛绿地的界定和构架；齐腰高的绿篱能分离造园要素，但不会遮挡人的视线；与人等高或以上的绿篱能营建完全私密的空间(图7-6)。

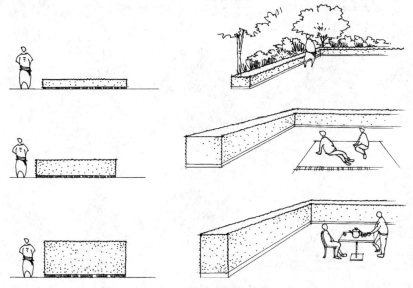

图7-6　绿篱类型及其作用

植物种类的特点　不同绿篱对植物要求的条件是不同的，但其基本条件相同，包括：①较强的萌芽更新能力，耐修剪；②生长势强，生长较缓慢；③较强的耐阴力，底部枝条与内侧枝条不易凋落；④叶子细小，枝叶稠密；⑤适应当地生态条件，抗病虫害、尘埃、煤烟等。

7.1.8　造型式及桩景式

(1) 造型式

造型是指经过艺术构思，对园林植物进行特定栽培管理、修剪整形等创造的美好艺术形象。它是植物栽培技术和园林艺术的巧妙结合，也是利用植物进行造园的一种独特手法。

基本类型　根据在园林中应用形式不同，造型类可以分为植物雕塑、植物建筑和植物图案3个基本类型。

基本要求 造型植物种类一般多为耐修剪、耐阴、枝叶细小、生长缓慢的木本植物。

常用种类 罗汉松、榔榆、扶桑、海桐、小叶女贞、无刺枸骨、冬青卫矛、六月雪、黄杨、发财树、紫薇等。

(2) 桩景式

桩景又称为树桩盆景，是指将木本植物栽于盆中，经修剪、绑扎整形的艺术加工和精心栽培，以再现大自然树木优美姿态缩影的植物艺术品，桩景造型的形式多种多样（图7-7）。现代园林中，桩景也常地栽于绿地中。

图7-7 常见桩景造型形式

基本要求 一般宜选取植株矮小，枝密叶细，形态古雅，适应性强，根系分布浅，耐干旱贫瘠，耐粗放管理，耐阴，寿命较长，花、果、叶有较高观赏价值的种类。

材料来源 人工培育和野外采集。

常用种类 银杏、日本五针松、罗汉松、真柏、璎珞柏、梅、紫藤、榔榆、乌柿、石榴、榕树、赤楠、六月雪、对节白蜡、黄杨、叶子花、虎刺、福建茶、中华蚊母树、雀舌黄杨、紫薇、杜鹃花、佛肚竹、雀梅藤、木瓜等。

7.2 草本植物应用形式

7.2.1 花坛式

花坛是指在具有几何形轮廓的种植床内，种植各种不同色彩的花卉，运用花卉的群体美来体现其装饰效果的植物应用形式。花坛的基本类型(图7-8)：

①根据空间位置分　可分为平面花坛、斜面花坛、立体花坛。

②根据观赏季节分　可分为春花花坛、夏花花坛、秋花花坛和冬花花坛。

春花花坛　以4~6月开花的一、二年生草花为主，再配合一些盆花。常用植物有金盏菊、雏菊、瓜叶菊、三色堇、桂竹香、矮一串红、月季、大花天竺葵等。

夏花花坛　以7~9月开花的春播草花为主，配以部分盆花。常用植物有鸢尾、大丽花、蜀葵、韭莲、半枝莲、一串红、美女樱、翠菊、万寿菊、地肤、鸡冠花、五色梅、宿根福禄考等。

秋花花坛　以9~10月开花的春季播种的草花为主，并配以盆花。常用花卉有百日草、鸡冠花、万寿菊、早菊、一串红、五色草、半枝莲、彩叶草、大丽花及经短日照处理的菊花等。

冬花花坛　以11~3月开花的秋播植物为主，结合一些观叶植物。常用植物种类有红柄甜菜、羽衣甘蓝等。

③根据栽培材料分　可分为灌木花坛、混合花坛、专类花坛、一年生草花花坛、二年生草花花坛、球根花坛、水生花坛等。

④根据表现主题形式分　可分为花丛花坛(盛花花坛)、模纹花坛、标题花坛、装饰物花坛、立体花坛、混合花坛(图7-8)。

模纹花坛　　　　　　　　　标题花坛　　　　　　　　　立体花坛

图7-8　花坛应用形式

花丛花坛　又称盛花花坛，是将几种不同种类、不同高度及色彩的花卉栽植成花丛状，以表现盛花时群体的色彩美。一般由观赏草本植物组成，要求高矮一致，开花整齐，花期一致且较长，其中以草花为主，如一串红、金盏菊、鸡冠花、三色堇、风信子、郁金香等。

模纹花坛　又称毛毡花坛，是指以色彩鲜艳的各种矮生性园林植物为主，主要表现和欣赏由低矮的观叶植物或花叶兼美的植物组成的精致复杂的平面图案纹样。以图案(植床的外轮廓简单，内部纹样繁复华丽)为主，最好选株形低矮、分枝密、叶细小、生长缓慢、萌蘖性强、耐移植、扦插易成活、耐修剪、叶色鲜明、易栽培、花小而繁多的植物。如锦绣苋、彩叶草、四季海棠等。多设于广场和道路中央以及公园、机关单位；模纹花坛的色彩设计应服从于色彩搭配原理，用植物色彩突出纹样，用色块组成形状，使之清晰而精美。

标题花坛　是用观花或观叶植物组成具有明确主题思想的图案，按其表达的主题内容可分为文字花坛、肖像花坛、象征性图案花坛等。

装饰花坛　是以观花、观叶或不同种类配置成具有一定实用目的的装饰物的花坛。如做成日历、日晷、时钟等形式，大部分时钟花坛以模纹花坛的形式表达，也可采用细小致密的观花植物。

立体花坛　又名"植物马赛克"，起源于欧洲，是利用建筑材料和植物材料创作的立体植雕作品，因其造型灵活多变，加之可以随意搬动，被誉为"城市活雕塑"。往往以枝叶细密、耐修剪的植物为主，种植于有一定结构的造型骨架上，从而形成的立体造型装饰，如卡通形象、花篮或建筑等。近几年来和标题花坛一起常出现在各种节日庆典时的街道布置上。

混合花坛　由两种或两种以上类型的花坛组合而成，如盛花花坛和模纹花坛组合，平面花坛与立体花坛组合，或者混合水景或雕塑等组成景观等。

⑤根据花坛设计的形式分　可分为独立花坛、带状花坛、花坛群等。

7.2.2　花境式

以宿根花卉、花灌木等观花植物为主要材料，模拟自然界林地边缘地带多种野生花卉交错生长的状态，运用艺术手法提炼，设计成以自然带状或斑状的形式混合种植于林缘、路缘、墙垣、草坪或庭院，在形态、色彩和季相上达到自然和谐的一种花卉应用形式，所以又称为境边花坛。因种类不同，栽培地点不同，观赏角度不同，花境的类型也是多种多样的(图7-9)。

对应式的单色花境　　　　　单面观赏的多色花境　　　　　两面观赏的多色花境

图 7-9　花境应用形式

7.2.2.1　根据观赏角度划分

单面观赏　单面花境常以建筑物、矮墙、树丛、绿篱等为背景，在整体上呈现前低后高的层次，主立面清晰，供游人单面观赏，属传统的应用形式，多应用于道路边上。

双面花境　通常没有背景，多设置在道路、广场或草地的中央，植物种植是中间高、两侧低，可供游人两面观赏或四面观赏。

对应式花境　在园路轴线的两侧、广场、草坪或建筑周围设置的呈左右二列式相对应的两个花境。在设计上统一考虑，作为一组景观，多用对称手法，力求富有韵律变化之美。

7.2.2.2 根据植物材料划分

草本花境 以一、二年生草本，多年生草本花卉为植物材料，构成四季观花景观的花境形式，是出现较早的花境形式。

观赏草花境 以禾本科、莎草科、灯心草科、花蔺科等观赏草植物为主的花境。

灌木花境 以观花、观叶、观果的小灌木为主的花境。

针叶树花境 以'千头'柏、矮紫杉等针叶类植物为主的花境，是近年来欧洲园林景观中新兴的植物造景形式。

混合花境 综合运用一、二年生花卉，多年生草本，花灌木甚至小乔木的花境，以体现丰富的植物多样性和自然的季相变化，观赏期长。混合花境是当今园林应用的主流花境形式。

7.2.2.3 根据应用场景分

林缘花境 在风景林的林缘配置，多以常绿或落叶乔灌木作背景，呈带状分布。

路缘花境 园林中游步道旁边的花境，可以单边布置，也可以夹道布置，若在道路尽头有雕塑、喷泉等园林小品，可以起到引导空间的作用。

墙垣花境 包括墙垣、植篱、栅栏、篱笆、树墙或坡地的挡土墙以及建筑物前的花境，多呈带状布置，也可块状布置。

草坪花境 位于草坪、绿地的边缘或中央，通常采用双面或四面观赏的独立式花境。

滨水花境 在水体驳岸边或草坡与水体衔接处配置，以耐水湿的多年生草本或灌木为植物材料，常呈带状布置。

庭院花境 应用于庭院、花园或建筑物围合区域的花境。

7.2.2.4 根据观花特性分

早春花境 以早春开花的植物为主景材料，加入一些色叶、斑叶植物或剑形叶、针叶、阔叶种等叶色丰富、叶形别致的植物来丰富景观。常用种类有金盏菊、风信子、郁金香、石竹、鸢尾、水仙、二月蓝等。

春夏花境 以多年生花卉和秋播一、二年生花卉为主，其花期常集中在仲春至初夏。常用种类有萱草、美人蕉、大花金鸡菊、鸢尾、射干、蜀葵、唐菖蒲等。

秋冬花境 可以通过各种秋色叶植物、观果类植物或观赏草植物来展现秋意，或增添常绿植物来避免冬季景观的萧条。常用种类有百日草、万寿菊、鸡冠花、醉蝶花、紫茉莉等。

7.2.2.5 根据花色的丰富度分

单色花境 由单一或相似花色的植物材料组成，可利用同一色调中色彩的明度、饱和度、纯度的不同来营造整体色彩风格的花境。

双色花境 通常利用冷色、暖色或对比色、互补色，选取其中任意两种配置协调的色调，以表现花色的植物来营造花境。

多色花境　三种以上花色构成的花境，色彩丰富，最能体现缤纷灿烂的景观效果。

7.2.3　草坪

草坪是指草本植物经人工建植后形成的具有美化和观赏效果，或能供人休闲、游乐和适度体育运动的坪状草地。根据应用功能的不同，草坪一般分为游憩性草坪、观赏性草坪、运动场草坪、环境保护草坪、停车场草坪、缀花草坪等（图7-10）。

根据草坪草的生长习性，草坪草一般分为暖季型草（夏绿草）和冷季型草（冬绿草），前者最适生长温度为25~30℃，常见种类有结缕草、中华结缕草、细叶结缕草、狗牙根、假俭草、地毯草等；后者最适生长温度为15~25℃，常见种类有黑麦草、早熟禾、紫羊茅、高羊茅、剪股颖等（图7-11）。

图7-10　草坪应用形式

7.2.4　地被式

地被是指株丛紧密、低矮（常50cm以下），用以覆盖园林地面以防止杂草滋生的植物。地被的优点：种类繁多，观赏特点多样，色彩丰富，季相特征明显；适应性强，景观效果多样；有高低、层次上的变化，能装饰成不同的图案；繁殖简单，管理粗放。常见应用形式如图7-12所示。

地毯草

狗牙根

早熟禾

图7-11　常见草坪草

7.2.4.1　按生物学特性分类

①多年生草本地被植物及自播能力极强的少数一、二年生草本植物　如三叶草、红绿草、麦冬；

②灌木类地被植物　如杜鹃花、栀子、龙船花等；

③藤本类地被植物　如常春藤、地锦、金银花、地瓜榕、珍珠莲等；

④矮生竹类地被植物　如箬竹、菲白竹、观音竹、凤尾竹、鹅毛竹、翠竹等；

⑤蕨类地被植物　如凤尾蕨、卷柏、狼尾蕨等。

7.2.4.2　按生态习性分类

①喜光地被植物　如常夏石竹、马齿苋、'金叶'番薯、蔓花生、美女樱等；

②耐阴地被植物　如虎耳草、冷水花、桃叶珊瑚、八角金盘、吉祥草等；

③半耐阴地被植物 如常春藤、杜鹃花、绣球等；

④耐湿类地被植物 如溪荪、黄花鸢尾等；

⑤耐旱类地被植物 如八宝景天、宿根福禄考等；

⑥耐盐碱地被植物 如沙地柏、多花筋骨草、'金叶'过路黄等。

7.2.4.3 按观赏特点分类

①观叶类地被植物 如红叶石楠、彩叶草、红檵木、紫叶酢浆草等；

②观花类地被植物 如锦绣杜鹃、落新妇、宿根天人菊等；

③观果地被植物 如朱砂根、紫金牛等。

红背桂　　蔓花生

凤仙花　　玉簪

图 7-12　地被应用形式

7.3　藤本植物应用形式

藤本植物是指自身不能直立生长，需要依附他物或匍匐地面生长的木本或草本植物。藤本植物在整个群落的垂直空间内都有分布，因而分为：层间植物（inter stratum plant）、层外植物（extrastratum plant）、层内植物（nitra stratum plant）。

7.3.1　藤本植物的基本类型

①缠绕类　通过缠绕在其他支持物上生长，无任何攀缘器官，如紫藤、猕猴桃、南五味子、牵牛花、茑萝、金银花、铁线莲、常春油麻藤、旱金莲等。

②卷攀类　依靠卷须攀缘到其他物体上，如葡萄、龙须藤、炮仗花、香豌豆等。

③吸附类　依靠气生根或吸盘的吸附作用而攀缘的种类，如地锦、五叶地锦、常春藤、扶芳藤、络石、凌霄、薜荔、绿萝、龟背竹、合果芋、琴叶喜林芋等。

④蔓生类　这类藤本植物没有特殊的攀缘器官，攀缘能力较弱，如野蔷薇、白木香、雀梅藤、软枝黄蝉、天门冬、叶子花、蔓长春等。

7.3.2　藤本植物的应用形式

藤本植物可用作垂直绿化和地被，但不同的垂直绿化形式所应用的藤本植物种类是不同的（表 7-2、图 7-13）。

表 7-2　不同绿化形式所应用的藤本植物

垂直绿化类型	具体形式	攀缘习性	常用种类	备 注
附壁式	墙面裸岩、桥梁、假山、楼房	吸附类	崖角藤属、地锦、崖爬藤、薜荔、珍珠莲、凌霄、钻地枫、海风藤、冠盖藤、络石、石血、紫花络石、扶芳藤、常春藤、蜈蚣藤、绿萝量天尺、球兰等	表面光滑、细密的墙面宜选用枝叶细小、吸附力强的种类
棚架式	花格、花架、绿亭、绿门	卷须类和缠绕类	猕猴桃类、菝葜类、木通类、五味子类、葡萄、马兜铃、西番莲、鸡蛋果、观赏南瓜、观赏葫芦、落葵、铁线莲、三角花、蔓长春花、双蝴蝶、探春、木香和野蔷薇等	一般以遮阴为主要目的；往往以花色鲜艳、枝叶细小和观果类的种类为主
立柱式	电杆、灯柱、高架桥、立交桥立柱、枯树	缠绕类和吸附类	五叶地锦、常春油麻藤、常春藤、木通、南蛇藤、络石、金银花、南五味子、爬山虎、软枣猕猴桃、蝙蝠葛、扶芳藤、络石、素方花、西番莲、海金沙等	交通繁忙、汽车废气、光照不足、粉尘污染、土壤条件差等处，应选用适应性强、抗污染且耐阴的种类
篱垣式	矮墙、篱架、栏杆铁丝网	各种攀缘植物	牵牛、月光花、香豌豆、倒地铃、打碗花、海金沙、金线吊乌龟、野蔷薇、藤本月季、云实、软枝黄蝉、使君子、金银花、探春、清香藤、炮仗花、甜果藤、菝葜类、五叶地锦、蔓八仙、凌霄等	竹篱、铁丝网、小型栏杆的绿化以茎柔叶小的草本种类为宜
凉廊式	长廊花洞	卷须类和缠绕类	紫藤、金银花、木通、串果藤、南蛇藤、铁线莲类、三角花、炮仗花、鸡血藤、常春油麻藤、龙须藤、使君子等	选择生长旺盛、分枝力强、叶幕浓密且花朵秀美为主
雕塑式	各种雕塑	攀缘植物	可用吸附类和缠绕类	

墙面绿化

留园木香棚架

留园络石地被

薜荔攀附岩石

图 7-13　藤本应用形式

7.4　水生植物应用形式

　　水生植物是指生长在水中、沼泽或岸边潮湿地带的植物。水生植物可以保护湖岸、河岸，净化水质，可以为市民提供科普教育资源，还可以为动物提供栖息环境。水生植物作为景观元素之一，还可以用来营造别致的意境美，比如明朝徐渭《荷花》："镜湖八百里何长，中有荷花分外香；蝴蝶正愁飞不过，鸳鸯拍水自双双"。唐朝雍裕之《芦花》："夹岸复连沙，枝枝摇浪花，月明浑似雪，无处认渔家。"

水生植物应用时，应根据深水、中水、浅水、岸边等不同，设置不同的栽植区，进而根据栽植区选用不同的水生植物(图7-14)。

水生植物在园林中应用的表现形式主要有水面应用、水边应用、岸边应用等。

①水面应用　水生植物应用于水面造景时，最好与水边景观相呼应，如果为欣赏倒影和提高水体的景观亮度，以便达到以小见大的效果，则须至少留出2/3的水面；如果想使水面形如一片绿毯或花池，则可以让水生植物布满水面，但须及时清理水生植物的代谢产物，否则可能污染水质。为了控制水面水生植物的蔓延，根繁衍发达的水生植物需要缸栽或盆栽。

②水边应用　水边是水面与堤岸的分界线，栽植水生植物时，严禁全封闭，应该结合水与岸、水与环境、水边道路、人流量等进行布置，尽量疏密有致，以便留出透景线和借景线。选择不同水生植物，形成的效果是不同的。若栽植千屈菜、黄花鸢尾、花菖蒲等花色艳丽的挺水植物，可以形成明艳、醒目的花边景观；若模拟自然，将石菖蒲点缀在水边的岩石旁，自然之趣油然而生；若种植芦苇，则可以形成"枫叶荻花秋瑟瑟"的意境。

③岸边应用　岸边指水体的驳岸边缘，一般多种植湿生的乔灌木，也有用薜荔、络石等藤蔓植物，如柔条拂水的垂柳、榔榆、迎春花等，直立挺拔的水杉、池杉、水松等。岸边栽植植物时，应严禁全封闭，也应该结合水与岸、水与环境、水边道路、人流量等进行布置，尽量疏密有致，以便留出透景线和借景线。有时还可利用乔木树种的枝干形成理想的框景，还可利用高矮不一的植物，创造丰富的天际线。

此外，水生植物还可用于沼泽地园或滩涂园。

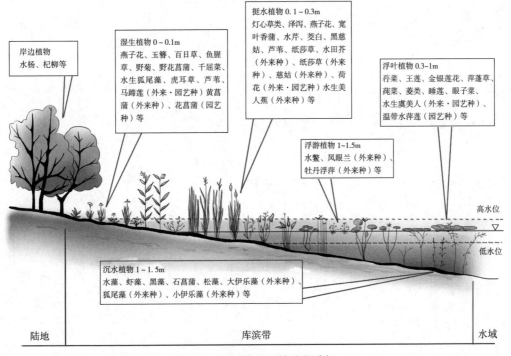

图7-14　不同栽植区的植物选择

小 结

　　植物是园林中最常见的要素，每一种植物各具特色，不同的植物有不同的观赏价值和不同的应用形式，乔灌木可孤植、对植、列植、丛植、群植、林植、绿篱、造型等，草本植物可用作花坛、花境、草坪和地被等，藤本植物可用作附壁式、棚架式、立柱式、篱垣式、凉廊式和雕塑式等，水生植物可以表现为水面应用、水边应用、岸边应用等三种形式。通过本章的学习，可以系统掌握园林植物及其应用形式，从而正确运用园林植物营造优美的园林景观。

思考题

1. 乔灌木有哪些园林应用形式？每种应用形式各有哪些特点？
2. 草本植物有哪些园林应用形式？每种应用形式各有哪些类型？
3. 藤本植物有哪些类型？举例说明藤本植物的应用形式及其特点。
4. 水生植物有哪些类型？举例说明水生植物的应用形式及其特点。

第 8 章 苔藓植物分类基础及其园林应用

苔藓是植物界中一种形体矮小、结构简单，没有维管组织分化的原始的高等植物类群，也是植物界由水生向陆生进化的过渡类型，是起源于泥盆纪的古老陆生生物种群之一，距今大约 37 亿年，其种类繁多，分布广泛。全世界苔藓植物数量现有 191 科 1230 属 23 000 余种，我国 2800 余种。

苔藓植物同真核藻类相比，植物体大多有了类似茎、叶的分化，称为拟茎叶体，生殖器官为多细胞结构，且有不育细胞构成的保护或支持结构；受精卵发育形成胚。已能初步适应陆生环境，但由于仅具假根，植物体内没有维管组织的分化，受精过程离不开水，大多只能生活在阴湿的环境中。生活史类型为配子体占优势的异形世代交替，孢子减数分裂，孢子体不能独立生活，寄生在配子体上，以区别于其他高等植物。

苔藓植物娇小如绒、青翠常绿，具有独特的光泽、细腻的质感，生长于郁闭阴湿的林地、溪旁、树干和岩石上，点缀大自然于细微之处，给人以古朴典雅、清纯宁静、自然和谐的感觉，在园林中具有独特的美学价值。近年来，利用苔藓造景越来越受到青睐，多见于微景观、专类园等。

8.1 苔藓植物起源与演化

有人认为，苔藓起源于绿藻，因为苔藓和绿藻含有相同的光合作用色素；相同的贮藏淀粉；精子均具有 2 条等长的顶生鞭毛；孢子萌发时所形成的原丝体与丝藻也很相似；绿藻的卵囊与精子囊的构造可与苔藓植物的颈卵器和精子器相比拟。

也有人认为，苔藓是由裸蕨类植物退化而来，裸蕨类出现于志留纪，而苔藓植物出现于泥盆纪中期，要比裸蕨晚数千万年。从进化顺序上说，它们很可能起源于同一祖先。但是，上述两种观点至今还缺乏足够的证据，有待今后进一步研究。

由于苔藓植物的配子体占优势，孢子体依附在配子体上，但配子体构造简单，没有真正的根，没有输导组织，喜欢阴湿的环境，在有性生殖时，必须借助于水，因而在陆地上难以进一步适应和发展，这都表明它是由水生到陆生的过渡类型。

8.2 苔藓植物的分布与生境

(1) 分布

苔藓被誉为荒漠、冻原及裸岩上的"先锋植物"，大自然的"拓荒者"，除了海洋外，几乎在地球上的每个角落都有分布。从寒冷的南北极地和高山冰川到炎热的热带雨林，从干旱的岩石表面到湿润的土地、树干，甚至叶片表面，从沼泽湿地到水沟溪流，到处都有苔藓植物的踪影。

苔类植物在热带地区的种类明显增多，分布更加广泛，形状一般为匍匐扁平，喜欢潮湿的环境，叶片左右对称，有正面和背面之分，没有中肋。藓类植物在温带地区最为常见，形状一般为直立，种类比苔类植物丰富，叶片呈辐射对称，叶上面有中肋。

海拔高度、植被类型、年降水量、温湿度、土壤质地等环境因素均能影响苔藓植物的空间分布。研究发现，在山地植被中苔藓植物呈较明显的垂直分布，且不同植被类型中苔藓植物种类有着显著差异。虎尾藓属（*Hedwigia*）、美喙藓属（*Eurhynchium*）、细罗藓属（*Leskeella*）等侧蒴藓类植物的生物多样性和种群密度随着海拔的升高有增加趋势。乔木带苔藓植物的厚度和盖度随着海拔的升高而增加，灌木带则相反。夏季降水增加时，拟垂枝藓（*Rhytidiadelphus squarrosus*）、大湿原藓（*Calliergonell acuspidate*）和拟细湿藓（*Campyliadelphus chrysophyllus*）的盖度和生物量增加明显，干旱处理后则减少；冬季低温使得苔藓植物生长停滞，甚至死亡，增温处理有助于拟细湿藓盖度的增加。

(2) 生境

在一定时期内有适当雨量或云雾常留的山区均有苔藓植物的分布。在热带、亚热带雨林或常绿阔叶林因树干和树枝密布苔藓植物而形成"苔藓林"，甚至可附生至叶面。高山针叶林、荒原和沼泽地也有苔藓植物的足迹，少数种类的最高海拔可达5000m以上。苔藓植物的生长对森林的水土保持和林木发育起着重要的作用。

8.3　苔藓植物的生活史

苔藓植物具有明显的世代交替现象（图8-1），其重要特征是配子体占优势，孢子体不

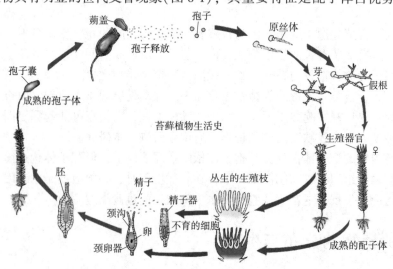

图8-1　苔藓植物的生活史

发达且寄生在配子体上，不能独立生活。苔藓植物的雌雄生殖器官都是多细胞所组成的。雌性生殖器官为颈卵器，雄性生殖器官称为精子器。

①孢子减数分裂，配子体发达的异形世代交替，孢子体寄生在配子体上。
②合子在颈卵器内发育成下一代植物的雏体(胚)，称为有胚植物。
③孢子萌发形成绿色的丝状体，称为原丝体，再由原丝体发育成配子体。

8.4　苔藓植物分类特点

苔藓植物门包括苔纲(Hepaticae)、藓纲(Musci)和角苔纲(Anthocerotae)。苔纲包含至少330属约8000种苔类植物；藓纲包含近700属约15 000种藓类植物；角苔纲有4属近100种角苔类植物。世界上约有23 000种苔藓植物，中国约有2800多种。

8.5　苔藓植物的应用价值

苔藓植物不但在不同生态系统中具有不可忽略的生态服务功能，还表现出重要而巨大的间接价值，如在环境监测、医药、园林绿化、农业等方面有着较广泛的应用。

(1) 苔藓植物是自然界的拓荒者

许多苔藓植物都能够分泌一种液体，这种液体可以缓慢地溶解岩石表面，加速岩石的风化，促成土壤的形成，所以苔藓植物也是其他植物生长的开路先锋。

(2) 苔藓植物能够促使沼泽陆地化

苔藓植物可促使沼泽陆地化，故被称为"地表塑型师"。泥炭藓、湿原藓等极耐水湿的苔藓植物，在湖泊和沼泽地生长繁殖，它们衰老后，逐渐死亡和腐烂，并沉降到水底，时间久了，植物遗体就会越积越多，从而使苔藓植物不断地向湖泊和沼泽的中心发展，湖泊和沼泽的净水面积不断地缩小，湖底逐渐抬高，最后，湖泊和沼泽就变成了陆地。

(3) 苔藓植物的指示作用

苔藓植物可以作为土壤酸碱度的指示植物，如白发藓、大金发藓是酸性土壤的指示植物，墙藓是碱性土壤的指示植物。

苔藓植物对重金属污染也有指示作用。苔藓植物角质层不发达、植物体较小，但相对体表面积较大，且存在大量的阳离子交换点，能吸收溶解于其体表水中的矿质元素，因此，对环境中重金属的反应敏感强度约为种子植物的10倍。自1968年第一届"关于大气污染对动植物影响"的国际会议上，苔藓植物被推荐为环境污染的生物指示物以来，很多发达国家已在这方面开展了大量研究，特别是在大气重金属沉降污染、水体污染等方面。

(4) 苔藓植物具有保持水土的作用

群集生长和垫状生长的苔藓植物，植株之间的空隙很多。因此，它们具有良好的保持土壤和储蓄水分的作用。有些苔藓植物本身还有贮藏大量水分的功能，如泥炭藓，叶中有大型的贮水细胞，可以吸收自身重量20倍的水分。

此外，当土壤变潮湿时，苔藓可与蓝细菌、地衣结合，蓝细菌就会在土壤中移动，同时留下了具有黏性的外壳，而这种具有黏性的外壳将松软的土壤颗粒连接起来而形成生物土壤结皮，从而有助于防止土壤流失和防止土壤被风蚀的作用。

(5) 苔藓植物的农业生产作用

泥炭藓(peat mosses)可以用作肥料，可以增加砂土的吸水性，还可以晒干作为燃料，用来发电。

苔藓植物的次生代谢物中的萜类化合物对农业害虫(鳞翅目昆虫、甲虫、蝗虫等)的取食、排卵等具有明显的抑制作用。因此，在日益强调环境保护，提倡有害生物综合治理，发展持续农业的今天，次生代谢物丰富的苔藓植物具有巨大的发展潜力。

(6) 在园林中的应用价值

①花卉苗木根部的包扎　苔藓植物广泛应用于花卉苗木移栽过程中根部的包扎，尤其是在一些异地运输过程中，它能有效地保护花卉苗木的根毛，同时维持了根际小环境的湿度，有效提高移栽成活率。

②土壤添加物　将某些苔藓与细沙、土混合，用于花卉的栽培，不仅使土壤有效地保水、通气，而且也增加了土壤酸度和腐殖质的含量。在扦插苗木的苗床中添加切碎的苔藓，还可以抑制霉菌的生长。

③容器植物基质覆盖物　苔藓植物在盆钵中的应用已经有较悠久的历史。在山水、树桩盆景中适当种植苔藓，能够避免基质的暴露，使整个盆景更显优雅，有时还能起到画龙点睛的作用。

④微景观材料　近年来，随着居住条件的改善和生活品质的提高，家庭园艺产业迅猛发展，越来越多的人开始在小庭院、露台、阳台，甚至室内布置一些花草，增添生活情趣。由于受空间的限制，家庭园艺配景时，可利用植株低矮、质地细密、周年常绿、清新淡雅的苔藓植物，并点缀一些比例协调的山石、动物、建筑等陶质配件，从而营造出一种古朴、清幽、恬静的微缩景观(图 8-2)。

图 8-2　苔藓植物用于微景观

目前，一些苔藓爱好者开始尝试利用苔藓植物制作苔藓球、苔藓瓶园等，放置于办公桌、茶几、窗台上，能给人耳目一新的感觉。

⑤园林景观元素　地球上的苔藓植物有 2.3 万余种，如果在园林中加以合理利用，可以营造出一种幽静深远的富有野趣的生态景观。苔藓植物喜阴湿环境，最适于用作林下地

被或建立苔藓专类园。

苔藓专类园是指在一定范围内，把自然环境中的各种苔藓，按颜色、质感的不同，镶嵌排列成图案，并结合山石、水景、树木等造园要素，创造适合于苔藓植物生长的一种专类园。将苔藓布置成专类园，可以充分展现苔藓植物翠绿的色彩美，充分展现苔藓植物的群体美，并方便养护管理。置身于地毯状的苔藓公园中，也别有一番情趣。

日本园林中苔藓植物应用较多。在许多神社、寺庙的庭院内建有各种苔藓专类园，西芳寺就是其中的代表。

我国暂无苔藓专类园，但偶尔可以见到成片的自发生长的苔藓植物。现在有部分专业人士意识到了苔藓植物在园林应用中的广阔前景，开始进行苔藓植物的人工栽植，如江苏昆山的日申农业园是国内首家种植绿化苔藓植物的公司，深圳仙湖植物园也建立了苔藓生产苗圃，在苔藓植物的园林应用上也进行了一些探索。

⑥在屋顶和垂直绿化中的应用　苔藓植物适应性强，栽培基质需求量少，自身体小、质轻，病虫害少，生长繁茂，成型后维护容易，能够长期保持景观外貌，不需要修剪、翻栽等优点，是生态墙、屋顶花园、岩石墙等垂直绿化的理想栽培植物（图 8-3）。2010 年上海世博园主题馆外 5000 m^2 的生态绿墙就是以苔藓植物作为主要植物材料建成的，成为世博园里的"绿色明珠"。

图 8-3　苔藓植物用于垂直绿化

苔藓植物体形精巧，株丛紧密，营养需求量小，非常适合用于布置承载能力有限、种植土层较薄的屋顶花园。如果屋顶光照充足，可以筛选一些耐强光的苔藓植物，如真藓属、泽藓属、小羽藓属、青藓属，按照不同的苔藓色块，设计成各种图案，成片种植，能取得与花草相媲美的效果。如果是有遮光网的屋顶，则可种植一些喜阴的苔藓植物，如白发藓属、凤尾藓属、牛毛藓属、曲柄藓属，或成片单植，或与其他植物搭配种植，辅以人工喷雾，不但能美化屋顶，还能大幅度降低屋顶的温度，营造一个节能环保的阴凉世界。

(7) 药用价值

苔藓植物可用作药用植物，早在魏晋·陶弘景著的《名医别录》、宋·掌禹锡《嘉佑本草》、明·李时珍的《本草纲目》、清·吴其濬的《植物名实图考》等都有相关记载。相传金发藓的植株制成汤剂可溶解肾脏及胆囊结石，并治盗汗咳嗽、肺痨吐血等症。大叶藓全草煎服可镇静安神，对治疗心脏病有显著疗效，并具有软化冠状动脉、调整心率等功效。蛇苔捣碎外敷可治毒蛇咬伤，晒干研末用麻油调敷可治烫伤。地钱煎汁内服，用于治疗黄疸性肝炎及肺结核，外用治疗疮毒。泥炭藓作为外科敷料代用品，其吸水速度优于棉花敷料的3倍，而且吸水均匀，保水好，更换次数少；同时，这种敷料性凉、质软，有利于伤口愈合，价格也很低廉，在第二次世界大战伤病救治中起到了举足轻重的作用。

8.6 园林中常见苔藓植物

(1) **葫芦藓**(*Funaria hygrometrica*)
【科　　属】葫芦藓科葫芦藓属
【识别要点】植物体矮小，淡绿色，直立，高1~3cm。茎单一或从基部稀疏分枝。叶簇生茎顶，长舌形；蒴柄细长，黄褐色，孢蒴弯梨形，蒴帽兜形，具长喙，形似葫芦瓢状(图8-4)。
【分　　布】主产于我国新疆、吉林、陕西、浙江、江西、云南等地。
【生境特征】多生于林下，或树干上，或林缘、路边土壁上、岩面薄土上，或洞边，墙边土地等阴凉湿润之地。

(2) **墙藓**(*Tortula subulata*)
【科　　属】丛藓科墙藓属
【识别要点】植物体棕绿色，高5~15mm，下部被以假根。叶湿时倾立，长舌形，圆钝。
【分　　布】产于我国南北各地和平原山区。
【生境特征】生长于海拔1200m左右的林下或岩石上。在潮湿的环境中生长最为繁茂，极耐干燥和冰冻的条件。

(3) **地钱**(*Marchantia polymorpha*)
【科　　属】地钱科地钱属
【识别要点】叶状体扁平，带状，多交织成片生长。叶状体的基本组织厚12~20层细胞。雌雄异株。雄托圆盘状。雌托扁平。无性繁殖借着生叶状体前端芽胞杯中的多细胞圆盘状芽胞大量繁殖(图8-5)。
【分　　布】广布于全世界。
【生境特征】喜生于阴凉湿冷的小坡或湿石及潮湿墙基，生长过程中只需要散射光，惧怕强光；温度要保持在15~20℃。

图8-4　葫芦藓(左勤摄于湖南炎陵)　　图8-5　地钱　　图8-6　泥炭藓(左勤摄于湖南炎陵)

（4）泥炭藓（*Sphagnum palustre*）

【科　　属】泥炭藓科泥炭藓属

【识别要点】植物体枝条纤长，黄绿色或黄白色，高8~20cm。茎及枝表皮细胞具多数螺纹及水孔。茎叶舌形，平展雌雄异株。孢蒴球形或卵形，成熟时棕栗色，具小蒴盖（图8-6）。

【分　　布】分布于我国东北、华东、中南和西南等地区。

【生境特征】喜生于水湿环境及沼泽地带和高山带的湿冷环境中。

（5）角苔（*Anthoceros punctatus*）

【科　　属】角苔科角苔属

【识别要点】每个细胞内有1个大型绿色载色体。雌雄同株。颈卵器受精后，渐由叶状体内部突出成长角状的胞蒴（图8-7）。

【分　　布】分布于我国云南、东北部、香港等地。

【生境特征】生长于土表、田洼边。

（6）大灰藓（*Hypnum plumaeforme*）

【科　　属】灰藓科灰藓属

【识别要点】植物体形大，黄绿色或绿色，有时带褐色。茎匍匐。叶细胞狭长线形。枝叶与茎叶同形，小于茎叶，阔披针形，雌雄异株（图8-8）。

【分　　布】分布于我国西南、华中、华东、华南、东北、西北。尼泊尔、越南、日本、朝鲜、菲律宾以及俄罗斯远东地区也有分布。生于海拔450~4200m处。

【生境特征】生于阔叶林、针阔混交林、箭竹林、杜鹃花林等腐木、树干、树基、岩面薄土、土壤、草地、砂土及黏土上。

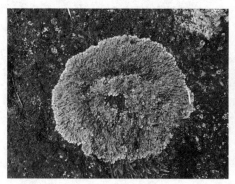
图8-7　黄角苔

图8-8　大灰藓（左勤摄于广东深圳）

小　结

被誉为荒原、冻原、裸岩等的"先锋植物"、大自然的"拓荒者""地表塑型师"的苔藓植物，因其独具的光泽、细腻的质感、娇小的形态、青翠欲滴的生命特征，而越来越受到青睐，园林中也常用其包扎花卉苗木的根部、改良土壤、覆盖盆栽植物的土表、营造微景观，或装点山石、水体、树木，或用作自然植物景观的地被等。其中，葫芦藓、墙藓、地钱、泥炭藓、角苔、大灰藓等是园林中常见的种类。

思考题

1. 苔藓植物的基本特点是什么？
2. 结合苔藓植物的应用案例，分析说明苔藓植物的园林应用。
3. 常见的苔藓植物有哪些？

第 9 章
蕨类植物分类基础及其园林应用

蕨类植物(fern)为维管束的孢子植物。孢子体多有根、茎、叶的器官分化，大多数种类为多年生草本，陆生、附生、少水生，直立或缠绕攀缘，少高大树形；孢子体生有多数孢子囊，内生孢子；绝大多数蕨类植物的孢子生于孢子叶的下面，形成所谓孢子囊群(堆)、或满布于叶下面。近代绝大多数蕨类植物都属于同孢型。孢子成熟后从孢子囊内以特种巧妙的机制(环带)被散布出来，落地后萌发生长成为原叶体，称为配子体。配子体的形体甚为简单，为不分化的叶状体、块状体或分叉的丝状体等。这样，孢子世代的孢子体和配子世代的配子体相互交替一次，就完成蕨类植物的生活周期。

蕨类植物应用非常广泛，可作药用、蔬菜、蕨粉食品、观赏等，此外石松的孢子(俗称石松粉)为冶金工业上的优良脱模剂，可以提高铸件的品质。由于蕨类植物的古老性，它们的化石和孢子为鉴定地层的一个重要指标；蕨类植物也是反映环境条件的指示植物。

蕨类植物的系统分类，分类学家的观点尚不一致。我国植物学家秦仁昌于1978年提出的观点被看作是更接近真正系统发育的较新的分类体系。据此，将蕨类植物分成5个亚门，即：松叶蕨亚门(Psilophytina)、楔叶蕨亚门(Sphenophytina)、石松亚门(Lycophytina)、水韭亚门(Isoephytina)和真蕨亚门(Filicophytina)。

9.1 蕨类植物概述

9.1.1 蕨类植物的数量与分布

现存蕨类植物约 12 000 种，广泛分布在世界各地，尤以热带、亚热带地区种类繁多。我国有 63 科 221 属 2452 种，其中 1222 种属于中国特有，主要分布在西南和长江以南各地，尤以西南地区最为丰富(仅云南就有 1326 种)，故西南有"蕨类植物王国"之称。

中国蕨类植物中最大的科为鳞毛蕨科(13 属 453 种)，其次为蹄盖蕨科(18 属 321 种)、金星蕨科(18 属 247 种)和水龙骨科(26 属 244 种)，这 4 个科所包含的种类占全国蕨类植物总种数的 1/2。含 100 种以上的 6 个属为耳蕨属(*Polystichum*)、鳞毛蕨属(*Dryopteris*)、毛蕨属(*Cyclosorus*)、铁角蕨属(*Asplenium*)、凤尾蕨属(*Pteris*)和蹄盖蕨属(*Athyrium*)，含 769 种，占全国蕨类植物总种数的近 1/3。

9.1.2 蕨类植物一般特征

蕨类植物又称羊齿植物，既是高等的孢子植物，又是低等的维管植物，在其生活史中具有明显的世代交替现象，孢子体占优势，但孢子体和配子体与苔藓、种子植物均不同。

蕨类植物的生活史中，孢子体（sporophyte）和配子体（gametophyte）均能独立生活，孢子体显著，而配子体微小，不易观察到。孢子体，即绿色的有根、茎、叶分化的植物个体（2n），在其可育叶（孢子叶）上产生孢子囊。孢子囊内的孢子母细胞（2n）经减数分裂形成单倍体的孢子（n）。孢子成熟后，传播到适宜的环境下，萌发、生长，先形成丝状体，逐渐发育成原叶体（prothallus）（n），即配子体。配子体一般生活在阴暗、潮湿的土壤表面，进化的蕨类多呈心形的片状体，其上产生颈卵器和精子器，分别产生卵子和精子。精子具有鞭毛，通过水游动到颈卵器中与卵子结合，形成受精卵（2n）。再由受精卵发育成胚，胚分化成孢子体，寄生在配子体上继续生长发育。在配子体很快衰亡的过程中，幼孢子体开始独立生活、长大、成熟，再产生孢子囊和孢子，完成一个生活周期，如此循环，世代不绝，种群得以繁衍（图9-1）。

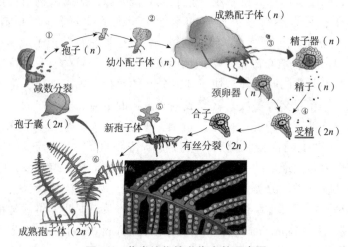

图9-1　蕨类植物的世代交替示意图

在陆地生态系统中，蕨类是地球上首先适应陆地生态环境的先锋植物类群之一，自志留纪末蕨类植物就在地球上出现，自古生代至中生代蕨类植物已成为陆生植物群落中的主要建群植物，为种子植物的起源与演化奠定了基础。

9.1.3　蕨类植物的形态学基础知识

①孢子体（sporophyte）　蕨类植物的孢子体即习见的植物体，有根、茎、叶的分化。

②根（root）　蕨类植物没有真正的主根，只有不定根，着生在茎上。

③茎（stem）　蕨类植物的茎一般不发达（除树蕨类和藤本状蕨类），地面生或地下生，覆盖叶柄基部残存根和鳞片或毛，又称根状茎。

④叶（leaf）　蕨类植物的叶有小型叶和大型叶、营养叶和可育叶之分，由叶片和叶柄两部分组成。

⑤叶柄（stipe，petiole）　叶柄的形态、颜色和叶柄中维管束具有一定的分类价值。

⑥叶片（leaf blade，lamina）　蕨类植物的叶片形状变化很大，从单叶到分裂程度不一的一至多回羽裂或羽状复叶。

⑦幼叶（crozier，fiddlehead）　蕨类植物的幼叶呈拳卷式，叶退化的松叶蕨、木贼、瓶儿小草等除外。

⑧叶脉(vein)　蕨类植物不同科属甚至种的叶脉常常不同，较原始的类群叶脉是分离的，反之连结成网眼。少数类群有假脉，如膜蕨科。

⑨孢子囊群(sorus)　蕨类中孢子囊群的形态和排列方式以及囊群盖的性状有重要分类价值。

⑩囊群盖(indusium)　蕨类植物覆盖孢子囊群的囊群盖大多数特化为圆形、圆锥形、肾形、马蹄形、瓣状、球形、碟形、杯形和线形等，少数为叶片反卷而成的假囊群盖。

⑪孢子囊(sporangium)　孢子囊是由表皮细胞发育而来的，在原始类群中孢子囊较大，无柄，囊壁厚，由多层细胞构成；进化的类群，孢子囊小，有细长的柄，囊壁薄，由一层细胞构成。

⑫孢子叶穗(sporophyll)　拟蕨类植物的孢子囊产生于孢子叶腋，通常聚生在分枝的顶端形成穗状，称为孢子叶穗。木贼科的孢子叶聚集在茎顶部呈长圆形，称为孢子叶球。

⑬孢子(spore)　孢子是孢子囊里孢子母细胞经过减数分裂而形成的单倍体的繁殖细胞。

⑭鳞片(scale)　鳞片主要分布在根状茎和叶柄基部及叶片上，形状、质地和颜色具有重要的分类价值。

⑮染色体(chromosome)　植物的染色体数目和细胞学是重要的分类依据，蕨类植物中多倍体及杂交现象很常见。

9.2　园林中常用蕨类植物

9.2.1　卷柏科 Selaginellaceae

【种属与分布】卷柏科现存 1 属（卷柏属 *Selaginella*），全世界分布，主产热带地区，约 700 种；中国产 60~70 种，全国均有分布。

【识别要点】多年生常绿土生或石生草本。茎有背腹之分；常有根托。单叶，鳞形，同型或二型，四行排列，或钻形，螺旋状排列，叶基有叶舌。孢子叶穗生于枝顶，组成孢子囊穗。孢子囊上孢子叶 4 行排列。配子体为孢子体内生，微小（图 9-2）。

【园林中代表属植物】卷柏属（*Selaginella*）

图 9-2　卷柏科的分类特点

【常见种类及其园林应用】卷柏、垫状卷柏(*Selaginella pulvinata*)、翠云草(*Selaginella uncinata*)等是卷柏科常见植物，株态奇特，似松似柏似云片，适时灌水可四季翠绿，清雅秀丽，层层积翠。翠云草羽叶有蓝绿色荧光，叶翠绿，可作小型盆栽，宜摆放于案头、茶几或在室内角隅的高脚花架等，还可用于岩石园、水景园等专类园，或置于湖畔、溪旁、岩石缝隙及瀑布流水旁。

9.2.2　紫萁科 Osmundaceae

【种属与分布】紫萁科有 3 属，其中 2 属特产于南半球，紫萁属（*Osmunda*）15 种产于北半球，分布于欧、亚、北美三洲；我国产 8 种。

【识别要点】根状茎粗壮，直立，树干状或匍匐状，而幼时叶片上被有棕色黏质腺状长绒毛，老则脱落，几光滑。叶柄长，基部膨大，两侧有狭翅如托叶状的附属物；叶片大，一至二回羽状。原叶体为绿色，土生（图9-3）。

【园林中代表属植物】紫萁属（*Osmunda*）。

【常见种类及其园林应用】紫萁（*Osmunda japonica*）是紫萁科常见植物，在阴湿环境下自然生长，株形秀丽，叶形别致，叶色艳亮，富有野趣。

图 9-3 紫萁科的分类特点（紫萁）

9.2.3 桫椤科 Cyatheaceae

【种属与分布】桫椤科有5属600余种，泛热带分布，主要分布在马来西亚；我国产2属14种2变种。

【识别要点】陆生蕨类植物，通常为树状或灌木状，茎粗壮，直立，被鳞片，有复杂的网状中柱，髓部有硬化的维管束，茎干下部密生交织包裹的不定根。叶柄基部宿存或脱落而残留叶痕于茎干上。叶大型，多数簇生于茎干顶端，叶片通常为二至三（或四）回羽状。叶脉通常分离，单一或分叉。孢子囊群圆形，生于小脉背上（图9-4）。

图 9-4 桫椤科的分类特点（笔筒树）

【园林中代表属植物】桫椤属（*Alsophila*）、白桫椤属（*Sphaeropteris*）。

【常见种类及其园林应用】桫椤（*Alsophila spinulosa*）、笔筒树（*Sphaeropteris lepifera*），都是国家二级保护植物，在世界自然保护联盟（IUCN）属近危（NT）植物。树形美观，树冠犹如巨伞，虽历经沧桑却万劫余生，依然茎苍叶秀，高大挺拔，多收藏在大型植物园中。

9.2.4 凤尾蕨科 Pteridaceae

【种属与分布】凤尾蕨科约有10属，分布于世界热带和亚热带，尤以热带美洲为多；我国2属。

【识别要点】陆生，大型或中型蕨类植物。根状茎长而横走，或短而直立或斜升，密被狭长而厚质的鳞片。叶一型，少为二型，疏生或簇生，有柄。叶片长圆形或卵状三角形，或掌状。叶脉分离或少为网状。孢子囊群线形，沿叶缘生于连接小脉顶端的一条边脉上（图9-5）。

【园林中代表属植物】凤尾蕨属（*Pteris*）。

【常见种类及其园林应用】半边旗（*Pteris semipinnata*）、井栏边草（*Pteris multifida*）、蜈蚣草（*Pteris vittata*）、剑叶凤尾蕨（*Pteris ensiformis*）、银脉凤尾蕨（白羽凤尾蕨、白斑凤尾蕨）（*Pteris ensiformis* var. *victoriae*）等是凤尾蕨科常用种类，叶丛小巧细柔，姿态清秀，素雅美丽。适宜盆栽点缀窗台、阳台、案头和书桌，也用于插花配叶和瓶景，或布置山石(图 9-6)。

9.2.5 铁线蕨科 Adiantaceae

【种属与分布】铁线蕨科仅有铁线蕨属（*Adiantum*）和黑华德属（*Hewardia*），200 余种，铁线蕨属广布于世界各地，黑华德属仅产于南美洲；我国现有 30 种 5 变种和 4 变型，主要分布于温暖地区。

【识别要点】陆生中小形蕨类，体形变异很大。叶柄黑色或红棕色，有光泽，通常细圆，坚硬如铁丝；叶片多为一至三回以上的羽状复叶或一至三回二叉掌状分枝，极少为团扇形的单叶，多光滑无毛；孢子囊群着生在叶片或羽片顶部边缘的叶脉上。假囊群盖形状变化很大，一般有圆形、肾形、半月形、长方形或长圆形等。孢子囊为圆球形，有长柄(图 9-7)。

【园林中代表属植物】铁线蕨属（*Adiantum*）。

【常见种类及其园林应用】常见栽培种类主要有团羽铁线蕨（*Adiantum capillus-junonis*）、铁线蕨（*Adiantum capillus-veneris*）、扇叶铁线蕨（*Adiantum flabellulatum*）、肾叶铁线蕨（*Adiantum reniforme*）、荷叶铁线蕨 [*Adiantum reniforeme* var. *sinense*，中国特产，国家一级保护植物，世界自然保护联盟中属极危(CR)植物]、半月铁线蕨（*Adiantum philippense*）等，株形矮小，

图 9-5 凤尾蕨科的分类特点（井栏边草）

图 9-6 凤尾蕨科的园林应用形式
（蜈蚣草用于布置山石）

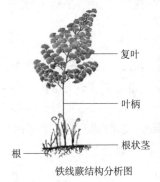

铁线蕨结构分析图

羽状复叶（半月形铁线蕨）

叶柄细如铁

图 9-7 铁线蕨科的分类特点

铁丝状的细叶柄上着生多数扇状绿色羽片，纤细幽雅，秀丽多姿，甚为清雅别致，是很好的观叶植物，宜作小型盆栽置于案头、茶几上，也可用大盆栽植，用于布置背阴房间的窗台、过道或客厅；还可配置在庭院中的假山石（图9-8）、缝隙、屋角等背阴处，其倒垂的碧绿细枝，幽雅自然；另外，其枝叶还是很好的鲜切花或干花材料。

图 9-8　铁线蕨科的园林应用形式
（铁线蕨）

9.2.6　铁角蕨科 Aspleniaceae

【种属与分布】铁角蕨科有10属700余种，广布于世界各地，主产热带；中国8属131种，分布于全国各地，以南部和西南部为其分布中心。

【识别要点】多年生常绿大型附生或石生草本。根状茎横走、卧生或直立。叶远生、近生或簇生，或辐射状着生于根状茎上端，呈鸟巢状；单叶，阔披针形，全缘，有柄，基部不以关节着生；叶形变异极大，单一（披针形、心脏形或圆形）、深羽裂或经常为一至三回羽状细裂。孢子囊群多为线形（图9-9）。

【园林中代表属植物】巢蕨属（*Neottopteris*）。

【常见种类及其园林应用】巢蕨（鸟巢蕨、王冠蕨、山苏花）（*Neottopteris nidus*）是铁角蕨科应用最多的种类，是较大型的喜阴观叶植物，株形丰满别致，叶色葱绿光亮，国际上流行用其制作大型悬吊或壁挂盆栽，用于宽敞厅堂作吊挂装饰，或将单丛的鸟巢蕨分别附生固定于一段树干的不同高度部位，形成粗壮的古树模样，摆放于大厅或走廊上犹如古树列队，别具热带风光情调，更可增添几分生动的自然野趣（图9-10）。

9.2.7　乌毛蕨科 Blechnaceae

【种属与分布】乌毛蕨科有13属约240种，主产南半球热带地区；我国有7属13种，分布于西南、华南、华中及华东。

【识别要点】土生，有时为亚乔木状。叶一型或二型，有柄；叶片一至二回羽裂，厚纸质至革质，无毛或常被小鳞片。叶脉分离或网状。孢子囊着生于与主脉平行的小脉上或网眼外侧的小脉上，均靠近主脉（图9-11）。

【园林中代表属植物】乌毛蕨属（*Blechnum*）、苏铁蕨属（*Brainea*）和狗脊属（*Woodwardia*）。

【常见种类及其园林应用】乌毛蕨科常见种类主要有苏铁蕨［（*Brainea insignis*），国家二级重点保护野生植物，在世界自然保护联盟中属易危（VU）植物，也是强Ca土壤的指示植物］、乌毛蕨（富贵蕨）（*Blechnum orientale*）、狗脊（*Woodwardia japonica*）、珠芽狗脊（*Woodwardia prolifera*）等，植株高大，冠形如伞，四季常青，枝叶秀丽雅致，新叶绯红色，耐阴能力强，是观赏价值极高的室内观叶植物，适合于盆栽，可装饰窗台、走廊、客厅、书房、卧室、卫生间等处，也可用作林下地被或阴坡装饰。

单叶辐射状着生，呈鸟巢状（鸟巢蕨）　　线形孢子囊群（鸟巢蕨）　　　　　　　地被（铁角蕨）

图 9-9　铁角蕨科的分类特点　　　　　　　图 9-10　铁角蕨科的园林应用形式

图 9-11　乌毛蕨科的分类特点（左1、左2：苏铁蕨　右：珠芽狗脊）

9.2.8　肾蕨科 Nephrolepidaceae

【种属与分布】肾蕨科有1属30余种，分布于热带地区；我国有1属6种，主要分布于西南、华南及华东。

【识别要点】中型草本，土生或附生。叶一型，簇生而叶柄不以关节着生于根状茎上，一回羽状，叶脉分离，侧脉羽状，小脉先端往往有1个白色的石灰质小鳞片（图9-12）。

【园林中代表属植物】肾蕨属（*Nephrolepis*）。

【常见种类及其园林应用】园林中常用的肾蕨（*Nephrolepis auriculata*）、圆叶肾蕨（*Nephrolepis duffii*）、长叶肾蕨（*Nephrolepis biserrata*）等叶色青翠、经冬不凋、秀丽清雅，且适应性强、栽培管理方便，可用于树林下层地被植物，也可配置于高架桥下、建筑物背阴处和庭院水池边，或盆栽置于茶几、案头，或布置花坛、花台、花境、行车道隔离带，或可植于树干、岩石、墙垣等处（图9-13）；或用作插花材料。

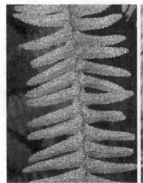

图 9-12　肾蕨科的分类特点（肾蕨）

9.2.9　水龙骨科 Polypodiaceae

【种属与分布】水龙骨科有40余属，主要产于热带和亚热带地区；中国25属272种，主产于长江以南各地。

林下地被（皱叶肾蕨）　　　　　　　　盆栽（肾蕨）

图 9-13　肾蕨科的园林应用形式

【识别要点】中型或小型蕨类，通常附生。根状茎长而横走，叶一型或二型，以关节着生于根状茎上，单叶，全缘，或分裂，叶脉网状，少为分离。孢子囊群通常为圆形或近圆形，或为椭圆形，或为线形，或有时布满能育叶片下面一部或全部(图 9-14)。

棕鳞瓦韦及其孢子囊群　　　　　　　　石韦及其孢子囊群

图 9-14　水龙骨科的分类特点

【园林中代表属植物】瓦韦属(*Lepisorus*)、石韦属(*Pyrrosia*)。

【常见种类及其园林应用】瓦韦(*Lepisorus thunbergianus*)、石韦(*Pyrrosia lingua*)是水龙骨科常见植物，在阴湿环境下，树干或屋顶上，或岩石周围多有自然生长，形成富有野趣的园林植物景观。

9.2.10　鹿角蕨科 Platyceriaceae

【种属与分布】鹿角蕨科为单属科，鹿角蕨属 15 种，主要分布在非洲、马达加斯加和东南亚，有 1 种产于南美洲的安第斯山脉；我国有 1 种。

【识别要点】奇特的大型附生多年生植物。根状茎短而横卧。叶二型，基生不育叶直立，无柄，具有宽阔的圆形叶片，基部膨大，覆瓦状覆盖于根状茎上，宿存，呈鸟巢状或圆球状。正常能育叶具短柄，宛如鹿角状分枝，裂片全缘，叶脉网结，在主脉两侧具有大而偏斜的多角形长网眼。孢子囊群生于圆形、增厚的小裂片顶部，或生于特化的裂片下面(图 9-15)。

【园林中代表属植物】鹿角蕨属(*Platycerium*)。

【常见种类及其园林应用】二歧鹿角蕨(*Platycerium bifurcatum*)、鹿角蕨(蝙蝠蕨)

鹿角蕨　　　　　　　　　　　　　　二歧鹿角蕨

图 9-15　鹿角蕨科的分类特点

(*Platycerium wallichii*)为著名的园艺观赏植物，姿态优美，是极好的室内悬挂观叶植物。也可将其贴生于古老枯木或树茎干上作壁挂装饰(图 9-16)。

悬垂式绿化（鹿角蕨）　　　　　　　附于树干（二歧鹿角蕨）

图 9-16　鹿角蕨科的园林应用形式

此外，还可能用到石松(*Lycopodium japonicum*，插花常用材料)、木贼(*Equisetum hyemale*，湿地常见植物)、海金沙(*Lygodium japonicum*，雅致藤本植物，可用于布置柱、栏等)、观音座莲属(*Angiopteris*，室内观赏)、崖姜(*Aglaomorpha coronans*，装点山石)、贯众(*Cyrtomium fortunei*，装点山石和地被)、狼尾蕨。

小　结

随着人类社会的发展，加上城市高层建筑的兴起，林中的"空中花园"、林下地被、室内绿化、插花艺术备受青睐，而株形独特、叶形别致、叶色亮丽、富有野趣、喜阴湿的蕨类植物变得越来越重要。常见的有世界级或国家级保护植物桫椤、笔筒树、荷叶铁线蕨、苏铁蕨等，有"遇水而活、遇旱而死"的卷柏，还有株形秀丽雅致的铁钱蕨属、肾蕨属、凤尾蕨属、紫萁属等，有叶形或株形别致的观音座莲属、鹿角蕨属、乌毛蕨属、鸟巢蕨、石韦、瓦韦等。

思考题

1. 蕨类植物有多少种？隶属于多少科多少属？
2. 蕨类植物的基本特征有哪些？
3. 结合常见种类，了解蕨类植物的形态术语。
4. 常见的蕨类植物有哪些？它们分别属于哪些科？
5. 举例说明常见蕨类植物的分类特点及其园林应用。

第 10 章 裸子植物分类基础及其园林应用

10.1 裸子植物概述

10.1.1 裸子植物的主要特征

裸子植物是种子植物中胚珠无子房壁包被、种子裸露、无双受精现象的植物。其主要识别特征为：裸子植物（gymnosperm）全为木本植物，多为高大乔木，稀灌木或木质藤本。除买麻藤纲外，木质部只具管胞而无导管，韧皮部只具筛胞而无筛管。叶多为针形、条形、鳞形。球花，单性，胚珠生于不封闭的大孢子叶表面，胚珠裸露，受精后发育成的种子裸露。种子具胚和胚乳，子叶2至多数。

10.1.2 裸子植物的起源与进化

裸子植物起源于古生代泥盆纪，距今约 34 500 万至 39 500 万年，经石炭纪、二叠纪形成全球空前繁茂的森林，至中生代三叠纪、侏罗纪古老的裸子植物陆续灭绝，新的裸子植物陆续演化出来。现代裸子植物的不少种类出现于新生代的第三纪，经第四纪冰期保留下来，并繁衍至今。

10.1.3 裸子植物的主要分类系统

裸子植物分类系统在国际上主要有 B. Sahni(1920)、R. Pilger(1926)、C. J. Chmberlain(1935)、R. Florin(1951)、K. R. Sporne(1965)、S. V. Meyen(1984)、Christenhusz(2011)等。他们是根据形态学或古植物学证据提出的，但未必自然，多少存在一定的人为性。不过，有了这些系统才可能将现存的裸子植物种排列顺序。

目前，我国的裸子植物分类系统主要有郑万钧系统(1978)和傅德志系统(2004)等，他们分别提出了新的裸子植物分类系统。

10.1.4 裸子植物的种类

全世界现存裸子植物有4纲9目15科79属850余种，广布于世界各地，尤以温带与寒温带最多，是构成该地带森林的主要树种，具有重要的生态意义和经济价值，其中很多种类为著名的园林绿化树种。

我国是世界上裸子植物最丰富的国家，共有4纲8目10科34属250余种，另引入栽培2科8属约50种。

10.2 裸子植物形态学基础知识

(1) 根

裸子植物的根系多为直根系，入土较深。许多裸子植物(如金钱松、侧柏、马尾松、油松、冷杉、云杉)的根常与土壤中的某些真菌共生形成菌根。所以，在种植裸子植物时，可利用菌根菌接种，促使苗木生出菌根，从而提高苗木的成活率。

(2) 茎杆

裸子植物的树皮开裂或不开裂，树皮开裂者又可分为鳞片状开裂、片状剥落、深纵裂、浅纵裂、长条状浅裂等(图10-1)。

图 10-1　裸子植物树皮开裂方式

裸子植物的枝条常有长枝或短枝之分，长枝为节间正常生长的枝条，短枝为节间极度缩短的枝条。

(3) 叶

裸子植物的叶形多狭窄，似针形，故裸子植物常称为针叶树。常见的裸子植物叶形主要有针形、条形、刺形、鳞形、钻形、披针形，稀见扇形、椭圆形(图10-2)。

此外，与叶相关的形态术语还有：

①原生叶　指松属等植物的原生叶、螺旋状着生，在幼苗期线形绿色，承受植株的生长而变成蜡质苞片状鳞叶，基部下延或不下延。

②次生叶　指松属等植物的次生叶，即针叶。

③叶鞘　指松属植物针叶基部的鞘状物，由数枚芽鳞组合而成。

④树脂道　指叶内含有树脂的管状通道。靠近下皮层细胞的称为边生树脂道；与内皮层相连的称为内生树脂道；位于叶肉组织中的称为中生树脂道。

⑤叶枕　叶脱落后残留在枝上的隆起物，如云杉属植物的木钉状叶枕。

裸子植物的叶在枝上的着生方式多为螺旋状互生、簇生、束生、轮生、交互对生或簇生兼有互生。

图 10-2 裸子植物常见叶形

（4）花

裸子植物的花多为球形，故称为球花，也称作孢子叶球。球花是苏铁科、松科、杉科等植物的生殖器官，是由一个中轴和围绕这个中轴紧密而螺旋状排列的、能育的孢子叶组成，通常为单性花，雌雄同株或异株。雄球花（小孢子叶球）由多数着生花粉的小孢子叶（雄蕊）组成，下面产生很多孢子囊（花粉囊），内产生大量的小孢子，即花粉。雌球花（大孢子叶球）由多数着生胚珠的大孢子叶（球鳞）组成，其基部或边缘生大孢子囊，即裸露的胚珠，内生卵细胞，受精后发育成种子内的胚（图 10-3）。

雌球花的胚珠裸露，不为大孢子叶所形成的心皮包被，大孢子叶常变态为珠鳞和苞鳞（松杉柏类）、珠领（银杏）、珠托（红豆杉）、套被（罗汉松）、盖被（麻黄类）和羽状大孢子叶（苏铁）。

（5）果

雌球花受精后多形成球果（松科、杉科、柏科），稀核果状或浆果状（图 10-4）。

松科、杉科和柏科的球果由多数腹面着生种子的种鳞和苞鳞组成（图 10-5）。种鳞是指球果上托着种子的木质鳞片，由珠鳞发育而成。种鳞和珠鳞是同一结构在不同发育时期的两个名称。种鳞常由鳞盾、鳞脐和鳞脊组成。鳞盾为种鳞肥厚露出的盾形部分。鳞脐为鳞盾顶端或中央凸起或凹下部分，背生或顶生。鳞脊为鳞盾上纵向或横向隆起的脊。苞鳞是指在雌球花上托着珠鳞，或在球果上托着种鳞的鳞片，有些植物的苞鳞和种鳞相互愈合。种子有胚乳，胚直生，子叶 1 至多数。球果中的种子具翅或无翅。

图 10-3 裸子植物球花类型

图 10-4 裸子植物球果类型

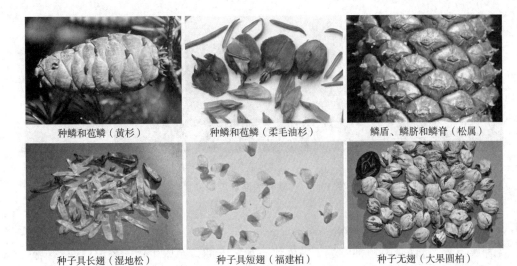

图 10-5 裸子植物的种鳞和苞鳞

10.3 园林中常用裸子植物及其园林应用

10.3.1 苏铁科 Cycadaceae

【种属与分布】本科共9属约110种；我国仅有苏铁属，共8种，主要分布于热带及亚热带地区。

【识别要点】常绿木本，形如棕榈，树干直立有珠芽。羽状复叶集生顶，叶柄宿存常有刺。花单性，雌雄异株，小孢子叶球肉穗状，下着生多数小孢子囊；大孢子叶球半球状，大孢子叶上部常羽状分裂，下部边缘生2~10个胚珠。果为红色核果状，种皮三层，富含胚乳（图10-6）。

图 10-6 苏铁科的分类特点

【园林中代表属植物】苏铁属（*Cycas*）。

【常见种类及其园林应用】苏铁科常用于园林绿化的植物主要有苏铁（*Cycas revoluta*）。苏铁树形优美、四季常青，广泛栽植于热带和亚热带地区的公园、庭园、道路、街心花园、广场、居民生活区、专类园等，或用作桩景，也可用于室内观赏。一般以丛植和散植为主，也可孤植或列植（图10-7）。

| 丛植于草坪 | 孤植于寺庙（福州千年苏铁） | 盆栽（多头苏铁） |

图 10-7　苏铁科的园林应用形式

10.3.2　银杏科 Ginkgoaceae

【种属与分布】银杏科树种发生于古生代石炭纪末期，至中生代三叠纪、侏罗纪种类繁盛，新生代第四纪冰期后，中欧及北美等地的本科树木完全灭绝。目前本科仅存孑遗 1 属 1 种，为我国特产。

【识别要点】高大乔木，总状分枝，枝分长枝和短枝，皮为灰白色；叶扇形，长枝上互生，短枝上簇生，叶脉辐射状排列，脉端呈二歧分叉，金秋落叶似佛光。花单性，雌雄异株，雄球花序似葇荑花序，雌球花花梗长，顶端二叉状，胚珠顶在珠座上。种子外有假种皮，形似核果（图 10-8）。

| 果枝 | 叶扇形 | 雄球花柔荑状 |

图 10-8　银杏科的分类特点

【园林中代表属植物】银杏属（*Ginkgo*）。

【常见种类及其园林应用】银杏科常用于园林绿化的植物主要有银杏（*Ginkgo biloba*）。银杏为我国特产树种。其树体高大，树干通直，姿态优美，叶似扇形，春夏翠绿，深秋金黄，是世界上著名的风景园林绿化树种之一，也被列为中国四大长寿观赏树种（松、柏、槐、银杏）之一。现广泛栽培于道路、庭院、寺庙、风景区、田间林网、防风林带等地段。一般以列植和散植为主，也可孤植、对植、混植或片植（图 10-9）。

| 孤植 | 列植 | 与枫香组合成自然式 |

图 10-9　银杏科的园林应用形式

10.3.3 松科 Pinaceae

【种属与分布】全球松科植物共有 10 属 230 余种，多产于北半球。由于种类较多，松科又分为冷杉亚科、落叶松亚科和松亚科三个亚科。我国 10 属 108 种，遍布全国，在东北、西南等高山地带组成大面积森林。

【识别要点】多为常绿或落叶高大乔木，全株有树脂。叶线形、条叶、针形，螺旋状互生或簇生，松属 2、3、5 针束生。球花单性，螺旋状互生，雌雄同株；雌花珠鳞具 2 倒生胚珠，苞鳞与珠鳞分离。直立或下垂，种鳞张开种子散出（图 10-10）。

针形叶2、3或5针组成1束（松属）　　条形叶螺旋状互生（黄枝油杉）　　雄球花和雌球花同株（日本五针松）

图 10-10　松科的分类特点

【园林中代表属植物】冷杉属（*Abies*）、雪松属（*Cedrus*）、松属（*Pinus*）、金钱松属（*Pseudolarix*）。

【常见种类及其园林应用】松科植物大多树姿优美，四季苍翠，适应性强，在园林中广泛应用（图 10-11）。

桩景（垂枝雪松）　　　　　　行道树（雪松）

图 10-11　松科的园林应用形式

①雪松（*Cedrus deodora*）、金钱松（*Pseudolarix amabilis*）、白皮松（*Pinus bungeana*）、油松（*Pinus tabulaeformis*）等，高大挺拔，枝繁叶茂，树形端庄，多丛植、孤植于公园草坪，或庭院。其中，雪松、金钱松与南洋杉、北美红杉、日本金松并称为"五大庭园树种"；白皮松生长较慢，寿命长，树姿优美，树皮纯白光洁，为名贵的园林观赏树种。

②黑松（*Pinus thunbergii*）、华南五针松（*Pinus kwangtungensis*）、日本五针松（*Pinus parviflora*）、'垂枝'雪松（*Cedrus deodora* 'Pendula'）等枝干常弯曲，树姿古朴苍劲，常作桩景树，或种于庭院，或摆放室内。

③湿地松（*Pinus elliottii*）、油松等，树姿优美，叶翠荫浓，苍劲速生，宜用作行道树、风景林。

10.3.4 杉科 Taxodiaceae

【种属与分布】全球杉科植物有9属12种，主产北温带；我国5属5种，引入栽培3属4种，主要分布于长江流域及以南温暖地区。

【识别要点】常绿或落叶大乔木；树体常有树脂，大枝近轮生，树皮富长纤维，裂成长条状脱落。叶披针形、锥形、鳞形或条形，叶基常下延，螺旋状着生，常扭转排列成二列，看似对生（水杉枝叶对生）。球花单生，雌雄同株，雌花仅在枝顶长，雄花顶生或腋生，螺旋交叉花药多，每个珠鳞具2~9个胚珠，苞鳞珠鳞紧密结合。当年球果熟时开裂；种子具翅，利于繁衍（图10-12）。

【园林中代表属植物】柳杉属（*Cryptomeria*）、水松属（*Glyptostrobus*）、落羽杉属（*Taxodium*）、水杉属（*Metasequoia*）。

【常见种类及其园林应用】杉科植物树体高大，树杆挺直，速生，寿命长，病虫害少，有些种类在园林广泛应用（图10-13）。

球果和具窄翅种子（水杉）　　锥形叶螺旋状互生（台湾杉）　　条形叶交互对生（水杉）

图10-12　杉科的分类特点

行道树（水杉）　　片植（水杉秋景）　　水边绿化（水杉、池杉、落羽杉等）

图10-13　杉科的园林应用形式

①水松（*Glyptostrobus pensilis*）、水杉（*Metasequoia glyptostroboides*）、落羽杉（*Taxodium distichum*）和池杉（*Taxodium distichum* var. *imbricatum*）等，耐水湿、耐旱、抗风力强，树姿优美，秋叶红褐色，置于水边膝状呼吸根奇特，宜列植、片植，用作水网地带、冲积平原、湖区绿化，或布置园林水景，或湿地公园，又因其树冠窄，可用于小区楼间列植栽培。

②柳杉（*Cryptomeria japonica* var. *sinensis*）树姿优美，四季苍翠，可片植或列植于园林中。

10.3.5 柏科 Cupressaceae

【种属与分布】全球柏科植物共19属125种，广布于南北半球；我国8属46种（含引入栽培13种），多为优良用材及园林绿化树种。

【识别要点】常绿乔木或灌木；树体清香寿命长，姿态虬曲，观赏价值高。鳞叶刺叶或二型；交互对生鳞形叶，3枚轮生刺形叶。球花单生枝顶或叶腋，雌雄同株或异株；雄球花小雄蕊多，雌球花大珠鳞多；每个珠鳞腹面基部有1至多数直立胚珠，苞鳞珠鳞全合生。开裂或不裂；种子具翅或无翅，子叶2枚或更多（图10-14）。

【园林中代表属植物】扁柏属（*Chamaecyparis*）、柏木属（*Cupressus*）、福建柏属（*Fokienia*）、侧柏属（*Platycladus*）和圆柏属（*Sabina*）。

【常见种类及其园林应用】柏科常用于园林绿化的植物主要有圆柏（*Sabina chinensis*）、'龙柏'（*Sabina chinensis* 'Kaizuca'）、偃柏（真柏）（*Sabina chinensis* var. *sargentii*）、砂地柏（*Sabina vulgaris*）、侧柏（*Platycladus orientli*）、'千头'柏（*Platycladus orientalis* 'Sieboldii'）、柏木（*Cupressus funebris*）和福建柏（*Fokienia hodginsii*）（图10-15），其中：

①圆柏、'龙柏'、柏木、侧柏、福建柏等高大乔木，多丛植或列植于陵园，或纪念性区域，或墓地周围；

②圆柏、偃柏、'千头'柏等，耐修剪，易整形，生命力强，可作绿篱；

③砂地柏匍匐性强，枝繁叶茂，四季常青，耐修剪，耐瘠薄，喜钙质土，多用作地被植物，或植于岩石园，或作基础种植。

鳞形叶和刺形叶兼有（圆柏）　　雌球花（侧柏）　　球果肉质不开裂（圆柏）

图10-14　柏科的分类特点

列植于天坛公园（侧柏）　　绿篱（'千头'柏）　　地被（砂地柏）

图10-15　柏科的园林应用形式

10.3.6　罗汉松科 Podocarpaceae

【种属与分布】罗汉松科有8属130余种，多分布于热带、亚热带，以南半球为分布中心；我国4属12种，产于中南、华南及西南地区。多数种类可用于园林绿化。

【识别要点】常绿乔木或灌木。叶为条形、披针形、长椭圆形、钻形、鳞形或退化；螺旋互生、对生或近对生。雌雄异株，稀同株；雄花穗状顶生或腋生，雄蕊多数螺旋状；雌

雌球花（罗汉松）　　　　　肉质假种托（罗汉松）　　　　　雄球花（罗汉松）

图 10-16　罗汉松科的分类特点

花具苞独自生，珠鳞数个，仅顶端珠鳞具 1 胚珠。种子包于套被中，肉质种托有无柄；成熟种子挂枝头，恰似念经罗汉僧(图 10-16)。

【园林中代表属植物】罗汉松属(*Podocarpus*)和竹柏属(*Nageia*)。

【常见种类及其园林应用】常用于园林绿化的植物主要有罗汉松(*Podocarpus macrophyllus*)和竹柏(*Nageia nagi*)。罗汉松生长慢，寿命长，耐修剪，易造型，其枝叶密集浓绿，树姿优美，成熟种子，恰如罗汉，十分奇特，为南方著名园林绿化观赏树种。一般孤植、对植或列植于风景区、庭院、寺庙、住宅小区、路边等区域，或用于造型树或桩景。竹柏枝叶青翠，树冠浓郁，树形美观，为南方优良的园林观赏树种，现广泛栽培于风景区、庭园、住宅小区、街道等区域，用作孤植树或行道树(图 10-17)。

图 10-17　罗汉松科的园林应用形式(桩景)

10.3.7　红豆杉科 Taxaceae

【种属与分布】全球红豆杉科植物有 5 属 23 种，主产北半球；我国 4 属 12 种，南北均有分布。

【识别要点】常绿乔木或灌木。叶披针形或条形，螺旋状排列或交互对生；中脉突出或不明，中脉两侧气孔带，叶内树脂有或无。单性，多为雌雄异株常单生；胚珠 1 枚直立生。种子包于红色的假皮中，远看似红豆(图 10-18)。

【园林中代表属植物】红豆杉属(*Taxus*)。

【常见种类及其园林应用】红豆杉科常用于园林绿化的植物主要有南方红豆杉(*Taxuswallichiana* var. *mairei*)和'矮'紫杉(*Taxus cuspidate* 'Nana')。南方红豆杉较耐阴，生长慢，寿命长。其树姿苍劲，枝叶浓密，秋季鲜红的假种皮，如颗颗红豆缀枝头，十分漂亮，为南方优良遮阴及园林观赏绿化树种。一般广泛栽培于风景区、庭院、行道、工矿区、居住区等。'矮'紫杉耐阴，耐寒，耐修剪，生长慢，其树形矮小玲珑，树姿秀美，终年苍翠，假种皮鲜红色，异常亮丽，为优良的园林绿化树种，可孤植或群植，又可植为绿篱，或用作绿雕(图 10-19)。

雄球花花枝（南方红豆杉）　　　果枝（南方红豆杉）　　　地被（矮紫杉）

图 10-18　红豆杉科的分类特点　　　图 10-19　红豆杉科的园林应用形式

小　结

　　裸子植物起源于古生代泥盆纪，曾是非常繁茂的家族，经第四纪冰期保留下来，现存有 4 纲 9 目 15 科 79 属 850 余种，多为高大乔木，直根系，叶似针形；花多为球形，种子多具翅，少数种子外有肉质假种皮。我国是世界上裸子植物最丰富的国家，包括苏铁、银杏、金钱松、水杉、池杉、'龙柏'、砂地柏、'千头'柏、罗汉松、竹柏、南方红豆杉、'矮'紫杉等著名园林树种。

思　考　题

1. 简述裸子植物的基本特征。
2. 裸子植物的主要分类系统有哪些？
3. 裸子植物的种类有多少？隶属于多少科多少属？
4. 以常见种类为例，阐述苏铁科、银杏科、松科、杉科、柏科、罗汉松科、红豆杉科植物的分类特点及其园林应用。

第 11 章
被子植物分类基础及其园林应用

11.1 被子植物概述

11.1.1 被子植物的一般特征

被子植物(Angiospermae)产生于早白垩纪,是现代植物界中最高等的一类植物,全世界约 240 000 种,广泛分布于世界各地,中国约 30 000 种。被子植物之所以有如此众多的种类,有极其广泛的适应性,这与其结构的复杂化和完善化,生殖方式的高效化和多样化,从而提高了其适应及抵御各种环境的生存竞争能力是分不开的,同时,在生存竞争、自然选择的矛盾斗争过程中,又有新的变异、新的物种产生。被子植物的特征如下。

(1) 具有真正的花

典型的被子植物的花由花梗、花托、花萼、花冠、雄蕊群和雌蕊群组成。被子植物花的各部在数量、形态上有着极其多样的变化,这些变化是其在进化过程中,适应于虫媒、风媒、鸟媒或水媒传粉条件,被自然界选择和保留,并不断加强而形成的。

(2) 具有雌蕊和果实

雌蕊由心皮组成,包括子房、花柱和柱头三部分。胚珠包藏在子房内,得到子房壁的保护,避免了昆虫的咬噬和水分的丧失。子房在受精后发育成为果实,果实具有不同的色、香、味,并可沿室背、或室间、或心皮顶端、或果实顶端等多种方式开裂;果皮上常具有各种钩、刺、翅、毛,果实的这些特点,对于保护种子成熟,帮助种子散布起着重要作用,它们的进化意义也是不言而喻的。

(3) 具双受精现象

双受精现象,即两个精细胞进入胚囊以后,一个与卵细胞结合形成 $2n$ 合子,发育为胚;另一个与两个极核结合,形成 $3n$ 的受精极核,发育为胚乳。幼胚多以 $3n$ 染色体的胚乳为营养,具有更强的生活力。

(4) 孢子体高度发达

被子植物的孢子体,在形态、结构、生活型等方面比其他各类植物更加完善化、多样化。有世界上最高大的乔木,也有微细如沙粒的小草本;有水生、沙生、石生和盐碱地植物;有自养的植物,也有腐生、寄生的植物。在解剖构造上,被子植物的次生木质部有导管、韧皮部、伴胞，输导组织的完善使体内物质运输畅通，适应性得到加强。

(5) 配子体进一步简化

被子植物的小孢子(单核花粉粒)发育为雄配子体，大部分成熟的雄配子体仅具2个细胞(2核花粉粒)，其中1个为营养细胞，1个为生殖细胞，少数植物在传粉前生殖细胞就分裂1次，产生2个精子，所有这类植物的雄配子体为3核的花粉粒。被子植物的大孢子发育为成熟的雌配子体称为胚囊，通常胚囊有8个细胞：3个反足细胞、2个极核、2个助细胞、1个卵细胞。由此可见，被子植物的雌、雄配子体均无独立生活的能力，终生寄生在孢子体上，结构上比裸子植物更简化。配子体的简化在生物学上具有进化的意义。

被子植物的上述特征，使它具备了在生存竞争中优越于其他各类植物的内部条件。被子植物的产生，使地球上出现色彩鲜艳、类型繁多、花果丰茂的景象。随着被子植物花的形态发展，果实和种子中高能量产物的贮存，使得直接或间接地依赖植物为生的动物界(尤其是昆虫、鸟类和哺乳类)，获得了相应的发展，迅速地繁茂起来。

11.1.2　被子植物的分类原则

被子植物的分类，不仅把20多万种植物安置在一定的位置上(纲、目、科、属、种)，还要建立一个能反映它们之间亲缘关系的分类系统。已有的植物化石研究表明，被子植物几乎是在距今1.4亿年前的白垩纪兴起的，难以根据化石的年龄，论定谁比谁更原始。现行被子植物的分类，在参照零星化石资料的同时，主要是根据现存被子植物的形态学特征，尤其是花和果实的形态特征，有时也借助解剖结构特点来鉴定的。近年来，染色体形态和数量、生物化学成分和分子系统学的研究，对被子植物的某些科、属的分类和系统位置的确定起到重要作用，更有利于反映出植物间的亲缘关系。

被子植物化石的研究表明，最早出现的被子植物多为常绿、木本植物，以后地球上经历了干燥、冰川等几次大的反常现象，产生了一些落叶的、草本的类群，由此可以确认落叶、草本、叶形多样化、输导功能完善化等为次生的性状。再根据花、果的演化趋势，具有向着经济、高效的方向发展的特点，由此确认花被分化或退化、花序复杂化、子房下位等都是次生的性状。基于上述认识，一般真花学说公认的被子植物形态构造的演化规律和分类原则见表11-1所列。

表11-1　被子植物形态构造的演化规律和分类原则

名称	初生的、原始的性状	次生的、较进化的性状
茎	①木本 ②直立 ③无导管，只有管胞 ④具环纹、螺纹导管	①草本 ②缠绕 ③有导管 ④具网纹、孔纹导管
叶	⑤常绿 ⑥单叶全缘 ⑦互生(螺旋状排列)	⑤落叶 ⑥叶形复杂化 ⑦对生或轮生

(续)

名称	初生的、原始的性状	次生的、较进化的性状
花	⑧花单生 ⑨有限花序 ⑩两性花 ⑪雌雄同株 ⑫花部呈螺旋状排列 ⑬花的各部多数而不固定 ⑭花被同形，不分化为萼片和花瓣 ⑮花部离生（离瓣花、离生雄蕊、离生心皮） ⑯整齐花 ⑰子房上位 ⑱花粉粒具单沟 ⑲胚珠多数 ⑳边缘胎座、中轴胎座	⑧花形成花序 ⑨无限花序 ⑩单性花 ⑪雌雄异株 ⑫花部呈轮状排列 ⑬花的各部数目不多，有定数（3、4或5） ⑭花被分化为萼片和花瓣，或退化为单被花或无被花 ⑮花部合生（合瓣花、具各种形式结合的雄蕊、合生心皮） ⑯不整齐花 ⑰子房下位 ⑱花粉粒具3沟或多孔 ⑲胚珠少数 ⑳侧膜胎座、特立中央胎座及基底胎座
果实	㉑单果、聚合果 ㉒真果	㉑聚花果 ㉒假果
种子	㉓种子有发育的胚乳 ㉔胚小、直伸、子叶2	㉓无胚乳，种子萌发所需的营养物质贮藏在子叶中 ㉔胚弯曲或卷曲，子叶1
生活型	㉕多年生 ㉖绿色自养植物	㉕一年生 ㉖寄生、腐生植物

但是，我们不能孤立地、片面地根据一两个性状，就给一个植物下一个进化或是原始的结论，这是因为：

①同一种性状，在不同植物进化中的意义不是绝对的。如对于一般植物来说，两性花、胚珠多数、胚小是原始的性状，而在兰科植物中，恰恰是它进化的标志。

②各器官的进化不是同步的。常常可见到，在同一植物体上，有些性状是相当进化的，另一些性状则保留着原始性；而另一类植物恰恰在这些方面得到了进化。

因此，评价植物进化或原始的问题时，要全面分析，不能孤立地强调某一器官的特征，也不能片面地认为没有某一进化性状的植物就是原始的。

11.1.3 被子植物的基本类型

被子植物分为双子叶植物纲和单子叶植物纲，主要区别见表2-1所列。

11.2 双子叶植物纲分类基础及其园林应用

胚珠被子房壁包被，发育出的果实更有利于种子的保护和传播，演化出繁盛的、丰富多样的被子植物类群。种子的胚从多枚子叶经减退演化成2枚子叶，形成了直根系、茎内环状排列的维管束、网状叶脉、4~5基数花的双子叶植物类群。

1978年，克朗奎斯特系统将双子叶植物纲的64目322科约170 000种植物分为木兰亚纲、金缕梅亚纲、石竹亚纲、五桠果亚纲、蔷薇亚纲、菊亚纲，并认为雄蕊和心皮多数、离生的木兰亚纲是最原始的亚纲,沿着木兰亚纲产生出其他5个亚纲:沿适应风媒传粉的方向演化,产生了柔荑花序类的金缕梅亚纲;沿着中轴胎座、特立中央胎座、基生胎座的方向演化,产生了石竹亚纲;沿着花瓣、雄蕊结合的方向演化,产生了五桠果亚纲;沿着花盘逐渐发达的方向演化,产生了蔷薇亚纲;沿着适应虫媒传粉的方向演化,产生了菊亚纲。

本节重点介绍6个亚纲40科园林植物的分类特点及其园林应用。

11.2.1 木兰亚纲(Magnoliidae)

木兰亚纲的植物为木本或草本。花整齐或不整齐,多为上位子房下位花;花被多离生,常不分化为萼片和花瓣,或为单被,有时极度退化而无花被;雄蕊常多数,向心发育,多呈片状或带状;花粉粒常具2核,多数为单萌发孔、沟或其衍生类型;雌蕊群心皮离生,胚珠多具双珠被及厚珠心;种子常具丰富胚乳。木兰亚纲有8目39科12 000余种。

11.2.1.1 木兰科 Magnoliaceae

【种属与分布】木兰科有15属约250种,主要分布于亚洲东南部、南部。中国有11属约90种,主要分布于中国东南部至西南部。

【花程式】 $♀ * P_{6-15} A_\infty \underline{G}_{\infty:1:1-\infty}$

【识别要点】常绿落叶乔木或灌木,体具油细胞,枝叶杆皮有香味。单叶互生,常全缘,托叶大,包被幼芽;展叶后,托叶脱落而在枝上留有环状托叶痕;叶柄偶有托叶痕。两性花,着生于枝顶或叶腋,花被分离不分化,螺旋排列3基数;花托柱状雌雄多。常为聚合果,偶见聚合翅果(图11-1)。

花图式(玉兰)

雌雄蕊多(木莲)

聚合蓇葖果(白玉兰)

图11-1 木兰科的分类特点

【园林中代表属】鹅掌楸属(*Liriodendron*)、木兰属(*Magnolia*)、木莲属(*Manglietia*)、含笑属(*Michelia*)、拟单性木兰属(*Parakmeria*)。

【常见种类及其园林应用】园林中常用种类主要有广玉兰(*Magnolia grandiflora*)、玉兰(*M. denudata*)、二乔玉兰(*M. soulangeana*)、紫玉兰(*M. liliflora*)、白兰(*Michelia alba*)、阔瓣含笑(*M. platypetala*)、乐昌含笑(*M. chapensis*)、含笑(*M. figo*)、深山含笑(*M. maudiae*)、鹅掌楸(*Liriodendron chinense*)、北美鹅掌楸(*L. tulipifera*)、桂南木莲(*Manglietia chingii*)、木莲(*M. fordiana*)等,在园林中应用非常广泛(图11-2)。

① 荷花玉兰、玉兰、二乔玉兰、乐昌含笑、阔瓣含笑、白兰、深山含笑、鹅掌楸、北

片植于草坪（白玉兰）　　　　行道树（洋玉兰）　　　　孤植点缀草坪（紫玉兰）

图 11-2　木兰科的园林应用形式

美鹅掌楸等冠大浓荫，树干光洁，枝叶茂盛，花朵亮丽，芳香宜人，均具有极佳的遮阴和观赏效果，可孤植或列植，宜用作庭荫树、园路树、孤植树。

②荷花玉兰、白兰等适应性强，具有一定的抗污能力，可用作街道或工厂绿化。

③玉兰、二乔玉兰、紫玉兰、鹅掌楸类等，开花早，或叶形别致，或秋色叶金黄，宜片植成林，是营造春景、秋景的理想植物。

④含笑、紫玉兰等灌木类植物，可丛植于草坪边缘或角隅，或孤植欣赏。

⑤玉兰、紫玉兰、二乔玉兰等，不仅能插于瓶中水养，还可以将含苞待放的花枝用作插花材料，给厅堂和居室带来丽花清香、融融春意；白兰以其清雅浓烈的花香和美丽端庄的树姿，广泛应用于盆栽，置于厅堂、居室，装点令人心旷神怡的室内空间。

⑥木兰科植物种类丰富，枝繁叶茂，花香宜人，花色丰富，可以利用落叶类与常绿类、乔木与灌木综合搭配，建造成木兰专类园，有助于收集资源进行研究，也可观赏和科普教育。

11.2.1.2　樟科 Lauraceae

【种属与分布】樟科有 45 属 2500 余种，分布于热带及亚热带；中国有 20 属 480 种，主要分布于长江流域以南各地，多为中国南方珍贵的木材、油料、药用、园林应用树种。樟科的起源较早，第三纪的古新世发现了最古老的樟科植物化石。

【花程式】 ☿或 ♂ ♀ $* P_{3+3} A_{3+3+3} \underline{G}_{(3:1:1)}$

【识别要点】常绿或落叶的乔木或灌木，仅无根藤属为缠绕寄生草本，树皮和叶均有油细胞。单叶互生无托叶，偶见节间缩短而似对生或轮生叶，革质，全缘，羽状脉，或三出脉，或离基三出脉，叶背常有白粉。花两性或单性，辐射对称，黄色或黄绿色，总状花序、或圆锥花序、或头状花序腋生或近顶生；花各部以 3 为基数，花被两轮。果为浆果或核果，蓝黑或红色(图 11-3)。

花图式（樟树）　　　　脉窝腺点突出　　　　圆锥花序

图 11-3　樟科的分类特点

【园林中代表属】樟属（*Cinnamomum*）、润楠属（*Machilus*）、楠木属（*Phoebe*）、檫木属（*Sassafras*）、木姜子属（*Litsea*）、山胡椒属（*Lindera*）、月桂属（*Laurus*）。

【常见种类及其园林应用】樟科植物多为高大乔木，冠大荫浓，四季常绿，素以树形美、花芳香、材质优而著称于世，在中国长江以南园林业占有极为重要的地位，常见种类及其应用如下（图11-4）。

风景林（樟树）　　　　　　　　行道树（樟树）

图11-4　樟科的园林应用形式

①樟树（*Cinnamomum camphora*）、天竺桂（*C. japonicum*）、猴樟（*C. bodinieri*）、紫楠（*Phoebe sheareri*）、闽楠（*Ph. bournei*）、楠木（*Ph. zhennan*）等，高大挺拔，树姿雄伟，冠大整齐，枝繁叶茂，宜作庭荫树、行道树、防护林和风景林，也可植于池畔、水边、山坡、草坪等。若给予足够的空间，都能形成一树一景的美景。

②月桂（*Laurus nobilis*）、香叶树（*Lindera communis*）树形圆整，枝叶茂密，四季常春，月桂早春黄花满枝；香叶树秋季绿叶红果，并且都耐修剪，花叶芳香，宜用作孤赏树或造型树。

③木姜子（*Litsea pungens*）、檫木（*Sassafras tzumu*）等树干通直，春季先花后叶，黄花满树，秋天檫木红叶满枝，木姜子金叶满树，是中国南北理想的观花观叶园林树种，宜片植于各种园林绿地类型，也可植于水边、池畔，以常绿树为背景，倒影于水中，形成自然的水墨画。

11.2.1.3　睡莲科 Nymphaeaceae

【种属与分布】睡莲科有8属约100种，广泛分布；中国产5属约15种，各地均产。

【花程式】　　$⚥ * K_{4-14} C_{8 \sim \infty} A_{\infty} \underline{G}_{(3-35 : \infty : \infty)}$

【识别要点】常为多年生水生草本，具根状茎。单叶互生具长柄，光洁；叶常两型：漂浮叶或出水叶，心形至盾形；沉水叶细弱，有时细裂。两性花，辐射对称，单生花梗顶端；花被艳香，萼片花瓣常分离；萼片常4枚，也有多达14枚，绿色或花瓣状；花瓣8或多数，或渐变成雄蕊，常分生。浆果（图11-5）。

【园林中代表属植物】芡属（*Euryale*）、萍蓬草属（*Nuphar*）、睡莲属（*Nymphaea*）、王莲属（*Victoria*）。

【常见种类及其园林应用】睡莲科植物是水边及水中造景的重要材料，常栽于湖岸、水体作主景或配景，如王莲、萍蓬草；可营造睡莲科专类园或水景园、湿地园；可作盆栽、缸栽或桶栽；睡莲还可作切花。园林中常见种类：芡实（*Euryale ferox*）、萍蓬草（*Nuphar pumi*

花图式（睡莲）　　雌雄蕊多（萍蓬草）　　浮叶盘状（王莲）

图 11-5　睡莲科的分类特点

水景园（王莲+睡莲）

图 11-6　睡莲科的园林应用形式

lum)、睡莲(*Nymphaea tetragona*)、王莲(*Victoria regia*)等(图 11-6)。

11.2.1.4　毛茛科 Ranunculaceae

【种属与分布】毛茛科有 50 属 2000 余种，广布于世界各洲，主要分布于北半球温带和寒温带；中国有 42 属约 720 种，广布于全国，大多数属、种分布于西南部山地。

【花程式】　　♀或♂♀ * 或 ↑ $K_{3-\infty} C_{0-\infty} A_{\infty} \underline{G}_{1-\infty:1:1-\infty}$

【识别要点】多为草本少木本。基生或互生，无托叶；单叶掌裂或复叶。两性花，辐射对称或左右对称；花被原始偶有距，花大色艳观赏；单生或组成各种聚伞花序或总状花序；萼片瓣状有颜色，3 片至多数；花瓣(2)3 至多数，或无花瓣，常有蜜腺并常特化成分泌器官；雄蕊雌蕊螺旋状，子房上位心皮离，胚珠多数或 1 枚。蓇葖果或瘦果(图 11-7)。

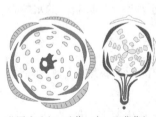

花图式（左：毛茛　右：飞燕草）　　花被原始偶有距（蓝翠雀花）　　藤本植物（铁线莲）

图 11-7　毛茛科的分类特点

【园林中代表属】乌头属(*Aconitum*)、铁线莲属(*Clematis*)、飞燕草属(*Consolida*)、翠雀属(*Delphinium*)。

【常见种类及其园林应用】毛茛科植物花大，颜色艳丽，观赏价值很高，园林应用非常广泛(图 11-8)。

①可用作毛茛科植物专类园。

②飞燕草(*Consolida ajacis*)、蓝翠雀花(*Delphinium caeruleum*)、乌头(*Aconitum carmichaeli*)等，可应用于花坛、花境、花丛、花台和切花。

林下地被植物（牡丹）　　　　盆栽（牡丹）　　　　墙面绿化（铁线莲）

图 11-8　毛茛科的园林应用形式

③铁线莲（*Clematis florida*）、威灵仙（*C. chinensis*）等藤本类植物，可用于垂直绿化和地被植物。

④乌头（*Aconitum carmichaeli*）等药用植物，可应用于药用植物园。

11.2.2　金缕梅亚纲（Hamamelidae）

木本或草本。单叶互生，少对生。花单性少两性，整齐或不整齐，常下位；花被通常离生或退化，常不分成萼片和花瓣；风媒传粉；雄花多为柔荑花序，雄蕊常多数，向心发育，常呈片状或带状；雌蕊群心皮合生少离生，胚珠具单珠被或双珠被。种子常具胚乳，胚小。本亚纲共 11 目 24 科约 3400 种。

11.2.2.1　金缕梅科 Hamamelidaceae

【种属与分布】金缕梅科有 27 属约 140 种，主产亚洲东部，一半以上集中分布于中国南部地区；中国有 17 属约 75 种 16 变种。

【花程式】　$* \hat{\varphi} 或 \delta \varphi K_{(4\sim5)} C_{4\sim5,0} A_{4\sim13} \overline{G}_{(2:2:\infty-1)}, \overline{\underline{G}}_{(2:2:\infty-1)}$

【识别要点】常绿落叶乔木或灌木，植株常具星状毛。单叶互生具叶柄，托叶线形或苞片状。雌雄同株或两性，头状花序、穗状或总状花序；萼筒多少与子房结合，缘部截形，4~5 裂；瓣萼同数或无。蒴果木质或革质（图 11-9）。

【园林中代表属】蜡瓣花属（*Corylopsis*）、檵木属（*Loropetalum*）、金缕梅属（*Hamamelis*）、枫香属（*Liquidambar*）。

【常见种类及其园林应用】金缕梅科植物种类丰富，具观叶、观花、观果价值，并具有

花图式（枫香）　　　花瓣瓣化成带状（红檵木）　　托叶线形，针状宿存花柱（枫香）

图 11-9　金缕梅科的分类特点

行道树（枫香）

修剪成球状，列植于绿篱中（红檵木）

盆景（中华蚊母树）

图 11-10　金缕梅科的园林应用形式

较强的适应性，在园林中应用比较广泛(图 11-10)。

①蜡瓣花(*Corylopsis sinensis*)、檵木(*Loropetalum chinense*)、红檵木(*Loropetalum chinense* var. *rubrum*)、枫香(*Liquidambar formosana*)、北美枫香(*L. styraciflua*)等，可用于庭院中观花，或观高大挺拔、枝繁叶茂之姿，以及其多变的叶色。

②红檵木、中华蚊母树(*Distylium chinense*)、杨梅叶蚊母树(*D. myricoides*)、蚊母树(*D. racemosum*)等，枝繁叶茂，萌芽力强，耐修剪，生长慢，可作隔离带、地被、绿篱，或作桩景；

③枫香具耐火性，可做防火树种；蚊母树、中华蚊母树、杨梅叶蚊母树等，抗毒气性强，可用作工业区防护树种；

④枫香、北美枫香等叶色多变，可用作风景林。

11.2.2.2　桑科 Moraceae

【种属与分布】桑科有 53 属约 1400 种，主要分布于热带、亚热带；中国约产 12 属 153 种和亚种，并有变种及变型 59 个。

【花程式】♀：$* K_{4-6} C_0 \underline{G}_{(2:1:1)}$；♂：$* K_{4-6} C_0 A_{4-6}$

【识别要点】木本植物稀草本，体具乳汁，有刺或无。托叶明显，常早落，有时枝上留环状托叶痕；单叶互生稀对生，全缘具齿，掌状脉或羽状脉。雌雄同株或异株，花萼 4~6，无花瓣；花序密集种类多：总状、圆锥状、头状、穗状、壶状或隐头花序。瘦果或核果状，聚花果、隐花果(图 11-11)。

【园林中代表属植物】榕属(*Ficus*)、桑属(*Morus*)、构属(*Broussoneta*)。

【常见种类及其园林应用】桑科植物因其速生、耐寒暑、抗病力强、种类丰富，在园林绿化中应用非常广泛(图 11-12)：

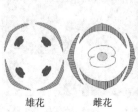
花图式（白桑）

柔荑花序（构树雄花）

隐头花序（薜荔）

图 11-11　桑科的分类特点

绿雕树（榕树）　　　　　　　墙面绿化（薜荔）　　　　　　绿篱（'黄金'榕）

图 11-12　桑科的园林应用形式

①如构树（*Broussonetia papyrifera*）、桑树（*Morus alba*），常作工业区及荒山坡地绿化树种。

②无花果（*Ficus carica*）、榕树（*F. microcarpa*）、菩提树（*F. religiosa*）、'龙爪'桑（*Morus alba* 'Tortuosa'）等冠大荫浓、姿态优美的树种常选作庭院树；薜荔（*Ficus pumila*）也可在庭院坡面造景。

③在热带地区常大面积栽植榕属植物常用作风景林。

④榕树是制作盆景和绿雕塑的主要材料，薜荔（*Ficus pumila*）也常盆栽用作悬垂绿化。

⑤耐修剪、色彩亮丽的'黄金'榕（*Ficus microcarpa* 'Golden Leaves'）可用作绿篱。

⑥桑树、无花果、构树（*Broussonetia papyrifera*）都可作经济林种植。

11.2.2.3　核桃科 Juglandaceae

【种属与分布】核桃科共 8 属约 60 种，大多数分布在北半球热带到温带；中国产 7 属 27 种 1 变种，主要分布于长江以南。

【花程式】♀：$K_{(3-5)} C_0 \overline{G}_{(2:2-4:1)}$；♂：$* K_{(3-6)} C_0 A_{3-\infty}$

【识别要点】落叶乔木或小乔木，体具芳香树脂，树皮有臭味。羽状复叶互生，无托叶，小叶对生。雌雄同株，雄花下垂柔荑状，雌花单一或数朵，顶生，组成穗状或柔荑花序；花被 1~4 裂，与苞片合生或无花被。坚果具翅或包被，皆由苞片发育来，种子无胚乳（图 11-13）。

胡桃（雌花）　胡桃（雄花）　　穗状花序（胡桃楸　　铜钱状的翅坚果（青钱柳）
　　花图式　　　　　　　　　　的雌花）

图 11-13　核桃科的分类特点

【园林中代表属植物】核桃属（*Juglans*）、枫杨属（*Pterocarya*）、山核桃属（*Carya*）、青钱柳属（*Cyclocarya*）。

【常见种类及其园林应用】核桃科植物树冠开展，树形雄伟，枝繁叶茂，绿荫浓密，植株具有清香味，并且分布广，适应性强，深受人们喜爱，园林应用形式多种多样（图 11-14）。

图 11-14　胡桃科植物的园林应用形式(左：核桃　右：枫杨)

①枫杨(*Pterocarya stenoptera*)、青钱柳(*Cyclocarya paliurus*)、核桃(*Juglans regia*)等果型奇特，并且冠大荫浓，常用作庭院绿化，也是良好的行道树种。

②核桃、湖南山核桃(*Carya hunanensis*)、青钱柳都是优良的食用、药用及油用原料，常用作经济林。

11.2.2.4　壳斗科 Fagaceae

【种属与分布】壳斗科共 8 属约 1047 种；中国有 7 属 320 余种。除热带非洲和南非地区外，几乎全世界有分布，以亚洲的种类最多。

【花程式】　＊ ♀：$K_{(4-6)} C_0 \overline{G}_{(3-6:3-7:1-2)}$ ； ♂：$K_{(4-6)} C_0 A_{4-7,8-12}$

【识别要点】多为常绿或落叶乔木。单叶互生为革质，羽状脉，全缘或有芒齿；托叶早落留有痕。多为穗状花序，偶见柔荑雄花序；花单性，雌雄同株无花瓣，苞片发达并包裹着雌花；花萼杯状，4~6 裂雄蕊与萼片同数或为其 2 倍；雌花单生或 2~7 朵生于苞片(花后增大称总苞，果时木质化称壳斗)内，总苞单生或成穗状。1~3 坚果生在壳斗内，壳斗上的苞片呈鳞片状、针刺状或粗糙突起，全部或部分包围坚果(锥栗)(图 11-15)。

叶缘细芒齿（小叶栎）　　壳斗刺状（栗）　　柔荑花序（栓皮栎）

图 11-15　壳斗科的分类特点

【园林中代表属植物】栗属（*Castanea*）、栎属（*Quercus*）。

【常见种类及其园林应用】壳斗科植物分布广泛，适应性强，具有较强的涵养水源、保持水土、防灾减灾等功能，在保护生态环境、维持生态平衡等方面起着重要作用，并且树形优美，落叶类植物季节性强，秋色叶亮丽，一直备受欧美国家园林界青睐，在我国也可以开发具有乡土特色的种类，既可降低园林绿化的养护费用，还可营造地域性的植物景观（图11-16）。

①栓皮栎（*Quercus variabilis*）、麻栎（*Q. acutissima*）等树种，树干通直、冠大荫浓、姿态优美，宜作园路树。

②小叶栎（*Q. chenii*）、麻栎枝叶茂密，绿荫深浓，宜作庭荫树。秋色叶红艳，与其他观赏植物混植可营造优美的景观。

③栓皮栎、板栗（*Castanea mollissima*）等树种对有毒气体有较强的抗性，并且有防风、防火的功能，可在工业区栽植。

④板栗、茅栗（*C. seguinii*）、锥栗（*C. henryi*）等都具有食用、药用价值，可作经济林。

孤植（栓皮栎）　　丛植式（蒙古栎）　　片植（栓皮栎）

图 11-16　壳斗科的园林应用形式

11.2.3　石竹亚纲（Caryophyllidae）

石竹亚纲植物多数为草本，常为肉质或盐生植物。叶常为单叶，互生、对生或轮生。花常两性，整齐，分离或结合；花被形态复杂而多变，同被、异被或常单被，花瓣状或萼片状；雄蕊常定数，离心发育，花粉粒常3核；子房上位或下位，常1室，胚珠1至多数，特立中央胎座或基生胎座，具双珠被及厚珠心。种子常具外胚乳，贮藏物质常为淀粉；胚常弯曲。植物体常含有甜菜碱。本亚纲共3目14科约11 000种。

11.2.3.1　石竹科 Caryophyllaceae

【种属与分布】石竹科植物约80属2000余种，广布于全球，尤以温带和寒带最多；中国有30属约388种58变种8变型，全国均产。

【花程式】$♀ * K_{4-5;(4-5)} C_{4-5} A_{5-10} \underline{G}_{(2-5:1:\infty)}$

【识别要点】草本，茎节膨大似禾竹。单叶全缘合对生，托叶膜质或缺失。两性花，辐射对称，单生，多排成二歧聚伞花序或聚伞圆锥花序；花萼为4或5，基部合生成筒状，花瓣同数常具爪。蒴果齿裂或瓣裂（图11-17）。

【园林中代表属植物】麦仙翁属（*Agrostemma*）、石竹属（*Dianthus*）、石头花属（*Gypsophila*）、剪秋罗属（*Lychnis*）、蝇子草属（*Silene*）。

图 11-17　石竹科的分类特点

【常见种类及其园林应用】石竹科花卉资源丰富，花色斑斓、千姿百态、分布广泛、花期长、适应性强，可用于花境、花坛、岩石园、屋顶绿化、公路绿化，或室内栽培。园林中常见的有麦仙翁（*Agrostemma githago*）、石竹（*Dianthus chinensis*）、香石竹（*D. caryophyllus*）、须苞石竹（*D. barbatus*）、瞿麦（*D. superbus*）、剪秋罗（*Lychnis fulgens*）、剪春罗（*L. coronata*）、高雪轮（*Silene armeria*）、大蔓樱草（*S. pendula*）等。此外，丝石竹（*Gypsophila elegans*）主要用于切花生产，是理想切花材料（图 11-18）。

图 11-18　石竹科的园林应用形式

11.2.3.2　苋科 Amaranthaceae

【种属与分布】苋科有 65 属约 850 种，广布于热带和温带地区；中国有 13 属，39 种，南北均产之。有些种类供蔬食，有些入药，有些供观赏。

【花程式】　$\male * K_{3-5} C_0 A_{3-5} \underline{G}_{(2-3:1:1)}$

【识别要点】多为直立草本，全株食用或观赏；茎粗，红色或绿色。单叶互生或对生，常全缘，无托叶，叶形叶色多样。花很小，两性或单性同株或异株，或杂性，有时退化成不育花；花簇生在叶腋内，呈疏散或密集的穗状花序、头状花序、总状花序或圆锥花序；苞片 1 及小苞片 2，干膜质，绿色或着色，花被片 3~5，膜质，覆瓦状排列。胞果或小坚

花图式（苋）

色彩丰富（锦绣苋）

色彩多变（雁来红）

图 11-19　苋科的分类特点

果，果皮薄膜质，不裂、不规则开裂或顶端盖裂（图 11-19）。

【园林中代表属植物】莲子草属（*Alternanthera*）、苋属（*Amaranthus*）、青葙属（*Celosia*）、千日红属（*Gomphrena*）、血苋属（*Iresine*）。

【常见种类及其园林应用】苋科植物可植于花坛、花境、花丛，可用作植物雕塑或盆栽观赏等，如锦绣苋（*Alternanthera bettzichiana*）、尾穗苋（*Amaranthus caudatus*）、苋（*A. tricolor*）、青葙（*Celosia argentea*）、鸡冠花（*C. cristata*）、银花苋（*Gomphrena celosioides*）、千日红（*G. globosa*）、血苋（*Iresine herbstii*）等；高杆型品种鸡冠花适宜作切花，水养持久；千日红、鸡冠花也是很好的干花材料（图 11-20）。

大提琴雕塑（锦绣苋）

"绿"钢琴（锦绣苋）

盆栽摆花（鸡冠花）

图 11-20　苋科的园林应用形式

11.2.4　五桠果亚纲（Dilleniidae）

常木本；单叶，全缘或具锯齿，偶为掌状或多回羽状复叶。花常离瓣，辐射对称；雄蕊离心发育，或与花冠裂片同数且对生，花粉粒除十字花科外均具 2 核，萌发孔 3；典型的为 3 孔沟；除五桠果目外，雌蕊全为合生心皮，子房上位，常中轴胎座或侧膜胎座，稀为基底胎座和特立中央胎座；珠被 1~2 层；种子不具外胚乳。植物体通常含单宁。共有 13 目 78 科约 26 000 种，中国有 11 目 42 科。

11.2.4.1 山茶科 Theaceae

【种属与分布】山茶科有 36 属约 700 种，广泛分布于东西两半球的热带和亚热带，尤以亚洲最为集中；中国有 15 属 480 余种，主产于长江流域及其以南地区。

【花程式】 ⚥或稀 ♀♂ ∗ $K_{4-\infty} C_5, A_\infty G_{(2-8:2-8:2-\infty)}$

【识别要点】常绿或半常绿乔木或灌木。单叶互生，无托叶，革质，羽状脉，全缘或有锯齿。多为两性花，单生或簇生；苞片 2 至多片，宿存或脱落，或苞萼不分逐渐过渡；萼片 5 至多片，脱落或宿存；花瓣 5 至多片，基部常连生，白色，或红色及黄色。蒴果，或不分裂的核果及浆果状，种子圆形，多角形或扁平，有时具翅（图 11-21）。

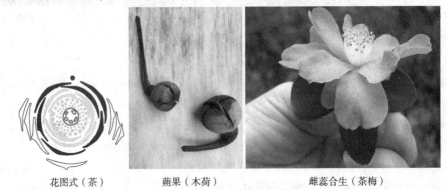

花图式（茶）　　蒴果（木荷）　　雌蕊合生（茶梅）

图 11-21　山茶科的分类特点

【园林中代表属植物】山茶属（*Camellia*）、木荷属（*Schima*）、厚皮香属（*Ternstroemia*）。

【常见种类及其园林应用】山茶科植物多秋冬开花，花色丰富多彩，花期长，偶具芳香，常绿，防火性能好，深受世界园艺园林界的重视并得以开发利用，园林应用形式多种多样（图 11-22）。

桩景（茶梅）　　　　片植（山茶）

图 11-22　山茶科的园林应用形式

①山茶（*Camellia japonica*）及其品种、茶（*C. sinensis*）、金花茶（*C. nitidissima*）、杜鹃红山茶（*C. azalea*）、油茶（*C. oleifera*）、茶梅（*C. sasanqua*）等具有瑰丽的花朵，是世界闻名的观赏花木，尤以具黄花的金花茶组最引人注目，常用于布置专类园，既有观赏作用，又有科普教育作用，还是重要的种质资源基因库。中国浙江省金华市茶花园、广西防城港金花茶园、江西林科院山茶基因库、广东佛山多色名贵茶花推广示范园等都是按专类园的形式建立的多功能园区。

②银木荷(*Schima argentea*)、木荷(*S. superba*)等是高大乔木,具有浓密、优美的树冠,花大、色白、量多,叶片较厚,新色叶红艳,具抗火性和抗污染等特点,宜用作庭院、公园、烟花厂、城市街道等的行道树和庭荫树。目前,金华、佛山等地将其用作行道树,湖南浏阳所有烟花厂都将其用作生物防火林带树或行道树。

③茶及普洱茶(*C. assamica*)在国际市场上是著名的饮料,也是中国的特产;油茶(*C. oleifera*)、大白山茶(*C. granthamiana*)、五柱滇山茶(*C. yunnanensis*)等的种子都是油料植物。

11.2.4.2 锦葵科 Malvaceae

【种属与分布】锦葵科有50属约1000种,分布于温带至热带;中国有17属82种和36变种或变型,全国各地均产,多集中分布于温带和亚热带地区。

【花程式】 $\male * K_5 C_5 A_{(\infty)} \underline{G}_{(2-\infty : 2-\infty : 1-\infty)}$

【识别要点】乔木灌木或草本。单叶互生,叶掌裂,常被星毛;2托叶。辐射对称花两性;花单生、簇生、聚伞花序至圆锥花序,顶生腋生,颜色鲜亮;萼片5片,分离或合生;其下面附有总苞状的小苞片(又称副萼)3至多数,即富有特色的两重花萼;花瓣5片,彼此分离,但与雄蕊管的基部合生。蒴果分果,少浆果(图11-23)。

花图式(陆地锦)　　雄蕊合成管状(扶桑)　　蒴果(木槿)

图11-23　锦葵科的分类特点

【园林中代表属植物】秋葵属(*Abelmoschus*)、苘麻属(*Abutilon*)、蜀葵属(*Althaea*)、棉属、木槿属(*Hibiscus*)、锦葵属(*Malva*)、悬铃花属(*Malvaviscus*)、梵天花属(*Urena*)。

【常见种类及其园林应用】锦葵科植物资源丰富,形态多变,大部分种类花大而艳丽,花期长,品种繁多、花色丰富、叶色浓绿,而且部分种类抗性强,且有较强的抗污染能力,在园林造景中有很大的优势。朱槿、木芙蓉、木槿、悬铃花、蜀葵等是著名的园林观赏植物(图11-24)。

丛植(木槿)　　　　　　　水边绿化(三醉芙蓉)

图11-24　锦葵科的园林应用形式

①木槿(*Hibiscus syriacus*)、朱槿(*H. rosa-sinensis*)等在园林中常作为绿篱或花篱。木槿、朱槿的枝条柔软，可编制成各种图案或花纹，犹如镂空花窗，也可绕成花篮、狮子、老虎等模型。

②黄蜀葵(*Abelmoschus manihot*)、咖啡黄葵(*A. esculentus*)、箭叶秋葵(*A. sagittifolius*)、金铃花(*Abutilon striatum*)、蜀葵(*Althaea rosea*)、草棉(*Gossypium herbaceum*)、红秋葵(*Hibiscus coccineus*)、木芙蓉(*H. mutabilis*)、玫瑰茄(*H. sabdariffa*)、黄槿、吊灯扶桑(*H. schizopetalus*)、海滨木槿(*H. hamabo*)、芙蓉葵(*H. moscheutos*)、锦葵(*Malva sinensis*)、悬铃花(*Malvaviscus arboreus*)、垂花悬铃花(*M. arboreus*)、地桃花(*Urena lobata*)、梵天花(*U. procumbens*)等多在夏季开花，花色有白色、红色、黄色等，花形如钟、悬如风铃或灯笼，有些种类花开全年，如孤植或丛植于草坪、庭院、林缘，以绿荫为背景，相互映衬，可以形成独特的景观，还可用作花境材料，或作基础种植。

③红萼苘麻(*Abutilon megapotamicum*)属常绿木质藤本，花冠形如宫灯，花萼鲜红，花瓣黄色，又似红心吐金，全年开花，宜作悬垂植物或棚架植物。

④木芙蓉、木槿、黄槿、海滨木槿、朱槿等大灌木或小乔木植物，枝叶茂盛，冠大荫浓，花大繁密，花期长，宜用在道路边作行道树。

⑤蜀葵、海滨木槿、黄槿等，非常耐盐碱，适宜海滨绿化；木芙蓉用作水边绿化。

11.2.4.3　葫芦科 Cucurbitaceae

【种属与分布】葫芦科有113属约800种，主产于热带和亚热带；中国有32属154种35变种，主要分布于西南部和南部。

【花程式】♀：$* K_{(5)} C_{(5)} \overline{G}_{(3:1;\infty)}$；♂：$* K_{(5)} C_{(5)} A_{(2)+(2)+1;(5)}$

【识别要点】多为草质藤本，一年生植物的根为须根，多年生植物常为球状或圆柱状块根；茎上沟纹易识别，卷须助攀或匍匐；卷须腋生多分歧，歧点旋卷稀伸直。单叶互生无托叶，深浅掌裂或不裂；叶缘具齿稀全缘，偶见复叶鸟足状。花多单性，雌雄同株或异株，单生、簇生，或集成总状花序、圆锥花序或近伞形花序；花萼5裂，花冠合生。瓠果肉质(图11-25)。

花图式（黄瓜）

瓠果鲜红色的栝楼

花瓣裂成流苏状的栝楼

图 11-25　葫芦科的分类特点

【园林中代表属植物】南瓜属(*Cucurbita*)、金瓜属(*Gymnopetalum*)、葫芦属(*Lagenaria*)、栝楼属(*Trichosanthes*)。

【常见种类及其园林应用】南瓜(*Cucurbita moschata*)、飞碟瓜(*C. pepo*)、王瓜(*Trichosanthes cucumeroides*)、蛇瓜(*T. anguiua*)、栝楼(*T. kirilowii*)、金瓜(*Gymnopetalum chinense*)、葫芦(*Lag-*

enaria siceraria)等葫芦科植物，是一年生草质藤本，花大美丽，有开黄花的南瓜、飞蝶瓜等；有花瓣流苏状、白色的金瓜、王瓜、蛇瓜、栝楼、葫芦等；果实硕大，形状千姿百态，飞碟瓜果扁平碟状，蛇瓜果酷似一条条长蛇，且花纹白绿相间，色泽清雅，果色鲜艳，有黄色、白色、橙色等单色、复色，或镶有各式条纹、晕斑，是优良的棚架、拱门、凉廊、栏杆、栅栏、围墙和阳台、窗台绿化的花果兼并的观赏植物，尤其是作棚架式造景时，累累果实悬挂于架下，极为醒目(图11-26)。栝楼的卷须先端在依附墙壁时常常变为吸盘，可以吸附在墙壁上，因而也可用于墙面、石壁、树干的绿化。

棚架（观赏葫芦）

棚架（蛇瓜）

图 11-26　葫芦科的园林应用形式

11.2.4.4　秋海棠科 Begoniaceae

【种属与分布】秋海棠科有秋海棠属(*Begonia*)和希尔布朗属(*Hillebrandia*)2属，后者分布于夏威夷群岛的单种属，以子房半下位区别于秋海棠属(子房下位)。秋海棠属1700余种，为被子植物世界第五大属，分布于中南美洲(750余种)、非洲(160余种)、亚洲(750余种)；中国秋海棠属有210余种(包括变种、亚种)，主要分布于滇东南、桂西南地区。

【花程式】♀：$* P_{2-5} \overline{G}_{(2-5:1:\infty)}$；♂：$* K_2 C_2 A_\infty$

【识别要点】常为多年生肉质草本，稀为亚灌木，根茎球茎和块茎。单叶互生，茎有节（偶有复叶），叶基歪斜具长柄；叶缘具齿稀全缘；托叶，早落留点痕。花单性，雌雄同株，偶异株，通常组成聚伞花序；花被片花瓣状；雄花花被片 2~4(10)，离生；雌花花被片 2~5(6~10)，离生。蒴果、浆果，具翅棱(图 11-27)。

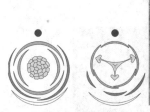
花图式（秋海棠）

缘有重锯齿（秋海棠）

叶面带彩纹（铁甲秋海棠）

图 11-27　秋海棠科的分类特点

【园林中代表属植物】秋海棠属（*Begonia*）。

【常见种类及其园林应用】秋海棠科植物多具有株形圆整，花多而密集、花叶俱美，观赏期长等特点，常用于花坛、花境、悬垂绿化、林下地被，或盆栽置于庭、廊、案台、餐厅等室内场所，或结合营养袋置于雕塑体上，形成观花观叶的绿雕塑。园林中常见种类：秋海棠（*Begonia grandis*）、四季秋海棠（*B. semperflorens*）、斑叶竹节秋海棠（*B. maculata*）、大王秋海棠（*B. rex*）、铁甲秋海棠（*B. masoniana*）、紫背天葵（*B. fimbristipula*）、丽格海棠（*B.* × *hiemalis*）（图 11-28）。

立柱式（秋海棠类）　　箱式栽培（秋海棠类）　　垂直绿化（秋海棠类）

图 11-28　秋海棠科的园林应用形式

11.2.4.5　杨柳科 Salicaceae

【种属与分布】杨柳科有 3 属 620 余种，主要分布于北温带至亚热带地区；中国有 3 属 320 余种，全国各地均有分布。

【花程式】♀：$\uparrow K_0 C_0 \underline{G}_{(2:1:\infty)}$；♂：$\uparrow K_0 C_0 A_{2-\infty}$

【识别要点】落叶乔木或直立、垫状和匍匐灌木；树皮光滑或开裂粗糙，通常味苦，有顶芽或无顶芽，芽由 1 至多数鳞片所包被。单叶多互生，全缘，锯齿缘或齿牙缘，或浅裂；托叶鳞片状或叶状，早落或宿存。雌雄异株，柔荑状，直立或下垂，先花后叶或与叶同放；苞片膜质无花被，杯状花盘或腺体。蒴果 2~4(5) 瓣裂；种子基部生长毛，早春飞絮状如雪（图 11-29）。

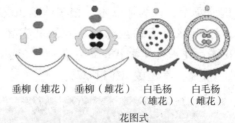

垂柳（雄花）　垂柳（雌花）　白毛杨（雄花）　白毛杨（雌花）

花图式

柔荑花序（垂柳）　　果絮如棉花（垂柳）

图 11-29　杨柳科的分类特点

【园林中代表属植物】杨属(*Populus*)、柳属(*Salix*)。

【常见种类及其园林应用】杨柳科为中国北方地区城乡园林绿化的主要树种,长江流域以南常见种类有毛白杨(*Populus tomentosa*)、加杨(*P. ×canadensis*)、银柳(*Salix argyracea*)、垂柳(*S. babylonica*)、旱柳(*S. matsudana*)、绦柳(*S. matsudana* var. *matsudana* f. *pendula*)等。其中,杨属植物高大挺拔,姿态魁梧而雅致,叶大荫浓,是良好的庭荫树、行道树或防护林树种;柳属植物枝条柔软,生长迅速,适应性强,对有毒气体有一定的抗性,自古以来就深受人们喜爱,尤其适宜种植于水边,长枝蘸水,或与桃树共同形成桃红柳绿的江南春景,或用作庭荫树、行道树、水边绿化,或基础种植,但因其飞絮易污染环境,给市民带来不便,建议在公共场所多用雄株(图11-30)。

行道村(毛白杨)　　　片植(毛白杨)

图11-30　杨柳科的园林应用形式

11.2.4.6　十字花科 Cruciferae

【种属与分布】十字花科植物有375属约3200种,主产于北温带,尤以地中海区域分布较多;中国有95属425种124变种和9个变型,全国各地均有分布,以西南、西北、东北高山区及丘陵地带为多,平原及沿海地区较少。

【花程式】 $\male * \; K_{2+2} C_{2+2} A_{2+4} \underline{G}_{(2:1:1-\infty)}$

【识别要点】草本植物辛辣味,植株常披各式毛;肥厚块根会有时,茎节形态式样多。单叶基生或茎生,基生叠状莲座状;全缘具齿羽复叶,常无托叶花整齐。总状花序顶腋生,辐射对称花两性,十字花冠基具爪。子房上位为角果(图11-31)。

【园林中代表属植物】芸薹属(*Brassica*)、桂竹香属(*Cheiranthus*)、屈曲花属(*Iberis*)、香雪球属(*Lobularia*)、紫罗兰属(*Matthiola*)、诸葛菜属(*Orychophragmus*)。

【常见种类及其园林应用】十字花科植物花虽小,但花量大而集中,色彩鲜艳,有花开金黄色的芸薹(*Brassica rapa* var. *olerifera*)、桂竹香(*Erysimum cheiri*)、羽衣甘蓝(*Brassica oleracea* var. *acephala* f. *tricolor*),有花开纯白的香雪球(*Lobularia maritima*),有花淡紫或紫色的屈曲花(*Iberis amara*)、紫罗兰(*Matthiole incana*)、二月蓝(*Orychophragmus violaceus*)等,花期多集中在3~6月,可用于早春或春季布置花坛、花境,或点缀草坪边缘,也可

花图式（二月蓝）　　　伞房花序（香雪球）　　　　十字花冠（二月蓝）　　　十字花冠（紫罗兰）

图 11-31　十字花科的分类特点

大面积种植成花海景观；屈曲花、香雪球分枝明显，丛生状，适应性强，宜用于岩石园；桂竹香、香雪球、紫罗兰、芸薹花，幽香宜人，易招蜂引蝶，宜布置芳香植物专类园，或种植庭院；羽衣甘蓝基生叶排列如一朵美丽的牡丹花，冬季叶色丰富，观赏期长，常用作冬季花坛、街头等绿化带的镶边植物（图 11-32）。

用作花坛（羽衣甘蓝）　　　　　　　　　用作花边（羽衣甘蓝）

图 11-32　十字花科的园林应用形式

11.2.4.7　杜鹃花科 Ericaceae

【种属与分布】杜鹃花科有 103 属约 3350 种，广布全球；中国有 15 属约 757 种，分布于全国各地，四川、云南、贵州、西藏为分布中心。

【花程式】$\male \ast \uparrow K_{(4-5)} C_{(4-5)} A_{8-10} \underline{G} \text{ 或 } \overline{G}_{(2-5:2-5:\infty)}$

【识别要点】通常为常绿或落叶灌木或乔木，地生或附生；冬芽为鳞芽。单叶互生无托叶，罕见对生或轮生；革质全缘或锯齿，有各式毛或鳞片，或光滑。辐射对称两性花，单生或组成总状、圆锥状或伞形总状花序，顶生或腋生；具苞片；花萼 4～5 裂，宿存，有时花后肉质；合生花冠成钟状、坛状、漏斗状或高脚碟状，花冠通常 5 裂，裂片覆瓦状排列。蒴果、浆果，种子小（图 11-33）。

【园林中代表属植物】吊钟花属（*Enkianthus*）、马醉木属（*Pieris*）、杜鹃花属（*Rhododendron*）、越橘属（*Vaccinium*）。

【常见种类及其园林应用】杜鹃花科的许多属、种是著名的园林观赏植物，已在世界各地广为利用，且应用形式丰富多彩。我国长江流域常用种类及其应用形式如下（图 11-34）。

① 锦绣杜鹃（*Rhododendron pulchrum*）、白花杜鹃（*Rh. mucronatum*）、杜鹃花（*Rh. simsii*）等

花图式（杜鹃花）　　　　果实蓝黑色（乌饭树）　　　花瓣合生成筒状，簇生花序
　　　　　　　　　　　　　　　　　　　　　　　　　　（溪畔杜鹃）（李国平摄）

图 11-33　杜鹃花科的分类特点

花色艳丽，花繁叶茂，花形别致，花期长，树姿优美，在盆栽花卉中具有较高地位，是室内绿化和室外摆花的重要植物，也是花境、花坛、花带的重要花卉，还可丛植于草坪或林缘。

②锦绣杜鹃、白花杜鹃、杜鹃花等节间短、枝叶细小、抗逆性强、耐剪宜扎、枝干苍古、花朵繁密而鲜艳等特点，常制作成桩景。

③锦绣杜鹃、白花杜鹃、杜鹃花、鹿角杜鹃（*Rhododendron latoucheae*）、黄花杜鹃（*Rh. lutescens*）、南烛（*Vaccinium bracteatum*）、蓝莓（*V. Spp.*）、吊钟花（*Enkianthus quinqueflorus*）、灯笼树（*En. chinensis*）、马醉木（*Pieris japonica*）等可以布置专类园。

高山灌丛（杜鹃花）　　　　林缘（白花杜鹃）　　　　提根式盆景（杜鹃花）

图 11-34　杜鹃花科的园林应用形式

11.2.5　蔷薇亚纲（Rosidae）

蔷薇亚纲植物为木本或草本。单叶或羽状复叶，偶有极度退化或无。花部以5为基数，轮生，花被分化明显，花瓣分离，偶基部合生。雄蕊多数或少数，向心发育，花粉粒常2核，极少3核，常具3个萌发孔；雌蕊心皮分离或合生，子房上位或下位，心皮多数或少数；胚珠具双或单珠被，厚或薄珠心，多为中轴胎座，若为侧膜胎座，每子房仅1~2枚胚珠。胚乳存在或否，但外胚乳多不存在。蜜腺类型多种，生于雄蕊内或雄蕊外花盘。植物体常含单宁，不含甜菜素。

蔷薇亚纲占双子叶植物总数的1/3，共有18目118科约58 000种。许多是重要的经济作物和园林植物。

11.2.5.1　景天科 Crassulaceae

【种属与分布】景天科有34属1500种，广布于全世界，以南非为多；中国有10属242

种，全国均产，含有丰富的药用植物和园林植物。

【花程式】 ☿ * $K_{4-5}C_{4-5}A_{4-5;8-10}G_{(4-5:1:\infty)}$

【识别要点】草本、半灌木或灌木，常有肥厚肉质的茎。叶肉质，无毛或有毛，互生、对生或轮生，全缘或稍有缺刻。单叶；无柄，无托叶。辐射对称花两性，或为单性而雌雄异株；常为聚伞花序，或为伞房状、穗状、总状或圆锥状花序；花各部常为5数或其倍数；花瓣分离，或多少合生；雄蕊1轮或2轮，与萼片或花瓣同数或为其二倍，分离，或与花瓣或花冠筒部多少合生。蓇葖果有膜质或革质的皮，稀为蒴果(图11-35)。

花图式

果序伞房状（八宝景天）

花辐射对称（佛甲草）

图 11-35　景天科的分类特点

【园林中代表属植物】景天属(*Sedum*)、瓦松属(*Orostachys*)、落地生根属(*Bryophyllum*)、八宝属(*Hylotelephium*)。

【常见种类及其园林应用】景天科植物茎叶肉质，植株矮小，叶排列如小莲座，叶色光亮，表皮有蜡质粉，气孔下陷，可减少蒸腾，是典型的旱生植物，夏秋季开花，花小而繁茂。常用种类及其应用形式如图11-36所示。

用于植物造型（佛甲草）（宋世杰摄）

缸栽（垂盆草）

山石绿化（落地生根）

屋顶绿化（佛甲草）

图 11-36　景天科的园林应用形式

①佛甲草(*Sedum lineare*)及其彩叶品种、凹叶景天(*S. emarginatum*)等适应性强,只需少量土壤即可成活,常用来营造各种生动有趣的植物雕塑,或布置垂直绿化。

②佛甲草、垂盆草(*Sedum sarmentosum*)、瓦松(*Orostachys fimbriatus*)等,常生于石质山坡和岩石上以及瓦房或草房顶上,由于其矮小抗风,又不需要大量水肥,耐污染,因此成为目前比较流行的屋顶绿化首选植物,也是布置岩石园的良种。

③八宝(*Hylotelephium erythrostictum*)、费菜(*Sedum aizoon*)等,叶面清新光洁,非常耐干旱,耗水肥很少,极易种植观赏,常用作花境、花坛的重要材料。

④落地生根(*Bryophyllum pinnatum*)叶片肥厚多汁,叶色亮丽,叶形别致,叶缘长出整齐美观的不定芽,形似一群绿色小蝴蝶,飞落于地,立即扎根繁育子孙后代,颇有奇趣,常用于盆栽,是装点窗台的好材料,点缀书房和客室别具雅趣。此外,青锁龙属(*Crassula*)的燕子掌(*C. ovata*)、石莲花属(*Echeveria*)、伽蓝菜属(*Kalanchoe*)也已成为大众喜欢的室内观赏植物。

11.2.5.2 蔷薇科 Rosaceae

【种属与分布】蔷薇科有 124 属 3300 余种,广布于全世界,北半球温带较多;中国有 51 属 1000 余种,全国分布。

【花程式】
绣线菊亚科(Spiraeoideae) $\male * K_{(5)} C_5 A_\infty \underline{G}_{1-5:1:2-\infty}$
蔷薇亚科(Rosoideae) $\male * K_5 C_5 A_\infty \underline{G}_{\infty:1:2}$
苹果亚科(Maoideae) $\male * K_{(5)} C_5 A_\infty \overline{G}_{(2-5:2-5:2-4)}$
李亚科(Prunoideae) $\male * K_{(5)} C_5 A_\infty \underline{G}_{1:1:1}$

【识别要点】常绿或落叶的乔木、灌木、草本、藤本;枝上有刺或无刺。叶常互生,单叶或复叶;叶缘多有锯齿,托叶常附生叶柄上而成对。花两性,辐射对称,5 基数;蔷薇花冠有萼筒,常根据花托呈凹陷或凸起或心皮数量而分成绣线菊亚科、蔷薇亚科、苹果亚科和李亚科。杯状花托 1 心皮,桃、李、梅、杏和樱桃;碟状花托心皮分离,是绣线菊和白鹃梅;壶状花托心皮合,枇杷、海棠、苹果、梨;花托凹陷心皮数量很多,是玫瑰、蔷薇和草莓。绣线菊亚科为聚合蓇葖果,蔷薇亚科为聚合果,苹果亚科为梨果,李亚科为核果(图 11-37)。

【园林中代表属植物】白鹃梅属(*Exochorda*)、珍珠梅属(*Sorbaria*)、绣线菊属(*Spiraea*)、苹果属(*Malus*)、木瓜属(*Chaenomeles*)、山楂属(*Crataegus*)、枇杷属(*Eriobotrya*)、石楠属(*Photinia*)、火棘属(*Pyracantha*)、梨属(*Pyrus*)、草莓属(*Fragaria*)、棣棠属(*Kerria*)、蔷薇属(*Rosa*)、桃属(*Amygdalus*)、杏属(*Armeniaca*)、樱属(*Cerasus*)、李属(*Prunus*)。

【常见种类及其园林应用】该科植物花丰叶茂,色彩多变,文化内涵深,常为园林观赏主要植物,美化效果显著,应用形式多样(图 11-38)。

①钟花樱桃(*Cerasus campanulata*)、木瓜(*Chaenomeles sinensis*)、石楠(*Photinia serrulata*)、枇杷(*Eriobotrya japonica*)、豆梨(*Pyrus calleryana*)、沙梨(*P. pyrifolia*)、杏(*Armeniaca vulgaris*)、樱桃(*Cerasus pseudocerasus*)、山樱花(*C. Serrulata*)、毛樱桃(*C. tomentosa*)、东京樱花(*C. yedoensis*)、李(*Prunus salicina*)、紫叶李(*Pr. cerasifera* f. *atropurpurea.*)等乔木类可用作行道树、庭荫树、孤植、对植或林植。

绣线菊亚科　　　蔷薇亚科　　　苹果亚科　　　李亚科

花图式

果梗短，梨果长（贴梗海棠）　　　蔷薇花冠（蛇莓）　　　蔷薇花冠白色，花萼反卷（尾叶樱桃）
（李国平摄）

图 11-37　蔷薇科的分类特点

②月季（*Rosa chinensis*）、粉花绣线菊（*Spiraea japonica*）、中华绣线菊（*S. chinensis*）、珍珠梅（*Sorbaria sorbifolia*）、棣棠花（*Kerria japonica*）、皱皮木瓜（*Chaenomeles speciosa*）、山楂（*Crataegus pinnatifida*）、火棘（*Pyracantha fortuneana*）、白鹃梅（*Exochorda racemosa*）、垂丝海棠（*Malus halliana*）、湖北海棠（*M. Hupehensis*）、西府海棠（*M. micromalus*）、红叶石楠（*Photinia × fraseri*）、石斑木（*Rhaphiolepis indica*）、玫瑰（*Rosa rugosa*）、桃（*Amygdalus persica*）、榆叶梅（*Am. triloba*）、梅（*Armeniaca mume*）、郁李（*Cerasus japonica*）等灌木类可用于片植、带植组成较大面积色块，也可作绿篱作栽植或者盆栽。

③木香花（*Rosa banksiae*）、藤本月季、野蔷薇（*R. multiflora*）、粉团蔷薇等藤本类可用作花架植物或者篱笆攀缘植物。

④委陵菜属（*Potentilla*）、草莓（*Fragaria × ananassa*）、蛇莓（*Duchesnea indica*）等草本植物，植株低矮，匍匐性强，花色艳丽，花期长，具有一定的耐阴性，抗风能力强，并且广布中国，用作地被可以形成低维护的、非常齐整的观花、观果景观。

丛植（贴梗海棠）　　　地被（蛇莓）　　　屋顶绿化（粉花绣线菊）

图 11-38　蔷薇科的园林应用形式

11.2.5.3 苏木科(云实科) Caesalpiniaceae

【种属与分布】苏木科约 180 属 3000 种，分布于热带和亚热带；中国有 21 属约 113 种 4 亚种 12 变种，主产于南部和西南部。

【花程式】 $♀↑K_{(5)}C_5A_{10,5+5}\underline{G}_{1:1:1-\infty}$

【识别要点】多为常绿或落叶乔木或灌木；枝有刺或无刺；常有根瘤菌。常为一回或二回偶数羽状复叶。总状、穗状或圆锥花序；花常为两性，左右对称；花瓣常为 5，旗瓣位于花冠最里面，4 片覆瓦状排列；子房上位，1 室，胚珠多数，边缘胎座。荚果，开裂或不裂(图 11-39)。

【园林中代表属植物】羊蹄甲属(*Bauhinia*)、决明属(*Cassia*)、紫荆属(*Cercis*)、凤凰木属(*Delonix*)、皂荚属(*Gleditsia*)、肥皂荚属(*Gymnocladus*)、任豆属(*Zenia*)。

花图式（云实）　　　假蝶形花冠（双荚决明）　　　荚果排列成总状果序（广西紫荆）

图 11-39　苏木科的分类特点

【常见种类及其园林应用】粉叶羊蹄甲(*Bauhinia glauca*)、双荚决明(*Cassia bicapsularis*)、伞房决明(*C. corymbosa*)、紫荆(*Cercis chinensis*)、湖北紫荆(*C. glabra*)、凤凰木(*Delonix regia*)、绒毛皂荚(*Gleditsia japonica* var. *velutina*)、肥皂荚(*Gymnocladus chinensis*)、任豆(*Zenia insignis*)等，在园林中常用形式如图 11-40 所示。

①凤凰木、湖北紫荆、任豆、肥皂荚等乔木类，树姿优雅，叶形秀美，或花色艳丽，可作庭荫树、行道树、孤植树，或丛植于草坪，也可以用于工厂绿化和"四旁"（宅旁、村旁、路旁、水旁）绿化。

②双荚决明、伞房决明、紫荆等灌木，花色鲜艳，树姿秀美，宜作观赏绿篱、盆栽、盆景，或丛植于草坪边缘。

③绒毛皂荚树杆上有粗大的分枝的棘刺，叶排列成羽毛状，秋天黄色，果实密被金黄色绒毛，可用作观秋叶和观果的刺篱；野生绒毛皂荚的数量比堪称"植物界熊猫"的银杉还稀少，1999 年被列为国家二级重点保护植物，也是中国特有特种和极小种群植物，还是世界自然保护联盟濒危物种红色名录中的极危种(CR)，可用于科普教育基地。

11.2.5.4 含羞草科 Mimosaceae

【种属与分布】含羞草科有 56 属 2800 余种，主产于热带及亚热带；中国有 17 属约 66

| 孤植（紫荆） | 孤植（凤凰木） |

图 11-40　苏木科的园林应用形式

种，主要分布于东南部至西南部。

【花程式】　$♀ * K_{(5)} C_{(5)} A_{5-∞, ∞} \underline{G}_{1:1:∞}$

【识别要点】常绿或落叶乔木或灌木，稀草本，常具根瘤菌。叶互生，多为二回羽状复叶，小叶全缘；托叶明显。花小，两性，辐射对称；穗状、总状或头状花序；萼筒先端5裂；花瓣5，镊合状排列，分离或合生成管。荚果，开裂或不裂（图11-41）。

| 花图式（合欢） | 荚果（合欢） | 头状花序（合欢） |

图 11-41　含羞草科的分类特点

【园林中代表属植物】金合欢属（*Acacia*）、合欢属（*Albizia*）、含羞草属（*Mimosa*）。

【常见种类及其园林应用】园林中常见种类有银荆（*Acacia dealbata*）、合欢（*Albizia julibrissin*）、含羞草（*Mimosa pudica*）等，在园林中常用形式如图11-42所示。

| 片植（银荆） | 地被（含羞草） | 列植（合欢） |

图 11-42　含羞草科的园林应用形式

①银荆(鱼骨松)、合欢等乔木类,树姿优雅,叶形秀美,或花色艳丽,可做庭荫树、行道树、孤植树,或丛植于草坪,也可以用于工厂绿化和"四旁"绿化。

②含羞草株型雅致,每个叶轴上长有1对羽片,羽叶纤细秀丽,其叶片一碰即闭合,别有一番情趣;春花多而清秀,色彩粉红亮丽,楚楚动人,可地栽于庭院墙角,或作地被,也可盆栽于窗口案几。

11.2.5.5　蝶形花科 Papilionaceae

【种属与分布】蝶形花科约440属12 000种,广布全世界;中国有128属1372种183变种,全国各地均有分布。

【花程式】　$\male \uparrow K_{(5)} C_{1+2+(2)} A_{(9)+1,10} \underline{G}_{1:1:2-\infty}$

【识别要点】常绿或落叶的乔灌草藤都有,常有根瘤菌。叶互生,一回奇数羽状复叶或三出复叶,稀为单叶;有时具有卷须,有托叶。花两性,左右对称;萼齿5;花冠蝶形,花瓣5,基部合生成筒状。荚果,多开裂为2瓣,或为节状断裂(图11-43)。

图 11-43　蝶形花科的分类特点

【园林中代表属植物】紫藤属(*Wisteria*)、槐属(*Sophora*)、刺槐属(*Robinia*)、黧豆属(*Mucuna*)、胡枝子属(*Lespedeza*)、木蓝属(*Indigofera*)、锦鸡儿属(*Caragan*)。

【常见种类及其园林应用】紫藤(*Wisteria sinensis*)、槐(*Sophora japonica*)、龙爪槐(*S. japonica* var. *japonica* f. *pendula*)、刺槐(*Robinia pseudoacacia*)、常春油麻藤(*Mucuna sempervirens*)、胡枝子(*Lespedeza bicolor*)、多花木蓝(*Indigofera amblyantha*)、锦鸡儿(*Caragana sinica*)。在园林中常用形式如图11-44所示。

图 11-44　蝶形花科的园林应用形式

①槐、刺槐等乔木类，树姿优雅，叶形秀美，或花色艳丽，可作庭荫树、行道树、孤植树，或丛植于草坪，也可以用于工厂绿化和"四旁"绿化；

②'龙爪'槐、胡枝子、多花木蓝、锦鸡儿等灌木，花色鲜艳，树姿秀美，宜作观赏绿篱、盆栽、盆景，或丛植于草坪边缘。

③紫藤、常春油麻藤等藤本植物，具有绿量大、花色美、生长能力强、缠绕性好等优点，可作棚架、花廊、凉亭、假山石等垂直绿化，也可让其自然生长而形成地被景观，甚至还可以培育大桩制作盆景，可种于草坪、水滨、池畔台坡之地，自成自然之趣。

11.2.5.6 桃金娘科 Myrtaceae

【种属与分布】桃金娘科有 100 属 3000 余种，主产于大洋州、亚洲热带和美洲热带；中国原产及驯化的有 9 属 126 种 8 变种，主要产于广东、广西及云南等近热带的地区。近年来，国内大量引入桉树属（*Eucalyptus*）、白千层属（*Melaleuca*）、红胶木属（*Tristania*）、红千层属（*Callistemon*）、番樱桃属（*Eugenia*）、香桃木属（*Myrtus*）以及南美稔属（*Feijoa*）等的种类。

【花程式】 $♀ * K_{(4-5)} C_{4-5} A_∞ \overline{G}_{(2-5:2-5:1-∞)}$

【识别要点】常绿乔木或灌木。单叶对生或互生，稀轮生；革质，无托叶；具羽状脉或基出脉，全缘，常具边脉，常有油腺点。花单生，或排成各种花序；多为两性，辐射对称；萼筒 4~5 裂，常与子房贴生；花瓣 4~5，有时不存在，着生于花盘边缘，分离或连成帽状体。蒴果、浆果、核果或坚果（图 11-45）。

大叶桉　　柠檬桉（雌花）　　柠檬桉（雄花）　　单叶对生（番石榴）　　花托碗状（赤楠）

图 11-45　桃金娘科的分类特点

【园林中代表属植物】红千层属（*Callistemon*）、桉属（*Eucalyptus*）、番石榴属（*Psidium*）、蒲桃属（*Syzygium*）、野凤榴属（*Acca*）。

【常见种类及其园林应用】园林中常见种类有红千层（*Callistemon rigidus*）、柠檬桉（*Eucalyptus citriodora*）、番石榴（*Psidium guajava*）、莲雾（*Syzygium samarangense*）、红鳞蒲桃（*Syzygium hancei*）、赤楠（*S. buxifolium*）、轮叶赤楠（*S. grijsii*）、桃金娘（*Rhodomyrtus tomentosa*）、菲油果（*Acca sellowiana*）等。在园林中常见应用形式如下（图 11-46）。

①红千层、柠檬桉等乔木类植物，高大挺拔，树干笔直光滑，红千层花色漂亮，柠檬叶具柠檬味，适合用作行道树和庭荫树。

②红鳞蒲桃、赤楠（山乌珠）、轮叶赤楠（轮叶蒲桃）、桃金娘等灌木类植物，生长速度快，萌生枝多，嫩叶鲜红，叶密集而耐修剪，果实繁多，适合作绿篱、绿球、桩景。

③番石榴、莲雾、桃金娘、菲油果等植物的果实，味美香甜，人和其他动物都喜食，可以利用这些种类营造特色果园、富有特色的生态观光园和采摘园。

地被（桃金娘）　　片植（柠檬桉）　　水边绿化（番石榴）

图 11-46　桃金娘科的园林应用形式

此外，桃金娘科植物既耐瘠薄也耐水湿，可作荒山绿化先锋树种和滨水绿化植物。

11.2.5.7　卫矛科 Celastraceae

【种属与分布】卫矛科约 60 属 850 种，主要分布于温暖地区、亚热带及热带，少数进入寒温带；中国有 12 属 200 余种（含引种 1 属 1 种），全国均产，主要分布于长江流域及其以南各地。

【花程式】　$♀ * K_{4-5} C_{4-5} A_{4-5} \underline{G}_{(2-5:1-5:2)}$

【识别要点】常绿或落叶乔木、灌木或藤本灌木及匍匐小灌木；卫矛常有明显的木栓翅。单叶对生或互生；托叶小形，常早落。花两性，花被淡绿色，多为杂性同株，偶为异株；花冠辐射对称偶单生，聚伞花序顶生或腋生，偶见单生。花部以 4~5 为基数，常具明显肥厚花盘。多为蒴果，亦有核果、翅果或浆果（图 11-47）。

花图式（冬青卫矛）　　花盘肥厚（冬青卫矛）　　蒴果（冬青卫矛）

图 11-47　卫矛科的分类特点

【园林中代表属植物】卫矛属（*Euonymus*）。

【常见种类及其园林应用】卫矛属植物树形端正，枝叶茂密，秋色叶艳丽多姿，果形奇特而美观，是非常优良的园林绿化观赏树种。园林中常见种类：卫矛（*Euonymus alatus*）、扶芳藤（*E. fortunei*）、大叶黄杨（*E. japonicus*）、丝棉木（*E. maackii*）、垂丝卫矛（*E. oxyphyllus*）、陕西卫矛（*E. schensianus*）。在园林中常用形式如下（图 11-48）。

①丝棉木、垂丝卫矛、陕西卫矛等小乔木状的植物多孤植于公园、庭院、草坪、道路的交叉点等，能发挥园林景观的中心视点或引导视线的作用，充分展示其独特的个体美。

②卫矛、大叶黄杨等灌木状的植物在园林应用中通常成丛栽植或三五成群点缀于园林绿地的草坪中央或边缘、院落、廊架的角隅、园路转弯处、假山蹬道旁等，既能丰富景观色彩，又能软化硬质景观元素，起到活跃园林景观的作用。

③扶芳藤及其变种可用作地被植物或垂直绿化。

④卫矛属植物深秋红果绿叶或红果红叶交织，具有很强的视觉冲击力，群植或片植于大草坪或小山坡上可以充分展现其群体美，营造出良好的群体景观。

孤植（冬青卫矛）　　　　列植（冬青卫矛）　　　　地被（扶芳藤）

图 11-48　卫矛科的园林应用形式

11.2.5.8　大戟科 Euphorbiaceae

【种属与分布】大戟科有 300 属 5000 余种，广布于全球；中国有 66 属约 364 种，各地均产，主产于西南至台湾。

【花程式】♂：$*K_{0-5}C_{0-5}A_{1-\infty}$；♀：$*K_{0-5}C_{0-5}\underline{G}_{(3:3:1-2)}$

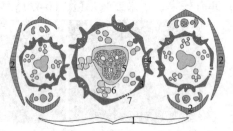

1.总苞　2.杯状总苞　3.萼状裂片　4.腺体（蜜腺）　5.雌花（三心皮、三室、每室一胚珠）
6.雄花（蝎尾状聚伞排列）7.腺体缺失的地方
花图式（大戟属）

蒴果（乌桕）　　　　柔荑花序（山麻杆）　　　　叶形多变（变叶木）

图 11-49　大戟科的分类特点

【识别要点】常绿或落叶的乔木、灌木或草本，稀为木质或草质藤本；常具白色乳状汁液，稀为淡红色。多为单叶互生，少为复叶，或退化呈鳞片状；全缘或有锯齿，稀为掌状深裂；具羽状脉或掌状脉；叶柄长至极短，基部或顶端有时具有 1~2 枚腺体；托叶早落或宿存，脱落后具环状托叶痕。花单性，雌雄同株或异株，单花或聚伞或总状花序，大戟类的花为特殊的杯状聚伞花序（此花序由 1 朵雌花居中，周围环绕以数朵或多朵仅有 1 枚雄蕊的雄花所组成）；萼片分离或在基部合生，覆瓦状或镊合状排列，在特化的花序中有时萼片极度退化或无；花瓣有或无。蒴果，少为浆果或核果（图 11-49）。

【园林中代表属植物】山麻杆属（*Alchornea*）、铁苋菜属（*Acalypha*）、秋枫属（*Bischofia*）、变叶木属（*Codiaeum*）、大戟属（*Euphorbia*）、红雀珊瑚属（*Pedilanthus*）、蓖麻属（*Ricinus*）、乌桕属（*Sapium*）、油桐属（*Vernicia*）。

【常见种类及其园林应用】大戟科植物种类多，叶色叶形丰富多彩，观赏性非常强。园林中常用种类：山麻杆（*Alchornea davidii*）、红桑（*Acalypha wilkesiana*）、秋枫（*Bischofia javanica*）、重阳木（*B. polycarpa*）、变叶木（*Codiaeum variegatum*）、一品红（*Euphorbia pulcherrima*）、红雀珊瑚（*Pedilanthus tithymaloides*）、蓖麻（*Ricinus communis*）、乌桕（*Sapium sebiferum*）、山乌桕（*S. discolor*）、圆叶乌桕（*S. rotundifolium*）、油桐（*Vernicia fordii*）、木油桐（*V. montana*）等，在园林中常用形式如下（图 11-50）。

①重阳木、乌桕、秋枫、山乌桕、圆叶乌桕、油桐、木油桐等乔木类的植物可孤植于公园、庭院、草坪、道路的交叉点等，并且能发挥园林景观的中心视点或引导视线的作用，充分展示其独特的个体美；此外，重阳木、乌桕常见于园林的水边和旱地，秋色叶红红黄黄，非常漂亮，秋枫常用作城市街道行道树。

②山麻杆、红桑、一品红、变叶木、红雀珊瑚、蓖麻等灌木状植物，有的新叶或苞片鲜红，有的叶形多变，有的茎杆曲曲折折，观赏特点鲜明，通常孤植、丛植点缀于园林绿地的草坪中央或边缘，院落、廊架的角隅，园路转弯处，太湖石假山四周或一侧等，既能丰富景观色彩，又能软化硬质景观元素，起到活跃园林景观的作用。

地被（红背挂）

风景林（油桐）

图 11-50 大戟科的园林应用形式

11.2.5.9 葡萄科 Vitaceae

【种属与分布】葡萄科有 12 属约 700 种，多分布于热带和亚热带地区，少数种类分布于温带；中国有 9 属约 150 种，全国均有分布。

【花程式】☿ ; ♂♀ * $K_{4-5}C_{4-5}A_{4-5}\underline{G}_{(2-3:2-3:2)}$

【识别要点】藤本攀缘凭卷须，卷须与叶共对生；茎杆有棱或条纹，茎节膨大具关节。单叶互生或掌状复叶；托叶小而脱落。小花，两性或杂性同株或异株，排列成伞房状多歧聚伞花序、复二歧聚伞花序或圆锥状多歧聚伞花序，花部以 4~5 为基数；萼呈碟形或浅杯状，萼片细小；花瓣与萼片同数，分离或凋谢时呈帽状黏合脱落。浆果；种子坚硬胚乳多（图 11-51）。

花图式（葡萄）　　卷须与叶对生（葡萄）　　花小且无花被（地锦）

图 11-51　葡萄科的分类特点

【园林中代表属植物】白粉藤属（*Cissus*）、地锦属（*Parthenocissus*）、葡萄属（*Vitis*）。

【常见种类及其园林应用】葡萄科植物在园林中多用于棚架、长廊或墙面的垂直绿化，园林中常见种类：锦屏藤（*Cissus sicyoides*）、五叶地锦（*Parthenocissus quinquefolia*）、地锦（*P. tricuspidata*）、三叶地锦（*P. semicordata*）、葡萄（*Vitis vinifera*）（图 11-52）。

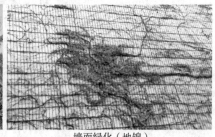

枯木逢春（地锦）　　　　墙面绿化（地锦）

图 11-52　葡萄科的园林应用形式

11.2.5.10　无患子科 Sapindaceae

【种属与分布】无患子科有 150 属约 2000 种，分布于热带和亚热带，温带很少；中国有 25 属 53 种 2 亚种 3 变种，主产于长江以南。

【花程式】♀： * 或 ↑ $K_{4-5}C_{4-5}\underline{G}_{(3:3:1-2)}$; ♂： * 或 ↑ $K_{4-5}C_{4-5}A_8$

【识别要点】常绿或落叶乔木灌木稀藤本。叶互生，无托叶；常为羽状复叶，稀单叶或掌状复叶。花总状、圆锥状或聚伞花序，顶生或腋生；两性、单性或杂性，小花辐射对称或左右对称；花瓣、萼片分离 4~5；花盘发达；雄蕊 8 枚基连生；子房上位，3 心皮，3 室，常 1 室发育，另 2 室残留，每室胚珠 1 或 2，中轴胎座。蒴果、核果、浆果、坚果或翅果；种子无胚乳，常有假种皮（图 11-53）。

花图式（无患子）　　果序圆锥状（无患子）　　偶数羽状复叶（无患子）

图 11-53　无患子科的分类特点

【园林中代表属植物】龙眼属（*Dimocarpus*）、栾树属（*Koelreuteria*）、荔枝属（*Titchi*）、无患子属（*Sapindus*）、文冠果属（*Xanthoceras*）。

【常见种类及其园林应用】无患子科植物树形端庄整齐，高大挺拔，园林中常见种类及其应用形式如图 11-54 所示。

行道树（栾树）　　　　列植（无患子）　　　　片植（龙眼）

图 11-54　无患子科的园林应用形式

①复羽叶栾树（*Koelreuteria bipinnata*）、全缘叶栾树（*K. bipinnata* var. *integrifoliola*）、栾树（*K. paniculata*）、无患子（*Sapindus mukorossi*）等，树形整齐，枝叶茂密，春季嫩叶红色或嫩绿色，夏季满树金黄或纯白的花，秋季叶色金黄，果实红艳而别致，适应性强，是理想的园林树种，宜丛植点缀草坪，或与常绿植物搭配，用作庭荫树、行道树、风景林、园景树等。

②龙眼（*Dimocarpus longan*）、荔枝（*Litchi chinensis*）等，树冠开阔，四季常青，枝叶茂密，新叶红艳，秋季红色、黄色的果挂满枝头，是华南地区常用的行道树、庭荫树、独赏树；也是观赏果园、采摘园的重要树种。

③文冠果（*Xanthoceras sorbifolium*）等落叶灌木或小乔木，花序大而花朵密，春天嫩绿叶与白花相互映衬，秋季满树金黄色叶，是优良的观赏树种，宜植于草坪、路边、山坡、假山旁或建筑物前，用作孤赏树、行道树、基础种植或装点山石等。

11.2.5.11　槭树科 Aceraceae

【种属与分布】槭树科有 2 属 300 余种，主产于亚洲、欧洲、北美洲的北温带地区；中国有 2 属 145 种，广布全国。

【花程式】$\male$或$\male\female$ $* K_{4-5} C_{4-5} A_8 \underline{G}_{(2:2:2)}$

【识别要点】落叶木本，稀常绿，乔木或灌木。单叶对生，稀羽状复叶，全缘不裂或掌裂；无托叶。花小，花被片整齐，花色多种，两性或雌雄同株或异株；萼片花冠 4~5；花盘肉质环状，稍浅裂或退化为齿状。双翅果或翅果状坚果（图 11-55）。

【园林中代表属植物】槭属（*Acer*）、金钱槭属（*Dipteronia*）。

花图式（三角枫）　　　花托肉质（红翅槭）　　　铜钱状的翅果（金钱槭）

图 11-55　槭树科的分类特点

【常见种类及其园林应用】槭树科植物树姿优美，叶形秀丽，嫩叶红色，秋叶多为橙黄色或红色，是重要的秋色叶树种，果实具长形或圆形的翅，冬季宿存。非常美观；且树冠冠幅较大，叶多而密，遮阴良好，是良好的园林树种，宜用作庭荫树、行道树，也可用于风景林中或与山石配置，三角槭 (*Acer buergerianum*) 还是传统的盆景树种。园林中常用种类及其品种：鸡爪槭 (*A. palmatum*)、小叶鸡爪槭 (*A. palmatum* var. *thunbergii*)、'红枫' (*A. palmatum* 'Atropurpureum')、'羽毛'枫 (*A. palmatum* 'Dissectum')、三角槭、血皮槭 (*A. griseum*)、色木槭 (*A. mono*)、中华槭 (*A. sinense*)、元宝槭 (*A. truncatum*)、金钱槭 (*Dipteronia sinensis*) 等（图 11-56）。

片植（三角枫）　　　　列植（元宝枫）　　　　桩景（三角枫）

图 11-56　槭树科的园林应用形式

11.2.5.12　芸香科 Rutaceae

【种属与分布】芸香科有 150 属约 1700 种，主产于热带和亚热带，少数分布至温带；中国有 29 属约 151 种 28 变种，主产于西南和南部。

【花程式】　　♀ * $K_{4-5} C_{4-5} A_{8-10} \underline{G}_{(4-5:1-5:2)}$

【识别要点】常绿或落叶，灌木或乔木，稀攀缘性灌木；枝有皮刺易脱落。单生复叶或羽状复叶，互生或对生，具有独特香气；无托叶；叶片常有透明点，内有油质味独特。花两性，有时单性，多为辐射对称，排成聚伞花序，稀总状或穗状花序；萼片 4~5，常基部合生；花瓣 4~5，分离。柑果、蒴果、蓇葖果、核果或翅果（图 11-57）。

【园林中代表属植物】柑橘属 (*Zanthoxylum*)、金橘属 (*Poncirus*)、花椒属 (*Fortunella*)、枳属 (*Citrus*)、黄檗属 (*Phellodendron*)、九里香属 (*Murraya*)、吴茱萸属 (*Evodia*)。

【常见种类及其园林应用】芸香科有的植物高大挺拔，有的矮小精致，春夏白花满树，芳香满园，秋季果实累累，红果黄果与绿叶相间，别有一番韵味，是园林中富有特色的一类观赏树种，常见种类及其应用形式如下（图 11-58）。

图 11-57 芸香科的分类特点

①黄檗(*Phellodendron amurense*)、臭辣吴萸(*Evodia fargesii*)等落叶类的高大乔木,树冠开阔,前者秋季满树金灿灿,后者秋季满树红艳,宜用作庭荫树、行道树或营造成风景林。

②柠檬(*Citrus limon*)、柚(*C. maxima*)、柑橘(*C. reticulata*)、金橘(*Fortunella margarita*)、金豆(*F. venosa*)、枳(*Poncirus trifoliata*)、竹叶花椒(*Zanthoxylum armatum*)、九里香(*Murraya exotica*)等,株丛紧凑,萌蘖力强,耐修剪,可用作观花、观果的绿篱,也可营造观赏果园或采摘园,还可盆栽于室内观赏。

图 11-58 芸香科的园林应用形式

11.2.6 菊亚纲(Asteridae)

多草本。单叶或复叶,互生或对生,无托叶。花常大而明显;合瓣花冠;雄蕊贴生于花冠筒上,和花瓣同数且互生或较少于花冠片;花粉粒 2 核或 3 核,具 3 沟乳;有蜜腺盘;心皮通常 2,合生,子房上位或下位,花柱顶生或基生;中轴胎座、侧膜胎座或特立中央胎座、基生胎座;子房每室具 1 至多数胚珠,珠被 1 层,薄珠心。种子有或无胚乳。包括 11 目 49 科约 60 000 种,其中以菊科最大,占全亚纲种类的1/3,是被子植物的第一大科。

11.2.6.1 夹竹桃科 Apocynaceae

【种属与分布】夹竹桃科有 250 属 2000 余种,主产于热带和亚热带地区,少数在温带地区;中国产 46 属 176 种 33 变种,主要分布于长江以南各地,少数分布于北部及西北部。

【花程式】 $♀ * K_{(5)} C_{(5)} A_5 \underline{G}_{(2:1:\infty);2:1:\infty}$

【识别要点】乔灌草藤稀有刺，乳汁水液遍全身。单叶对生或轮生，全缘，羽状脉在叶缘常连成边脉；托叶常退化。单花，两性辐射状，聚伞花序顶腋生；萼基合生钟筒状，5裂，花冠覆瓦排列合生成漏斗状、高脚碟状、坛状、钟状、盆状等；花冠喉部有时有副花冠。浆果、核果、蒴果或蓇葖果；种子通常一端有毛(图11-59)。

花图式（左：夹竹桃 右：长春花）　　叶披针形（黄花夹竹桃）　　核果红艳（萝芙木）

图 11-59　夹竹桃科的分类特点

夹竹桃科植物一般有毒，尤以种子和乳汁毒性最烈，也是重要的药物原料和生物杀虫植物。

【园林中代表属植物】黄蝉属(*Allemanda*)、长春花属(*Catharanthus*)、夹竹桃属(*Nerium*)、鸡蛋花属(*Plumeria*)、萝芙木属(*Rauvolfia*)、黄花夹竹桃属(*Thevetia*)、络石属(*Trachelospermum*)、蔓长春花属(*Vinca*)。

【常见种类及其园林应用】夹竹桃科植物种类繁多，生活型多样，乔木、灌木、藤本和草本皆有，有些姿态潇洒，花色丰富艳丽，有桃竹之胜，兼有特殊香气；有些丛生繁花，是极好的园林绿化植物，常见种类及其应用形式如下(图11-60)。

丛植（鸡蛋花）　　　　林缘地被（萝芙木）　　　　垂直绿化（络石）

图 11-60　夹竹桃科的园林应用形式

①黄花夹竹桃(*Thevetia peruviana*)、夹竹桃(*Nerium indicum*)、红鸡蛋花(*Plumeria rubra*)、鸡蛋花(*Pl. rubra* 'Acutifolia')、'红酒杯花'(*Thevetia peruviana* 'Aurantiaca')等，树形整齐，叶色亮绿，花色艳丽，果形奇特，生长速度快，适应性强，抗污染性强，适宜孤植、丛植、群植于公园、庭院、工厂用作孤植树、行道树和庭荫树。

②黄蝉(*Allemanda neriifolia*)、长春花(*Catharanthus roseus*)等灌木，株型矮小，枝叶茂密，适应性强，花色艳丽，宜作花篱和地被；软枝黄蝉(*Allemanda cathartica*)、络石(*Trachelospermum jasminoides*)、蔓长春花(*Vinca major*)等藤蔓植物，可任其自然生长，形成富有野趣的自然地被。

③长春花、软枝黄蝉、络石、蔓长春花等藤蔓类植物，可盆栽悬垂，或自由攀爬在柱、梁、廊架、棚架上，形成亮丽的垂直绿化景观。

11.2.6.2 茄科 Solanaceae

【种属与分布】茄科有 80 属约 3000 种,多分布于温带及热带地区,美洲热带种类最为丰富;中国有 24 属 115 种 35 变种,南北各地均有分布。

【花程式】 ☿ * $K_{(5)} C_{(5)} A_5 \underline{G}_{(2:2:\infty)}$

【识别要点】多为草本;茎生皮刺。单叶互生,全缘或分裂,偶有羽状复叶;无托叶。辐射对称,两性花,单生、簇生、或为蝎尾式、伞房式、伞状式、总状式、圆锥式聚伞花序;顶生、枝腋或叶腋生,或者腋外生;花萼 5 裂,果时多宿存;花冠合生呈辐射状、漏斗状、高脚碟状、钟状或坛状,檐部多 5 裂;花萼、花冠裂片在花蕾中覆瓦状、镊合状、内向镊合状排列或折合而旋转。果实为多汁浆果或干浆果,或者为蒴果(图 11-61)。

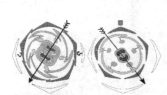
花图式(左:曼陀罗属 右:天仙子属)

花冠筒长(曼陀罗)

浆果(珊瑚樱)

图 11-61　茄科的分类特点

【园林中代表属植物】鸳鸯茉莉属(*Brunfelsia*)、辣椒属(*Capsicum*)、夜香树属(*Cestrum*)、曼陀罗属(*Datura*)、枸杞属(*Lycium*)、番茄属(*Lycopersicon*)、烟草属(*Nicotiana*)、碧冬茄属(*Petunia*)、茄属(*Solanum*)。

【常见种类及其园林应用】茄科植物种类、性状丰富多样,可满足园林应用中不同景观功能的需求,有的花朵形状美丽可爱,五彩缤纷;有的种类果实形态奇特,果色艳丽;有的果实银白色,或花香宜人。园林中常见种类及其应用形式如下(图 11-62)。

盆栽(乳茄)

悬垂绿化(碧冬茄)

图 11-62　茄科的园林应用形式

①木本曼陀罗(*Datura arborea*)、曼陀罗(*Datura stramonium*)枝叶舒展,花大形美,有粉红、白色、黄色、深紫色等多种色彩和浓烈的香味,在南方园林中常用作庭院或屋隅的配置材料,可以烘托宁静、沉稳、和谐的气氛,可用于夜光园,以弥补人们在夜间无法看清植物形态特征的遗憾。

②花烟草(*Nicotiana alata*)、碧冬茄(*Petunia hybrida*)、朝天椒(*Capsicum annuum* var. *conoides*)、乳茄(*Solanum mammosum*)、珊瑚樱(*Solanum pseudocapsicum*)、大花茄(*Solanum wrightii*)、夜香树(*Cestrum nocturnum*)、鸳鸯茉莉(*Brunfelsia latifolia*)、枸杞(*Lycium chinense*)等植物花或果具有醒目的色彩,

用于花境、花坛、路边，容易成为人们视觉的焦点，还可以弥补秋、冬季开花少，色彩单调的植物景观；夜香树(*Cestrum nocturnum*)枝条舒展、花朵玲珑可爱，在夜间开放，散发浓郁的气味，适宜在空旷的公园、庭院、水畔等地适量种植。

11.2.6.3 旋花科 Convolvulaceae

【种属与分布】旋花科约 56 属 1800 余种，主产于美洲和亚洲的热带、亚热带；中国有 22 属约 128 种，主要分布于西南和华南地区。

【花程式】　♀ * $K_{(5)} C_{(5)} A_5 \underline{G}_{(2:1-4:1-2)}$

【识别要点】多为缠绕性草本，常有乳汁；叶互生；双韧维管束，具块根。单叶互生无托叶，全缘或掌裂、羽裂，稀无叶而寄生；叶基心形或戟形。花两性，辐射对称，常单生或数朵集成聚伞花序；花梗细，常有 2 苞片；萼片 5，常宿存；花冠合生漏斗状、钟状、高脚碟状或坛状，冠檐近全缘或 5 裂。常为蒴果(图 11-63)。

花图式（番薯）　　叶羽状全裂（茑萝松）　　花冠漏斗状（打碗花）

图 11-63　旋花科的分类特点

【园林中代表属植物】马蹄金属(*Dichondra*)、番薯属(*Ipomoea*)、牵牛属(*Pharbitis*)、茑萝属(*Quamoclit*)。

【常见种类及其园林应用】该科植物多为缠绕型攀缘植物，枝叶秀丽，花色漂亮，具有很高的观赏价值，园林中一般常用变色牵牛(*Pharbitis indica*)、牵牛(裂叶牵牛)(*Ph. nil*)、圆叶牵牛(*Ph. purpurea*)、五爪金龙(*Ipomoea cairica*)、厚藤(*I. pes-caprae*)、三裂叶薯(*I. triloba*)、'金叶'番薯(*I. batatas* 'Margarita')、橙红茑萝(*Quamoclit coccinea*)、茑萝松(*Q. pennata*)、葵叶茑萝(*Q. sloteri*)、圆叶茑萝(*Q. coccinea*)、槭叶茑萝(*Q. sloteri*)等缠绕栏杆或立柱，或悬垂台地，或自然匍匐，或覆盖在立体的硬质雕塑上，或盆景欣赏；马蹄金(*Dichondra repens*)叶色油绿光亮，是园林中观赏性良好的地被植物(图 11-64)。

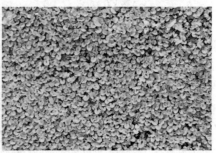

图 11-64　旋花科的园林应用形式

11.2.6.4 马鞭草科 Verbenaceae

【种属与分布】马鞭草科有80余属3000余种，主要分布于热带和亚热带地区，少数延至温带；中国现有21属175种31变种10变型。

【花程式】 $\male\uparrow K_{(4-5)}C_{(2+3)}A_4\underline{G}_{(2:2-4:2)}$

【识别要点】乔木灌木或藤本；茎杆具棱有异味。叶多对生，多为单叶或掌状复叶；无托叶。花序多为聚伞、总状、穗状、伞房状聚伞或圆锥花序，顶生或腋生，左右对称，两性花；花萼杯状、钟状或管状，常在果期增大而呈红色，宿存；花冠合生4~5裂。核果，种子无胚乳(图11-65)。

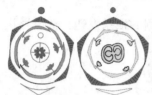  

花图式（左：假连翘 右：马缨丹） 　　核果（假连翘） 　　花色丰富（马缨丹）

图11-65 马鞭草科的分类特点

【园林中代表属植物】紫珠属(*Callicarpa*)、大青属(*Clerodendrum*)、假连翘属(*Duranta*)、马缨丹属(*Lantana*)、马鞭草属(*Verbena*)、牡荆属(*Vitex*)。

【常见种类及其园林应用】马鞭草科植物的花色、果色以蓝紫色系列为主，非常典雅秀丽，同时也弥补了园林中蓝色系花的缺乏；果实球形或卵形，细小如珍珠，光泽亮丽，密集枝干，为庭园中理想的观花观果植物，并且它们大多耐阴、抗旱、抗污染、耐瘠薄，在园林中具有极大的开发潜力。目前园林中常见种类及其应用形式如下(图11-66)。

地被（马缨丹） 　　花海（柳叶马鞭草） 　　桩景（黄荆）

图11-66 马鞭草科的园林应用形式

①山牡荆(*Vitex quinata*)高大挺拔、枝叶茂密、四季常青，是具有开发潜力的庭荫树。

②马缨丹(*Lantana camara*)、柳叶马鞭草(*Verbena bonariensis*)、紫珠(*Callicarpa bodinieri*)、白棠子树(*C. dichotoma*)、假连翘(*Duranta repens*)等灌木类，花色呈现绚丽的红、黄、紫，花期多长达半年，有的果实色彩鲜艳，珠圆玉润，管理粗放，适应性强，抗污染能力强，是既可观花又可赏果的优良园林植物，适合种植于各种园林绿地，宜作花境和花坛。

③赪桐(*Clerodendrum japonicum*)、海州常山(*C. trichotomum*)、臭牡丹(*C. bungei*)、龙吐

珠(*C. thomsonae*)、大青(*C. cyrtophyllum*)、马缨丹、假连翘等灌木,花序大,色彩艳丽,可作林下或空旷地的地被植物,也可用作基础种植。

④假连翘花冠蓝色或淡紫色,果色黄或橙黄,经冬不落,常花果同树,耐修剪,生长快,华南地区多用作绿篱植物或盆栽观赏。

⑤黄荆(*Vitex negundo*)及其变种牡荆(*V. negundo* var. *cannabifolia*)和荆条(*V. negundo* var. *heterophylla*)植株有特殊气味,能驱蚊虫,根系发达,即使在裸岩缝隙中也能正常生长,是良好的岩石园和护坡绿化植物。

⑥柳叶马鞭草摇曳的身姿,娇艳的花色,繁茂而长久的观赏期,花葶虽高却不倒伏,片植效果极其壮观,常常用作疏林、植物园和别墅区的景观布置,也可布置成专类园或花海,开花季节犹如一片粉紫色的云霞,令人震撼。

⑦黄荆、牡荆叶形奇特,可作观叶植物,特别是黄荆的根系发达,奇形异状,是盆景和根艺的上好材料。

11.2.6.5 唇形科 Labiatae

【种属与分布】唇形科有220余属3500余种,分布于全世界,以地中海区域与中亚地区为最多;中国有99属800余种,全国皆有分布。

【花程式】　　$♀↑K_{(5)}C_{(5)}A_{2+2,2}\underline{G}_{(2:4:1)}$

【识别要点】多草本少灌木,茎枝方形;常因含芳香油而有香气。单叶交互对生或轮生,少互生,无托叶;叶缘全缘至具有各种锯齿,浅裂至深裂。轮伞花序聚伞式,唇形花冠萼宿存;二强雄蕊冠上生,下位花盘显肉质;子房上位2心皮,合生,假4室,每室1胚珠。4个小坚果(图11-67)。

花图式(一串红)　　唇形花冠(假龙头花)　　单叶对生(五彩苏)

图 11-67　唇形科的分类特点

【园林中代表属植物】藿香属(*Agastache*)、肾茶属(*Clerodendranthus*)、鞘蕊花属(*Coleus*)、香薷属(*Elsholtzia*)、活血丹属(*Glechoma*)、薰衣草属(*Lavandula*)、益母草属(*Leonurus*)、薄荷属(*Mentha*)、美国薄荷属(*Monarda*)、迷迭香属(*Rosmarinus*)、鼠尾草属(*Salvia*)、水苏属(*Stachys*)。

【常见种类及其园林应用】唇形科植物多为低矮草本或亚灌木,多数种类植物体具有强烈的香味和药用价值,并且多源于郊野之地,适应性非常强,在园林中具有广泛的应用前景。常见种类及其应用形式如下(图11-68)。

①活血丹(*Glechoma longituba*)、肾茶(*Clerodendranthus spicatus*)等植株低矮,枝叶密集,能迅速覆盖地面、不露土,能很好地适应当地气候和环境,尤其是肾茶植物花丝如猫须,观赏价值很高,加之茎干挺直、不易倒伏,是地被植物的好材料。

花带（五彩苏）　　　　　花坛（五彩苏）　　　　　地被（蓝花鼠尾草）

图 11-68　唇形科的园林应用形式

②五彩苏（*Coleus scutellarioides*）、薰衣草（*Lavandula angustifolia*）、宽叶薰衣草（*L. latifolia*）、绵毛水苏（*Stachys lanata*）、鼠尾草（*Salvia japonica*）、一串红（*S. splendens*）等具有株形整齐、叶色期或开花期长而整齐、叶色或花色丰富、鲜明等特点，是花坛、花境和花海的良好材料。

③香薷（*Elsholtzia ciliata*）自然生长在森林公园的道路两边或山石间，花期 7~10 月，花期紫色，是富有野趣的花境或岩石园植物。

④唇形科植物具有药效作用的种类较多，药用植物建设园林景观是中国园林艺术与传统中医药结合的产物，也是弘扬中医文化和中国园林艺术的一大特点，可以用藿香（*Agastache rugosa*）、益母草（*Leonurus artemisia*）、迷迭香（*Rosmarinus officinalis*）、薄荷（*Mentha haplocalyx*）、美国薄荷（*Monarda didyma*）等布置成药用植物专类园。

11.2.6.6　木犀科 Oleaceae

【**种属与分布**】木犀科有 27 属 400 余种，广布于热带和温带地区，亚洲地区种类尤为丰富；中国产 12 属 178 种 6 亚种 25 变种 15 变型，其中 14 种 1 亚种 7 变型系栽培种。

【**花程式**】　　$\male * K_{(4)} C_{(4)} A_2 \underline{G}_{(2:2:2)}$

【**识别要点**】常绿或落叶乔木、灌木或藤本。叶对生无托叶；单叶、三出复叶或羽状复叶。花两性或单性，雌雄同株或异株；辐射对称，常组成圆锥、聚伞或丛生花序，顶生或腋生；花萼花冠常 4 裂。浆果、核果、翅果、蒴果（图 11-69）。

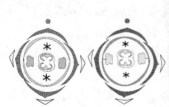  

花图式（左：白蜡树　右：紫丁香）　　花冠钟状（金钟花）　　核果（桂花）

图 11-69　木犀科的分类特点

【**园林中代表属植物**】流苏树属（*Chionanthus*）、连翘属（*Forsythia*）、梣属（*Fraxinus*）、素馨属（*Jasminum*）、女贞属（*Ligustrum*）、木犀榄属（*Olea*）、木犀属（*Osmanthus*）、丁香属（*Syringa*）。

【**常见种类及其园林应用**】木犀科植物全部为木本，分布广、适应性强，树形优美、花

列植（桂花）　　　　　　　　　　　　绿篱（小叶女贞）

图 11-70　木犀科的园林应用形式

色秀丽，多数种类花香宜人，具有较高的观赏价值，有些种类对 SO_2、Cl_2 等有害气体有较强的抗性，是城市园林绿化的优良材料，在园林中应用广泛。常见种类及其应用形式如下（图 11-70）。

①流苏树（*Chionanthus retusus*）、光蜡树（*Fraxinus griffithii*）、苦枥木（*F. insularis*）、女贞（*Ligustrum lucidum*）、桂花（*Osmanthus fragrans*）、蓝丁香（*Syringa meyeri*）、紫丁香（*S. oblata*）等，姿态优美，花色秀丽，枝叶繁茂，多孤植、对植、丛植于广场、草地中央、道路交叉口、岩石旁等，是优良的观赏树种。

②光蜡树、女贞、桂花等，树干通直，树冠整齐，适应性强，耐粗放管理，适宜在公园、居住区、市街及广场的道路两侧作行道树。其中桂花的品种'金桂'（*Osmanthus fragrans* 'Thunbergii'）、'银桂'（*O. fragrans* 'Latifoliu'）、'丹桂'（*O. fragrans* f. *aurantiacus*）、'四季'桂（*O. fragrans* f. *semperflorens*）等，树形优美，叶色浓绿，四季常青，入秋花开满枝，芳香怡人，是城市园林中常用的行道树种。

③野迎春（*Jasminum mesnyi*）、迎春花（*J. nudiflorum*）、连翘（*F. suspensa*）、金钟花（*F. viridissima*）等，花朵早春开放，其枝条舒展，满枝黄花，芳香艳丽；茉莉花（*Jasminum sambac*）花白色，清雅秀丽，花香袭人，常丛植、片植于草坪、墙隅、路边、岸堤等。

④金叶女贞（*Ligustrum* × *vicaryi*）、'金森'女贞（*L. japonicum* 'Howardii'）全年叶色金黄，常与小蜡（*L. sinense*）、红檵木（*Loropetalum chinense* var. *rubrum*）等构成各型色块、色带，绿化美化分车带、交通岛、市街、庭院等；小叶女贞（*Ligustrum quihoui*）、小蜡、狭叶木犀榄（*Olea neriifolia*）等常用作绿篱，或修剪成球形；迎春常密植成花篱。

⑤野迎春、迎春等种类枝蔓翠绿、铺散婆娑，是垂直绿化的好材料，多用作立交桥、台地、水边坡地、高层建筑等的装饰美化。

⑥湖北梣（*Fraxinus hupehensis*）适宜作盆景观赏，紫丁香、茉莉可用作盆栽，点缀窗台、阳台等。

11.2.6.7　玄参科 Scrophulariaceae

【种属与分布】玄参科有 200 余属约 3000 种，广布世界各地；中国有 60 余属 600 余种，遍布全国，主产于西南。

【花程式】　♀↑或 * K$_{(4-5)}$ C$_{(4-5)}$ A$_{4,2}$ G$_{(2:2:\infty)}$

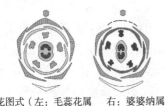  

花图式（左：毛蕊花属　右：婆婆纳属）　　唇形花冠（白花泡桐）　　蒴果（白花泡桐）

图 11-71　玄参科的分类特点

【识别要点】多为草本、灌木，稀乔木，并具星状毛。单叶，互生、对生或轮生；无托叶。花序总状、穗状或聚伞状，常复合成圆锥花序；单花两性，左右对称；萼片 4~5 裂，宿存；花冠合瓣 4~5 裂，多为二唇状。蒴果，稀浆果(图 11-71)。

此外，玄参科有些种类绵羊可采食，牛、马一般不采食，可能与其含有苷类等有毒物质有关。

【园林中代表属植物】金鱼草属(*Antirrhinum*)、毛地黄属(*Digitalis*)、柳穿鱼属(*Linaria*)、泡桐属(*Paulownia*)、炮仗竹属(*Russelia*)、玄参属(*Scrophularia*)、毛蕊花属(*Verbascum*)。

【常见种类及其园林应用】玄参科植物花大色艳，观赏价值很高，是理想的园林植物类型，常用种类及其园林应用形式如下(图 11-72)。

①白花泡桐(*Paulownia fortune*)、毛泡桐(*P. tomentosa*)等乔木类，先花后叶，花大花多，夏天浓荫覆地，宜用作庭院树种、行道树、孤植树。

②金鱼草(*Antirrhinum majus*)、毛地黄(*Digitalis purpurea*)、柳穿鱼(*Linaria vulgaris*)、蓝猪耳(*Torenia fournieri*)、毛蕊花(*Verbascum thapsus*)等草本花卉，花形别致，色彩丰富，花期长，多用作花坛、花境，或盆栽，高秆种类还可用作切花材料。

③炮仗竹(*Russelia equisefiformis*)等蔓藤植物，宜用作棚架或悬垂植物，红色长筒状花朵成串吊于纤细下垂的枝条上，犹如细竹上挂的鞭炮，别有一番景，还可在花坛、树坛边种植，也可盆栽观赏。

行道树（毛泡桐）　　　　　　　　　地被（毛地黄）

图 11-72　玄参科的园林应用形式

11.2.6.8　爵床科 Acanthaceae

【种属与分布】爵床科有 250 属 3000 余种，主要分布于印度、马来西亚、巴西及非洲、中美洲等热带地区；中国约 68 属 311 种(包括亚种和变种)，多分布于长江以南，以云南最多，四川、贵州、广东、广西、海南、台湾等地也很丰富。

【花程式】 $♀↑K_{(5)}C_{(5)}A_{2,4}\underline{G}_{(2:2:2-∞)}$

【识别要点】多草本、灌木或藤本。叶多对生，全缘，无托叶，叶脉明显均有毛；叶片、小枝和花萼上常有线形或针形的钟乳体。通常由穗状花序，聚伞花序，伸长或头状，组成总状花序，或单生或簇生；花大，两性，左右对称；2枚苞片大而艳；花萼通常5裂，裂片镊合状或覆瓦状排列；花冠合生成高脚碟形、漏斗形，或不同长度的多种钟形，冠檐通常5裂，裂片旋转状排列、双盖覆瓦状排列或覆瓦状排列。蒴果(图11-73)。

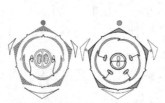

图 11-73　爵床科的分类特点

【园林中代表属植物】麒麟吐珠属(*Calliaspidia*)、珊瑚花属(*Cyrtanthera*)、金苞花属(*Phachystachys*)、单药花属(*Aphelandra*)、叉花草属(*Diflugossa*)。

【常见种类及其园林应用】爵床科植物形态多样，花色鲜艳，观赏期长，具有良好的观花、观叶效果；且其适应性强，耐阴，对土壤要求不高，园林常见种类及其应用形式如下(图11-74)。

①虾衣花(*Calliaspidia guttata*)、珊瑚花(*Cyrtanthera carnea*)、金苞花(*Pachystachys lutea*)、翠芦莉(*Aphelandra ruellia*)、叉花草(*Diflugossa colorata*)、喜花草(*Eranthemum pulchellum*)等花型独特美丽，观赏期长，可达数月之久，还可通过修剪或药剂控制，以达到四季有花，宜孤植、丛植、群植、列植，或用于布置花境。

②网纹草(*Fittonia verschaffeltii*)、红点草(*Hypoestes phyllostachya*)等小巧玲珑、清新秀丽，叶脉清晰，叶色淡雅，纹理匀称，耐阴性强，可盆栽放置于室内茶几、案头、花架、橱窗和阳台。

③虾衣花、珊瑚花、金苞花、翠芦莉、叉花草等枝繁叶茂，苞片与花色亮丽，花期长，耐修剪，生长迅速，常用作花篱。

图 11-74　爵床科的园林应用形式

11.2.6.9 茜草科 Rubiaceae

【种属与分布】茜草科有 500 属 6000 余种，广布于热带和亚热带地区，少数草本延伸至寒带；中国约有 98 属近 676 种，主产于东南部和西南部。

【花程式】$♀ * K_{(4-5)} C_{(4-5)} A_{4-5} \overline{G}_{(2:2:1-\infty)}$

【识别要点】乔灌草藤类型多；植物体内显针晶，少数为具肥大块茎的适蚁植物。单叶对生或轮生，多全缘；托叶显著多变化，生于叶柄间或叶柄内，多为三角形。聚伞花序组合成各式复花序；花多两性，辐射对称；萼通常 4~5 裂，花萼与子房合生，有时其中 1 或几个裂片扩大成具有一定颜色的花瓣；花瓣合生成管状、漏斗状、高脚碟状或辐射状，通常 4~5 裂，裂片镊合状、覆瓦状或旋转状排列。蒴果、核果或浆果（图 11-75）。

花图式（栀子）　　浆果有翅状纵棱（栀子）　　高脚碟状（栀子）

图 11-75　茜草科的分类特点

【园林中代表属植物】栀子属（*Gardenia*）、龙船花属（*Ixora*）、玉叶金花属（*Mussaendas*）、长隔木属（*Hamelia*）、五星花属（*Pentas*）、白马骨属（*Serissa*）。

【常见种类及其园林应用】茜草科植物种类繁多，花色鲜艳丰富，花期长，有些种类芳香宜人，具有良好的园林应用价值，园林中常用种类：栀子（*Gardenia jasminoides*）、狭叶栀子（*G. stenophylla*）、龙船花（*Ixora chinensis*）、玉叶金花（*Mussaenda pubescens*）、'粉萼金花'（*M. hybrida* 'Alicia'）、长隔木（*Hamelia patens*）、繁星花（*Pentas lanceolata*）、六月雪（*Serissa japonica*）等，多用于绿篱、基础种植、地被以及盆栽，也可丛植于草坪边缘或建筑角隅处（图 11-76）。

图 11-76　茜草科的园林应用形式

11.2.6.10 忍冬科 Caprifoliaceae

【种属与分布】忍冬科有 13 属约 500 种，主要分布于北温带和热带高海拔山地，东亚和北美东部种类最多；中国有 12 属 200 余种，大多分布于华中和西南各地。

【花程式】 ⚥ * 或 ↑ $K_{(4-5)} C_{(4-5)} A_{4-5} \overline{G}_{(2-5:2-5:1-\infty)}$

【识别要点】常绿或落叶的灌木或木质藤本，有时为小乔木，少草本；茎干有时纵裂，木质松软，常有发达的髓部；枝节上有半环形叶痕。单叶对生，稀奇数羽状复叶，全缘或有锯齿，无托叶；叶柄短，幼时常靠合。单花，或聚伞花序或轮伞花序，组成各种复花序；两性花；萼筒与子房贴生，裂片4~5；花冠合瓣，花冠筒长或短，裂片4~5，有时2唇形。浆果、核果或蒴果(图11-77)。

图 11-77 忍冬科的分类特点

【园林中代表属植物】六道木属(*Abelia*)、忍冬属(*Lonicera*)、荚蒾属(*Viburnum*)、锦带花属(*Weigela*)、接骨木属(*Sambucus*)。

【常见种类及其园林应用】忍冬科植物形态优美，枝叶繁茂，花果艳丽，芳香宜人，具有很高的观赏价值，园林中常用种类及其应用形式如下（图11-78）。

① 绣球荚蒾(*Viburnum macrocephalum*)、香荚蒾(*V. farreri*)花开如白云翻滚，或灿若朝霞，琼花(*V. macrocephalum*)、鸡树条(*V. sargentii*)等其聚伞花序外围不孕性花与中部的可孕花相互映衬，芳香满院，可独植、片植、丛植于庭院、公园、广场等处的草坪边缘、林

墙面绿化（忍冬）

孤植（珊瑚树）

绿篱（珊瑚树）

图 11-78 忍冬科的园林应用形式

缘、路旁、角隅。

②糯米条（*Abelia chinensis*）、大花六道木（*A.* × *grandiflora*）、忍冬（*Lonicera japonica*）、红白忍冬（*L. japonica* var. *chinensis*）、锦带花（*Weigela florida*）等落叶灌木，植株低矮，枝叶密集，具有较强扩展能力，可丛植于山石旁、沟边、角隅、林缘、草坪边缘，或让其自然扩展而成为富有情趣的地被植物。

③忍冬、红白忍冬等藤本植物，花色先白后黄，或红白相间色香俱全，藤蔓缠绕，适于篱墙、花架、花廊等垂直绿化；珊瑚树（*Viburnum odoratissimum*）、糯米条等耐修剪，可用作花篱、绿墙，并且法国冬青是有名的防火和隔音树种，可种植于防火隔离带。

④接骨木（*Sambucus williamsii*）、木绣球、八仙花、天目琼花、六道木、法国冬青、糯米条等，初夏洁白的花，美丽而清雅，犹如雪球压树，令人赏心悦目；夏季忍冬花、锦带花、海仙花（*Primula poissonii*）、贯月忍冬（*Lonicera sempervirens*）等花色多变，应接不暇，天目琼花、金银木、金银花、郁香忍冬（*Lonicera fragrantissima*）、糯米条等花香沁人，惹人喜爱；秋冬接骨木、荚蒾、天目琼花、金银木、金银花、郁香忍冬、贯月忍冬、法国冬青、琼花等果实红艳满枝，宜布置成四季有景的专类园。

11.2.6.11 菊科 Compositae

【种属与分布】菊科是被子植物最大的一个科，有1000属30 000余种，广布于全世界；中国有200余属2000多种，是中国有花植物资源中唯一种数超过2000种的特大科，产于全国各地。按照头状花序中小花的构造以及植物有无乳汁等特征，菊科可分为舌状花亚科和管状花亚科。

【花程式】　管状花亚科　$\male * K_{(5)} C_{(5)} A_{(5)} \overline{G}_{(2:1:1)}$

　　　　　　舌状花亚科　$\male \uparrow K_{(5)} C_{(5)} A_{(5)} \overline{G}_{(2:1:1)}$

【识别要点】菊科是被子植物第一科，分布极广，用处多。草本、木质藤本或灌木，稀为乔木；体含乳汁或树脂；部分种类有块茎、块根、匍匐茎或根状茎。单叶互生、对生或轮生，无托叶，偶有叶基呈托叶状；叶全缘或具齿，或羽状或掌状分裂；或复叶。花两性或单性同株，极少单性异株，5基数；头状花序单生或多个排成总状、聚伞状、伞房状、圆锥状；头状花序由同形的小花或异形的小花组成，有的全为管状花或舌状花，有的中央为两性或无性的管状花，外围为雌性或无性的舌状花；花序外由1至多层总苞片组成；花序托扁平、凸形或圆柱状，平滑或有多数窝孔，裸露或被种种式样的托片；萼片常变为鳞片状、刚毛状或毛状的冠毛；管状花的花冠辐射对称，舌状花二唇形或舌状左右对称。瘦果有毛随风跑（图11-79）。

花图式（蒲公英）　　苞片多层（百日菊）

瘦果有长毛（波斯菊）　头状花序（向日葵）

图 11-79　菊科的分类特点

【园林中代表属植物】蓍属(Achillea)、亚菊属(Ajania)、蒿属(Artemisia)、雏菊属(Bellis)、金盏花属(Calendula)、翠菊属(Callistephus)、矢车菊属(Centaurea)、金鸡菊属(Coreopsis)、秋英属(Cosmos)、芙蓉菊属(Crossostephium)、大丽花属(Dahlia)、菊属(Dendranthema)、大吴风草属(Farfugium)、天人菊属(Gaillardia)、菊三七属(Gynura)、向日葵属(Helianthus)、瓜叶菊属(Pericallis)、金光菊属(Rudbeckia)、蛇目菊属(Sanvitalia)、千里光属(Senecio)、一枝黄花属(Solidago)、万寿菊属(Tagetes)、蟛蜞菊属(Wedelia)、百日菊属(Zinnia)。

【常见种类及其园林应用】菊科植物种类丰富，生长形态、花序形态、花色和果序形态多样，园林中常用种类有蓍(Achillea millefolium)、金球菊(Ajania pacifica)、青蒿(Artemisia carvifolia)、雏菊(Bellis perennis)、金盏花(Calendula officinalis)、矢车菊(Centaurea cyanus)、翠菊(Callistephus chinensis)、金鸡菊(Coreopsis drummondii)、秋英(Cosmos bipinnata)、黄秋英(C. sulphureus)、芙蓉菊(Crossostephium chinense)、大丽花(Dahlia pinnata)、菊花(Dendranthema morifolium)、加拿大一枝黄花(Solidago canadensis)、大吴风草(Farfugium japonicum)、天人菊(Gaillardia pulchella)、紫鹅绒(Gynura aurantiaca)、红凤菜(G. bicolor)、向日葵(Helianthus annuus)、瓜叶菊(Pericallis hybrida)、蛇目菊(Sanvitalia procumbens)、银叶菊(Senecio cineraria)、万寿菊(Tagetes erecta)、孔雀草(T. patula)、小百日菊(Zinnia angustifolia)、百日菊(Z. elegans)、金光菊(Rudbeckia laciniata)、蟛蜞菊(Wedelia chinensis)等，宜根据花期、植株高度等用于布置不同季节的花坛、花境、花带、花丛、地被、专类园、岩石园，还可用作切花、盆景；此外，菊花可以造型成案头菊、独本菊、大立菊、塔菊、悬菊、盆景菊等(图11-80)。

图 11-80　菊科的园林应用形式

11.3　单子叶植物纲分类基础及其园林应用

种子的胚从多枚子叶经减退演化成 1 枚子叶，形成了须根系，茎内维管束为星散排列，无形成层和次生组织，只有初生组织，茎不能长粗；叶脉为平行脉或弧形脉；花部常以 3 为基数，花粉为单萌发孔的单子叶植物类群。

1978年，克朗奎斯特系统将单子叶植物纲的19目65科60 000余种植物分为泽泻亚纲、槟榔(棕榈)亚纲、鸭跖草亚纲、姜亚纲和百合亚纲共5个亚纲。

本节重点介绍5个亚纲9科园林植物的分类特点及其园林应用。

11.3.1 泽泻亚纲(Alismatidae)

泽泻亚纲为水生或沼生草本，或菌根营养为腐生(无叶绿素)。维管束极度退化，导管仅存于根中，或无；单叶，常互生，平行脉，通常基部具鞘。花大而显著，整齐或不整齐，两性或单性，花序多种类型；花被3数2轮，异被，或退化或无；雄蕊3至多数，具3核花粉粒，单槽或无萌发孔；雌蕊具1至多个分离或近分离的心皮，偶结合，每个心皮或每室具1至多枚胚珠，通常具双珠被及厚珠心。胚乳无，或不为淀粉状。泽泻亚纲有4目16科近500种。

泽泻科 Alismataceae

【种属与分布】泽泻科有13属约90种，主产于北半球温带至热带地区，大洋洲、非洲亦有分布；中国有5属13种，全国均有分布。

【花程式】 ☿ * $K_3 C_3 A_{6-\infty} \underline{G}_{6-\infty : 1 : 1-2}$

【识别要点】多为多年生沼生或水生的丛生草本；具乳汁或无；具根状茎、匍匐茎、球茎、珠芽。叶基生，直立，挺水、浮水或沉水；叶片条形、披针形、卵形、椭圆形、箭形等，全缘；叶脉平行；叶柄长短随水位深浅有明显变化，叶鞘开裂，叶鞘边缘有或无膜质。花序轮状排列成总状、圆锥状或呈圆锥状聚伞花序，稀1~3花单生或散生；花为两性或单性或杂性，辐射对称；花萼3，果期宿存，花瓣3，覆瓦状排列。瘦果(图11-81)。

总状花序，叶箭形（野慈姑）　　聚合瘦果，茎多棱（剪刀草）　　叶三出脉（皇冠草）

图11-81　泽泻科的分类特点

【园林中代表属植物】泽泻属(*Alisma*)、慈姑属(*Sagittaria*)、泽苔草属(*Caldesia*)。

【常见种类及其园林应用】泽泻科为沼生或水生草本植物，园林中可用于湖泊、池塘、沼泽、沟渠、水田等浅水域或水边，也可盆栽观赏。园林中常用种类有泽泻(*Alisma plantago-aquatica*)、泽苔草(*Caldesia parnassifolia*)、野慈姑(*Sagittaria trifolia*)、慈姑(*S. trifolia* var. *sinensis*)(图11-82)。

11.3.2 槟榔亚纲(Arecidae)

槟榔亚纲多数为高大棕榈型乔木。植物体具有限的初生加厚生长，常产生针晶体；导管存在于所有的营养器官，或局限于茎和根内，或根内无导管；叶宽大、互生、基生或着生茎端，网脉常褶扇状，基部扩大成叶鞘。花多数，小型，常集成具佛焰苞包裹的肉穗花序，两性或单

图 11-82　泽泻科的园林应用形式

性；花被常发育，或退化，或无；雄蕊 1 至多数，花粉常 2 核；雌蕊多由 3 心皮组成，常结合，子房上位；胚珠具双珠被及厚珠心；胚乳发育为沼生目型、核型和细胞型，常非淀粉状。

本亚纲多分布于热带，有 4 目 6 科 6600 多种。

11.3.2.1　槟榔科 Arecaeae

【种属与分布】槟榔科又称为棕榈科 Arecaceae，有约 210 属 2800 种，主产于热带亚洲及美洲，少数产于非洲；中国约有 28 属 100 余种(含常见栽培属、种)，产于南部和东南部。

【花程式】　☿：$* K_3 C_3 A_{3+3} \underline{G}_{(3:3:1)}$；　♂：$* P_{3+3} A_{3+3}$；　♀：$* P_{3+3} \underline{G}_{(3:3:1)}$

【识别要点】常绿木本，杆直立，棕榈树型很典型，少藤本，单生丛生不分枝。叶互生，大型圆扁集生顶，叶柄基部鞘片纤维状，棕垫棕绳用处多；掌裂羽裂折叠状，或羽状复叶。花小，雌雄难于区分，花冠整齐，为辐射对称，单性或两性的黄绿色花，雌雄同株或异株，有时杂性，组成分枝或不分枝的佛焰花序(或肉穗花序)；花萼和花瓣各 3 片，离生或合生，覆瓦状或镊合状排列。浆果核果形如枣(图 11-83)。

图 11-83　槟榔科的分类特点

【园林中代表属植物】棕榈属（*Trachycarpus*）、蒲葵属（*Livistona*）、鱼尾葵属（*Caryota*）、散尾葵属（*Chrysalidocarpus*）、刺葵属（*Phoenix*）、棕竹属（*Rhapis*）、丝葵属（*Washingtonia*）。

【常见种类及其园林应用】槟榔科植物树形美丽，常作绿化观赏植物，是庭园绿化的好材料，可列植、丛植、孤植、群植、对植。常见应用种类：鱼尾葵（*Caryota ochlandra*）、散尾葵（*Chrysalidocarpus lutescens*）、蒲葵（*Livistona chinensis*）、海枣（*Phoenix dactylifera*）、刺葵（*Ph. hanceana*）、酒瓶椰（*Raphia vinifera*）、棕榈（*Trachycarpus fortunei*）、丝葵（*Washingtonia filifera*）、棕竹（*Rhapis excelsa*）、槟榔（*Areca catechu*）等（图11-84）。

孤植（酒瓶椰）　　　　　丛植（棕竹）　　　　　片植（槟榔）

图 11-84　槟榔科的园林应用形式

11.3.2.2　天南星科 Araceae

【种属与分布】天南星科115属2000余种，分布于热带和亚热带，其中92%的属分布于热带；中国有35属206种，主要分布于南方，多生于阴湿的山地和沼泽地。

【花程式】♀：$*P_0\underline{G}_{(3:1-\infty:1-\infty)}$；♂：$*P_{0;4-6}A_{4;6}$

【识别要点】草本，稀为木质藤本；体具水汁或乳汁或有辛辣味；具根状茎或块茎；藤蔓类有明显的气生根。通常基生，茎生时互生，二列或螺旋状排列，叶柄基部呈鞘状（部分膜质化）；叶形多为箭形、戟形，全缘，或掌状、鸟足状、羽状或放射状分裂；叶脉多具网状脉，稀具平行脉（如菖蒲属 *Acorus*）；肉穗花序外常有白、乳白、红色、粉色、绿色等佛焰；花小，味极臭，单性、两性，雌雄同株时，雄花位于花序上部，雌花位于下部，中性花位于中间。浆果密集穗轴生，色彩鲜艳极漂亮，极稀紧密结合而为聚合果（隐棒花属 *Cryptocoryne*）（图11-85）。

【园林中代表属植物】菖蒲属（*Acorus*）、广东万年青属（*Aglaonema*）、龟背竹属（*Monstera*）、海芋属（*Alocasia*）、花烛属（*Anthurium*）、五彩芋属（*Caladium*）、花叶万年青属（*Dieffenbachia*）、麒麟叶属（*Epipremnum*）、喜林芋属（*Philodendron*）、大漂属（*Pistia*）、马蹄莲属（*Zantedeschia*）、天南星属（*Arisaema*）。

【常见种类及其园林应用】天南星科植物观叶观花者较多，常作地被、花径、盆栽观赏，水生类可用于溪边池旁、石隙间、湿地、或容器水养观赏等。常见应用种类有菖蒲（*Acorus calamus*）、金钱蒲（*A. gramineus*）、石菖蒲（*A. tatarinowii*）、广东万年青（*Aglaonema modestum*）、海芋（*Alocasia macrorrhiza*）、红掌（*Anthurium andraeanum*）、白斑万年青（*Dieffenbachia bowmannii*）、白肋万年青（*D. leopoldii*）、花叶万年青（*D. picta*）、彩叶万年青

图 11-85　天南星科的分类特点

（*D. sequina*）、绿萝（*Epipremnum aureum*）、龟背竹（*Monstera deliciosa*）、心叶喜林芋（*Philodendron gloriosum*）、箭叶喜林芋（*Ph. sagittifolium*）、大薸（*Pistia stratiotes*）、马蹄莲（*Zantedeschia aethiopica*）、一把伞南星（*Arisaema erubescens*）等（图 11-86）。

图 11-86　天南星科的园林应用形式

11.3.3　鸭跖草亚纲（Commelinidae）

草本，偶木本，无次生生长和菌根营养。植物体维管束星散或轮状排列，导管存在于所有的营养器官中。单叶互生或基生，全缘；叶基具开放或闭合的叶鞘或无。花两性或单性，常无蜜腺；花被常显著，异被，分离，或退化成膜状、鳞片状或无；雄蕊常 3 或 6，花粉粒 2 或 3 核，单萌发孔，偶无萌发孔；雌蕊 2 或 3（稀 4）心皮结合，子房上位；胚珠 1 至多数，常具双珠被，厚或薄珠心；胚乳发育为核型，有时为沼生目型，全部或大多数为淀粉。果实为干果，开裂或不开裂。本亚纲有 7 目 16 科，约 25 000 种，广布于温带。

11.3.3.1 鸭跖草科 Commelinaceae

【种属与分布】鸭跖草科有40属600余种,主产于全球热带,少数种生于亚热带,仅个别种分布至温带;中国有15属53种,全国均有分布,主产于云南、广东、广西和海南。

【花程式】 ☿ * 或 ↑$K_3C_3A_6\underline{G}_{(2-3:2-3:1)}$

【识别要点】多汁草本茎有节,直立攀缘或披散。单叶互生,叶柄膜质鞘状抱茎,直出平行脉,脉相明显。花两性,极少单性;辐射对称或左右对称;花通常为蝎尾状聚伞花序,聚伞花序单生或集成圆锥花序,有的退化为单花,顶生或腋生;花各部基数3;萼片绿色或膜片状,分离或仅在基部连合,常为舟状或龙骨状,有的顶端盔状;花瓣分离。蒴果,稀为浆果状而不裂(图11-87)。

花图式　　蝎尾状聚伞花序(长花枝杜若)　　叶如竹叶(大杜若)

图 11-87　鸭跖草科的分类特点

【园林中代表属植物】紫露草属(*Tradescantia*)、紫鹃草属(*Setcreasea*)、鸭跖草属(*Commelina*)、杜若属(*Pollia*)。

【常见种类及其园林应用】鸭跖草科观赏植物有紫竹梅(*Setcreasea purpurea*)、鸭跖草(*Commelina communis*)、紫露草(*Tradescantia ohiensis*)、白花紫露草(*Tr. fluminensis*)、紫背万年青(*Tr. spathacea*)、吊竹梅(*Tr. zebrine*)、杜若(*Pollia japonica*)等,植株为蔓藤状或直立型,叶色叶形丰富多样,花冠形体别致,园林中常用于布置花境、花台、林下地被或盆栽观赏等(图11-88)。

悬垂绿化(吊竹梅)　　带状绿化(紫鸭跖草)　　林下地被(杜若)

图 11-88　鸭跖草科的园林应用形式

11.3.3.2 禾本科 Gramineae

【种属与分布】禾本科有700余属近12 000种,广布于全世界;中国有200属约1500

种,全国都有分布。禾本科是种子植物第四大科,具有重要的经济价值。

【花程式】 ♀或♂♀↑$P_3A_{3,3+3}\underline{G}_{(2-3:1:1)}$

【识别要点】禾竹共属禾本科,食用观赏两不误。草本,少数为木本(多为竹亚科);多为须根系,竹亚科具地下根茎(竹鞭),秆(地上茎)空有节基分枝(分蘖),少数秆为实心。单叶互生成 2 列;叶由叶片和叶鞘组成,叶鞘边缘分离而覆盖,少闭合;叶片常狭长,平行脉,中脉明显;叶耳位于叶鞘两边,叶舌位于叶鞘与叶片相交处。花序以小穗为基本单位,构成穗状、总状或圆锥花序。颖果(图 11-89)。

图 11-89 禾本科的分类特点

【园林中代表属植物】芦竹属(*Arundo*)、簕竹属(孝顺竹属)(*Bambusa*)、方竹属(*Chimonobambusa*)、蒲苇属(*Cortaderia*)、箬竹属(*Indocalamus*)、芒属(*Miscanhtus*)、狼尾草属(*Pennisetum*)、芦苇属(*Phragmites*)、刚竹属(*Phyllostachys*)、赤竹属(*Sasa*)、鹅毛竹属(*Shibataea*)。

【常见种类及其园林应用】随着生态文明建设的深入,野生草本植物资源的开发与利用越来越受到重视,禾本科植物独特的自然风格,良好的生态适应性,且集观赏、文化、低维护等优点于一身,应用于园林中不仅可以丰富园林植物种类,而且使城市景观建设更具有地方特色,可以营造出自然质朴、富有野趣的原生态景观,因此,在园林景观中越来越受到重视。园林中常用种类及其应用形式如下(图 11-90)。

①芦竹(*Arundo donax*)、芦苇(*Phragmites australis*)、蒲苇(*Cortaderia selloana*)、芒(*Miscanthus sinensis*)、紫芒(*M. purpurascens*)、狼尾草(*Pennisetum alopecuroides*)、御谷(*P. americarum*)等,或点缀草坪边缘,或种于水边,或植于花境中,或片植于山坡。

②孝顺竹(*Bambusa multiplex*)、佛肚竹(*B. ventricosa*)、大佛肚竹(*B. vulgaris* 'Wamin')、菲白竹(*Sasa fortunei*)、菲黄竹(*S. auricoma*)、鹅毛竹(*Shibataea chinensis*)、阔叶箬竹(*Indocalamus latifolius*)等,可作灌丛类植物应用,宜作园景植物、基础种植、绿篱,或盆栽观赏。

丛植（孝顺竹）　　　带状绿化（芒）　　　花境（狼尾草）　　　地被（狼尾草）

图 11-90　禾本科的园林应用形式

③粉单竹（*Bambusa chungii*）、青皮竹（*B. textilis*）等乔木状的丛生竹，或植于庭院角隅，或植于路旁。

④紫竹（*Phyllostachys nigra*）、粉单竹、方竹（*Chimonobambusa quadrangularis*）、佛肚竹、大佛肚竹、龟甲竹（*Ph. heterocycla*）等秆形或秆色别致，具有很高的观赏价值，宜孤植一丛，形成独立景观。

11.3.4　姜亚纲（Zingiberidae）

姜亚纲具有根状茎及纤维状或块状根的陆生或附生草本植物，无次生生长和明显的菌根营养。叶互生，具鞘，有时重叠成"茎"，平行脉或羽状平行脉。花序通常具大型、显著且着色的苞片；花两性或单性，整齐或否，异被；雄蕊 3 或 6，常特化为花瓣状的假雄蕊，花粉粒 2 或 3 核，单槽到多孔或无萌发孔；雌蕊常 3 心皮结合，子房下位或上位；常具分隔蜜腺；胚珠倒生或弯生，双珠被及厚珠心；胚乳为沼生目型或核型，常具复粒淀粉。该亚纲有 9 科约 3800 种，多数分布于热带地区。

姜科 Zingiberaceae

【种属与分布】姜科分为闭鞘姜亚科（Costoideae）和姜亚科（Zingiberoideae），约 49 属 1500 种，分布于全世界热带、亚热带地区，主产于热带亚洲；中国有 19 属 150 余种 5 变种，产东南部至西南部各地，以云南为主。

【花程式】$\male\uparrow K_3 C_3 A_1 \overline{G}_{(3:3:\infty)}$；$P_{3+3} A_1 \overline{G}_{(3:3:\infty)}$

【识别要点】多年生草本，植物体常具芳香；块状根茎横生，地上茎高大或很矮或无，有时为多数叶鞘包叠而成似芭蕉状茎。叶二列，或螺旋状排列（闭鞘亚科）；基部张开或闭合的叶鞘，鞘顶常有叶舌；叶椭圆形或叶线形，密布羽状脉。花序多型（穗状、头状、总状或圆锥状）或单生，生于茎顶或根茎；左右对称，两性花，苞片色艳好观赏；花被两轮 6 枚生，雄蕊 1 育 2 退去；子房下位有 3 室，心皮 3；胚珠多数，中轴胎座或侧膜胎座。蒴果或肉质浆果；种子圆形或有棱角，有假种皮（图 11-91）。

【园林中代表属植物】山姜属（*Alpinia*）、闭鞘姜属（*Costus*）、姜黄属（*Curcuma*）、姜花属（*Hedychium*）、火炬姜属（*Nicolaia*）、姜属（*Zingiber*）。

【常见种类及其园林应用】姜科植物具有株形美观、叶色鲜亮、花形别致、花香沁人心脾等特点，园林中常用艳山姜（*Alpinia zerumbet*）、花叶艳山姜（*A. zerumbet* var. *variegata*）、

花图式（砂仁）　　穗状花序（莪术）　　蒴果具棱（艳山姜）

图 11-91　姜科的分类特点

玫瑰闭鞘姜（*Costus comesus* var. *bakeri*）、姜荷花（*Curcuma alismatifolia*）、姜黄（*C. longa*）、莪术（*C. zedoaria*）、姜花（*Hedychium coronarium*）、火炬姜（*Etlingera elatior*）、阳荷（*Zingiber striolatum*）、蘘荷（*Z. mioga*）等作地被，或用于花境，或装饰角隅，或用作切花材料（图 11-92）。

地被（艳山姜）　　地被（玫瑰闭鞘姜）　　岩石绿化（艳山姜）

图 11-92　姜科的园林应用形式

11.3.5　百合亚纲（Liliidae）

百合亚纲为陆生、附生，稀为水生草本，稀木本，多有菌根。单叶互生，常全缘，线形或宽大，平行脉或网状脉。花常两性，整齐或极不整齐，花序多种类型，但不为肉穗花序状，花被常6数2轮，同被或异被，全为花冠状；雄蕊常1、3和6，花粉粒2核，单槽或无萌发孔；雌蕊常3心皮结合，上位或下位，中轴胎座或侧膜胎座，胚珠1至多数，常双珠被，厚或薄珠心；胚乳发育为沼生目型、核型或细胞型，胚乳常无，或为半纤维素、蛋白质或油质；具蜜腺。百合亚纲包括2目共19科约25 000种。

11.3.5.1　百合科 Liliaceae

【种属与分布】百合科约330属4500种，广布于全世界，温带和亚热带地区最丰富；中国产80属约600种，分布遍及全国。

【花程式】$\male * P_{3+3,(3+3)} A_{3+3} \underline{G}_{(3:3:1-\infty)}$；$\male *$ 或 $\uparrow P_{(3+3)} A_{(3+3)} \overline{G}_{(3:3:1-\infty)}$

【识别要点】多年生草本稀木本；根茎块茎或鳞茎。线形或带状，基生或于茎上互生，弧状平行脉，少网脉；全缘或有刺状锯齿。多为两性。蒴果、浆果，少坚果（图 11-93）。

百合科许多种类有重要的经济价值，如黄精（*Polygonatum sibiricum*）、玉竹（*P. odoratum*）、芦荟（*Aloe vera* var. *chinensis*）、麦冬（*Ophiopogon japonicus*）、天门冬（*Asparagus cochinchinensis*）等是著名的中药材，黄花菜（*Hemerocallis citrina*）、百合（*Lilium brownii* var. *viridulum*）等是很好的

11.3 单子叶植物纲分类基础及其园林应用

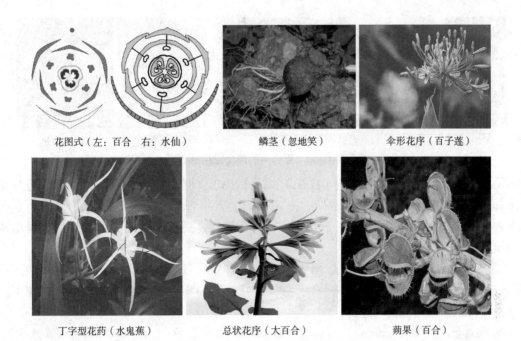

图 11-93 百合科的分类特点

菜蔬食品，各地常见栽培。玉簪(*Hosta plantaginea*)、吊兰(*Chlorophytum comosum*)、铃兰(*Convallaria majalis*)、郁金香(*Tulipa gesneriana*)、萱草(*Hemerocallis fulva*)、卷丹(*Lilium lancifolium*)、朱蕉(*Cordyline fruticosa*)、文竹(*Asparagus setaceus*)、香水百合(*L. casablanca*)等，在园林应用中很受欢迎。

【园林中代表属植物】芦荟属(*Aloe*)、天门冬属(*Asparagus*)、蜘蛛抱蛋属(*Aspidistra*)、吊兰属(*Chlorophytum*)、铃兰属(*Convallaria*)、朱蕉属(*Cordyline*)、龙血树属(*Dracaena*)、嘉兰属(*Gloriosa*)、萱草属(*Hemerocallis*)、玉簪属(*Hosta*)、百合属(*Lilium*)、山麦冬属(*Liriope*)、沿阶草属(*Ophiopogon*)、吉祥草属(*Reineckia*)、万年青属(*Rohdea*)、郁金香属(*Tulipa*)、丝兰属(*Yucca*)、龙舌兰属(*Agave*)、君子兰属(*Clivia*)、文殊兰属(*Crinum*)、仙茅属(*Curculigo*)、网球花属(*Haemanthus*)、朱顶红属(*Hippeastrum*)、水鬼蕉属(*Hymenocallis*)、石蒜属(*Lycoris*)、水仙属(*Narcissus*)、晚香玉属(*Polianthes*)、葱莲属(*Zephyranthes*)。

【常见种类及其园林应用】百合科植物资源丰富，花形优美、花色艳丽，色泽丰润，花期常常可以互补，同时，其耐阴性强，少有病虫害发生，是非常理想的园林植物，也是园林中布置四季景观的重要观赏花卉，常用种类及其应用形式如下(图 11-94)。

①郁金香、萱草(*Hemerocallis fulva*)、黄花菜、玉簪、紫萼(*Hosta ventricosa*)、朱蕉、铃兰、香水百合、百合、卷丹(虎皮百合)、嘉兰(*Gloriosa superb*)、芦荟、天门冬、文竹、文殊兰(*Crinum asiaticum* var. *sinicum*)、网球花(*Haemanthus multiflorus*)、朱顶红(*Hippeastrum rutilum*)、水鬼蕉(*Hymenocallis littoralis*)、晚香玉(*Polianthes tuberosa*)等花色或叶色丰富的植物种类，多用于布置花境、花坛，或作镶边材料，或点缀草坪，或盆栽观赏；石蒜、忽地笑(*Lycoris aurea*)等宜孤植或丛植于麦冬地被中，或植于草坪边缘，或装点角隅。

②蜘蛛抱蛋(*Aspidistra elatior*)、长花龙血树(*Dracaena angustifolia*)、剑叶龙血树

· 263 ·

地被（紫萼）　　　花台（蜘蛛抱蛋）　　　盆栽（朱顶红）　　　花带（玉簪）

图 11-94　百合科的园林应用形式

(*D. cochinchinensis*)、阔叶山麦冬(*Liriope platyphylla*)、山麦冬(*Liriope spicata*)、沿阶草(*Ophiopogon bodinieri*)、吉祥草(*Reineckia carnea*)、万年青(*Rohdea japonica*)、吊兰、葱莲(*Zephyranthes candida*)、韭莲(*Z. grandiflora*)等耐阴性、适应性强的植物，多用作林缘或林下地被。

③玉簪、紫萼、朱蕉、铃兰、香水百合、百合、卷丹(虎皮百合)、嘉兰、吊兰、芦荟、天门冬、文竹、君子兰、垂笑君子兰(*Clivia nobilis*)等耐阴性强，株形优雅，花形花色亮丽，宜用作室内盆栽观赏。

④凤尾丝兰(*Yucca gloriosa*)、丝兰(*Y. smalliana*)、龙舌兰(*Agave americana*)等喜光性强，枝叶粗大，可种于花坛中心，结合白色砾石布置成月光园，或布置岩石园。

⑤朱蕉、香水百合、百合、卷丹、嘉兰、天门冬、文竹等花色、花香、叶形、叶色符合人们的审美需求，且保鲜时间较长，适宜用作切花材料。

⑥郁金香、萱草、黄花菜、玉簪、紫萼、朱蕉、铃兰、香水百合、百合、卷丹(虎皮百合)、嘉兰、芦荟、天门冬、文竹、朱蕉、吉祥草等可以结合地域特点，布置成代表本地区或适宜区的专类园；百合、萱草、芦荟、天门冬、山麦冬等都是著名的中药植物，可以结合中医理论，布置成药用植物专类园。

⑦水鬼蕉、水仙耐水湿，可用于水边绿化；此外，水仙耐雕刻，多结合雕刻技艺，营造水仙造型景观。

⑧吊兰、天门冬等可用作垂直绿化。

11.3.5.2　兰科 Orchidaceae

【种属与分布】兰科约 700 属 20 000 种，广布于热带、亚热带和温带地区，以南美洲和亚洲的热带地区最多；中国有 171 属 1247 种以及许多亚种、变种和变型，主产于长江流域及以南各地。

【花程式】$♀↑P_{3+3}A_{1-2}\overline{G}_{(3:1:\infty)}$

【识别要点】地生、附生或较少为腐生草本，极罕为攀缘藤本；地生与腐生种类常有块茎或肥厚的根状茎，附生茎肿肉鳞茎。单叶基生或茎生于假鳞茎顶；附生种的叶一般在基部有关节，而且多为肉质或厚革质。花葶顶生或侧生，单花或排成穗状、总状或圆锥状花序，有苞片；多为两性花，两侧对称；花被 6 片，两轮排列，外轮萼片分主瓣和副瓣，内轮分为唇瓣和捧心，内轮花瓣变化多。蒴果，种子小如尘(图 11-95)。

中国习惯将栽培应用的兰花分为中国兰(东方兰、国兰)和洋兰(热带兰)，前者为原

花图式（兰亚科）　　花冠蝶形（蝴蝶兰）　　蒴果（多花兰）　　花单生（春兰）

图 11-95　兰科的分类特点

产于中国、日本及朝鲜的陆生种类中花小而具有香气的兰花种类，主要是指兰科兰属植物；后者原产地在赤道中心和南北回归线附近的热带、亚热带地区，通常是指花大色艳、姿态秀雅的兰花种类。

【园林中代表属植物】白及属（*Bletilla*）、兰属（*Cymbidiu*）、石斛属（*Dendrobium*）、文心兰属（*Oncidium*）、兜兰属（*Paphiopedilum*）、蝴蝶兰属（*Phalaenopsis*）。

【常见种类及其园林应用】兰科植物的白及（*Bletilla striata*）、建兰（*Cymbidium ensifolium*）、蕙兰（*Cymbidium faberi*）、春兰（*Cymbidium goeringii*）、寒兰（*Cymbidium kanran*）、墨兰（*Cymbidium sinense*）等国兰类植物，淡雅高洁，叶姿秀雅，花小巧精致，清醇幽香，多用于盆栽室内观赏，或布置成兰花专类园或岩石园；石斛（*Dendrobium nobile*）、铁皮石斛（*Dendrobium officinale*）、肿节石斛（*D. pendulum*）、鼓槌石斛（*D. chrysotoxum*）、杏黄兜兰（*Paphiopedilum armeniacum*）、长瓣兜兰（*P. dianthum*）、带叶兜兰（*P. hirsutissimum*）、飘带兜兰（*P. parishii*）、蝴蝶兰（*Phalaenopsis aphrodite*）、文心兰（*Oncidium hybridum*）等洋兰类植物，花大色艳，花形奇特，有些种叶色斑斓，有些种保鲜期长，多用于花境、花坛、盆栽室内观赏，或用作插花材料（图 11-96）。

垂直绿化（铁皮石斛）　　　　盆栽（蝴蝶兰）　　　　盆栽（建兰）

图 11-96　兰科的园林应用形式

小　结

本章主要以木兰科、樟科、睡莲科、毛茛科、金缕梅科、桑科、胡桃科、壳斗科、石竹科、苋科、山茶科、锦葵科、葫芦科、秋海棠科、杨柳科、十字花科、杜鹃花科、景天科、蔷薇科、苏木科、含羞草科、蝶形花科、桃金娘科、卫矛科、大戟科、葡萄科、无患子科、槭树科、芸香科、夹竹桃科、茄科、旋花科、马鞭草科、唇形科、木犀科、玄参科、爵床科、茜草科、忍冬科、菊科、泽泻科、槟榔科、天南星科、鸭跖草科、禾本科、姜科、百合科、兰科48科11个亚纲为例，从花程式、花图式、识别要点、园林中代表属植物及常见种类的观赏特点和园林应用等方面，解析了被子植物的分类特点及其园林应用。

思考题

1. 简述被子植物的基本特征。
2. 被子植物的种类有多少？分属于多少科多少属？
3. 以常见植物为例，解析其所在亚纲和科的分类特点、观赏特点及其园林应用特点。
4. 简述双子叶植物和单子叶植物的基本特征及其科属范围。

第 12 章 植物进化规律与分类系统

植物的起源,主要经历了两个发展历程:"特创论"和"进化论"。

特创论 18世纪及以前的时代,基督教所支持的"特创论",即"神创论"占据统治地位。瑞士著名分类学家林奈(Linnaeus,1707—1778)是特创论和物种不变论的忠实捍卫者。近代植物地理学家的创始人——德国的哈姆布特(Humbuldt)也认为栽培植物的起源地和年代是极其神秘的。

进化论 19世纪以后,拉马克(J. B. Lamark,1744—1829)和达尔文(C. R. Darmin,1809—1882)进化论先驱的生物进化思想普及后,人们逐渐认识到,各种生物都有共同的起源,现存的多种多样的生物都是在与其生存环境以及自身细胞、组织、器官和个体间相互作用过程中,其遗传系统随时间和空间变化而发生的一系列不可逆的改变。尤其是1859年达尔文发表的具有划时代意义的巨著《物种起源》标志着进化论的崛起。进化论认为现代栽培植物都是由古代野生植物在不同的时期经人工驯化、培育、选择、进化而来的。它是一种科学理论,是以史为鉴找出生命生存规律和发展方向,是对物种起源和发展的一种科学证明。

12.1 植物界基本类群的进化规律

地质学家们根据放射性同位素的衰变规律来测定地球的年龄并划分地质年代,通常将地质史分为太古代、元古代、古生代、中生代和新生代5个代,每个地质年代又分为若干纪。古生物学家常根据植物化石来推断植物的起源与进化历程(表12-1)。

表12-1 地质年代与植物起源

地质年代	纪		距今年数(亿年)	植物进化情况	各植物繁盛时期
新生代	第四纪		0~0.025	被子植物占绝对优势	被子植物时期
	第三纪		0.025~0.65	被子植物进一步发展	
中生代	白垩纪	晚	0.65~1.0	被子植物得到发展	裸子植物时期 (约1.4亿年)
		早	1.0~1.36	裸子植物衰退,被子植物兴起	

(续)

地质年代	纪	距今年数(亿年)		植物进化情况	各植物繁盛时期
古生代	侏罗纪	1.36~1.9		裸子植物中松柏类占优势,原始裸子植物衰退;被子植物出现	蕨类植物时期 (1.6亿年)
	三叠纪	1.9~2.25		乔木蕨类继续衰退,真蕨类繁茂;裸子植物继续发展	
	二叠纪	晚	2.25~2.4	裸子植物的苏铁、银杏类、针叶类植物繁茂	
		早	2.4~2.8	乔木蕨类开始衰退	
	石炭纪	2.8~3.45		气候温暖湿润,巨大的乔木蕨类繁茂,造成了日后的大煤田。同时出现了许多矮小的真蕨类植物;种子蕨继续发展	
	泥盆纪	晚	3.45~3.6	裸蕨类逐渐消退	裸蕨植物时期 (约0.3亿年)
		中	3.6~3.7	裸蕨类繁盛,苔藓出现;种子植物出现,但很少	
		早	3.7~3.9	植物由水生向陆生演化,陆地上出现了裸蕨类植物;藻类植物仍占优势;有可能出现了原始的维管束植物	
	志留纪	3.9~4.3			
	奥陶纪	4.3~5.0		海产藻类占优势	藻类时期 (约28亿年)
	寒武纪	5.0~5.7		初期出现真核藻类,后期出现与现代藻类相似的藻类类群	
元古代		5.7~25			
太古代	前寒武纪	25~32		蓝藻繁茂	
		32~35		原核生物出现	
		35~37		生命起源	
		35~38		化学演化	
		38~46		地壳形成,大气圈、水圈形成	

注:泥盆纪分为早、中、晚3个世,地层相应地分为下、中、上3个统。

一般认为,地球在46亿~35亿年间并无生命,经过无机分子生成小分子有机物、有机分子生成生物大分子、生物大分子形成多分子体系,约10亿年的化学演化,大约在35亿年前诞生了原始生命,并可能由含卟啉类化合物的原始生命演化出蓝藻。

12.1.1 植物营养体的演化

植物的营养体虽然在形态结构上多种多样,但其演化方向总是遵循由简单到复杂、由低级到高级的规律。植物营养体的系列演化过程在藻类中最为明显,各种类型也最完备。一般认为,单细胞的鞭毛藻类是植物界中较原始的类型,在绿藻、裸藻、金藻和甲藻中均有这种原始类型的藻类,主要沿着3个方向发展演化:①演化为具鞭毛、能自由游动的群体和多细胞体,团藻属是该演化线上的典型代表和顶点;②演化为营养体不能活动、细胞有定数的类型，如绿球藻目；③演化为失去活动能力的多细胞的营养体，其中，呈丝状体的类型成为植物界发展的主干，由此产生异丝状和片状体，并进一步发展出高等植物。

高等植物的营养体都是多细胞的。苔类植物一般为叶状体，有背腹之分，具有单细胞的假根。藓类植物具有辐射对称的拟茎叶体，假根为多细胞。裸蕨类是最早的原始维管植物，大都无根无叶，只有一个具二叉分枝的能独立生活的体轴，这表明茎轴是原始维管植物最先出现的器官并且能进行光合作用；以后在茎轴上发生了叶，才有了茎叶分化，根据顶枝学说的原理，顶枝是二叉分枝的轴的顶端部分，大型叶由多数顶枝连合并且扁化而成，而小型叶则由单个顶枝扁化而成；根最后才出现，因化石资料不足，根的起源尚无定论，有人认为根从裸蕨的根状茎转变而来，也有人认为根从裸蕨的假根转变而来。蕨类植物的营养体有了更进一步的分化，具有真正的根、茎、叶等器官和较完善的组织构造，特别是具有了适应陆生生活的输导系统。到了种子植物，营养体变得更为多样化，内部构造也更趋完善。

12.1.2 生殖方式的演化

植物的生殖方式主要有无性生殖(裂殖、出芽和孢子生殖)和有性生殖(同配生殖、异配生殖、卵式生殖)。

(1) 无性生殖与有性生殖

一般认为，有性生殖是由无性生殖发展而来的。

①菌类、藻类阶段(太古代—志留纪)　单细胞或多细胞组成，无根、茎、叶的分化，不具维管束，其生殖方式为无性生殖。

②裸蕨植物阶段(志留纪末期—中泥盆纪)　加里东运动(古生代早期地壳运动的总称)使得海洋面积缩小，陆地变大，植物开始登陆，开始出现了茎、叶的分化，出现维管束，生殖过程离不开水，生殖方式以孢子生殖为主，有性繁殖开始出现，这有助于大量繁殖后代。

③蕨类植物阶段(晚泥盆纪—早二叠纪)　出现了根、茎、叶的分化，受精作用离不开水；此时的植物生殖方式已经从无性生殖进化为有性生殖，并且大部分植物是雌雄异体，这有助于植物的分化与进化，为以后更多类别植物的形成打下了基础。

④裸子植物阶段(晚二叠世—早白垩纪)　植物已经完全征服了陆地，适合在陆地生存，进化成了严酷气候条件的物种。此时植物生殖方式为有性生殖，有种子，世代交替不明显，孢子体发达，配子体密生在孢子体上。小孢子(花粉粒)有的萌发成花粉管，由胚珠发育成种子，胚珠裸露在大孢子叶上，形成的种子裸露而没有果实，故名裸子植物。裸子植物是蕨类植物和被子植物之间的一类植物。

裸子植物的雌雄异体限制了其种类的繁衍壮大，因为只有单性的植物无法繁衍后代，这在某一方面也提示了为什么第四纪冰期后绝大多数裸子植物的灭亡。但是其曾经霸占过地球，分布广泛，所以有一部分保存了下来，如银杏、水杉、水松等，一般生活在寒温带，这也与其适应自然环境有关。

⑤被子植物阶段(晚白垩纪至今)　被子植物分布广泛，几乎遍及世界各地，无论乔木、灌木还是草类，被子植物都占据了绝对的统治地位，被子植物的完美生殖方式也为它能够遍布全球打下了基础。

被子植物有人认为是裸子植物的本内苏铁演化而来，其根据是本内苏铁目植物的两性花结构与被子植物中木兰目植物的花相似。有人认为被子植物起源于买麻藤植物。在我国发现的迄今已知的最原始的被子植物——古果属，现已证明为水生草本植物，并可能起源于已经灭绝的古老种子蕨类植物。有人认为，植物的祖先可能是多样的，只是由于气候条件的变化一致，所以进化的方向趋于相同。

被子植物雌雄同体，但是一般都是异花授粉，因为同花授粉率很低，远远低于异花授粉，所以被子植物往往成为一个群落。自然选择总是选择那些最适宜自然条件的生物。

(2) 有性生殖的演化

①有性生殖方式的演化　有性生殖有同配生殖、异配生殖和卵式生殖 3 种类型。在同配生殖中，雌雄配子的形态几乎完全一样，很难区分，这种生殖类型又可分为同宗配合和异宗配合两类，后者比前者进化。异配生殖的两种配子在形状、大小上有明显区别，如空球藻在产生雄配子时，每个母细胞经分裂形成 64 个细长的有 2 根鞭毛的能单独游动的雄配子，而雌配子是由 1 个不经分裂的普通细胞转变而来，比雄配子大许多倍，也不能脱离母体单独流动。卵式生殖是指卵和精子的受精过程，卵细胞较大，不具鞭毛，不能游动；而精子常具鞭毛，能自由游动，且体积较小。从有性生殖的进化过程来看，同配生殖最原始，异配生殖次之，卵式生殖最为进化，高等植物均进行卵式生殖。

②有性生殖器官的演化　在低等植物的高级类群中，雄性生殖器官称为精子囊，雌性生殖器官称为卵囊，只有少数褐藻具有多室的配子囊结构。高等植物的有性生殖器官都是多细胞结构，苔藓植物和蕨类植物的雌性生殖器官称为颈卵器，雄性生殖器官称为精子器。苔藓植物的颈卵器和精子器最发达，从蕨类开始，有性生殖器官变得越来越简化，到了裸子植物仅有部分种类还保留着颈卵器的结构，被子植物以胚囊和花粉管来代替颈卵器和精子器，完全摆脱了受精时需水环境的限制。

③有性生殖的减数分裂的演化　由于有性生殖的出现，植物的生活史中出现了减数分裂。根据减数分裂进行的时期，植物的生活史可分成 3 种类型：

第一，合子减数分裂型　绿藻中的衣藻、团藻、轮藻等属于此类型，其植物体是单倍体，合子阶段是生活史中唯一的二倍体阶段，只有核相交替，没有世代交替。

第二，配子减数分裂型　绿藻门的管藻目和褐藻门中的无孢子纲植物属于此类型，这些植物的营养体是二倍体，配子阶段是生活史中唯一的单倍体阶段，也只有核相交替而没有世代交替。

第三，孢子减数分裂型　也称为居间减数分裂型，部分红藻和褐藻及所有高等植物均属此类型，生活史中有二倍体的孢子体和单倍体的配子体两种植物体，在部分红藻中共有孢子体、配子体和果孢子体 3 种植物体；二倍体的孢子体(无性世代)通过减数分裂产生了单倍体的孢子，并由孢子发育成单倍体的配子体(有性世代)，配子体能产生两种单倍体的配子，配子受精后得到二倍体的合子，并由合子发育成二倍体的孢子体，生活史中既有核相交替，又有世代交替(二倍体的孢子体阶段与单倍体的配子体阶段相互交替出现的现象)。

12.1.3　植物对陆地生活的适应

古生代以前，地球上一片汪洋，最原始的植物就在水里产生和生活，在 20 亿余年的漫长岁月里，它们与水生环境相适应，演化成了形形色色的水生植物类群。到了志留纪末期，陆地逐渐上升，海域逐渐减小，某些藻类的后裔终于舍水登陆，产生了最早的以裸蕨为代表的第一批陆生植物。裸蕨类植物的地下茎和气生茎中出现了原始的维管组织，这不仅有利于水和养料的吸收和运输，而且也加强了植物体的支撑和固着作用；它的枝轴表面有角质层和气孔，可以调节水分的蒸腾；孢子囊大多生于枝顶，并且产生具有坚韧外壁的孢子，以利于孢子的传播和保护。所有这些特征说明，裸蕨植物已初步具备了适应多变的陆生环境的条件。但是，到了泥盆纪晚期，发生了地壳的大变动，陆地进一步上升，气候变得更加干旱，裸蕨植物已不再适应改变了的新环境而趋于绝灭。

维管植物的进化是向孢子体占优势的方向演化的，由于无性世代能较好地适应陆地生活，孢子体得到充分的发展和分化，在形态、结构和功能上都保证了陆生生活所必需的条件。配子体在适应陆地生活上受到了限制，苔藓植物是朝着配子体发达的方向发展的，这也是苔藓植物不能在植被中占重要地位的原因。蕨类植物的孢子体已基本具有各种适应陆地生活的组织结构，已能在陆地上生长发育，但其配子体还不能完全适应陆地生活，特别是受精还离不开水。在蕨类植物中，有些种类已出现了大、小孢子的分化，大孢子发育成雌配子体，小孢子发育成雄配子体，并且雌雄配子体终生不脱离孢子壁的保护，最终导致了种子植物的出现。种子植物的配子体更加简化，几乎终生寄生在孢子体上，受精时借花粉管将精子送入胚囊与卵受精，克服了有性生殖不能脱离水的缺点。尤其是被子植物，在其孢子体中产生了输导效率更高的导管和筛管，适应陆地生活的能力更强，这也是当今被子植物在地球上占绝对优势的主要原因之一。

12.1.4 个体发育和系统发育

个体发育(ontogeny) 是指植物从它生命活动中某一阶段(孢子、合子、种子)开始，经过一系列的生长、发育、分化、成熟，直到重新出现开始阶段的全过程。个体发育的全过程也称生活周期(life cycle)或生活史(life history)。

系统发育(phylogeny) 是指物种种族的发展史，包括生物的起源，各类生物在地球上形成、演化的整个历史过程。系统发育有两个基本过程：一是起源，是指从无到有的过程，一般认为同一物种或同一类群植物源于共同祖先；二是发展，是指从少到多、从简单到复杂、从低级到高级的变化过程。

个体发育与系统发育是植物发展进化中的两个密不可分的过程。一方面，系统发育建立在个体发育的基础之上，新一代个体既继承和保持了上一代个体的遗传特性，又或多或少有不同于上一代的变异，经过长期的自然选择，一些有利于种族生存的变异逐渐得到巩固和发展，由量的积累而发展到质的飞跃，于是新的物种应运而生，系统发育也就向前发展一步；另一方面，个体发育是系统发育的环节，一种生物的个体发育在很多方面受其祖先的遗传物质所控制，而且在个体发育中往往还重现其祖先的某些特征。如苏铁和银杏的精子具鞭毛，说明其祖先的雄配子具有鞭毛，需要水做媒介才能与雌配子体结合。

总之，植物各大类群的进化，与环境变化、性状变异和自然选择有着密切关系。植物进化的一般规律如下。

①形态结构 由简单到复杂，由原核到真核，由单细胞到多细胞，并逐渐分化形成各种组织和器官。

蓝藻和细菌都属于原核生物，是原始类型，其余各类植物的细胞都具有真核，属于真核生物。真核比原核进化。

②生态习性　由水生到陆生，藻类全部生命过程都在水中进行；苔藓植物已能生长在潮湿的环境；蕨类植物能生长在干燥环境，但精子与卵结合需借助于水；种子植物不仅能生长在干燥环境，其受精过程也已不再需要水的参与。

③繁殖方式　由无性的营养繁殖、孢子繁殖到有性的配子生殖。

12.2　被子植物的起源与系统演化

由于园林植物几乎都为高等植物，尤以被子植物最多，故本节所讲述的园林植物的起源与演化主要是被子植物的起源与演化。

12.2.1　被子植物的起源

被子植物的起源包括起源的时间、起源的地点以及可能的祖先等问题，其中祖先来源问题从根本上说是最重要的，但起源的时间和地点将有助于发现可能的祖先。

(1) 起源的时间

被子植物的起源时间主要根据花粉粒和叶化石而定。由于目前所发现的化石有限，所以被子植物起源的时间存在以下观点。

①古生代起源学说　Ramshaw 等认为被子植物起源于距今 5 亿~4 亿年前的古生代的奥陶纪到志留纪。

坎普(Camp)、汤姆斯(Thomes)、埃姆斯(Eames)等学者，主张被子植物起源于古生代的二叠纪，舌羊齿(*Glossopteris*)具有两性结实器官，可能是被子植物的祖先。

②白垩纪或晚侏罗纪起源学　大多数学者认为，被子植物起源于中生代的白垩纪或古生代的晚侏罗纪。在美国加利福尼亚和马里兰早白垩纪晚期，发现了加州洞核(*Onoana california*)、南蛇藤属(*Celastrus*)、榕属(*Ficus*)、山龙眼(*Helicia*)、杨梅属(*Myrica*)等叶的化石；同时期，在欧洲也发现了山龙眼、五福花(*Adoxa*)、槐木属(*Aralia*)、檫木属(*Sassafras*)、木兰属(*Magnolia*)、月桂属(*Laurus*)等叶的化石。

孙革等在我国辽宁西部晚侏罗纪(距今约1.45亿年)的义县组下部地层中发现的辽宁古果(*Archaefructus liaoningensis*)的果枝化石(Sun 等，2002)，被国际学术界认定是迄今发现的有确切证据的、世界上最早的被子植物，该果枝化石由主枝及侧枝组成，其上螺旋状着生数十枚蓇葖果，果实由心皮对折闭合形成，含2~5枚种子(图12-1)。辽宁古果比加州洞核要早1500万年，这就把对被子植物起源的认识从白垩纪早期至少推溯到了侏罗纪晚期。孙革等在我国辽宁凌源早白垩纪义县组中部首次发现迄今最早的真双子叶被子植物大化石李氏果(*Leefructus mirus*)，它非常接近现在的毛茛科(图12-2)，是中国乃至全球迄今最早的与现生被子植物有直接系统演化联系的被子植物化石(Sun 等，2011)，进一步证实了真双子叶植物的基础分支在距今至少1.24亿年前的早白垩纪已经出现。在我国黑龙江省东部鸡西盆地的早白垩纪地层(距今约1.2亿年前)中发现了丰富的被子植物群，这些植物至少包括7个类群，目前已知5属5种；在俄罗斯的早白垩纪的巴雷姆至阿普特期地层(距今 1.2 亿~1.1 亿年前)中发现了尼康洞核(*Onoana nicanica*)和亮叶楤木(*Aralia lucifera*);在早白垩纪的阿普特晚期至阿尔比期(距今 1.1 亿~1 亿年前),在北京发现了拟白粉藤(*Cissites* sp.),在吉林发现了拟无患子属(*Sapindopsis*)、延吉叶(*Yanjiphyllum*),在黑龙江发现了楤木属、拟无患子属和延吉叶。Doyle 和 Muller 根据早白垩纪和晚白垩纪地层间孢粉的研究,支持被子植物最初的分化发生在早白垩纪,大概在侏罗纪时就为这个类群的发展准备了条件。

图 12-1　辽宁古果的果枝化石

张宏达教授以大陆漂移和板块学说为研究前提,从现代有花植物的区系研究出发,兼顾古植物的研究,提出了被子植物起源于联合古陆尚未解体的三叠纪。根据大陆漂移和可持续发展板块学说,距今 2.25 亿年前地球上存在一个名为泛古大陆(Pangaea)的联合古陆,到了三叠纪晚期(约 1.95 亿年前)联合古陆逐渐解体。现已发现,古生代蕨类及种子蕨的地理分布在全世界各大陆是一个统一的整体,拥有共有的成分,这完全证实了联合古陆的存在。因此,被子植物起源的时代应该在三叠纪,被子植物的祖先只能产生在统一的联合古陆,否则就不能解释现今各大陆被子植物的亲缘关系和共有成分。Krassilov、Axelord 等已确认在三叠纪到侏罗纪出现的单沟、三沟及双孔花粉是属于原始有花植物的。中国学者潘广等 1990—1996 年在我国辽宁省燕辽地区中侏罗纪地层中发现了枫杨属一种植物(*Pterocarya sinoptera*)的化石果序以及鼠李科的马甲子属(*Paliurus*)和枣属(*Zizyphus*)植物的化石,这些高度进化的被子植物的发现似乎证明了被子植物应该发生于侏罗纪前的三叠纪。

图 12-2　李氏果化石

(2) 发源地

被子植物的发源地是被子植物起源问题中分歧最大的问题,古植物学家和植物系统学家对此问题提出了许多假说,有代表性的是以下三个学说。

①北极起源说(Hypothesis of Arctic Origin)　又称为高纬度起源说,是由希尔(Heer)在分析北极化石植物区系的基础上提出的。希尔认为,被子植物是在北半球的高纬度地区(北极)首先出现,沿着 3 个方向全球扩散:①由欧洲向非洲南进;②从欧亚大陆向南发展到中国和日本,再向南伸展到马来西亚、澳大利亚;③由加拿大经美国进入拉丁美洲,最后扩散到全球。这一学说曾得到不少古植物学家和植物地理学家的支持,但后来的化石证据表明最早的被子植物化石不是出现在北极,而是出现在低纬度地区,因此,近年来已极少有人再坚持北极起源的观点。

②热带起源说(Hypothesis of Tropical Origin)　又称为低纬度起源说,是由苏联学者塔赫他间(Takhtajan)提出的。由于在处于西南太平洋的斐济发现了其心皮在受精前处于开放状态的德坚勒木属(*Degeneria*),以及从印度阿萨姆到斐济的广大地区含有丰富的种类,认为这里是被子植物的发源地。史密斯(Smith)则认为被子植物的起源中心位于日本到新西

兰之间，也是着眼于这一地区存在德坚勒木属。中国植物分类学家吴征镒教授从中国植物区系研究的角度出发，提出整个被子植物区系早在第三纪以前，即在古代"统一"的大陆上的热带地区发生，并认为"我国南部、西南部和中南半岛，在北纬20°~40°的广大地区，最富于特有的古老科属。这些第三纪古热带起源的植物区系既是近代东亚温带、亚热带植物区系的开端，这一地区就是它们的发源地，又是北美、欧洲等北温带植物区系的开端和发源地"。坎普提出南美亚马孙河流域的平原地区的热带雨林中植物十分丰富，并有许多接近于原始类型的被子植物，而且被子植物可能起源于这一区域热带平原四周的山区。

③华夏起源说(Hypothesis of Cathaysian Origin)　又称为亚热带起源说(Hypothesis of Subtropical Origin)，是中国学者张宏达教授提出的。张宏达教授认为，有花植物应该起源于中国的亚热带地区(华夏植物区系 Cathaysia Flora)，热带地区只能是有花植物的现代分布中心，而不可能是起源中心，热带植物区系是亚热带区系的后裔。有花植物起源的年代久远，而当今的太平洋沿岸地区在有花植物的起源年代尚是一片茫茫大海，况且当今地理上同一地区的地方也可能是由不同板块组成的，过去它们并不在同一位置，因此，承认有花植物的单元和同地起源就不能相信有花植物的热带起源，而且热带起源(狭义)的提出忽视了中国广大亚热带地区丰富和独特的有花植物区系。

华夏植物区系是指三叠纪以来，在我国华南地区及其毗邻地区发展起来的有花植物区系，包括北起黑龙江和内蒙古，东北部包括日本和朝鲜半岛，西北部包括准噶尔盆地中段，南部包括印度尼西亚和马来半岛。这些地区都能找到古生代华夏植物区系的化石，最西部包括第三纪上升起来的喜马拉雅山地。其中的被子植物区系有许多古老的类群，包括木兰目(Magnoliales)、毛茛目(Ranunculales)、睡莲目(Nymphaeales)、金缕梅目(Hamamelidales)等，还有大量在系统发育过程各个阶段具有关键作用的科和目以及它们的原始代表，它们是藤黄目(Guttiferales)、蔷薇目(Rosales)、堇菜目(Violales)、芸香目(Rutales)、卫矛目(Celastrales)、沼生目(Helobiales)、百合目(Liliales)等，组成了系统发育完整的体系，这种被子植物系统的网络是任何其他大陆都不能比拟的，因此，华夏植物区系包括了古生代的种子蕨类，中生代由种子蕨演化出来的原始被子植物以及中生代以后的被子植物，华夏植物区系的分布范围是被子植物的发源地。

(3) 可能的祖先

被子植物种系复杂，大陆漂移使得各大陆的被子植物更具特殊性，地球上的有花植物估计有25万种。一般都认为被子植物尽管种系复杂，却是一个统一的整体，有着共同的祖先。被子植物的祖先问题是被子植物起源诸问题中最根本的问题，由于化石证据的不足，目前尚无定论，归纳起来有以下几种假说。

①多元论(Polyphyletic Theory)　又被称为多系起源学说。该假说以维兰德(Wieland)、胡先骕、米塞(Meeuse)、浅间一男等人为代表，他们认为被子植物来自许多不相亲近的类群，彼此是平行发展的。

维兰德(1929)首先提出，被子植物发生于中生代二叠纪与三叠纪之间，不同被子植物的起源，分别与本内苏铁、银杏、科得狄、松柏类、苏铁等有联系。

胡先骕(1950)认为，被子植物的双子叶植物有12个来源，从多元的半被子植物进化而来；单子叶植物有3个来源，不可能出自毛茛科，须上溯到半被子植物，而其中肉穗花序类植物出自种子蕨的髓木类，与其他单叶植物不同源。

米塞是当代主张被子植物多元起源的积极拥护者，认为被子植物至少从4个不同的祖先演化而来的。

在形态学、解剖学及胚胎学等方面，被子植物都具有高度的共同性，如胚囊萌发过程以及双受精现象的普遍性，使人很难相信是多元起源的巧合。

②二元论(Diphyletic Theory)　又被称为双系起源学说。该假说以兰姆(Lam)和恩格勒(A. Engler)等人为代表，他们认为被子植物花的构造，特别是从胚胎和珠被构造着眼，来源于两个不同的祖先类群，二者不存在直接的关系，而是彼此平行发展的。

兰姆从被子植物形态多样性出发，认为被子植物至少是二元起源的，他把被子植物分为轴生孢子类(stachyosporae)和叶生孢子类(phyllosporae)两大类：前者的心皮是假心皮，并非来源于叶性器官，大孢子囊直接起源于轴性器官，包括单花被类(大戟科)、部分合瓣类(蓝雪科、报春花科)以及部分单子叶植物(露兜树科)，这一类起源于盖子植物(买麻藤目)的祖先；后者的心皮是叶起源，具有真正的孢子叶，孢子囊着生于孢子叶上，雄蕊经常有转变为花瓣的趋势，这一类包括多心皮类及其后裔以及大部分单子叶植物，起源于苏铁类。

恩格勒认为，柔荑花序类的木麻黄目及荨麻目等无花被类与多心皮类的木兰目间缺乏直接的关系，二者是平行发展的。

二元论曾经统治了植物学界一段时间，但是 Ehrendofer(1976)对木兰亚纲和金缕梅亚纲(包括柔荑花序类植物)的染色体进行的研究显示，二者显著相似，支持了二者之间有密切的亲缘关系，冲击了二元论的观点。

③单元论(Monophyletic Theory)　又被称为单系起源学说。现代多数植物学家主张被子植物单元起源，认为现代被子植物来自于前被子植物，多心皮类的木兰目比较接近前被子植物，有可能就是它们的直接后裔。哈钦松(Hutchinson)、塔赫他间(Takhtajan)、克朗奎斯特(Cronquist)等是单元论的主要代表。单元论的主要依据是各种被子植物共同具有许多独特和高度特化的特征：

被子植物除了较原始和特化的类群，木质部中均有导管，韧皮部都有筛管和伴胞；雌雄蕊群在花轴上排列的位置固定不变；花药的结构一致，由4个花粉囊组成，花粉囊具有纤维层和绒毡层，花粉萌发，产生花粉管和2个精子；雌蕊由子房、花柱、柱头组成，雌配子体仅为8核的胚囊；具有"双受精"现象，三倍体的胚乳。

据统计学原理证实，所有这些特征共同发生的概率不可能多于1次，分子系统学研究结果强烈支持被子植物是单系。

几乎所有的化石维管植物都曾被不同学者提议作为被子植物的祖先，如蕨类、松杉目、买麻藤目、本内苏铁目、种子蕨等。目前比较流行的是本内苏铁和种子蕨这两种假说。

塔赫他间和克朗奎斯特，通过现代被子植物原始类型或活化石的研究，提出被子植物的祖先类群可能是一群古老的裸子植物，并主张木兰目为现代被子植物的原始类型。这一观点已得到多数学者的支持。而木兰类又是从哪一群古老的裸子植物起源的呢？莱米斯尔(Lemesle)主张被子植物起源于本内苏铁，因为本内苏铁的两性孢子叶球、种子无胚乳、次生木质部构造等特征与木兰目植物相似。莱米斯尔认为，孢子叶球基部的苞片演变成花被，小孢子叶演变成雄蕊，大孢子叶演变成雌蕊(心皮)，孢子叶球的轴逐渐缩短演变成花轴或花托，也就是说，由本内苏铁的两性孢子叶球演变成被子植物的两性花。但塔赫他间认为本内苏铁的孢子叶球和木兰的花的相似是表面的，被子植物起源于本内苏铁的可能性较小，被子植物同本内苏铁目有一个共同的祖先，有可能从一群最原始的种子蕨起源。

那么，究竟哪一类种子蕨是被子植物的祖先呢？梅尔维尔（Melville）强烈支持被子植物起源于舌羊齿（Glossopteris）（图12-3）的观点，他的主要依据是在一些被子植物中发现了舌羊齿类的叶脉类型，以及基于舌羊齿的结实器官所推理的"生殖叶"理论。浅间一男从叶的形态演化和脉序类型出发，认为有花植物的祖先可能是大羽羊齿类（Gigantopteris）（图12-4）。进一步研究表明，发现于我国二叠纪的大羽羊齿类具有与被子植物相似的特征：叶有单叶、复叶，复叶又有羽状复叶、三出复叶；末级重网脉内的盲脉呈二次二叉分枝，与进化的双子叶植物脉序一致；叶表皮具波状垂周壁和平列型气孔器，不同发育阶段的气孔混合镶嵌分布和气孔的直行分布也和双子叶植物结构相似；叶上陷于叶内的分泌腔与芸香科的相似。这些研究成果支持了大羽羊齿类有可能是被子植物的祖先的观点。

图12-3 澳大利亚西南部上二叠纪地层中的舌羊齿叶化石

图12-4 大羽羊齿化石

④单元多系论（Multi-system Origin Theory） 是张宏达教授于1986年提出来的，他打破了裸子植物和被子植物的界限，把包括化石植物在内的10个亚门称为种子植物门。有花植物亚门是其中一个亚门。认为现代的有花植物都不可能是最古老的，它们是从最古老的类型通过多条途径发展出来的，属于第二阶段、第三阶段的产物，它们的祖先只能是具有异型孢子及孢子叶的原始种子植物。流行系统学全部有花植物都是从木兰目演化出来，这种单元单系的思想和有花植物的系统发育实际上是不相符的。现代生存的木兰目、柔荑花序类、水青树目、昆栏树目、睡莲目、泽泻目等都是由不同的原始祖先演化而来的，它们之间是不连续的，而且也不是最原始的，因此彼此之间缺乏直接的亲缘关系。

以上关于被子植物起源的假说主要是以双子叶植物为例说明的。

⑤单子叶植物的起源 多数学者认为，双子叶植物比单子叶植物更原始、更古老，单子叶植物是从已灭绝的最原始的草本双子叶植物演变而来的，是单元起源的一个自然分支（哈钦松、塔赫他间、克朗奎斯特、田村道夫）。然而，单子叶植物的祖先是哪一群植物，现存单子叶植物中哪一群是代表原始的类型，目前存在三种观点：水生莼菜类起源说、陆生毛茛类起源说和毛茛—百合类起源说。

12.2.2 形态结构演化规律

根据被子植物的化石资料，一般认为落叶、草本、叶形多样化、输导功能完善化等是次生的性状。再根据花、果的演化趋势，具有向着经济、高效的方向发展的特点，花被分化或退化、花序复杂化、子房下位等都是次生的性状。基于上述认识，一般公认的被子植物形态结构演化规律见表11-1所列。

虽然表格中列出植物形态结构的演化规律，但我们不能片面孤立地根据一两个性状，来判断一个植物是进化或原始，这是因为同一性状，在不同植物中的进化意义不是绝对的，如对于一般植物来说，两性花、胚珠多数、胚珠小是原始的性状，而在兰科植物中，恰恰是它的进化性状。另外，各器官的进化不是同步的。如在同一植物体上，有些性状相当进化，另一些性状则保留着原始性，而另一类植物恰恰在这方面得到了进化，因此，不能一概认为没有进化性状的植物就是原始的，如对常绿植物与落叶植物的评价。

12.2.3 被子植物系统演化的主要学说

被子植物是当今植物界种类最多的一个类群，要认识被子植物就必须对其进行系统的分类，并了解其原始类群与进步类群的区别，从而才能弄清被子植物系统发育的规律性。早在1789年，法国植物学家裕苏(A. L. Jussicu)根据植物幼苗阶段有无子叶和子叶的数目多少，将植物界分为无子叶植物、单子叶植物和双子叶植物三大类，并认为单子叶植物是现代被子植物中较原始的类群。后来，德堪多(A. P. de Candolle)在谈到植物分类时，却认为双子叶植物是比较原始的类群。该观点逐渐得到了一些学者的支持，但是，涉及到双子叶植物和单子叶植物中哪些科、目更为原始等问题时，却又众说纷纭，莫衷一是。但总的说来，可归纳为两大学说：一是真花学说，认为具有两性花的多心皮植物是现代被子植物的原始类群；二是假花学说，认为具有单性的柔荑花序的植物是现代植物的原始类群。

(1) 真花学说

真花学说认为被子植物的花是一个简单的孢子叶球，它是由裸子植物中早已灭绝的本内铁树目，特别是拟苏铁(Cycadeoidea)的两性孢子叶的球穗花进化而来的(图12-5)。拟铁树的孢子叶球上具覆瓦状排列的苞片，可以演变为被子植物的花被，它们羽状分裂或不分裂的小孢子叶可演化成雄蕊，大孢子叶演化成雌蕊(心皮)，其孢子叶球的轴则可以缩短成花轴。

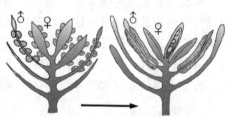

图12-5 真花学说演化图

本内苏铁植物具两性花，花的各部分多为螺旋排列，下面有不育的叶片，它的雄蕊不分化为花药和花丝，心皮具有边缘生的胚珠。所有这些特征均可在被子植物的木兰目里找到，因此，认为多心皮类的木兰目是现存被子植物中最原始的代表。

(2) 假花学说

假花学说认为被子植物的花和裸子植物的球穗花完全一致，每一个雄蕊和心皮，分别相当于一个极端退化的雄花和雌花。换言之，被子植物的一朵花是由裸子植物的一个花序发展而来的，单性花是原始的。因而设想被子植物来自裸子植物麻黄类中具有雌雄异花序的弯柄麻黄(*Ephedra campylopoda*)。如图12-6所示，雄花的苞片变为花被，雌花的苞片变为心皮，每个雄花的小苞片消失后，只剩下1个雄蕊；雌花小苞片退化后只剩下胚珠，着

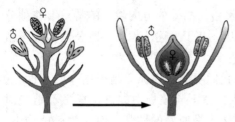

图 12-6　假花学说演化图

生于子房基部。由于裸子植物，尤其是麻黄和买麻藤都是具有单性花的，因此，被子植物中具有单性花的柔荑花序类就被认为是最原始的代表。

当前多数学者认为，那些较原始的被子植物是常绿木本的，它们的木质部仅有管胞而无导管，花为顶生的单花，花的各部分离生，螺旋状排列，辐射对称，花轴伸长，雌蕊尚未明显地分化为柱头、花柱和子房，而柱头就是腹缝线的肥厚边缘，雄蕊叶片状，尚无花丝的分化，具 3 条脉，花粉为大型单沟舟形、无结构层、表面光滑的单粒花粉。现代的木兰目植物是具有上述特征的代表植物。因此，真花学说是受多数学者支持的。

12.2.4　被子植物系统发育

一般认为全球广泛分布的被子植物经过以下 4 个阶段才发展形成完整的系统发育。

（1）萌芽阶段（前被子植物）

出现在三叠纪或晚二叠纪，起源于某种种子蕨或被归入种子蕨的某些大羽羊齿。三叠纪发现的三沟花粉、晚二叠纪的二孔花粉，或者三叠纪发现的化石果，都有可能属于前被子植物的遗骸。这些前被子植物和裸子植物具有平行发展的趋势。换言之，前被子植物非常接近种子蕨。某些种子蕨，如开通类（Sagenopteris），有可能是被子植物，它的心皮在受粉之前是开放的，直至结实之后才关闭起来。

（2）适应阶段

从晚三叠纪到早侏罗纪，前被子植物无论是繁殖器官或营养器官都不完善，必须在适应过程中逐步获得改造。这种改造包括传粉从风媒到虫媒，花的构造完善化，大小孢子叶完全转化为雄蕊和雌蕊，胚囊的进一步简化，包括双受精出现、三倍体胚乳产生、木质部管胞演进到导管，可能还伴随有等面小型叶演化为不等面大型叶等，通过一系列的改造适应，前被子植物才演化为真正的被子植物——原始多心皮类。

（3）扩展阶段

从中侏罗纪到早白垩纪属于扩展阶段。被子植物到了早侏罗纪的晚期已演化成完善的结构，很快在整个联合古陆占有优势。不仅华夏地区及亚洲各地遍布有被子植物，西欧和北美也有被子植物，如在英格兰的中侏罗纪找到了木兰、睡莲类的花粉，在瑞典的早侏罗纪找到了拟杜仲的花粉。联合古陆从三叠纪末期开始分裂，到晚侏罗纪或白垩纪完全解体为南北古陆。在此之前，前被子植物或原始的多心皮类已经从它的发源地扩散开来，随着联合古陆的解体把被子植物带到南方古陆——冈瓦纳古陆的各个陆块，使全球的被子植物有一个共同的起源。

（4）全盛阶段

从白垩纪开始，被子植物已遍布南北古陆的各大陆块。在发源地，许多较原始的种系如木兰目、毛茛目、金缕梅目等已形成了完整的自然系统，并扩展到各大陆块，形成被子植物系统发育的完整体系。

12.3 园林植物常用的分类系统

12.3.1 秦仁昌分类系统

1940年以前，蕨类植物的分类系统受到英国植物学家胡克保守分类系统的影响近1个世纪，一些庞杂的科、属概念得不到澄清，极大地阻碍了该学科的发展。中国蕨类植物奠基人秦仁昌在经过多年的标本资料积累和对蕨类植物的外部形态、解剖结构以及生态环境的比较研究，于1940年发表了《水龙骨科的自然分类系统》，将占有真蕨类85%的极其混杂的水龙骨科分为33科，并列出5条进化线，动摇了长期统治蕨类植物分类的经典系统，是世界蕨类植物系统分类发展史上的重大突破，把世界蕨类植物的研究推向一个新的发展阶段。

1954年，秦仁昌又建立了一个完整的中国蕨类植物分类系统。该分类系统被国际上通称为"秦仁昌系统"，相继被《中国植物志》和全国各地标本室采用。1978年，在《水龙骨科的自然分类系统》和《中国蕨类科属名词和系统分类》的基础上，秦仁昌发表了《中国蕨类植物科属系统排列和历史来源》一文，其核心是蕨类植物分类系统。这一系统更接近自然的分类系统，其主要成果如下：

（1）将蕨类植物分为石松、水韭、楔叶蕨、松叶蕨和真蕨5个亚门，真蕨亚门中分为厚囊蕨、原始薄囊蕨和薄囊蕨3个纲。

（2）过去认为，松叶蕨是代表原始的裸蕨类植物，而新系统把松叶蕨亚门作为拟蕨类最后一个亚门。

（3）中国现代蕨类植物被划分到11目63科223属，其中水龙骨科下分5个亚科，同时发表5个新科，8个新属。

（4）在高一级分类上较为进步。

具体分类结构如图12-7所示。

图12-7 秦仁昌蕨类植物分类系统图

近三十年来，蕨类植物学研究进展很快，特别是分子系统学研究的渗入，结合形态学的综合性研究，有效地揭示了蕨类大类群之间和科间、属间等系统发育的关系，一些长期困扰蕨类系统学研究的问题得以解决。蕨类植物本身并不是一个单系类群，传统的"拟蕨类"和真蕨类的关系得到新的阐明：石松类植物（包括石松、卷柏和水韭）是一单系类群，原来归为"拟蕨类"的木贼科同真蕨类关系最近，松叶蕨科和厚囊蕨类的瓶尔小草科植物近缘。

12.3.2 郑万钧分类系统

裸子植物系统在国际上主要有 B. Sahni(1920)，R. Pilger(in A. Engler & K.Prant, 1926)，

C.J.Chmberlain(1935)，R.Florin(1951)，K.R.Sporne(1965)，S.V.Meyen(1984)等。他们根据形态学或古植物学证据提出的，但未必自然，多少存在一定的人为性。不过，有了这些系统才可能将现存的裸子植物种作个排列顺序。我国研究裸子植物系统主要有郑万钧与傅德志教授等，他们分别提出了新的裸子植物系统。

郑万钧分类系统，系我国著名植物学家郑万钧于1978年发表的裸子植物分类系统，在我国广为采用。

郑万钧分类系统将现存裸子植物分成4纲（苏铁纲、银杏纲、松杉纲、盖子植物纲）9目（苏铁目、银杏目、松杉目、罗汉松目、三尖杉目、红豆杉目、麻黄目、买麻藤目、千岁兰目）12科（苏铁科、银杏科、南洋杉科、松科、杉科、柏科、罗汉松科、三尖杉科、红豆杉科、麻黄科、买麻藤科、百岁兰科）（图12-8）。系统要点如下：

图12-8 郑万钧裸子植物分类系统图

①裸子植物生殖器官构造和演化是研究种子植物系统发育重建的关键科学问题。裸子植物生殖器官演化的学说体系，不仅仅是研究裸子植物亲缘分类和系统发育重建的基础，也是研究被子植物生殖器官——花的来源和演化的基础。

②裸子植物生殖器官演化的"苞鳞种鳞复合体"理论体系的核心内容是：种子植物最早的生殖器官式样由不育营养叶、可育的生胚珠叶和轴性部分共同组成的枝条体系，生胚珠的叶性构造与营养性叶性构造都直接着生在植株的轴性器官之上，因此，这种最原始的生殖器官的式样为单轴性的枝条构造。现存裸子植物苏铁类和被子植物都保留了这种单轴性生殖器官的式样。

③由枝条状单轴性生殖器官早期分支演化成为裸子植物球果类的复轴性生殖器官构造。苏铁以外所有现存的裸子植物具有复轴性生殖器官构造。复轴性大孢子叶球主轴上着生叶性的苞（片）鳞构造，在苞鳞叶腋发生高度变态和融合的枝条性种鳞（生胚珠构造）构造。"苞鳞种鳞复合体"演化理论体系，能够解说苏铁类单轴型生殖器官构造与球果类复轴型生殖器官构造的来源关系问题，也能够解说被子植物花构造的来源和演化问题，并作为研究被子植物的"成花理论"的基础。

④形态、解剖、发育、畸形、化石、地理分布以及分子等各方面的证据表明，被子植物演化历史上可能与裸子植物关系最密切的类群是双子叶植物木兰毛茛群、低等金缕梅类群，以及早期发生的单子叶植物类群。

⑤将明显具球果、种子裸露的南洋杉科、松科、杉科和柏科等松杉目归为较自然的类群，其演化趋势：雌球花珠鳞与苞鳞由多至少；彼此分离至结合。

⑥将不具典型球果、种子不裸露或半裸露而被珠被发育的假种皮全部包围、或杯状的

罗汉松科(目)、三尖杉科(目)和红豆杉科(目)归为另一类群,其演化趋势:球花长穗状至缩短;苞鳞多至少。

12.3.3 恩格勒分类系统

恩格勒分类系统是德国植物学家恩格勒(Engler)和柏兰特(Prantl)于1897年在《植物自然分科志》一书中发表的,是分类学史上第一个比较完整的自然分类系统,也是长期以来应用最广,影响最大的一个分类系统。各国许多植物志、书刊及标本馆多按恩格勒系统排列,如我国的《中国植物志》《中国高等植物图鉴》等。系统要点如下(图12-9)。

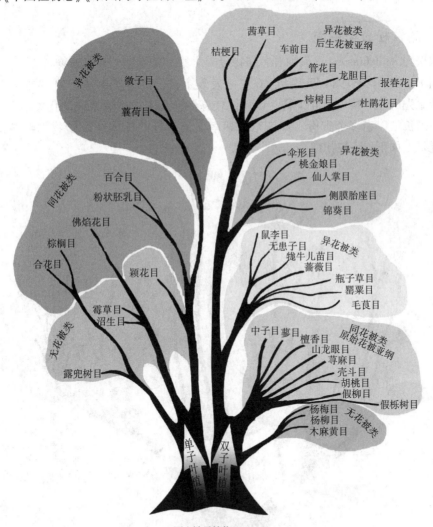

图12-9 恩格勒被子植物分类系统图(1897)

①赞成假花学说,认为柔荑花序类植物,特别是轮生目、杨柳目最为原始。认为被子植物是二元起源的;双子叶植物和单子叶植物是平行发展的两支。

②花的演化规律是:由简单到复杂,由无被花到有被花,由单被花到双被花,由离瓣花到合瓣花,由单性到两性,花部由少数到多数,由风媒到虫媒。

③单子叶植物比双子叶植物原始。

④将植物界分为13门，1~12门为隐花植物，第13门为种子植物门。种子植物门分为裸子植物亚门和被子植物亚门。裸子植物亚门分为6纲，被子植物亚门分为单子叶植物纲和双子叶植物纲。整个被子植物分为39目280科。但1964年经Melchior修订，将被子植物分为62目344科。

⑤将被子植物由渐进到复杂化排列，不是由一个目进化到另一个目的排列方法，而是按花的构造、果实和种子的发育情况，有时按解剖构造，在进化理论指导下做出了合理的自然分类系统。

12.3.4　哈钦松分类系统

哈钦松（J. Hutchinson），英国著名植物分类学家。他著有《有花植物科志》一书，分两册，分别于1926年和1934年出版，在书中发表了自己的分类系统。到1973年已经几次修订，从原先的332科增至411科。该系统较恩格勒系统在植物系统演化关系上处理更为合理。中国长江以南多个省份，如广东、湖南、云南等的标本馆及植物书籍按此系统排列。系统要点如下（图12-10）。

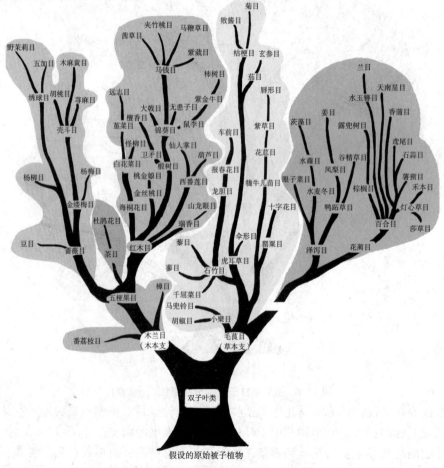

图 12-10　哈钦松被子植物分类系统图（1926）

①赞成真花学说,认为木兰目、毛茛目为原始类群,而柔荑花序类不是原始类群;认为被子植物是单元起源的;单子叶植物起源于毛茛目。

②花的演化规律是:由两性到单性;由虫媒到风媒;由双被花到单被花或无被花;由雄蕊多数且分离到雄蕊定数且合生;由心皮多数且分离到心皮定数且合生。

③双子叶植物分为两大支,即木本群和草本群,前者以木兰目最原始,后者以毛茛目最原始。

④单子叶植物比双子叶植物进化。

12.3.5 塔赫他间分类系统

塔赫他间(A. Takhtajan),苏联植物学家,于1954年出版了《被子植物起源》一书,发表了自己的分类系统,到1980年已做过多次修改。该系统在我国使用较少。系统要点如下(图12-11)。

①赞成真花说,认为被子植物可能来源于裸子植物的原始类群种子蕨,并通过动态成熟演化而成;主张单元起源说。

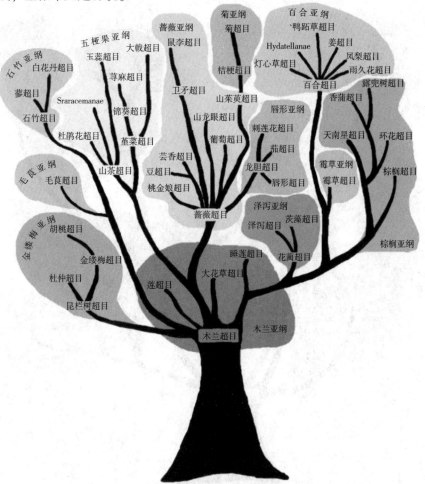

图 12-11 塔赫他间被子植物分类系统图(1980)

②认为两性花、双被花、虫媒花是原始的性状。

③取消了离瓣花类、合瓣花类、单被花类(柔荑花序类);认为杨柳目与其他柔荑花序类差别大,这与恩格勒和哈钦松系统都不同。

④草本植物由木本植物演化而来;双子叶植物中木兰目最原始,单子叶植物中泽泻目最原始;泽泻目起源于双子叶植物的睡莲目。

⑤1980年发表的分类系统中,将被子植物分为木兰纲和百合纲2纲。其中,木兰纲(双子叶植物纲)8亚纲30超目71目333科;百合纲(单子叶植物纲)包括4亚纲14超目21目77科。1997年版在亚纲、超目、目和科的数量上又有所增加。

12.3.6 克朗奎斯特分类系统

克朗奎斯特(A. Cronquist),美国植物分类学家,1957年在他所著《双子叶植物目科新系统纲要》一书中发表了自己的分类系统,1968年在他所著《有花植物分类和演化》一书中进行了修订,1981年又做了修改。该系统是较为合理的分类系统,新近出版的植物学书籍多采用该系统排列。系统要点如下(图12-12)。

图 12-12　克朗奎斯特被子植物分类系统图(1981)

①采用真花学说及单元起源观点，认为有花植物起源于已灭绝的原始裸子植物种子蕨。

②木兰目为现有被子植物最原始的类群。单子叶植物起源于双子叶植物的睡莲目，由睡莲目发展到泽泻目。

③现有被子植物各亚纲之间都不可能存在直接的演化关系。

④被子植物分为木兰纲（双子叶植物）和百合纲（单子叶植物）。其中，木兰纲包括6个亚纲64目318科；百合纲包括5亚纲18目65科；合计11亚纲82目383科。

12.3.7 APG 分类系统

随着 DNA 测序和生物信息技术的发展，自20世纪90年代兴起利用分子数据研究生物类群间的系统发育关系，称为分子系统发育学（molecular phylogenetics）。

在1993年，Mark Chase 等42位作者合作发表了"Phylogenetics of seed plants: an analysis of nucleotide sequences from the plastid gene rbcl"一文（Chase et al., 1993）。这是由世界几十个实验室共同完成的当时规模最大的系统发育分析，在被子植物系统学研究中具有划时代的意义。在1998年，被子植物系统发育组（Angiosperm Phylogeny Group，APG）综合多个大尺度的系统发育分析结果，为被子植物提出了一个目、科分类阶元上的分类系统（图12-13），简称 APG 分类系统。随着分子数据的增加，APG 系统经历了3次修订（APG，1998；APG Ⅱ，2003；APG Ⅲ，2009；APG Ⅳ，2016）。该系统对被子植物系统学和分类学研究产生了重大影响，大大改变了两百多年来植物学家们以形态学（广义）性状为依据提出的分类系统，但这并不是说 APG 系统已经完美，仍需要继续研究。系统要点如下：

①利用叶绿体、线粒体和核基因组三套遗传体系研究生物类群间的系统发育关系。

②提出了以"目"为单位的被子植物分类系统，将被子植物分为64目416科。

③无油樟目、睡莲目、木兰藤目被子植物的基部群——小类群，最早分化的谱系为无油樟目，第二谱系为水生的睡莲目，木兰目、胡椒目和樟目为第三谱系。

④木兰类植物、单子叶植物和真双子叶植物为被子植物的核心类群，金粟兰目和金鱼藻目分别是木兰类和真双子叶植物的旁系群。

⑤鸭跖草类（棕榈目、鸭跖草目、禾本目和姜目）是单子叶植物的核心类群。

⑥毛茛目、山龙眼目等是真双子叶植物的基部群。

⑦蔷薇类和菊花类是真双子叶植物的2个主要分支，其中豆类（葫芦目、壳斗目、豆目、蔷薇目、酢浆草目、金虎尾目等）和锦葵类（锦葵目、十字花目、无患子目等）为蔷薇类的核心类群，唇形类（龙胆目、茄目、唇形目等）和桔梗类（冬青目、菊目、伞形目、川续断目等）为菊类的核心类群。

小 结

本章主要介绍了植物进化规律与分类系统。植物由简单到复杂、由水生到陆生、由无性繁殖到有性繁殖进行演化。其中，被子植物是整个植物界中最进化和最高级的类群，其系统演化的主要学说可归纳为两大学说：一是真花学说；二是假花学说。园林植物常用的

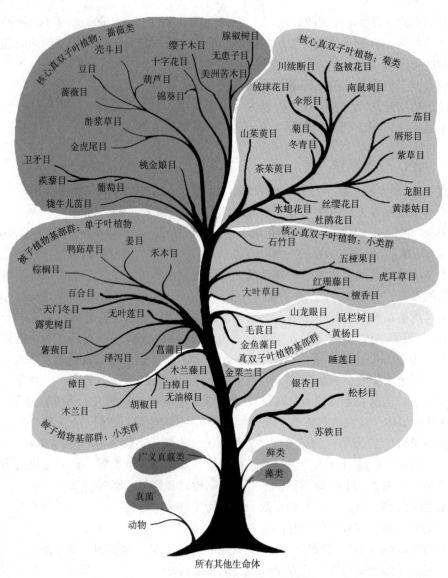

图 12-13 APG IV 被子植物分类系统图

分类系统有秦仁昌分类系统、郑万钧分类系统、恩格勒分类系统、哈钦松分类系统、塔赫他间分类系统、克朗奎斯特分类系统以及 APG 分类系统。

思考题

1. 植物起源经历了哪两个历程？每个历程的基本特征是什么？
2. 概述被子植物起源与演化的特点。
3. 园林植物常用的分类系统有哪些？各分类系统的要点是什么？

参 考 文 献

白碧波，陈丽云，许鲜明，2018. 搓梭人植物暗语及其隐喻文化研究[J]. 玉溪师范学院学报，34（1）：54-60.

包满珠，2011. 花卉学[M]. 北京：中国农业出版社.

彩万志，1994. 昆虫细胞分类学德基本问题及染色体系统发育的重建方法[J]. 昆虫分类学报，16（1）：4-14.

曹慧娟，1992. 植物学[M].2版. 北京：中国林业出版社.

曹家树，秦岭，2005. 园艺植物种质资源学[M]. 北京：中国农业出版社.

曹林娣，2005. 中国园林文化[M]. 北京：中国建筑工业出版社.

岑志强，2009. 唐诗宋词浸淫中的江南园林——从古诗词看江南园林的植物配置[J]. 环境艺术，06（003）：41-44.

常晓静，2013. 兰科植物专类园规划设计研究[D]. 福州：福建农林大学.

陈凤洁，樊宝敏，2013. 佛教对银杏文化的影响[J]. 世界林业研究，26(6)：10-14.

陈俊愉，1989. 中国梅花品种图志[M]. 北京：中国林业出版社.

陈俊愉，1999. 中国梅花品种分类最新修正体系[J]. 北京林业大学学报(02)：2-7.

陈俊愉，2001. 中国花卉品种分类学[M]. 北京：中国林业出版社.

陈俊愉，程绪珂，1997. 中国花经[M]. 上海：上海文化出版社.

陈龙清，赵凯歌，周明芹，2004. 蜡梅品种分类体系探讨[J]. 北京林业大学学报，26（增1）：88-90.

陈心启，吉占和，2004. 兰花文化和历史[J]. 森林与人类(05)：70-82.

陈星可，2017. 不同贮藏条件下多花木蓝种子活力的研究[D]. 长沙：中南林业科技大学.

陈有军，杨敏娜，石重福，2015. 中国古典园林植物景点题名文化发展及其特点浅析[J]. 陕西林业科技(6)：80-82.

陈有民，2011. 园林树木学[M].2版. 北京：中国林业出版社.

陈月华，王晓红，2005. 植物景观设计[M]. 长沙：国防科技大学出版社.

陈重明，2004. 民族植物与文化[M]. 南京：东南大学出版社.

成倩，纳海燕，2007. 兰花的经济价值与文化价值浅析[J]. 天府新论(12)：27-38.

崔大方，2016. 植物分类学[M]. 北京：中国农业出版社.

戴宝合，2008. 野生植物资源学[M]. 北京：中国农业出版社.

邓依依，2015. 长沙市杜鹃花园林应用研究[D]. 长沙：湖南农业大学.

丁广奇，王不文，1986. 植物学名解释[M]. 北京：科学出版社.

董东平，李燕飞，2018. 低温及赤霉素处理对丝绵木种子萌发的影响[J]. 许昌学院学报，37(8)：7-12.

段志坤，2018. 赤霉素在果树生产上的应用及其注意事项[J]. 果树实用技术与信息(12)：13-16.

付梅，2012. 论古代文学中的萱草意象[J]. 阅江学刊(1)：142-148.

傅德志，2002. 重要种子植物类群的系统发育重建[C]//第七届全国系统与进化植物学青年学术研讨会论文摘要集. 中国植物学会.

顾翠花，2008. 中国紫薇属种质资源及紫薇、南紫薇核心种质构建[D]. 北京：北京林业大学.

参考文献

韩晨霞，田建文，赵旭阳，等，2014. 城市园林植物经济价值的开发利用探讨——以石家庄市为例[J]. 林业资源管理(02)：150-154.

航悦宇，2008. 植物文化——中国民俗节日的灵魂[J]. 生命世界(9)：10-13.

何坦野，2004. 上古植物图腾与农业神之厘考[J]. 杭州师范学院学报(自然科学版)，3(3)：217-218.

侯宽，等，1982. 中国种子植物科属词典(修订版)[M]. 北京：科学出版社.

黄家平，戴思兰，1998. 中国兰花品种数量分类初探[J]. 北京林业大学学报，20(3)：38-43.

黄三秀，吴雪，刘蕊，等，2011. 我国荷花种质资源的开发与利用[J]. 安徽农学通报(下半月刊)，17(10)：146-147，169.

矫克华，2015. 中国园林景观植物设计中儒家文化理念探析[J]. 中国人口·资源与环境，25(11)：224-228.

金雅琴，黄雪芳，李冬林，2003. 江苏石蒜的种质资源及园林用途[J]. 南京农专学报(03)：17-21.

金煜，2009. 园林植物景观设计[M]. 沈阳：辽宁科学技术出版社.

靳晓翠，范义荣，2009. 紫薇种质资源概况及应用现状分析[J]. 河北农业科学，13(01)：16-17，20.

孔丘，2012. 诗经[M]. 北京：高等教育出版社.

李合生，2018. 现代植物生理学[M]. 北京：高等教育出版社.

李红香，2018. 贵州历史植物地名与山地经济发展研究[J]. 贵州学报(社会科学版)，36(3)：97-106.

李景侠，2005. 观赏植物学[M]. 北京：中国林业出版社.

李梅，2009. 桂花种质资源遗传多样性研究及品种鉴定[D]. 南京：南京农业大学.

李钦，2012. 药用植物学[M]. 北京：中国医药科技出版社.

李尚志，2010. 荷花在我国园林中应用历史溯源[J]. 广东园林，32(05)：13-16.

李文敏，2006. 园林植物与应用[M]. 北京：中国建筑工业出版社.

廖飞勇，2017. 风景园林树木学[M]. 北京：中国林业出版社.

林文镇，1997. 森林美学[M]. 台北：淑馨出版社.

刘伟军，2009. 锦葵科(*Malvaceae* L.)一些植物的形态解剖与园林应用探讨[D]. 福州：福建农林大学，55-60.

刘兆硕，2017. 中国园林景观植物设计中儒家文化理念探索[J]. 建筑工程技术与设计(8).

刘振林，戴思兰，王爽，2009. 中国古代蜀葵文化[J]. 中国园林，1：76-78.

芦建国，王建梅，2012. 中国蜡梅品种分类研究综述[J]. 江苏林业科技，39(3)：42-46.

陆树刚，2007. 蕨类植物学[M]. 北京：高等教育出版社.

吕晓贞，李剑，臧德奎，2009. 我国苏铁的种类和园林应用[J]. 中国园艺文摘(12)：89-90，24.

罗乐，张启翔，2007. 北京园林中百合科植物的应用研究[C]//中国园艺学会观赏园艺专业委员会年会论文集. 北京：中国林业出版社.

马成亮，2002. 月季的系统分类研究[J]. 潍坊学院学报(04)：8-10.

马燕，刘龙昌，臧德奎，2011. 牡丹的种质资源与牡丹专类园建设[J]. 中国园林，27(01)：54-57.

祁承经，1990. 湖南植被[M]. 长沙：湖南科学技术出版社.

强胜，2015. 植物学[M]. 北京：高等教育出版社.

邵慧敏，2013. 杜鹃专类园的规划设计探讨——以华西亚高山植物园低海拔杜鹃园为例[D]. 成都：四川农业大学.

邵玉华，2013. 植物与风水[J]. 中华建设(8)：42-43.

舒迎澜，1990. 中国历史上的茶花类栽培[J]. 中国农史(03)：77-84.

苏宁，2014. 兰花历史与文化研究[D]. 北京：中国林业科学研究院.

苏雪痕，1994. 植物造景[M]. 北京：中国林业出版社.

孙桂兰，2001. 探索记忆新思路——运用优势形象记忆法识记抽象知识[J]. 沈阳教育学院学报，3：68-69.

王利民，王四清，杨玉锋，2005. 兰的种质资源和育种[J]. 安阳工学院学报(02)：4-10.

王伟，张晓霞，陈之端，等，2017. 被子植物APG分类系统评论[J]. 生物多样性，25(4)：418-426.

王业社，侯伯鑫，杨强发，等，2014. 紫薇种质资源调查及应用前景分析[J]. 草业学报，23(5)：77-91.

吴甘霖，2006. 核型分析在细胞分类学中的应用[J]. 生物学杂志，23(1)：39-41.

吴光洪，胡绍庆，宣子灿，等，2004. 桂花品种分类标准与应用[J]. 浙江林学院学报(03)：49-52.

吴国芳，等，1992. 植物学[M]. 2版. 北京：高等教育出版社.

吴雨谦，2014. 银杏景观设计与银杏景观文化的研究[D]. 南京：南京林业大学.

吴征镒，1995. 中国植被[M]. 北京：科学出版社.

武三安，2015. 园林植物病虫害防治[M]. 3版. 北京：中国林业出版社.

肖海燕，刘青林，2014. 中外百合文化探析[J]. 现代园林，11(8)：10-16.

熊钢，2009. 江苏地区蜡梅品种资源调查主孢粉学研究[D]. 南京：南京林业大学.

徐德嘉，1997. 古典园林植物景观配置[M]. 北京：中国环境科学出版社.

徐伟刚，2004. 八字正解[M]. 贵阳：贵州科技出版社.

许再富，刘宏茂，陈贵清，等，1996. 西双版纳榕树的民族植物文化[J]. 植物资源与环境(4)：48-52.

严岳鸿，张宪春，马克平，2013. 中国蕨类植物多样性与地理分布[M]. 北京：科学出版社.

杨坤梅，2012. 96个不同种源牡丹品种亲缘关系的研究[D]. 昆明：西南林业大学.

杨晓东，2011. 明清民居与文人园林中花文化的比较研究[D]. 北京：北京林业大学.

杨永，王志恒，徐晓婷，2017. 世界裸子植物的分类和地理分布[M]. 上海：上海科学技术出版社.

叶鹏飞，2013. 园林植物的文化内涵及其在大学校园景观中的应用——以南昌地区部分高校为例[D]. 南昌：江西财经大学.

易央皓，2013.《镜花缘》名物研究[D]. 长沙：湖南师范大学.

于晓南，张启翔，2015. 园林植物拉丁学名记忆法探究[J]. 中国林业教育，33(1)：1-3.

余永辉，2012. 中国古典园林铺装元素在苏州现代园林中的应用研究[D]. 南昌：江西农业大学.

俞德浚，1979. 中国果树分类学[M]. 北京：中国农业出版社.

袁洁，2013. 佛教植物文化研究[D]. 杭州：浙江农林大学.

臧德奎，向其柏，2004. 中国桂花品种分类研究[J]. 中国园林(11)：43-52.

张天麟，2010. 园林树木1600种[M]. 北京：中国建筑工业出版社.

张宪春，邢公侠，2013. 秦仁昌与蕨类植物分类系统[J]. 生命世界(09)：36-39.

张行言，陈龙清，王其超，2011. 中国荷花新品种图志Ⅰ[M]. 北京：中国林业出版社.

张翼翔，2015. 不同贮藏方式下唐菖蒲球茎的生理生化变化及病害发生[D]. 西宁：青海大学.

张玉梅，2018. 两种醉鱼草属植物扦插繁殖技术及其生根机理研究[D]. 长沙：中南林业科技大学.

张志坷，林顺权，2013. 枇杷属植物数值分类学研究[C]. 第六届全国枇杷学术研讨会论文(摘要)集，3-12.

赵冰，2008. 蜡梅种质资源遗传多样性与核心种质构建的研究[D]. 北京：北京林业大学.

中国大百科全书出版社编辑部，1990. 中国大百科全书·农业Ⅱ[M]. 北京：中国大百科全书出版社.

中国科学院昆明植物研究所，2006. 云南植物志：第 20 卷[M]. 北京：科学出版社.
中国科学院植物研究所，2001. 中国高等植物图鉴(第 1 册)[M]. 北京：科学出版社.
中国科学院中国植物志编辑委员会，1978. 中国植物志：第 7 卷[M]. 北京：科学出版社.
中国科学院中国植物志编辑委员会，1986. 中国植物志：第 16 卷[M]. 北京：科学出版社.
中国科学院中国植物志编辑委员会，1986. 中国植物志[M]. 北京：科学出版社.
中国科学院中国植物志编辑委员会，1998. 中国植物志[M]. 北京：科学出版社.
中国科学院中国植物志编辑委员会，1999. 中国植物志[M]. 北京：科学出版社.
中国科学院中国植物志编辑委员会，2006. 中国植物志：第 2 卷[M]. 北京：科学出版社.
中国农学会遗传资源学会，1994. 中国作物遗传资源：第六篇[M]. 北京：中国农业出版社.
中国农业百科全书编辑出版领导小组，1996. 中国农业百科全书：观赏园艺卷[M]. 北京：中国农业出版社.
周楚奇，成晓静，赵兴富，等，2015. 百合文化的表现形式及美学价值[J]. 中国园艺文摘，31(1)：142-143，169.
周泓，2012. 杜鹃花品种资源多样性研究及品种分类体系构建[D]. 杭州：浙江大学.
周景勇，李飞，2012. 基于图腾崇拜视角的先秦时期的生态意识[J]. 安徽农业科学，40(7)：4454-4456.
周维权，2005. 中国古典园林史[M]. 2 版. 北京：清华大学出版社.
周武忠，陈筱燕，1999. 花与中国文化[M]. 北京：中国农业出版社.
朱春艳，2008. 杜鹃花资源及其园林应用研究[D]. 杭州：浙江大学.
祝遵凌，王瑞辉，2005. 园林植物栽培养护[M]. 北京：中国林业出版社.
庄瑞林，董汝湘，黄爱珠，等，1991. 山茶属植物种质资源的搜集及基因库的建立利用研究[J]. 林业科学研究(02)：178-184.
约翰·克勒斯，雪莉·舍伍德，2017. 植物进化的艺术[M]. 陈伟，译. 北京：北京科学技术出版社.
《湖南植物志》编辑委员会，2004. 湖南植物志：第 1 卷[M]. 湖南：湖南科学技术出版社.
Camp W H, 1951. Biosystematy[M]. Brittonia, 7: 113-127.
Smith White S, 1968. Brachrycome linearilioba a species for experimental cytogenetics[J]. Chromosoma, 23: 359-364.